"十三五"国家重点图书出版规划项目

明清实录藏族史料类编丛书

名誉主编◎顾祖成　主编◎孔繁秀

清实录藏族史料类编

第九集

孔繁秀　主编

·广州·

版权所有 翻印必究

图书在版编目（CIP）数据

清实录藏族史料类编．第九集/孔繁秀主编．—广州：中山大学出版社，2019.10

（明清实录藏族史料类编丛书/孔繁秀主编）

ISBN 978-7-306-06695-4

Ⅰ．①清… Ⅱ．①孔… Ⅲ．①藏族－民族历史－史料－中国－清代 Ⅳ．①K281.4

中国版本图书馆CIP数据核字（2019）第196230号

QINGSHILU ZANGZU SHILIAO LEIBIAN DIJIUJI

出 版 人：	王天琪
策划编辑：	嵇春霞　陈　霞
责任编辑：	陈　霞
责任校对：	李先萍
封面设计：	林绵华
装帧设计：	曾　斌
责任技编：	何雅涛
出版发行：	中山大学出版社
电　　话：	编辑部 020-84110779，84111996，84113349，84111997
	发行部 020-84111998，84111981，84111160
地　　址：	广州市新港西路135号
邮　　编：	510275　　　传　真：020-84036565
网　　址：	http://www.zsup.com.cn　E-mail: zdcbs@mail.sysu.edu.cn
印 刷 者：	常州市金坛古籍印刷厂有限公司
开　　本：	787mm×1092mm　　1/16
总 印 张：	176.375印张
总 字 数：	2800千字
版次印次：	2019年10月第1版　2019年10月第1次印刷
总 定 价：	1350.00元（全九集）

如发现本书因印装质量影响阅读，请与出版社发行部联系调换

○《清实录藏族史料类编》编辑委员会

顾　　问：杜建功　扎西次仁
主　　任：欧　珠　刘　凯
委　　员：邹亚军　扎西卓玛　史本林　袁东亚　王沛华　张树庭
　　　　　顾祖成　索南才让　张宏伟　王斌礼　陈敦山　袁书会
　　　　　丹　曲　徐　明　孔繁秀

○《清实录藏族史料类编》由西藏民族大学承编

名誉主编：顾祖成
主　　编：孔繁秀
编辑人员：赵艳萍　张若蓉　崔　荭　陈鹏辉　顾浙秦　李　子
　　　　　马新杰　冯　云　马凌云

目 录

调遣番兵剿办撒拉与西宁等地回民滋事,喇嘛、汉民集团自保 / 2331

捐助京饷,弥补办理洋务费用;饬催川省拨解积欠藏饷 / 2337

摄政呼征阿旺伊喜楚称坚参与噶伦汪曲结布争权互斗事件 / 2340

瞻对土司工布朗结父子等骚扰川边,清廷调遣汉、土兵弁进剿;藏军出师获胜,清廷赏达赖喇嘛派堪布管理瞻对 / 2357

英国觊觎西藏,侵略布鲁克巴、哲孟雄诸部,廓尔喀构衅 / 2366

禁阻法人罗勒拿等入藏传教 / 2372

色拉寺买巴札仓事件 / 2374

罢黜噶伦密玛策忍;平息班垫顿柱纠集僧俗滋事 / 2378

七世哲布尊丹巴呼图克图之呼毕勒罕在藏访获、掣定与迎赴库伦 / 2380

里塘喇嘛更登培结等聚众反抗藏官 / 2383

英人在布鲁克巴、哲孟雄、廓尔喀扩大侵略,进逼西藏,清廷设法防维 / 2385

十二世达赖之转世灵童访获、坐床;十三世达赖受戒、亲政 / 2389

"游历""通商"问题,匈牙利人摄政义、英人马科蕾援约入藏被阻,清廷与英另立新约,英人允停入藏 / 2391

清廷对玉树藏族遭抢掠、勒索的查办与派员前往会盟 / 2400

查办黄、黑教案 / 2402

后藏营官聚众包围驻藏帮办大臣行馆 / 2403

镇慑麻书、孔撒等土司称兵构衅 / 2404

查办拉萨喇嘛与巴勒布商民冲突，济咙边界巴勒布商民被劫 / 2405

八世班禅圆寂，九世班禅"金瓶掣签"掣定、坐床 / 2409

俄人普尔热瓦尔斯基、撤武撮伏、科兹洛夫等窜扰藏地及边觉夺吉交
　　通俄人问题 / 2412

隆吐山设卡自守，英国第一次侵藏战争，藏军抵抗受挫，清廷与英签
　　订藏印条约和藏印条款续三款 / 2417

瞻对番民因藏官苛敛激变，清廷调兵镇抚，酌议瞻对善后事宜 / 2432

伙色两族互斗，波密械斗，乍丫、察木多纷争，拉卜楞寺滋扰等事件 / 2436

镇慑博窝番族滋扰 / 2441

瞻对藏官先后领兵越界滋扰里塘、明正等土司地方，清廷查办用兵，
　　议筹收回三瞻，因疑虑达赖，仍行赏还收管 / 2443

法人吕推窜扰通天河地方被杀 / 2459

印藏划界纠纷，"藏哲勘界"与"廓藏争界"问题 / 2460

松潘番民滋事，清廷用兵剿办 / 2467

剿办三岩、乍丫、哈拉乌苏等地变乱 / 2469

文海召勇入藏未果，谕筹经营巴塘、里塘 / 2471

鹿传霖于章谷、朱窝、德格等地改土归流，清廷据恭寿、文海
　　奏，勿而改图 / 2473

里塘桑披寺喇嘛设伏戕官 / 2481

英人图谋侵占博窝地方，谕令驻藏大臣迅速前往，妥为办理 / 2482

弹压噶鲁、纳鲁等族仇斗 / 2483

英国第二次侵藏战争，中英议订藏约及藏印通商章程的谈判，亚东、
　　江孜、噶大克开埠设关 / 2484

十三世达赖出走库伦、后赴西宁及进京陛见、受封 / 2491

九世班禅被迫赴印及返藏 / 2499

凤全事件，马维骐、赵尔丰奉派剿办，边乱底定 / 2500

三岩杀毙洋教士；维西焚毁教堂 / 2507

筹议收回瞻对，经营边藏，设置川滇边务大臣，用兵三岩、工布、
　　波密等地，改土归流，举办新政 / 2509

禁阻巴塘移民白马岗；哈萨克流民由藏归牧 / 2521

英国侵藏战争前后，整顿藏事之朝议；张荫棠查办藏事，倡行革新 / 2522

九世班禅吁请赴京陛见 / 2526

联豫等奏请在藏的若干新政措施 / 2527

反对赵尔丰驻藏办事与川边骚乱 / 2534

十三世达赖离京返藏 / 2539

川军进藏,达赖拦阻,边军声援 / 2542

十三世达赖出走印度,清廷革除其名号,拟留九世班禅在前藏暂掌教务 / 2547

恢复第穆呼图克图名号,准予转世 / 2552

循化、贵德、西宁、河州、洮岷等地番族滋事,清廷进行抚剿 / 2553

查办果洛克劫夺滋扰 / 2558

筹拨饷银、巡边阅操、举办边防、选募土勇等 / 2560

驻藏大臣及其他驻藏官员的任免、奖惩 / 2566

裁驻藏帮办大臣,改设左右参赞 / 2592

颁御书寺庙匾额、攒招讽经赏赐等 / 2594

藏族僧俗官员的封授、罢黜 / 2599

  三世呼征阿齐图呼图克图 /2599

  诺们汗汪曲结布 /2599

  诺们罕罗布藏青饶汪曲 /2600

  十世济咙呼图克图 /2603

  八世第穆呼图克图 /2603

  诺们罕罗布藏坚参 /2604

  噶勒丹池巴罗布藏丹巴 /2604

  西藏其他僧俗贵族 /2605

  四川、甘肃等喇嘛和土司头人 /2613

朝贡与封赐 / 2618

  十二世达赖 / 2618

  十三世达赖 / 2619

  八世班禅 / 2622

  九世班禅 / 2624

  九世帕克巴拉呼图克图 / 2625

  十世济咙呼图克图 / 2626

  八世第穆呼图克图 / 2627

  西藏其他僧俗贵族 / 2627

  四川、甘肃等喇嘛和土司头人 / 2629

赈灾、免赋 / 2632

附录　公元、干支、藏历对照清历日表 / 2636

调遣番兵剿办撒拉与西宁等地回民滋事，喇嘛、汉民集团自保

○ 同治元年（壬戌）正月丁未（1862.2.22）

又谕（议政军机大臣等）："据乐斌奏撒回纠众复出滋扰，调兵堵剿，并自请议处，及将前保出力文武先行撤销等语。……回民起衅根由，据乐斌奏称因西礶士民总以须尽剿灭为词，该县民团无端将巴燕戎格打牲回民杀毙三人，又与番僧勾结，称欲净洗米拉沟回民，以致回民纠合撒回，互相争斗。虽所言未必尽实，第汉回不和到处皆然，均系国家赤子，必得查明曲直情由，秉公办理，不可稍存汉回之见，致有偏倚，方能折服其心。乐斌所调官兵如不得力，即著沈兆霖再行酌调。……"

（穆宗朝卷一七·页二二下～二三上）

○ 同治元年（壬戌）正月己酉（1862.2.24）

又谕（议政王军机大臣等）："……土回勾结撒匪出巢抢掠，非痛加惩创，断难驯服。沈兆霖所称调派官兵、番兵将滋事之戎属四工分道围剿，俟剿沈一二回庄，匪众瓦解，然后责令擒献首恶，方可一劳永逸。所筹均合机宜，著即照议迅速调拨官番各兵，将四工滋事撒回实力剿办。若能诱除马尕三，回众先已失势。该匪众果能震慑兵威，擒献首恶，妥筹安抚，为一劳永逸之计。……"

（穆宗朝卷一七·页三九下～四〇下）

○ 同治元年（壬戌）三月庚寅（1862.4.6）

又谕（议政王军机大臣等）："沈兆霖奏筹办撒匪情形一折。上年撒匪滋事，因乐斌办理草率，以致蔓延贻患。经该署督所派恭钊、闵相儒，

已带兵行抵碾伯，俟各路番兵到齐，即相机进剿，并拟亲往碾伯一带调度。所筹布置各节均合机宜，即著照所议办理。……"

（穆宗朝卷二一·页四九上）

○同治二年（癸亥）五月己巳（1863.7.9）

又谕（议政王军机大臣等）："玉通奏花寺回教勾结撒匪逼近郡城，请派员剿办一折。西宁花寺回教与临洮旧教积不相能，该回民总约马归源暗聚花寺回子数千，于三月初九日将东关北古城北关一带洮教回子杀伤过半，大肆焚抢。其丹噶尔南川营等处花寺回子，复勾结撒拉并米拉沟奸回各数千之众，烧杀洮教及汉民各村庄，并攻扑丹噶尔厅城，击伤官兵，逆焰极为凶狡。玉通现调青海部落蒙古、番子将撒匪击退，丹围已解。而镇海堡多吧等处，经撒回经过掳掠一空。现在两教互相仇杀，扰害汉民，盘踞近郊，城池戒严，而撒匪未受惩创，势必勾合复来，以图报复。……"

（穆宗朝卷六八·页二八上～下）

○同治二年（癸亥）八月戊寅（1863.9.16）

又谕（内阁）："恩麟奏西宁花寺、临洮回民纠众相持，派马奎源等前往解散，并拟用蒙、番帮同汉民筹办，暨军务吃紧，请饬催何胜必督兵援甘，马德昭迅解平凉之围，及成瑞劝谕出力，恳请量予减等各折片。……青海蒙、番向与丹噶尔汉民往来，而贵德、巴燕戎格两厅番族素与撒拉有隙，恩麟现在咨商玉通檄为我用，固可借壮声威。惟番族素性犷悍，蒙兵亦未见得力，倘非万不得已，自未便借资他族，致滋流弊。玉通务与恩麟随时妥商，设法筹办，毋稍轻率。……"

（穆宗朝卷七五·页一四上～一五上）

○同治二年（癸亥）八月丙申（1863.10.4）

又谕（议政王军机大臣等）："玉通奏花寺奸回勾结撒匪攻陷城堡，已逼郡城，现筹办理及兵勇接仗情形一折。西宁花寺奸回肆扰，已将喇课、镇海堡二处营堡攻陷。其南川营塔尔寺及威远白塔寺各报回匪聚众焚杀，经各营官兵及各该寺呼图克图等会同攻剿，各有杀伤。现在该匪并从西川蜂拥进扑郡城，盘踞城东关厢，势甚凶很［狠］。经玉通督饬兵勇登城守御，并分路出剿。即著玉通激励该处员弁兵勇严密守御，相机出剿，飞催所调青海蒙古、番子官兵并阿家呼图克图等练勇星速到齐，合力剿办。……青海蒙、番业经玉通檄调。其贵德、巴燕戎格两厅番族是否可为我用，著玉通、恩麟仍遵前旨妥商筹办。……"

（穆宗朝卷七七·页一一下～一二下）

○同治三年（甲子）三月庚午（1864.5.5）

又谕（议政王军机大臣等）："玉通奏西宁西南二川汉民被害过重，设法倡捐办理，并亲往各庄履勘，节次办理抚恤，地方渐靖各折。西宁西南二川汉民因被回匪屡次焚杀，受害过重，一时难期解散。经玉通首先倡捐银两，设法抚恤，俾各归农。并亲往各庄逐一履勘，督饬阿家呼图克图传集团勇头目剀切晓谕，均称情愿解散，并拟前往东北两川亲勘劝导。所办尚为妥协。……其东北两川果莽、果隆、吹布藏等寺，并著照该大臣所请，即带同委员前往会同章嘉呼图克图等悉心劝解，务令永释忿争，各安生业。并将现办情形随时奏闻，以慰朝廷西顾之忧。将此由五百里谕令知之。"

（穆宗朝卷九八·页四六上～四七下）

○同治三年（甲子）七月癸丑（1864.8.16）

又谕（议政王军机大臣等）："恩麟奏盐固逆回北窜宁灵，滋扰中卫、靖远二县，暨撒回勾结占踞循化厅城，番贼节次阑入马厂抢掠马匹各一折。……循化厅属街子等上四工撒拉与城内寄居之保安逆回潜行勾结，袭扑厅城，护参将陕成英等拒战受伤，拥护难民出城，旋致城垣失陷。恩麟现调洮州卓泥土司杨元等壮健番土兵丁分扼关隘，进袭撒巢。即著催令同知吴鼎元迅速赴任，与陕成英号召附近良撒，会同番土各兵力图克复厅城。并著玉通酌派精锐弁兵协力助剿，毋得稍分畛域。……至凉州镇属平羌口等处，迭有番贼阑入内地，将孳生牧厂营马先后抢去多匹，该处防卡弁兵未能加意周防，实属疏懈。著恩麟严饬游击杨逢春等严密缉捕，随时侦探，毋任再行阑入牧厂。并查明各隘口疏于防范之营弁，一并交部核议。将此由六百里谕知都兴阿、雷正绾、玉通，并传谕恩麟知之。"

（穆宗朝卷一〇九·页二四上～二六下）

○同治三年（甲子）七月庚申（1864.8.23）

谕议政王军机大臣等："恩麟奏剿办河州回匪获胜，请饬马德昭赴省带兵，都兴阿驻扎省城，并番兵助剿情形各折片。……现在河州逆匪盘踞如故，南岸之贼复将偷渡助援马营，逆势尚形联络。而果义军与河州官军声势中梗，亟应迅筹劲旅早殄逆氛。著恩麟一面添调兵勇，一面檄饬河州文武督率番兵严密堵剿，并飞饬赵必达迅将马营之贼实力剿除，以次肃清河狄，务使南北两岸之贼不得联为一气，庶办理易于得手。买吾、刚拭多哈各族番丁助剿甚为得力，并拉布浪、火力藏等番族已到土门关剿贼，毙匪甚多，深堪嘉尚。惟该番丁等均系裹粮随征，必须资其饱腾，方可得其死力。著恩麟将一应口粮犒赏之需妥为接济，并加意激励笼络，俾乐为用。……"

（穆宗朝卷一一〇·页四上～五上）

○同治三年（甲子）九月己酉（1864.10.11）

谕议政王军机大臣等："玉通奏西宁回众投诚以后，屡差文武委员暨身赴各处寺院、村庄抚恤难民，解散乡勇一折，并补奏上年十月兵勇节次获胜，余匪畏威投诚各情形一折。玉通带员驰赴北川果莽、果隆、吹布藏等寺，商同章嘉呼图克图等，传集汉土番回勇目，晓以安分务农，无不乐于息事。惟因回性反复不得不防，现将团勇散去一半，尚余一半保守寺院暨各村庄，尚非恃众寻衅，自应俯如所请。其塔尔寺练勇，经玉通等迭次劝谕，已有息事之机，著玉通即饬知府达昌等认真开导，以期永息争端，不得畏难苟安，冀图目前便利。……"

（穆宗朝卷一一五·页一上～二上）

○同治三年（甲子）九月丁巳（1864.10.19）

又谕议政王军机大臣等："……西宁回匪前据玉通奏业已投诚，并亲赴各处寺院、村庄解散乡勇，何以此次青海盟长王公及塔尔寺阿家呼图克图复纷纷向都兴阿军营呈称回匪围困西宁府城，恳请发兵拯救，可见回逆犬羊成性，反复无常，玉通所奏投诚各情全不足恃。著玉通将回逆何以复叛情形迅速驰奏。……"

（穆宗朝卷一一五·页三三下～三五上）

○同治三年（甲子）十二月己巳（1864.12.30）

又谕（议政王军机大臣等）："玉通奏会剿番贼，追获营马，并塔尔寺僧团与回人构衅各折片。青海驻牧之汪什代克族番伙同曲加洋冲等野番，抢劫甘州营马多匹。经玉通调派弁勇，会同扎萨克王公，探踪驰剿获胜，将马匹全行追回，办理尚属认真。青海驻牧各族野番族众人繁，良莠不等，玉通惟当设法羁縻，严加防范，毋任滋生事端。塔尔寺阿家呼图克图与回众构衅，未肯散团。玉通现派官绅驰往该寺并小南川各庄善为排解，即著饬令该官弁妥慎办理，回情狡谲异常，甘言就抚，殊属未可深恃。仍著玉通妥筹防御，不得因该回暂时相安，遂将团练全行遣撤，致堕狡谋。……"

（穆宗朝卷一二三·页九下～一〇下）

○同治三年（甲子）十二月壬午（1865.1.12）

又谕（议政王军机大臣等）："都兴阿、穆图善奏筹防回捻各逆窜扰陕疆，并现在宁夏办理情形，暨西宁撤回大肆猖獗各折片。……西宁撤回假称投诚，仍复到处焚杀。前因玉通奏到塔尔寺阿家呼图克图未肯散团，已派官绅前往劝导，当经谕令玉通回情狡谲，未可坠其抚计，与都兴阿此奏相合。现在回氛猖獗，民不堪命，汉民、番僧人等自应集团防范，以备不虞。著玉通遵奉前旨，于抚辑之中隐寓防范之意，务须联络番僧人众妥为保护。固不可启衅生事，亦不得狃于抚议，堕贼奸谋。俟甘省军务渐定，即著都兴阿等分兵剿办，以靖地方。将此由六百里各谕令知之。"

（穆宗朝卷一二四·页二〇下～二二下）

○同治三年（甲子）十二月癸未（1865.1.13）

又谕（议政王军机大臣等）："玉通奏遵复郡城并未被围，惟汉、番、回民械斗尚未肃清一折。西宁回民辩教启衅，嫌隙甚深，现虽名为投诚，而寻仇械斗，两造各执一词，其祸源仍未稍塞。玉通惟当恪遵叠次谕旨，将城守事宜妥筹布置，不可稍涉大意。至汉民、番俗人等集团备御，正可借挫回匪之锋，断不可狃于主抚悉令解散，致堕回匪奸计。……"

（穆宗朝卷一二四·页二七上～下）

○同治五年（丙寅）四月庚寅（1866.5.15）

谕内阁："都察院奏图观呼图克图遣抱告以呈请事件未蒙理藩院转奏等词，赴该衙门呈诉。据称：呼图克图头一辈住京，曾蒙圣祖仁皇帝恩赏绣龙黄伞等件。此次该图观呼图克图系第五辈，于同治二年来京，所有前蒙恩赏物件是否准用？并因西宁一带回逆滋事，该图观呼图克图请即回西宁，带领汉番徒众保守庙宇，或随特派大臣调集番兵剿贼自效，叠次呈报理藩院等处俱经驳斥，恳乞转奏各等语。康熙年间恩赏该呼图克图各件是否历辈应用，著理藩院详查例案，奏明办理。该图观呼图克图现在住京当差，所请驰回西宁带兵剿贼之处著不准行。"

（穆宗朝卷一七四·页一下～二下）

○同治七年（戊辰）九月戊戌（1868.11.8）

又谕（军机大臣等）："玉通奏汉回构怨日深，请饬穆图善迅赴西宁筹办，及阿家呼图克图出口勾结野番各折片。西宁回众滋事以来，屡与汉团构衅，近则十大庄等处不法回众勾致撒拉各回，焚掠沙塘川一带，凶焰颇张。复因阿家呼图克图与之结怨，攻屠汉团，大肆杀戮，情形狂悖已极。玉通现在亲身劝解，责令两造毋再仇杀，但须确有把握，俾汉回稍息争端，不得一味姑息，致该回众愈抚愈骄也。玉通当咨商穆图善妥为筹办，该处难民招抚既有头绪，著玉通设法抚恤，以安众心。西宁地方变乱若此，一切剿抚事宜，亟应认真整顿，著穆图善妥筹兼顾，相机办理。阿家呼图克图未能保护地方，致寺院烧毁多处，复潜行出口勾结野番，欲与回众报复。该野番犬羊成性，易生事端。著穆图善、玉通传知该呼图克图迅即回寺梵修，毋许冒昧从事，致贻后患。将此由五百里各谕令知之。"

（穆宗朝卷二四三·页二二上～二三上）

捐助京饷，弥补办理洋务费用；饬催川省拨解积欠藏饷

○同治元年（壬戌）正月壬子（1862.2.27）

又谕（议政王军机大臣等）："满庆等奏遵照部咨劝捐京饷，并拟弥补办理洋务费用等语。据称前委李玉圃办理工布汪曲与察木多仇杀一案，赏项口粮及抚恤等项共合实银一万八千九百余两。除收到捐项一万三千四百余两，尚不敷银五千四百余两。拟于藏台汉、番捐助京饷汇齐后，将前项不敷银两照数拨填各等语。著准其于劝捐京饷项下弥补归款。其采买各物，准遵照成案免其造册报销。捐助茶叶、青稞人等尚属急公好义，著准其开具衔名，奏请奖叙。并准其所捐实银五十两作银一百两，以示体恤。惟劝捐京饷系实万不得已，藏台地面汉、番杂处，该大臣等务须派委廉明勤干之员前往劝导，以免侵蚀。且须察看该汉、番等情形是否乐输，不许稍有苛派，致失国体。如体察实有不便，即行停止。并俟有成数，即行报解，不得滥行开支，以重帑项。将此谕令知之。"

（穆宗朝卷一七·页五九上～六〇上）

○同治八年（己巳）六月辛丑（1869.7.9）

又谕："恩麟奏请饬催四川应解藏饷一折。西藏僻处边陲，地方瘠苦，四川每年额解藏饷六万余两，连年积欠已至三十三万余两之多。该处各塘兵丁甚为困苦，亟应力筹接济，著吴棠于每年额解饷银如数报解，毋稍短绌。其连年积欠之饷，并著每年带解三四万两，以济要需。将此由五百里谕令知之。"

（穆宗朝卷二六〇·页二下～三上）

○同治九年（庚午）三月壬午（1870.4.16）

谕军机大臣等："恩麟、德泰奏藏饷久缺，请饬筹拨一折。据称：四川每年额解西藏饷银六万余两，自上年以来，仅据该省解到银一万五千两。又，吴棠派粮员縻鸿铨等带解银一万两，尚未抵藏。即以此项并计，一年之中亦仅收川省拨解银二万五千两，其历年欠解之三十三万余两分毫未解。现在饷项支绌，请饬迅速筹拨等语。著吴棠无论何款先行筹拨银十余万两，解交恩麟等收纳应用，以济急需。其历年积欠之饷，并著源源筹解，不得再有蒂欠。将此由四百里各谕令知之。"

（穆宗朝卷二七九·页一上～二上）

○同治十年（辛未）十月丙子（1871.12.1）

又谕（军机大臣等）："恩麟、德泰奏藏饷支绌，请饬拨解一折。前据恩麟等奏四川欠解西藏饷银积至三十三万余两之多，当经谕令该督先行拨银十余万两，并将积欠饷银筹解。兹据奏称：续经吴棠拨银五万五千两。现在藏库支绌，所解之项止属杯水车薪，尚难济急。该藏兵丁困苦，亟须接济，以资镇抚等语。著吴棠恪遵前旨，无论何款先行筹拨银十余万两，派员解交西藏应用。仍一面查照定章将应解饷项按年筹拨，不得再有蒂欠。至川省解运藏饷委员，即由吴棠妥议章程，知照恩麟等，查核劳绩等次，分别奏请升衔奖励。将此由四百里各谕令知之。"

（穆宗朝卷三二二·页五上～六上）

○同治十一年（壬申）十二月癸亥（1873.1.11）

谕军机大臣等："德泰奏整顿藏务，请饬拨饷银，并定补饷章程各折片。据称，连年藏饷短绌，辄向商上借垫，番情不无挟制，弁兵仅放半饷，亦形苦累。所奏自系实情。西藏远处边陲，关系紧要，需用饷银必应照额筹解，方足以资整顿。川省积欠藏饷为数不少，德泰核计明年饷需，及酌还欠款，请由川库拨实银九万两，著吴棠如数筹拨，务于来年三四月间解到，嗣后每年额饷六万两，限于春初解到，以资接济，毋稍迟误。其察木多、拉里一带汛塘弁兵，并著严饬打箭炉同知设法拨给足饷，毋令缺乏。德泰庸妄糊涂，本日已降旨革职。所有藏中应办事件，著承继实力整理。承继未到任以前，仍著恩麟认真筹办，毋稍大意。德泰所称补发驻藏弁兵尾饷，请责成粮员等核实办理。自为杜弊起见，著承继、恩麟明定章程，饬令承办各员遇有请咨赴川补领尾饷，务须查明确数，不得稍涉含糊，致滋弊混。至所称弁兵应发实银，不准易钱散放，商上人等以钱居奇，应行查禁等语。并著承继等体察情形，妥为办理。原折片著分别抄给阅看。将此由五百里各谕令知之。"

（穆宗朝卷三四六·页二三下～二五上）

摄政呼征阿旺伊喜楚称坚参与噶伦汪曲结布争权互斗事件

○同治元年（壬戌）五月己丑（1862.6.4）

又谕（议政王军机大臣等）："满庆等奏喇嘛因布施争讼等情一折。前据满庆奏称达赖喇嘛圆寂，将商上事宜令呼征呼图克图暂行代管。续经满庆奏称，该呼图克图赋性纯良，僧俗共仰，克胜掌办商上之任，并请赏给敕书。如果该呼图克图办事公允，何至将减放布施之案延不剖断，且任听寺内仔仲将催请批示呈词之喇嘛咒骂，致启衅端，甚至各集兵众互相抵御。迨该大臣委员查断，该呼图克图又请追究洛赛领属喇嘛多人。现在番营弁兵、僧俗人等先后禀称，均不愿该呼图克图掌办商上事务，是该呼图克图之不能服众，已可概见。著即将印信图记饬令呈交，不得任听仍前抗违。惟达赖喇嘛及班禅额尔德尼均尚年幼，未能管事，自应另拣喇嘛掌管。京中印务处喇嘛距藏遥远，且于该处情形生疏，势难拣派前往。著满庆等即责令藏中僧俗人等公举一素所信服之人，令其代办商上等务，以绥众志而息纷争。至布赉绷寺喇嘛，于该大臣等查断此案后，复会合噶勒丹寺喇嘛添款禀控，又聚众执械，附藏柳林。并把守大招及布达拉山门户，守候该大臣向呼征呼图克图追取印信图记，并惜德寺、柳林两处各将僧俗扣留，逼令出具遵奉达赖喇嘛图记。人情汹汹，势将酿成巨案。该大臣于慧能呼征呼图克图既已滥保于前，自上年八月该喇嘛等启衅后，又未能及早审断了结，直至滋蔓难图始将情形入奏，并请派员赴藏审断，希图卸责。西藏程途甚远，所派之员岂能即行到彼。仍著该大臣等将此案妥为审断，务宜秉公办理。所有惜德寺、柳林两处所聚人众均著妥为晓谕，俾令及早解散，以释衅端。景纹于行抵前藏后，即会同满庆等将此案妥为筹办。该大臣甫经到藏，无所用其回护，并著切实查明启衅根由，秉公办理，毋稍瞻徇。将此由五百里各谕令知之。"

以审断喇嘛讼案办理不善，驻藏大臣满庆、帮办大臣恩庆下部议处。

（穆宗朝卷二七·页三七上～三九上）

○同治元年（壬戌）六月癸酉（1862.7.18）

谕议政王军机大臣等："据满庆等奏称：呼征呼图克图禀称，布赉绷寺所聚人等向惜德寺掷石，随于附近该寺各庙宇房屋放枪，而商属僧俗亦以呼征喇嘛居心叛逆达赖喇嘛，合藏僧俗均声称要将呼征及此案串谋主使之人一同扫灭等情。经满庆等分饬两造不得妄肆，惟当静候谕旨办理，两造藐不听信。商属僧俗竟从布达拉山军械库内取出炮位、药铅，调集前后藏、江孜番营官兵药铅、所属百姓等将惜德寺围攻。因惜德寺竭力守御，杀毙商属僧俗兵民不少。呼征呼图克图忿极，拟调果洛克野番来藏助战，虽是否听从，尚难逆料，惟西藏系达赖喇嘛驻扎处所，西、南、北三面均与外番毗连。该僧俗等同室操戈，不受汉官约束，经满庆等面属萨迦喇嘛向两造劝解，并扎调已辞噶布伦汪曲结布来藏理说，而两造皆知防兵人少，藏台饷乏，肆行无忌，以致藏中汉兵、汉民俱恐误遭杀害。恳饬由川委员管带文武官员兵丁数百名，及应用饷银军火，兼程来藏弹压审办等语。著骆秉章由川酌调妥干文武官数员及兵丁数百名，探明景纹行抵何处，即交管带赴藏，以资弹压。若因川省现在有事，且距藏路途稍远，即咨行景纹酌调达木蒙古官兵及伙尔三十九族番兵，交其统带赴藏弹压，务使两造畏服听断。至此事满庆等前派慧能呼征呼图克图掌办商上事务有无情弊，商属僧俗均与不洽，何由启衅，该督见闻较确，著详细查明具奏，并将如何筹办之处，会商景纹为要。将此由五百里谕令知之。"

又谕："满庆等奏请饬由川委员派兵数百名，并应用饷银、军火，兼程来藏等语。藏中喇嘛互斗，何至不能劝解，任令残杀商民，酿成巨案，满庆等办理不善，实属咎无可辞。著仍遵前旨将此案秉公审断，妥为办理。能使两造帖服，自可毋庸重烦兵力；如不听禁约，即与骆秉章咨商，拨兵弹压，并催令景纹迅速赴藏，妥筹办理，以息争端。"

又谕："满庆等奏称布赉绷、噶勒丹两寺喇嘛与呼征呼图克图斗杀不休，请饬四川委员带兵赴藏弹压一折。该处僧俗同室操戈，不受汉官约束，势必邻番乘机侵侮，贻患无穷。景纹前已据报由库车起程，著即迅驰

赴藏，将此案秉公剖断，并查明启衅根由，及满庆等有无滥保徇庇情弊，切实具奏。如果持平办理，足以服商属僧俗之心，自可晓谕解散。著景纹于行抵川省时，即向骆秉章筹商，并将所调兵丁迅速管带赴藏。如所调兵丁一时未能齐集，景纹即当先行驰赴藏中，毋得借词迁延。倘畏葸不前，致令藏中事务日坏，恐景纹不能当此重咎也。将此由五百里谕令知之。"

（穆宗朝卷三二·页一〇上～一三下）

○同治元年（壬戌）七月丁亥（1862.8.1）

谕议政王军机大臣等："景纹奏行抵川省，筹备饷需，并在川接满庆等咨报情形各折片。据称：现在西藏僧众互相残杀，驻藏官兵不足以资弹压。请饬川省暂为凑银数万两，以备饷糈，并调拨番汉官兵，拣派文武干员，随同前往等语。前据满庆等奏藏中僧俗斗杀不休，当经谕令骆秉章由川酌调妥干官员及兵丁数百名交景纹管带赴藏。如川省兵力未能分拨，即咨行景纹酌调遣达木蒙古官兵及伙尔三十九族番兵就近带赴。并谕令景纹于抵川时，与骆秉章筹商，将所调兵丁迅速带往。现在景纹已抵川省，著骆秉章督饬藩司凑集银数万两，以备饷需、军火之用。如一时或形支绌，即著先备若干解交，馀再源源接济。并拣派能干文武数员，随同景纹前往，弹压办理。并著景纹迅即调齐番汉兵丁驰赴藏中，相机筹办，及早竣事。并仍遵前旨查明此案启衅根由，秉公剖断。满庆等有无徇情滥保情弊，亦著查明切实具奏，毋许瞻徇。将此由五百里各谕令知之。"

（穆宗朝卷三三·页二二下～二三下）

○同治元年（壬戌）八月乙卯（1862.8.29）

谕内阁："满庆、恩庆奏呼征呼图克图带印逃走，请饬查拿究办一折。另片奏请赏加旺曲结布名号等语。呼征呼图克图阿旺伊喜楚称嘉木参自咸丰八年掌办商上事务，不思维持地面，辄因布施小事激怒众僧，致与布赍绷、噶勒丹两寺互相仇杀。呼征呼图克图一味负气，扬言已调果洛克野番来藏助战。布赍绷等两寺喇嘛互相攻击，呼征呼图克图见势力不敌，携带掌办商上印信图记潜逃，实属辜恩怙恶，有玷黄教。所有从前赏给阿旺伊喜楚称嘉木参慧能名号、广衍黄法阿齐图呼图克图敕印及黄缰等件，均著一并注销，不准再令转世。仍著理藩院衙门、沿边各省督、抚、口外将军、大臣、蒙古王公一体查拿究办，追出携带之掌办印信图记送交西藏，以免招摇。达赖喇嘛公事紧要，既据藏中僧俗大众公举已辞噶布伦汪曲结布堪以辅佐办理，著照满庆等所请，即以汪曲结布协理西藏事务，并赏给诺们罕名号。"

又谕（议政王军机大臣等）："满庆、恩庆奏呼征呼图克图带印潜逃，请饬查拿各折片。呼征呼图克图任性妄为，因布施细小事故激成僧俗互斗重案，复敢携带印信私自逃走，自应严拿务获，从重究办。惟两寺僧众调兵争杀，于欲得而甘心之人岂容任令潜逃？且回寺居住三日，僧众岂毫无知觉？满庆等所奏情节支离，显有不实不尽之处。著将确切情形据实具奏，不准稍有回护粉饰。此次汪曲结布已准协理商上事务，既据满庆奏称诚实可靠，且名号仅止协理，自不至如掌办事务者之恃权妄作。现在藏地危而复安，僧俗各安生理，即著满庆等妥为抚绥安辑。嗣后如再有别项事端，致边地骚然不靖，惟满庆等是问，毋谓宽典可以幸邀也。将此由五百里谕令知之。"

又谕："满庆等奏：呼征呼图克图业已逃走，僧俗人情稍定，地面安靖，已公举汪曲结布协理商上事务。是藏中人情已安，毋须再行派兵弹压。所有前谕调拨番兵饷银，均著骆秉章即行停止。此事虽据满庆等奏称事已安定，而呼征呼图克图既为僧俗所恨，何以任令逃逸？其中恐别有情节。满庆前保呼征呼图克图代办商上事务，何以并不审择众心悦服之人，致令僧俗激变，其滥保已可概见，恐尚有受贿等情。计此旨到日，景纹已行抵西藏，即著严密查办，务得实情，详晰具奏。断不准稍有瞻徇，以致僧俗心怀不服。此次所举汪曲结布是否众心悦服之人，呼征呼图克图去后，人情是否安定，并著景纹一并具奏。事关边疆重务，谅景纹不敢含混自干罪戾也。将此由五百里各谕令知之。"

（穆宗朝卷三六·页二三上～二六上）

○同治元年（壬戌）八月庚申（1862.9.3）

又谕（议政王军机大臣等）："骆秉章奏查访西藏喇嘛启衅情形一折。据称：布赉绷寺直［值］年堪布克减布施，呼征呼图克图已将该堪布革退。布赉绷寺喇嘛十七支，内有洛塞岭巴一支，素本桀骜，借口众心犹未餍服，拥至呼征呼图克图处滋闹。满庆等派粮务委员李玉圃、游击怀唐武、把总马腾蛟查办。李玉圃等偏徇布赉绷寺，私发断牌，以致两造不服。布赉绷寺复约同噶勒丹寺番众，私取布达拉山武库枪炮轰击。该呼图克图屡向满庆等衙门投诉，均为李玉圃、马腾蛟蒙蔽不办。呼征呼图克图遂开枪拒敌，汉番均怀惊恐。布赉绷等两寺复纠众赴满庆等署喧闹要挟，并串通李玉圃将素本狡诈之参革发遣噶布伦璧喜向满庆面请调回调停，璧喜遂逞私忿，必欲将呼图克图屠灭，合藏兵民皆为不平等语。与满庆等叠次所奏情节迥异。现在呼征呼图克图虽经去藏，而兵民俱为之称冤，满庆等何以并未奏及？且目睹该寺喇嘛构衅互讧及布赉绷寺僧众强取库械、哄署喧闹要挟各情，何以任听李玉圃等始终蒙蔽毫无觉察？且满庆等前次奏称有李玉圃等抄呈所发断牌，禀请转行呼征呼图克图查照完结等语，李玉圃等断牌既系私发，何以满庆等并不讯究？且将此事入奏，情节尤属支离。是否满庆等祖护布赉绷寺僧众，并授意李玉圃等偏断，以致酿成巨案，著景纹于抵藏后即将确情详细查明，据实具奏，毋得稍事徇隐，代人受过。李玉圃、马腾蛟二员既为兵民怨谤，其办理不善已可概见。并著景纹将该员等先行撤退，仍将蒙蔽把持劣迹查明严参，从重治罪。其璧喜一犯即著解回配所，毋令盘踞藏地，致生枝节。如查有主谋构衅实据，仍著严行治罪，以儆凶狡。满庆等现保之汪曲结布是否堪以协理西藏事务，并藏地情形曾否安谧，均著迅速具奏。将此由四百里谕令知之。"

（穆宗朝卷三六·页四九下～五一下）

○ 同治元年（壬戌）八月丁卯（1862.9.10）

又谕（议政王军机大臣等）："崇实、骆秉章奏：拉里等处粮员来禀，接据前藏兵民公呈，佥谓满庆信任私人，受其愚惑，为布赉绷寺喇嘛挟制，擅起兵衅，呼征呼图克图虽暂时出避，后患方长各等语。似此情形，是满庆等前奏危而复安等语殊不足信。必须持平办理，方能久远相安。本日已降旨赏给福济副都统衔，著即驰赴西藏，会同景纹秉公查办。务令两造曲直各得其平，庶足安黄教而靖疆圉。至满庆等办理不善情形，及有无受贿情弊，并著确切访查，据实具奏。福济以屡经获咎之员，此次委以边疆重务，该员具有天良，想断不敢粉饰瞻徇，自干罪戾也。将此由五百里各谕令知之。"

（穆宗朝卷三七·页四二上～下）

○同治元年（壬戌）十月丁未（1862.12.19）

又谕（议政王军机大臣等）："前因满庆等奏喇嘛因布施争讼等情，当以该大臣所奏情节支离，恐有纳贿激变情事，谕令景纹于抵藏后详细确查，据实具奏。嗣据骆秉章奏访闻喇嘛启衅根由，系因布赉绷寺堪布克减布施，致启争端。满庆等为粮务李玉圃、游击怀唐武等偏徇蒙蔽，兵民均为不平。与满庆等历次所奏各情迥异。是满庆等之有意欺饰已可概见。兹据文志奏称拿获呼征呼图克图呈递冤词，译汉呈览一折。览其呈词，因布施银两启衅，满庆既不为办理，又纳汪曲结布之贿，以致酿成事端等语。与骆秉章访闻各情大略相同。虽其中不免该呼图克图一面之词，而满庆等办理失当已无疑义。该罗沙族等有无恃强欺凌，满庆等何以不为持平办理，汪曲结布既因事革退，何以又令代办商上事务，难保非受贿徇庇，该呼图克图有无冤抑，事关边疆要务，必应彻底根究。著福济、景纹于抵西藏后，将喇嘛启衅情由切实查明，秉公办理。倘满庆有办理偏私及受贿情事，即行据实严参，候旨惩办，以服众心。该呼图克图现在解京，无难审出实情，福济等断难徇隐。倘以事越万里，朝廷不能觉察，稍涉欺蒙，别经发觉，惟福济等是问。西藏事务与川省关涉甚多，若藏中不能安谧，则川省亦难免缮征之劳。并著骆秉章随时密访，据实奏闻。呼征呼图克图呈词著抄给阅看。将此由五百里各谕令知之。"

（穆宗朝卷四七·页三九上～四〇下）

○同治二年（癸亥）三月甲戌（1863.5.15）

又谕（议政王军机大臣等）："前因已革呼征呼图克图解送到京，特派文祥会同都察院堂官审办，并令将满庆先后奏报情形汇案秉公查核。兹据该大臣等查明复奏：据称呼征不能约束僧俗，致因布施小事启衅，实有应得之咎。惟据供称满庆调汪曲结布来藏，曾收受元宝八十个。案关徇私纳贿，虚实均应彻底根究。至满庆所奏呼征专权骄横，调兵滋事，并使蒙古喇嘛假冒王公名色，及拆桥逃遁各情，均与呼征现供不符，请饬福济会同景纹逐款讯办等语。呼征呈诉汪曲结布贿送满庆元宝一节，虽据供称传说之张喇嘛业已身故，无凭提质，惟满庆前后各折始则奏请京中能事喇嘛赴藏，继又恳派汪曲结布辅佐达赖喇嘛，已属自相矛盾。又屡次奏报均称两造斗杀，该大臣开导劝解。迨奉旨查询呼征逃走情形，又称谕令僧俗围住惜德寺，并派兵追缉呼征。是此事皆由满庆主持调派，尤与前后情节不符。且汪曲结布果系外番畏服，何以当呼征禀革之时满庆不为保留，且回文内称办理甚善。前据骆秉章奏查访西藏启衅情形一折，亦与满庆奏报情形迥异。种种疑窦，诚难保无别项情弊。著福济、景纹提集人证，秉公逐款详讯。一俟得有确实情形定拟具奏，不准稍有回护瞻徇，自干咎戾。至满庆所奏酌拣番目请补噶布伦等缺及筹议变通章程五条，皆系转据李玉圃、汪曲结布二人禀词办理，有无情弊，并著福济、景纹查明核办。呼征呼图克图等如令其赴川对质，道途多梗，恐致耽延时日，已交理藩院转饬喇嘛印务处看管矣。原折著纱[抄]给阅看。将此各谕令知之。"

（穆宗朝卷六二·页三三下～三五上）

○ 同治二年（癸亥）五月癸亥（1863.7.3）

又谕（议政王军机大臣等）："崇实、骆秉章奏密陈西藏实在情形一折。据称：汪曲结布即系前充噶布伦之璧喜，历来把持藏务。现复由配所潜回，勾结李玉圃，簧惑满庆扎调，借得明目张胆，必欲屠灭呼征呼图克图。复借剿办瞻对为名，征调各处土兵，其意盖恐福济等进藏认真查办，故大张声势，以为要挟抗拒地步。请令撤回土兵，并先将李玉圃调离西藏等语。汪曲结布与李玉圃狼狈为奸，满庆等事事受其挟制，代为蒙混奏请，实堪痛恨。本日已谕令将土兵撤回，保守藏地。如瞻对夷酋入境，即为剿办，不得滋扰内地。惟该土兵能否不恃众滋扰，殊未可知，著骆秉章饬各该地方妥为防范。如有滋扰情事即行严拿惩办。瞻对野番近日情形如何，并著该督饬令史致康等妥为办理，毋任延蔓。藏中政务毫无端绪，亟须待人经理。福济、景纹仍当遵照前奉谕旨，绕道赴藏，将交查各案件密速妥办，毋得迟延观望。将此由六百里各谕令知之。"

又谕："呼征呼图克图携印潜逃来京控诉，多系一面之词，未可凭信。

惟必得李玉圃来京质证，方足以折服其心。著满庆、恩庆即行传知该粮员，务即迅速来京质对，毋任迟延。前谕满庆等将李玉圃及赴川汉番各兵撤回，著即懔遵前旨将各土兵一律撤回，防守藏地，毋得滋扰川省边界。川省饷项缺乏，恐亦未能协济，此项土兵宜量加撤遣，毋任恃众扰害。将此由六百里各谕令知之。"

（穆宗朝卷六七·页四四上～四五下）

○ 同治二年（癸亥）十月甲申（1863.11.21）

谕议政王军机大臣等："前因满庆等奏瞻对野酋纠众围困里塘正土司官寨等情，当照所请谕令骆秉章酌调土兵援剿，并协拨兵饷。旋据崇实、骆秉章奏西藏土兵沿途滋扰，请令撤回，并密陈呼征呼图克图与汪曲结布构衅情形，及李玉圃挟制主使，请调开以离其党。均经照所请饬办。又，文祥等奏审办呼征呼图克图一案，当将满庆等先后奏报自相矛盾之处，复谕令福济、景纹秉公逐款详讯。迄令数月之久，土兵曾否撤回，瞻对情形若何，道员史致康等前往开导，能否遵谕解散，未据该将军等复奏。而福济竟以路梗折回成都，杳无赴藏消息，朝廷正深廑念。兹据满庆等历陈呼征揑具冤词，声明原案始末，并委员李玉圃起程驰赴乍、察，相机办理瞻逆事务。参劾拉里粮务严清荣任性乖张，并为达赖喇嘛、汪曲结布代进奏书各折片。览满庆等所奏，如呼征冤词内有两寺喇嘛与彼送银五十两、哈达一个，令其进京告状一节。满庆等则称：该喇嘛闻知呼征有苛派银两之事，故意送银形容，以示羞辱，殊出情理之外。所称总堪布胆敢向山上放枪，系奉呼征之命而来等语。无论呼征未必果有此事，而总堪布一经放枪，即被执事人等捆缚，所带土兵何竟无一人援救？满庆等既知汪曲结布与呼征有切齿之仇，何以将伊调藏？汪曲结布既系僧众及办事大臣调来，而满庆折内则称呼征求调汪曲结布来藏，并非好意，有半途劫杀之心，亦未免有心文致。汪曲结布曾充噶布伦台吉，于咸丰八年辞退，曾经满庆奏明。惟呼征供称，汪曲结布系有罪革退之人，史致康言伊即系解回配所之壁喜。究竟汪曲结布有无发遣案据，均应逐一查究。著福济、景纹于抵藏后，迅将呼征与汪曲结布呈诉各情、前后谕旨内驳诘各节确切查明。如满庆等有与汪曲结布朋比为奸，捏词饰奏情弊，即著据实严参，并将汪曲结布撤退，断不可令其把持藏务。如满庆等所奏并无虚捏，汪曲结布果为僧众所信服，其辩冤奏书所列济咙呼图克图众头目出具图记之处，均系情真事实，即可俯顺舆情，令汪曲结布协理藏务，用示羁縻。是在福济等斟酌妥为办理，以安藏地。至汪曲结布于道员史致康等禀称瞻对台藏东路滋扰已非一年，蛮触相争，非同侵犯内地等语。哓哓置辩，谓天朝有外之之意。史致康等此禀，不过因川省军务未平暂缓进兵起见，骆秉章何遽咨行驻藏大臣衙门，致僧俗得以互相传播，借为口实，未免疏忽。满庆等接到此咨，未将汉文义理向僧俗明白解说，致令惊疑，亦属不合。本日已严谕满庆等妥为宣布安抚。土兵既不得力，而瞻对又不可理谕，岂可任其恣意侵犯，致梗驿路。川中兵勇甚多，现在属境亦颇安谧，著骆秉章迅即调派得力将领，酌带劲旅，剿洗瞻对匪徒，务令藏路疏通，而明正土司等得以各安生业，以副朝廷怀柔远方之意。……据满庆奏：委员李玉圃带领把总马腾蛟等及汉、番兵丁人等驰赴乍、察一带，相机办理剿抚瞻逆事务等语。所调土兵前已有旨撤回，李玉圃曾否遵旨来京，抑或尚在乍、察，著骆秉章查明奏闻。李玉圃系呼征案内待质要证，本日已谕令满庆等仍遵前旨，饬该粮员迅速来京矣。福济等折回成都时，声称藏中事务随时与将军等面商。今既数月，试问所商何事、作何办法？又云一俟驿路疏通，即速赴藏，以副委任。现据满庆等奏：藏中僧俗大众盼望福济、景纹二人来藏，将各案办结，以安人心。已饬商上特派晓事番目，持达赖喇嘛夷扎赴炉，面见明正土司，谕令按站迎送。是驿路不患梗阻。且满庆等奏报可以东来，福济等行李岂不可以西去？福济前因规避云南省分，延不赴任，获咎甚重。经朝廷弃瑕起用，复敢安坐锦城，不思设法驰赴藏中，将交查案件迅速办结，竟是故态复萌，大不晓事。著即恪遵叠次谕旨，会同景纹星速前进，不准再事耽延。倘仍以路梗为辞，致藏众日久生心，借端滋事，而满庆等反得倚恃汪曲结布等为藏身之固，定将福济、景纹重治其罪，毋谓言之不预也。满庆等折片五件、代进达赖喇嘛等奏书四件，均著抄给崇实、骆秉章、福济、景纹阅看。将此由六百里各谕令知之。"

又谕："满庆、恩庆奏呼征捏词诬控声明原案始末，并剿办瞻对各折片。又代进达赖喇嘛等奏书四件。前因呼征控诉各语均系一面之词，万难凭信，谕令满庆、恩庆传知李玉圃迅速赴京质对，此次满庆等沥陈呼征捏词妄控各情，是李玉圃被诬冤抑，事必有因。惟案关藏地构衅，非李玉圃亲来质对，不足以折呼征案内一干人证之心。即著恪遵前谕，饬令该粮员迅速来京，毋任迟误。至道员史致康禀内有蛮触相争等语，此系指瞻对等而言。汪曲结布等何得即以弃同化外、众心疑惧等词遽行呈诉，满庆等于此等咨文何以不将汉文义理向其解说，致令惊疑，殊属不知大体。著即宣布朝廷德意，妥为拊循，告以我朝抚有中外，一视同仁。况尔等受累朝豢养之恩，岂可因妥员禀词怀疑越诉。惟当静候钦差赴藏，秉公查办，一切冤抑断无不申之理。至藏中土兵，仍应遵旨斟酌遣撤。如瞻对野酋不遵理谕，即由满庆等酌留驯良兵练扼守藏界，仍咨明川督剿办。川省大军剪除群逆，自当无坚不摧。凶悍如石达开一股，亦且歼灭无遗，矧兹瞻对，岂能螳臂当车，大兵一到即可解散，藏内人民何必妄生惊畏。如此明白开导，必能照旧相安。此次汪曲结布等违例擅递奏书，本应查究，姑念其向化情殷，是以谕令福济等赶紧赴藏，持平妥办，以示体恤。嗣后除应行呈递奏书照例呈递外，馀俱不准呈递，以符定制。……粮员严清荣既据满庆等因其不洽番情，撤任候审，已谕知骆秉章将该员撤回查办。色拉寺喇嘛刁玩，恐生事端，著满庆等相机妥办，宽严合宜，以杜后患。满庆等折内有派人晓谕明正土司安站通道之语，并著妥速办理，疏通道路，庶福济等可以早日抵藏，将此案早日办结，永息争端，以副维持黄教之意。将此由六百里各谕令知之。"

（穆宗朝卷八二·页一上～九下）

○同治二年（癸亥）十一月辛未（1864.1.7）

又谕（内阁）："满庆等奏缕陈藏务情形，请准粮员宽限赴京，又藏中因防范奸细修砌墙垣，廓尔喀愿助唐古特防剿瞻逆，夷匪抢去报匣、佛匣，现在饬缉，请留丁忧之拉里粮员差委，请催查办藏务大臣递解呼征呼图克图来藏各折片。并抄录断牌，照译藏格巴都尔夷信及檄文底稿呈览。览奏不胜诧异。李玉圃一员，迭经有旨令其迅速来京与呼征质对，而满庆等乃欲将呼征解藏质对，请将李玉圃留藏备质。且以该粮员经手那[挪]汇帐目接济兵食，借词挟制，李玉圃若不来京，要案何能讯出。著懔遵叠次寄谕，仍饬李玉圃迅速来京，毋得再涉迁延，致干重咎。藏中因防范奸

细修砌墙垣，现将官兵移扎正街。向来驻藏大臣衙署建盖城外，当日必有深意。满庆等何以欲移建城内？即有不法番民来藏勾结，何至不能严拿惩办？岂移居城内遂可为藏身之固耶？此等办法殊不可解。……夷匪将报匪、佛匪抢去，著即督饬江有福迅速带兵严拿。已谕令骆秉章派兵清理驿路，及时整顿，以免文报阻滞。丁忧之拉里粮员陈廷杰著准其暂留帮办防堵事务，俟瞻对事竣，即饬回籍守制。福济等赴藏迟延，已经严旨申饬，并催令克日前进。满庆、恩庆惟当就现在情形妥为办理。并派兵弁疏通道路，俾福济等早日抵藏，以息争端。将此由五百里谕令知之。"

又谕："前因满庆、恩庆奏沥陈呼征捏具冤词，声明原案始末等情。当经谕令福济、景纹赶紧赴藏，不准再事耽延。迄今月余，尚未据福济等奏报起程，实属不知缓急。本日复据满庆等缕陈近日台藏情形，并达赖喇嘛以商属僧众日盼钦差来藏查办事件咨请代奏，请饬催福济等兼程前来，察看台站及藏中情形。如所奏事情一有虚伪，从重治罪等语。福济等一日不到藏地，藏众即一日不安。满庆等转得与汪曲结布互相勾结，朋比为奸。福济等久已奉命赴藏，尚待满庆等及达赖喇嘛再三奏请，催令前来，已属不成事体。著福济、景纹迅即遵照前旨星驰前进。如再自耽安逸，托故不前，则是昧良丧心，万难宽宥，岂谓朝廷不能执法从事耶？福济等具懔之。呼征前已病故，满庆等佯为不知，请押解来藏质对，殊属狡诈。已严饬满庆等仍令李玉圃迅速赴京。丁忧之拉里粮员陈廷杰已准满庆等暂留差委，仍著骆秉章选派委员，接管粮务及仵、察防堵事宜，俾李玉圃得以交卸起程，不至借词狡展。并著骆秉章商同崇实，另派明干员弁随同福济等赴藏，审办一切案件，较为有益。驻藏大臣衙署向在城外，兹据满庆等奏，因藏中防范奸细修砌墙垣，遂将官兵移扎正街，并该大臣等亦移居商上官房，殊出情理之外。是否满庆等被汪曲结布挟持，一切不能自主，崇实、骆秉章必有所闻，即著据实详奏。并著福济、景纹于到藏后，将衙署因何迁徙之处一并查明具奏。……崇实本由驻藏大臣改任将军，藏事败坏至此，该将军亟须商同骆秉章、福济、景纹设法办理。如福济、景纹办理不能妥协，惟有仍令崇实前往，断不准该将军卸责也。原折片六件并断牌、信函、檄谕共四件，均著抄给崇实等阅看。将此由五百里各谕令知之。"

（穆宗朝卷八六·页四四上～四八下）

○同治三年（甲子）正月乙巳（1864.2.10）

谕议政王军机大臣等："前因满庆、恩庆奏称呼征捏词诬控，并剿办瞻对，及委员妄禀等各折片。当经谕令满庆等以呼征控诉各语万难凭信，令其传知李玉圃迅速赴京质对，并晓谕明正土司安站通道，粮员严清荣撤回川省查办矣。呼征失察堪布克扣布施，不能秉公办理，致令藏中滋事，断难复令回藏。所控情节亦难凭信。汪曲结布既为藏中僧俗所服，即著满庆等责令协同达赖喇嘛掌办藏务，令其抚辑僧俗，务使各寺相安，永息争端。不准区分党类，恃强陵弱，再行滋事。倘能全藏底定，尚当破格加恩。所有呼征前控各情，并著无庸查办。此系朝廷为安辑全藏起见，特降此旨。即著满庆等传谕汪曲结布知悉，令其益知感激，倍加奋勉。前据骆秉章奏，瞻对匪众现已回巢，此时所调藏兵自毋庸再行进剿，以省兵力而示体恤。著满庆即将此项兵丁撤退，仍归藏地本境，毋庸越境会剿。并著崇实、骆秉章饬令史致康派拨兵丁查拿夹坝，以次疏通驿路。前据满庆等奏称李玉圃在川候补十年，未得署缺，并声叙该员劳绩，请破格录用。当以该员现办军务，俟有成效，再行奏奖。现在瞻对既无须进剿，著满庆等即将该员前次劳绩查明，会同崇实、骆秉章、福济、景纹保奏，令其赴川，由骆秉章送部引见。并由骆秉章察看该员才具，酌量委用。其严清荣被参之案，即著福济等将该员撤回内地查办。其明正等土司仍由满庆等晓谕，令其照常安设驿站。呼征事现在虽可无庸查办，瞻对土匪回巢能否与明正等土司日久相安，及洋人传教能否阻止各节，事关紧要。福济曾任封疆，办理较满庆等更当老练。福济到藏后即帮同景纹将该处实在情形办理，一面迅速奏闻。其福济行止，著俟藏务办竣后再行请旨。满庆本系任满赴京人员，著仍遵前旨起程回京。福济等仍遵前旨迅速赴藏，毋稍延缓。将此由六百里各谕令知之。"

又谕："崇实、骆秉章奏密陈西藏情形，请权宜办理一折。据称满庆、李玉圃、汪曲结布互相固结，李玉圃怂恿满庆蒙混具奏，以汪曲结布掌办藏务，复奏请将李玉圃破格录用，汪曲结布奏书中复力剖满庆、李玉圃之冤，并满庆、李玉圃借瞻对、天主教为名，种种欺诈要挟，请暂筹权宜办理等语。满庆等挟私怀诈，把持藏务，已成固结难解之势，非权宜办理，不足以释藏中之疑而离其势，本日已照所请寄谕满庆等办理矣。满庆等寄谕内仍将崇实、骆秉章、福济、景纹四人衔名叙入，以释满庆等疑虑。著崇实等催令满庆、李玉圃迅即来京。并晓谕汪曲结布令其抚辑僧俗，毋令再生事端。倘能全藏底定，尚当破格加恩，俾免疑惧。仍晓以前次加恩系出自特旨，非由满庆等奏请，以散其固结之心。一面催令李玉圃迅速来京，催满庆等到川，再将李玉圃押解赴京。……瞻对土匪前已回巢，且系满庆、李玉圃借剿办该土司为名虚词恫喝，为要挟固结之谋。即著福济等飞速行文，将满庆等前调藏兵撤回，毋庸越境会剿，以弭边衅。仍著骆秉章等饬令史致康督令派出阜和协兵五百名，扎驻河口，查拿夹坝。并晓谕明正、里塘各土司照常安设驿站，以期疏通道路。惟藏中正当多事之秋，此时福济等赴藏，势更难缓。且满庆等既可由藏来川，福济、景纹何独不可由川赴藏？著仍懔遵前旨，即速由川起程，驰赴西藏，认真查办，毋得借词推诿，致干重咎。至李玉圃诡谲异常，未必肯即行来京质对案情。前据满庆等奏称该员自到川以来，候补十有余年，在口外苦累，未得一署本缺，恳请破格录用等语。是其志在躁进，亟图回川署缺，早已情见乎词。此次寄谕满庆等，令其会同骆秉章等查明李玉圃劳绩保奏请奖。骆秉章等正可行文满庆会商酌保。一面将李玉圃檄调回省，令其署缺，俾该员有所欣羡，迅速回川，以绝藏中勾结煽惑之端，亦系权宜一法。总之，藏中之治乱，惟以福济、景纹到藏之迟速为断。如果能迅速赴藏，俾满庆等及早交卸，则李玉圃自无所用其煽惑。福济、景纹当识此意，赶紧由川起程，不得一味畏葸，致误大局。至福济此次赴藏仍当以帮同景纹专勘瞻对为词，以释满庆等疑惧。俟到藏后，仍将呼征等一案暗中查明，据实具奏。此次寄谕崇实等当加意慎密，即将来复奏时，缮写折件之人亦当慎择，毋令稍有宣露。将此由六百里各谕令知之。"

（穆宗朝卷九〇·页九下～一四上）

○同治三年（甲子）二月乙酉（1864.3.21）

谕议政王军机大臣等："前因崇实、骆秉章奏密陈西藏情形，请权宜办理，当经密谕崇实等，催令满庆等到川即令李玉圃迅速来京，并谕福济、景纹赶紧赴藏。兹据福济奏：遵旨起程，行抵雅郡。据史致康禀称在炉城竭力开导明正土司，已允设站支应乌拉。里塘土司因藏中复派粮员李玉圃带兵出剿瞻对，据里塘土司呈出藏中来信，现有大兵来剿瞻对，复狡恳调兵助剿，又执拗不即设站等情。现在由炉城以至乍、察惟递送文报夷人可以单身往来，中间夹坝横行，商旅裹足，即文报亦常被劫失，实难只身前进。惟藏事败坏由于李玉圃暗为主谋，满庆任听愚弄，该二员如不即离藏，必仍借剿办瞻对以逞狡谋。不特土司撤站有所借口，驿路终难疏通，更恐瞻对边衅愈启愈大。李玉圃与汪曲结布朋比为奸，兵权在手，其意更不可测。请饬满庆速将李玉圃所带藏兵撤回，并谕满庆、李玉圃迅速赴京等语。满庆等怀私挟诈，把持藏务，福济、景纹一日不能到藏，祸患一日不了。著福济、景纹仍遵前旨，赶紧由川起程前往，毋再迁延推诿。若仍一味畏葸，置大局于不顾，恐福济、景纹不能当此重罪也。前次寄谕恐崇实等尚未接到，著再抄给阅看。前照崇实、骆秉章所请，另有寄满庆等谕旨一道，仍将崇实、骆秉章、福济、景纹四人衔名叙入，以释满庆等疑虑，亦未识曾否奉到？并再一并抄给阅看。此次仍有另寄满庆等谕旨一道，著崇实等迅即行文知照。将此由六百里各密谕知之。"

又谕："前因呼征控诉各语难以凭信，并办理藏务不能秉公，断难复令回藏，谕令满庆等责成汪曲结布协办藏务，剿办瞻对之藏兵即行撤回。查明李玉圃劳绩，会同崇实等保奏，送部引见。并令满庆回京，催福济、景纹迅速赴藏。兹据福济奏遵旨起程，行抵雅郡，因里塘土司不肯设站未能前进等语。藏中事务关系紧要，福济等亟应星驰前往，以资安辑。著福济、景纹仍遵前旨赶紧赴藏。并著满庆等晓谕明正等土司照常安设驿站，毋令再有阻滞。所有一切办法已于本年正月初三日寄谕内详细指示，著崇实、骆秉章、福济、景纹、满庆、恩庆懔遵前旨迅速妥为办理，即行奏闻，毋再稍涉迁延。将此由六百里各谕令知之。"

（穆宗朝卷九四·页一二下～一五上）

○同治三年（甲子）五月壬子（1864.6.16）

又谕（议政王军机大臣等）："前因崇实等先后陈奏西藏情形，并满庆等奏买巴扎仓喇嘛抢去已革待审之堪布等情，迭经谕令崇实等查明办理，并催福济、景纹迅速赴藏。兹据福济、景纹奏称由炉城以至乍、察，道途仍难行走等语。由川赴藏道路现在仍前梗阻，福济等尚难前进，惟藏中祸患日深，福济、景纹一日不到，变乱一日不了。著崇实、骆秉章、福济、景纹严饬史致康向明正等土司妥为开导，即令迅速设站，以期疏通驿路。福济、景纹仍一面设法前进，懔遵迭次密谕妥速查办。若专以道路未通为词，一味迟延推诿，置大局于不顾，朝廷法纪具在，福济、景纹其能当此重罪耶？所拣补僧俗番目等缺，既据奏称尚未身历其境，虚实难以悬揣，即著福济、景纹于抵藏后赶紧办理，一秉至公，毋稍迁就。拉里粮务严清荣所禀李玉圃、马腾蛟与璧喜等狼狈为奸各情，其言是否确实，著崇实、骆秉章、福济、景纹查明具奏。严清荣原禀著抄给崇实、骆秉章阅看。将此由五百里各谕令知之。"

（穆宗朝卷一〇三·页一七下～一八下）

○同治三年（甲子）八月己巳（1864.9.1）

又谕（议政王军机大臣等）："满庆、恩庆奏：接奉寄谕遵饬汪曲结布抚辑僧俗，现据协理商上事务诺们罕汪曲结布禀称，遵查三大寺启衅根由实因呼征徇私作弊，与色拉寺众僧无涉。现在三大寺甚属和睦，藏地亦安静肃清。惟当谨遵谕旨协办商务，随同达赖喇嘛抚绥僧俗等情，并恳转进哈达、佛匣暨抄录商属僧俗番众切实甘结呈览，请将呼征并其从人在京作何发落，及呼征寺院土地、人民应否归达赖喇嘛收管，降旨遵办各等语。前因呼征克扣布施，办理不善，致僧俗激成事端，汪曲结布素为众情所服，谕满庆等饬令协办商务。兹据满庆等奏：汪曲结布遵谕抚绥僧俗，全藏安静，办理甚为妥协。著满庆等传旨嘉奖。仍责令将商上事务并合藏僧俗番众人等，随同达赖喇嘛妥为绥辑，以期永远相安。倘此后办理未尽合宜，或致别启衅端，即惟满庆、恩庆等及达赖喇嘛、汪曲结布是问。呼征业已在京病故，其从人等如令即行回藏，恐其复行造言生事，反致煽惑人心，是以仍令在京居住。至呼征所管寺院、土地、人民，著照满庆等所拟，归达赖喇嘛收管，即由满庆等传知妥办。前经叠谕福济驰赴西藏，帮同景纹勘办瞻对与土司互斗情形，日久尚未前往，著俟道路疏通，各土司均已安设驿站，即行懔遵前旨迅速前进，毋得再有稽留。满庆俟景纹到藏，即将藏务移交，起程回京。并著崇实、骆秉章选派委员接管拉里粮务，以便李玉圃交替回川。俟该员到川后，即由崇实、骆秉章会同满庆等,将该员劳绩查明保奏,候旨录用。……将此由五百里各谕令知之。"

又谕:"崇实、骆秉章奏:前奉谕旨饬查已革总堪布身死情节,因川中距藏窎远,不特此案无从悬揣,即藏中实在情形亦难知悉。现据史致康禀称,明正、里塘各土司现已具结安站,由打箭炉以至里塘大路可通,惟一到乍丫即入藏地,福济等能否前进尚未可知。且恐番官与各土司串通,故为设站,俟福济等到后,任其要挟。此时汪曲结布等已成固结莫解之势,请暂予羁縻,将从前各案暂缓深求,俟满庆、李玉圃进关再行查办等语。本日又据满庆等奏:接奉寄谕,饬令汪曲结布协理商上事务,该达赖喇嘛及汪曲结布均各感激并商属僧俗公同出结,永远和睦各等语。西藏情形本非内地可比,朝廷所重惟在全藏乂安。是以历次所降谕旨,虽暗谕崇实、骆秉章、福济、景纹将从前各案密行查办,而于满庆等寄谕内仍将汪曲结布暂示羁縻,令其协理商上事务,并将李玉圃嘉奖,令满庆等会同骆秉章保奏送部引见,原以安藏俗之心而撤满庆、李玉圃之权,令其离藏以便查办。骆秉章所奏各情,即系朝廷命意所在。本日复将呼征在京身死一节谕知满庆,所有商上事务即责成汪曲结布妥为抚辑,永息争端,仍将崇实等衔名叙入,以释其疑。惟满庆、李玉圃把持藏务,狼狈为奸,已成滇省之势,非调令进关无从办理。满庆本日折内复称:李玉圃应俟川派接管粮务之员到来,并景纹等抵藏,再会同该将军、总督声叙劳绩保奏,并该大臣亦即交卸回京等语。是景纹等一日不能抵藏,满庆等反得以交卸无人,借词延宕,藏务终无了期。现在各土司均已具结安站,是由川赴藏道路业已疏通,福济、景纹屡经有旨严催,尚复任意迁延,畏首畏尾,实属不知缓急,著即星驰前进。抵藏后宣布朝廷德意,将僧俗人众妥为安抚,以便满庆交卸回京。一面将交查各案严密访查,会同崇实、骆秉章复奏办理。并著骆秉章迅速拣派接管粮务之员,星驰赴藏,令李玉圃交卸回川,使该二员无所借口。呼征虽死,其随从人等若令其即行回藏,恐为满庆等谋害灭口,此时仍暂羁京师,俟福济、景纹抵藏后,如有应行对质之处,再将该随从人等递解回藏,以凭质讯。将此由五百里各密谕知之。"

(穆宗朝卷———·页五下~一〇上)

○光绪三年（丁丑）二月壬寅（1877.3.30）

又谕（内阁）："前据满庆等奏参呼征呼图克图阿旺伊喜楚称坚参因散放布施失察启衅，带印逃走。当经奉旨将该呼图克图之名号、敕印等一并注销，不准再令转世。该呼图克图赴京呈诉，旋即病故。兹据松溎奏：现在众喇嘛等禀诉已故呼征呼图克图从前劳绩、被屈情形、据情代奏等语。著照所请，准其查访已故呼征呼图克图转世之幼子，仍掌该寺事务，并将名号赏还。该衙门知道。"

（德宗朝卷四八·页三上～下）

瞻对土司工布朗结父子等骚扰川边，清廷调遣汉、土兵弁进剿；藏军出师获胜，清廷赏达赖喇嘛派堪布管理瞻对

○同治元年（壬戌）十月丙戌（1862.11.28）

又谕（议政王军机大臣等）："景纹奏行抵炉城，土目构争撤站，阻滞不能前进一折。中瞻对野酋工布朗结带领番众于土司所属各处滋扰，明正土司甲木参龄庆与工布朗结等构怨，动即撤站，往来各差多有阻滞。前据骆秉章奏该野酋扰及明正边界，当经谕令该督饬令都司谢国泰等剀切开导，并饬土司兵弁严扼边隘。现在该处仍复肆扰，是其不遵理谕已可概见。虽经景纹派员筹办，恐不能震慑其心，消其桀骜。川省军务甫有起色，倘边界不靖，酿成巨患，将来办理又形棘手。著骆秉章仍遵前旨，迅派妥员驰往弹压，代为剖断，俾两造悉皆折服，庶不至有忿争。若该番众等任性抗违，即当慑以兵威，俾敛迹归巢，不至寻衅争斗，四出纷扰，是为至要。满庆办理西藏事务诸多未协，景纹奉命前往查办刻不容缓。一俟道路疏通，著即迅速前进，毋稍迟延。将此由五百里各谕令知之。"

（穆宗朝卷四五·页四六下～四七下）

○同治二年（癸亥）正月庚午（1863.3.12）

又谕（议政王军机大臣等）："前据骆秉章、景纹先后驰奏，中瞻对野酋工布朗结强占土司地方，扰及明正边界。当经谕令骆秉章派员弹压，持平剖断，或慑以兵威，俾敛迹归巢。兹据满庆等奏：瞻对夷酋工布朗结纠合德尔格特土司扰及霍尔、章谷等土司地方，不日由巴塘、江卡即到乍丫、官觉等处。其子东登工布纠众围困里塘正土司官寨，大路桥梁俱被拆毁，拆阅文报，捆缚通事。现经达赖喇嘛等已派番员多带土兵前往乍丫、

官觉、江卡等处分投堵御隘口，并饬三十九族酌带土兵一千五百人驰赴巴塘驻扎，及令戴琫期美夺结驰赴江卡以为声援各等语。瞻对为赴藏要道，该酋工布朗结任意滋扰，亟宜及早办理。骆秉章前派委员驰往剖断，是否办有端绪，著即仍遵前旨迅速妥办。倘或不遵理谕，亦当慑以兵威。川省兵饷虽不敷分拨，而土兵尚属可用，即著酌量情形，妥筹办理。福济、景纹前谕迅即驰赴西藏，即著兼程前进，毋许再涉迁延。其逃赴西藏之霍尔章谷人众三百余灶，流离迁徙，不肯从逆，可嘉可悯。即著福济、景纹、满庆、恩庆加意安抚周济，毋使一名失所，以示怀柔。所称指地安置之处，即照满庆等所拟办理。将此由五百里各谕令知之。"

（穆宗朝卷五六·页一〇上～一一下）

○同治二年（癸亥）二月丙申（1863.4.7）

又谕（议政王军机大臣等）："满庆等奏请拣员督领番众剿办瞻逆，破格录用粮员，由川拨运火药、饷银各折片。瞻对逆匪久围里塘，梗塞驿路。该酋工布朗结复令期美工布大股逆贼行抵三坝地方，劫去粮员行李，抢夺由藏发出折报公文；其格吉地方亦有告急夷信。该逆前于道光年间滋事，前任川督琦善带兵往办，并未力攻，仅以敷衍了事，以致该逆毫无畏惧，将附近各土司任意蚕食。现在川藏商贾不通，兵饷转运维艰，汉番均有饥馑之虞。若巴塘再为吞并，则江卡亦难坚守。自应力筹攻剿，以靖逆氛。满庆等现经派委番员征兵借饷，并约会三十九族调集各处土兵防剿瞻逆西、北两面，其东、南两面必须川省派员调集土兵四路进攻，方可收事半功倍之效。该逆势甚鸱张，非口舌晓谕所能了事。骆秉章现派道员史致康督饬打箭炉及里、巴二台文武各员办理。著即迅饬该员星夜前往，并督同明正土司及大小金川等处土兵，约会藏中委员四路夹击，并添派得力知兵大员前往督剿，以期速行扫除。粮员李玉圃既据满庆等奏称督办剿抚瞻逆军务才可胜任，即著责令该员统率西路汉番官员及番土各兵前往乍丫、察木多一带，与川中委员会合攻剿。将来如有成效，自可量予恩施，此时未便遽行超擢。诺们罕汪曲结布于征剿事宜既经熟悉，即著满庆等饬令在藏坐办，与李玉圃遥为筹商。至藏中调集各处土兵已[已]有一万三百余名之多，止能备办四个月口粮，该处库款既竭，火药、铅丸尤缺，亟须川中接济。著骆秉章速拨饷银四五万两并火药三四万斤，酌带铅弹，派员由会理州绕道滇省之维西厅至藏巴交界之南墩，或至察木多所属之擦瓦冈地方，相继前进，毋得稍稽时日。……其藏中边备更宜预为筹画，满庆等务当咨会骆秉章，速将瞻对股匪先行剿除，以清内患，仍一面留意边防，严申警备，毋稍大意。粮员李玉圃参案既据满庆等奏称系川中委员捏禀该督所致，著福济、景纹即行绕道迅速赴藏，遵照前奉谕旨查明办理。并著景纹将地方军务于抵任后妥行筹办。将此由六百里各谕令知之。"

（穆宗朝卷五八·页五八下～六一上）

○同治二年（癸亥）五月壬子（1863.6.22）

又谕（议政王军机大臣等）："前因瞻对野番滋事，满庆、恩庆奏派粮员李玉圃统带汉番官员及番土各兵前往剿办。当谕饬令该员会合川中委员协力攻剿。乃本日据崇实、骆秉章奏：藏中所派土兵已到巴塘，甫经入境即肆抢掠，将火药局侧民房及桥梁并行拆毁，递送公文塘兵皆被剥衣夺食，又因需索夫马围攻巴塘土司住寨，开放枪炮伤毙人命，且防剿甚不得力等语。李玉圃本系奏参查办之员，满庆等前奏称其叠著劳绩才堪胜任，并恳破格录用。乃该员于甫抵川境，即敢纵兵滋扰，肆行抢劫，行同盗贼。是瞻对之患未除，台站已被骚动，为患曷可胜言。满庆等于该粮员毫无觉察，乃复捏词粉饰，欲以剿办瞻对为词，派令督带土兵，为冒功掩罪地步，实属昏愦，殊堪痛恨。现在川中军务未竣，筹饷亦绌，此项土兵一万三百余名防剿既不得力，何得以有限之帑金供无益之边费，且恐借端寻衅，贻误地方。著满庆、恩庆迅将李玉圃及此项土兵赶紧全数撤回，各归本境，严加约束。倘因循贻患，必惟满庆等是问。其藏中边备，并著满庆等严为备御，不准稍有疏虞。李玉圃本有参案应行查办，此次复围攻土司住寨，伤毙人命，岂容任逃法网。著福济、景纹于绕道赴藏后，遵照前奉谕旨迅将该粮员参案查明，并会同崇实、骆秉章将此次纵兵抢杀各情一并查明，严行惩办，以肃法纪。至瞻对与里塘土司构衅，本系蛮触相争，骆秉章所奏无烦劳师远涉，惟有派员开导，使之敛兵归巢等语，实为动中窾要。即著骆秉章饬令道员史致康及该处文武各员妥为办理。务当剀切晓谕，使之各释嫌怨，敛兵归巢，疏通驿路，方为妥善。如果不遵理谕，必须慑以兵威,即由骆秉章酌量调派,迅图藏事,以副委任。将此由五百里各谕令知之。"

（穆宗朝卷六六・页三一下～三三下）

○同治二年（癸亥）五月癸亥（1863.7.3）

又谕（议政王军机大臣等）："崇实、骆秉章奏密陈西藏实在情形一折。据称：汪曲结布即系前充噶布伦之璧喜,历来把持藏务。现复由配所潜回,勾结李玉圃,簧惑满庆札调,借得明目张胆,必欲屠灭呼征呼图克图。复借剿办瞻对为名,征调各处土兵,其意盖恐福济等进藏认真查办,故大张声势,以为要挟抗拒地步。请令撤回土兵,并先将李玉圃调离西藏等语。汪曲结布与李玉圃狼狈为奸,满庆等事事受其挟制,代为蒙混奏请,实堪痛恨。本日已谕令将土兵撤回,保守藏地。如瞻对夷酋入境,即为剿办,不得滋扰内地。惟该土兵能否不恃众滋扰,殊未可知,著骆秉章饬各该地方妥为防范。如有滋扰情事即行严拿惩办。瞻对野番近日情形如何,并著该督饬令史致康等妥为办理,毋任延蔓。藏中政务毫无端绪,亟须待人经理。福济、景纹仍当遵照前奉谕旨,绕道赴藏,将交查各案件密速妥办,毋得迟延观望。将此由六百里各谕令知之。"

又谕："……前谕满庆等将李玉圃及赴川汉番各兵撤回,著即懔遵前旨将各土兵一律撤回,防守藏地,毋得滋扰川省边界。川省饷项缺乏,恐亦未能协济,此项土兵宜量加撤遣,毋任恃众扰害。将此由六百里各谕令知之。"

（穆宗朝卷六七・页四四上～四五下）

○同治二年（癸亥）十月甲申（1863.11.21）

谕议政王军机大臣等："前因满庆等奏瞻对野酋纠众围困里塘正土司官寨等情,当照所请谕令骆秉章酌调土兵援剿,并协拨兵饷。旋据崇实、骆秉章奏西藏土兵沿途滋扰,请令撤回,并密陈呼征呼图克图与汪曲结布构衅情形,及李玉圃挟制主使,请调开以离其党。均经照所请饬办。……迄今数月之久,土兵曾否撤回,瞻对情形若何,道员史致康等前往开导,能否遵谕解散,未据该将军等复奏。而福济竟以路梗折回成都,杳无赴藏消息，朝廷正深廑念。……将此由六百里各谕令知之。"

又谕："满庆、恩庆奏吁征捏词诬控声明原案始末，并剿办瞻对各折片。……至藏中土兵，仍应遵旨斟酌遣撤。如瞻对野酋不遵理谕，即由满庆等酌留驯良兵练扼守藏界，仍咨明川督剿办。川省大军剪除群逆，自当无坚不摧。凶悍如石达开一股，亦且歼灭无遗，矧兹瞻对，岂能螳臂当车，大兵一到即可解散，藏内人民何必妄生惊畏。如此明白开导，必能照旧相安。……将此由六百里各谕令知之。"

（穆宗朝卷八二·页一上～九下）

○同治二年（癸亥）十一月辛未（1864.1.7）

又谕（内阁）："……瞻对夷匪扰及站路关系甚大，不可不调兵剿办。据满庆等奏称西俄洛塘兵李宗胜接递报匣、佛匣，行至麻格宗三道桥地方，被崇喜土司之弟任争格纳抢去，有无别情，是否属实，著骆秉章查明办理。并著恪遵前旨，挑派得力兵勇前往瞻对，将滋扰逆夷痛加剿洗。务令驿路疏通，附近土司各安生业，以副朝廷抚绥远方至意。至廓尔喀愿助唐古特防剿瞻逆一节，业经满庆等婉词拒绝。惟现已借用该国大小炮位、铅药，不可不酌给价银，俾免异日借口。著骆秉章咨行满庆等，将廓尔喀所开炮位、铅药价值清单照数拨给银两，以敦和好而示大方。廓尔喀素性狡诈，福济等务当明示羁縻，密加防范，毋得稍涉大意。……将此由五百里各谕令知之。"

（穆宗朝卷八六·页四五下～四八下）

○同治四年（乙丑）三月辛酉（1865.4.21）

又谕（军机大臣等）："崇实、骆秉章奏藏兵深入土司地方，已近川边，现饬防范一折。西藏前派李玉圃统带土兵剿办瞻对，曾据骆秉章奏该土兵甫抵巴塘即肆抢掠，围攻土司住寨，伤毙人命各情。当经谕令满庆等迅将李玉圃及此项土兵赶紧撤回，严加约束。兹据骆秉章奏，瞻对已与明正土司具结息争，现未出巢，并未与明正土司构兵，而藏兵已至道坞，将近明正土司地方，声言欲攻瞻对老巢，其为借图需索、骚扰内地已无疑义。瞻对具结息争一事如尚不可靠，未必永弭衅端，自当仍由骆秉章遵照前旨饬令史致康妥为晓谕，使之敛兵归巢。如早已相妥无事，又何烦藏兵从中生事，致蛮触又复相争？著骆秉章严饬史致康及打箭炉文武确加侦探，严密防范。仍责成该员将该土司等具结息争一事迅即办理完竣，务期永远相安，疏通驿站，毋致再启边衅。一面查明统带藏兵之员是否即系李玉圃。该革员罪恶昭著，本有旨令其赴川，以凭查办，著骆秉章即将该革员设法调令赴省。景纹如尚未起程，著即迅速取道前进，一面饬令李玉圃赴川，一面接统其兵。如该兵尚遵约束，不至如前骚扰，尚可会同史致康等将土司事务办竣再行撤回。若竟漫无纪律，贻害地方，即由景纹迅带回藏，不准阑入川疆，致生他变。将此由六百里各谕令知之。"

（穆宗朝卷一三四·页二五上～二六下）

○同治四年（乙丑）七月己巳（1865.8.27）

谕军机大臣等："前据崇实、骆秉章叠奏藏兵抢掠骚扰，围攻土司住寨等情，先后谕令景纹将此项土兵压令折回。兹据景纹奏：瞻酋侵占各土司边界，扰塞川藏大道，久为边患。今经被害难夷约会藏兵，收复土司各地，围攻瞻酋老巢，剿办正在得手，碍难遽行撤回，现派员弹压等语。骆秉章前奏瞻对已与明正土司具结息争，景纹又称藏兵攻打瞻匪正在得手，不日可以剿灭，所奏情形互异。现在瞻对究竟是否尚在构兵，史致康系熟悉情形之员，其所禀现在情形与景纹有无异词，著崇实、骆秉章查探确情，据实具奏。此项藏兵既据景纹奏称暂难撤回，即著该大臣饬令派出各员前往弹压，妥为开导，务令该兵各安本分，恪遵约束，毋令滋生事端，扰害地方。该兵人数众多，若驾驭失宜，恐滋尾大不掉之虞，景纹惟当督饬委员设法防维，不可稍涉大意。该大臣现由里塘前进，即著星速遄行，趱程赴藏，毋稍逗留，以副委任。将此由五百里各谕令知之。"

（穆宗朝卷一四七·页三〇上～三一上）

○同治四年（乙丑）八月甲辰（1865.10.1）

谕军机大臣等："崇实等奏里塘夷案办理完竣，所辖台站均已安设，并饬藏兵暂缓折回各折片。里塘夷案经崇实等督饬史致康办理完竣，当招回各土司所管百姓复业，一面饬令正土司与堪布格桑喇嘛等，公举头人另充副土司暨崇喜土司，以绝葛藤。并将勾结瞻酋借快私忿之副土司拉旺策励、土把总衔任曾工布一并斥革，发往前藏充当苦差。均著照所拟办理。在逃之崇喜土司拉旺任曾，著崇实等饬属严孥[拿]，务获究办，毋任漏网。其应办善后事宜，即著饬令史致康妥为办理，以便景纹起程前进，迅赴新任。前因藏兵骚扰，谕令崇实等即行撤回。兹据奏称藏兵与各土司现已逼近瞻酋老巢，若即行撤退，瞻酋恐又鸱张，请饬暂缓折回等语。此项藏兵如由该将军等饬令会同众土司剿灭瞻对，则藏兵借口向内地索饷自系意中之事，诚不可不预为之防。著照崇实、骆秉章所拟，暂缓札饬折回，姑听其与各土司自行攻剿瞻酋，俾免另生枝节。里塘善后一经办理藏事，即著檄令史致康驰赴瞻对境内体察情形，妥为驾驭，毋令别滋事端。……"

以四川里塘夷案办理完竣，复已革道员史致康职。

（穆宗朝卷一五一·页五上～七上）

○同治四年（乙丑）八月乙卯（1865.10.12）

又谕（军机大臣等）："景纹奏藏兵攻剿瞻对大胜，派员督催迅剿老巢一折。据称藏兵于六月间攻毁瞻逆碉房大寨多处，各寨贼匪均已投诚。惟工布朗结父子所居新旧贼寨暨业尔巴六谷玛牙玛顿柱贼寨尚未攻破，现在设法赶紧进攻老巢等语。此次藏兵同心进攻瞻对，甚为出力。业经景纹犒赏茶包等件，并筹款添补军火，俾番兵等踊跃进攻，迅图剿灭，办理甚是。即著严饬史致康迅由道坞北路督催汉、土兵勇、反正各夷设法进逼巢穴，毋稍松劲。察木多粮员童沛霖、游击庆衡既于地利熟悉，著饬令该员等认真弹压督催，以期早为藏事。景纹现已由察木多起程赴藏，著就近体察情形，相机妥办，俾藏地得以安谧。抵藏后即将应行查办事件迅速查明复奏。将此谕令知之。"

（穆宗朝卷一五二·页一八上～一九上）

○同治四年（乙丑）八月庚申（1865.10.17）

又谕（军机大臣等）："景纹奏藏兵攻剿瞻逆获胜，克复地方一折。藏兵攻剿瞻逆叠次获胜，生擒瞻逆长子东登工布父子、次子僧人四郎生格

等。东登工布等自愿寄信与工布朗结，带领番众投诚，先将萨伽喇嘛、德尔格特土妇母子等放回。乃工布朗结得信后，将德尔格特长子、长女等放回，将萨伽喇嘛、德尔格特土妇等仍留在寨，亦未率众投诚。是其怙恶不悛，即准投诚，难保不意存反复。著即饬令史致康督催藏兵迅速进攻，乘瞻逆穷蹙之时一鼓殄除，以期早日蒇事。将来善后事宜均责成史致康妥办。景纹著克日赴藏，妥筹办理一切，以副委任。将此由五百里谕令知之。"

（穆宗朝卷一五二·页四五下～四六下）

○同治四年（乙丑）十二月乙巳（1866.1.30）

又谕（内阁）："崇实、骆秉章奏剿平瞻对，官军凯撤一折。瞻对逆酋工布朗结自道光二十八年以来强梁自逞，侵占各土司地界，复敢围攻里塘，窥伺藏界。经崇实、骆秉章派令道员史致康激励麻书土司四朗汪结等协力接引藏兵节节进剿，明正土司甲木参龄庆亦派兵会剿。史致康由里塘驰赴瞻对，调派弁兵分路环攻，将瞻对新旧两寨全行攻克。逆酋工布朗结及其二子均被焚诛，并将擒获头人六谷玛、罗布扎喜正法。其生擒之东登工布及其亲属押解回藏。官兵陆续凯撤，办理甚属得手。瞻对逆酋以边隅小丑胆敢逞其不轨，蚕食各土司，久为藏边之害。此次捣穴擒渠，洵足以快人心而申天讨。所有瞻对上、中、下三处地方，即著赏给达赖喇嘛，派堪布管理，建庙焚修，并著驻藏大臣查明奏请办理。收复各土司地方均著饬令各安住牧，妥为安插。其卓巴塞尔塔土司既无正支可袭，即著将该处地方责成麻书土司四朗汪结兼管。道员史致康督率员弁汉、土、藏兵攻剿两年，收功尚速，著崇实、骆秉章酌请奖励，出力员弁一并择尤保奏。藏中番官、喇嘛等，并著驻藏大臣查明请奖。"

谕军机大臣等："崇实、骆秉章奏剿平瞻对善后事竣，汉兵、藏兵凯撤，西疆一律肃清一折。道员史致康督同番官暨各土司会合藏兵攻克瞻对，将逆酋工布朗结及其二子焚诛。各土司暨难夷等均已各复故地，得安住牧。卓巴塞尔塔土守备汪庆已故，无正支可以承袭，责成四朗汪结兼管。所筹均极妥协。瞻对三处地方已赏给达赖喇嘛，即著景纹、恩庆宣示该喇嘛等派堪布妥为管理，毋任再有构衅。在逃之拉旺任曾闻拿投首，著景纹等照例办理。此次瞻对剿平之后，三千余里地方，一百余年边患，立见廓清。惟善后事宜必须认真经理，以期久安长治。著崇实、骆秉章督饬史致康等悉心妥办，务使民夷相安，争端永息，方为妥善。将此由六百里各谕令知之。"

（穆宗朝卷一六三·页八下～一〇下）

○ 同治七年（戊辰）正月壬戌（1868.2.6）

又谕（军机大臣等）："景纹奏里塘案内各犯均已押解至藏，并达赖喇嘛等公同具结恳请将东登工布一犯从宽办理一折。东登工布系工布朗结之子，核其情罪本难宽宥，惟据该达赖喇嘛暨藏属僧俗人等结称东登工布当藏兵进攻之时，屡劝工布朗结退出所占地土并献家资充作兵饷，尚知悔罪去逆，不无一线可原。除里塘案内解到各犯业经由景纹照案办理，崇喜土司拉旺仁增、仁增工布二犯并照案发往藏属五百里，交营官严加管束外，东登工布一犯著从宽贷其一死，由景纹发交一千里外，严饬营官照例圈禁，以示朝廷法外之仁。将此谕令知之。"

以办理西藏瞻对各案出力，赏达赖喇嘛兄夷喜罗布汪曲三品顶带花翎，颇琫策忍班垫二品虚衔。

（穆宗朝卷二二二·页一一下～一三上）

○ 同治七年（戊辰）四月己卯（1868.4.23）

以四川剿平瞻对夷匪、肃清边境出力，赏守备陈肇畴等花翎，县丞章宗城等蓝翎，馀加衔、升叙、开复有差，并豁免各土司地方三年租赋。

（穆宗朝卷二二八·页八下）

英国觊觎西藏,侵略布鲁克巴、哲孟雄诸部,廓尔喀构衅

○同治二年(癸亥)二月丙申(1863.4.7)

又谕(议政王军机大臣等):"……至藏地西、南两面及西、北界外各部落,已多归附披楞,廓尔喀又屡为披楞助兵,侵占各处土地,所有抚绥番众以广招徕,毋令再为披楞诱惑之处,著满庆等会同妥商办理。其藏中边备更宜预为筹画,满庆等务当咨会骆秉章,速将瞻对股匪先行剿除,以清内患,仍一面留意边防,严申警备,毋稍大意。……将此由六百里各谕令知之。"

(穆宗朝卷五八·页五八下~六一上)

○同治二年(癸亥)十一月辛未(1864.1.7)

又谕(内阁):"……廓尔喀愿助唐古特防剿瞻逆,该大臣等将其大小炮位、铅药借用,已令四川总督酌拨价银。惟满庆等折内既有廓尔喀素性狡诈之语,此次因其致信来藏,辄行借用炮位等件,但恐将来需索无厌,亦须妥为防范,以弭嫌隙。……将此由五百里谕令知之。"

又谕:"……至廓尔喀愿助唐古特防剿瞻逆一节,业经满庆等婉词拒绝。惟现已借用该国大小炮位、铅药,不可不酌给价银,俾免异日借口。著骆秉章咨行满庆等,将廓尔喀所开炮位、铅药价值清单照数拨给银两,以敦和好而示大方。廓尔喀素性狡诈,福济等务当明示羁縻,密加防范,毋得稍涉大意。……将此由五百里各谕令知之。"

(穆宗朝卷八六·页四四上~四八下)

○同治三年(甲子)六月壬申(1864.7.6)

又谕:"据满庆、恩庆奏称:……唐古特业已借到廓尔喀国大小炮位、药铅，并所用该国夫役应给口粮，据满庆、恩庆奏称均照议定价值合作汉银。惟炮位如无损坏拟仍退还一节，廓尔喀系属外夷，似须示以大方，不宜吝惜，可否如此办理，即著骆秉章酌量妥办。……将此由五百里各密谕知之。"

（穆宗朝卷一〇五·页一二下～一四上）

○同治三年（甲子）八月己巳（1864.9.1）

又谕（议政王军机大臣等）："……本日据崇实、骆秉章奏：唐古特借用廓尔喀炮位并药铅、夫役口粮等项共需银七千余两，现因道途通塞靡常，川省势难克期解到，请饬藏中先行筹给等语。著满庆、恩庆于藏库现存无论何项先行筹款拨给，俟道路疏通，即由骆秉章于拨解藏饷时搭解归款。将此由五百里各谕令知之。"

（穆宗朝卷一一一·页五下～八上）

○同治四年（乙丑）五月辛丑（1865.5.31）

又谕（军机大臣等）："满庆等奏披楞声言借路赴藏与布鲁克巴构兵，现筹办理情形一折。披楞欲假道布鲁克巴赴藏贸易、传教，已将布属之甲昔、巴桑、卡栋桑等处地方占夺，两家交战各多伤亡。虽系蛮触相争，惟哲孟雄、布鲁克巴皆为西藏南方屏蔽。布鲁克巴既有与披楞构兵之事，藏属边防必须预筹布置。满庆等已责成江孜戴琫并附近边界各营官，以派兵赴瞻对为名，调集土兵操练。即著认真训练，严密布防，不可稍涉张惶，致动外洋猜忌。其布鲁克巴欲求唐古特于兵目财帛三项内帮助一项，以御披楞及披楞头目禀称欲借路赴藏各情，亦经满庆等详细指示达赖喇嘛妥办，究系如何办理之处陈奏殊未清晰。披楞即系英国，虽与中国相安，而唐古特番众又不愿彼国之人至藏贸易、传教，是巴[布]属求助、披楞赴藏两事均属窒碍。该大臣等务须细心斟酌，妥筹至善，即将办理之法备细奏闻。景纹久已有旨饬令赴藏任事，如已抵藏，即著与满庆、恩庆会商妥办。将此各谕令知之。"

（穆宗朝卷一三八·页六一上～六二上）

○同治四年（乙丑）九月戊子（1865.11.14）

　　驻藏大臣满庆等奏，遵调土兵防范披楞。得旨："所陈防范披楞及暗助布鲁克巴各节，尚为妥协。著即随时咨令达赖喇嘛饬令派出土兵及带兵番员扼要严防，认真操练，以备不虞。"

（穆宗朝卷一五五·页二一下）

○同治五年（丙寅）四月壬子（1866.6.6）

　　又谕（军机大臣等）："景纹奏布鲁克巴与披楞构衅，亲历隘口相机筹办一折。布鲁克巴前经杀伤披楞数千人，已成不解之仇。现在披楞大股出巢，号称数十万，三月中旬可齐抵隘口，意在报复前仇。布鲁克巴虽一时获胜，究难与披楞相敌。若令唐古特从中说合，既恐布鲁克巴逞其无厌之求，如听其自然，于唐古特关系甚大，自应计出万全以弭衅端。该大臣现拟亲历隘口查办，一面借校阅春操为名，暗中挑备精壮听候调遣，布置尚属妥协，均著照所拟办理。景纹抵布鲁克巴后务当不动声色将各隘口密为防范，仍相机筹办，俾两造消释旧怨，敛兵回巢，永息争端，方为妥善。将此由五百里谕令知之。"

（穆宗朝卷一七五·页二三下～二四下）

○同治五年（丙寅）六月壬寅（1866.7.26）

　　驻藏大臣景纹奏："委员先赴隘口，劝谕披楞与布鲁克巴罢兵息争，均知悔悟。"

　　得旨："披楞、布鲁克巴既有息争之意，景纹自当于行抵隘口后相机妥办，以靖边徼。"

（穆宗朝卷一七八·页三三上）

○同治五年（丙寅）九月庚午（1866.10.22）

　　又谕（军机大臣等）："景纹奏查办披、布构兵一案完结，地方肃清，请饬四川拨银各折片。披楞与布鲁克巴连兵构衅，震及后藏边陲。经景纹亲赴定日、帕克里等处，令噶布伦白玛结布责成松追呼毕勒罕等赴萨海营盘多方开导，令其先行撤兵。并令布鲁克巴交出炮位，转付萨海，仍捐办犒兵牛羊、租田价银，俾两造释怨息兵。现在地方照常安静，办理尚属妥协。惟披楞性多阴险，难保日后不复起争端，所有善后及一切防堵事宜，景纹仍当随时认真经理，并严饬该商上暗修武备，以备不虞，不可稍涉大意。至藏中用兵日久，前次出师瞻对，给发兵丁钱粮、军火并抚恤阵亡番官、头目家属各款共用银三十余万两，均由商上垫办。现经达赖喇嘛认捐十五万两，所余亏项尚多，著崇实、骆秉章即由川省筹拨银数万两，派员解赴景纹处交纳，以资弥补。事关极边要需，毋稍推诿。将此由五百里各谕令知之。"

（穆宗朝卷一八四·页三四上～三五上）

○同治八年（己巳）六月辛丑（1869.7.9）

谕军机大臣等："恩麟奏密陈抵藏查明大概情形等语。据称诺们罕年近七旬，不甚讲求公事，著恩麟随时留心察看，据实具奏。前岁廓尔喀贡使回藏颇露不逊情状，该夷恭顺已久，恩麟务当妥为驾驭，毋使别生枝节，尤宜不动声色严密防闲。披楞、廓尔喀等国毗连藏地，往来贸易，日久相安，何以该夷等与唐古特不甚相洽，时存挟制之心？倘任其积不相能，致开边衅，于大局亦有关系。著恩麟体察情形，随时于交涉事件妥为区画，以期消患未萌，毋稍大意。该大臣整顿藏务，如番官中有不妥协者，即与该诺们罕商量更换。倘另有别情，著即密为奏闻，毋稍徇隐。将此谕令知之。"

（穆宗朝卷二六〇·页二上～下）

○同治八年（己巳）六月己巳（1869.8.6）

又谕（军机大臣等）："恩麟奏筹办三岩野番并廓夷情形一折。……廓尔喀与唐古特既有猜嫌，又因未遂其入贡之计，与唐古特书信语多挟制，亟应设法解释，毋任别启衅端。恩麟已派员前往抚谕，并拟俟德泰到后，借巡阅后藏之便，前赴廓番交界亲自禁约，所办甚是。但该大臣务当不露声色，于开诚布公之中仍不失统驭外夷之意，方为得体。并著于巡阅后将详细情形确探具奏，以慰廑系。将此由五百里谕令知之。"

（穆宗朝卷二六一·页二三上～下）

○同治八年（己巳）十一月己卯（1869.12.14）

又谕（军机大臣等）："恩麟奏巡阅后藏起程日期并亲历边隘妥筹安抚一折。前因廓尔喀与唐古特颇有猜嫌，谕令恩麟前往边界妥为筹办，恩麟现已定期起程巡阅后藏，即赴廓番交界亲自禁约。该大臣务当懔遵前旨，不动声色，于开诚布公之中，仍不失长驾远驭之意，以期潜消衅隙边境乂安。恩麟起行后藏中一切事宜即著德泰妥慎办理，毋稍疏虞。……将此由五百里各谕令知之。"

（穆宗朝卷二七〇·页二五上～下）

○同治八年（己巳）十二月乙卯（1870.1.19）

谕军机大臣等："恩麟奏披楞侵占哲孟雄等处地方，廓尔喀与唐古特构衅情形各等语。披楞占去哲孟雄部落之独结岭及甲昔地方，难保不复来侵占。即著照恩麟所拟，饬令该文武员弁前赴哲番住牧，或暗募土兵，或潜竖墩台，务于险要隘口严密防维，以期有备无患。布鲁克巴屡拒披楞，历年攻战，因众寡不敌，亦被占踞地面。去年布番来藏，唐古特不加抚恤，遂至布番解体。该番现在互相攻击，且有陆续投赴披楞纳款之说，亟应加意附循，以弭边患。恩麟务当督饬该委员将布番内难先行解释，一面设法抚绥，仍令不动声色，自固疆圉。廓尔喀以唐古特上年借过炮位尚未还清，负约欺陵，调兵报仇。若不预为排解，势将兵连祸结。著恩麟遴派干员妥为开导，一面将后藏汉、番营伍操练整齐，即亲赴定日边隘剀切晓谕，以申旧约而息争端。德泰务将藏中一切事宜认真筹办，不可稍有疏虞。将此各谕令知之。"

（穆宗朝卷二七三·页四下～五下）

○同治九年（庚午）二月戊申（1870.3.13）

以办理廓尔喀、唐古特禁约事务完竣，赏守备吴国英等花翎，从九品干玉阶等蓝翎，馀加衔升叙有差。

（穆宗朝卷二七六·页二四下）

○同治十一年（壬申）七月戊戌（1872.8.19）

又谕（军机大臣等）："恩麟、德泰奏循例查阅后藏三汛营伍一折。据称：布鲁克巴部长来禀，欲求达赖喇嘛助给银两，并恳赏给僧官廉俸，且以毗连披楞，隐跃其词，意存挟制。定日、聂拉木边界时有廓尔喀人入境等语。江孜、后藏、定日三汛为哲孟雄、聂拉木隘口紧要门户，自应加意防范。布鲁克巴部长禀求助银赏俸，究竟是何意见，德泰现已起程，前往后藏三汛校阅营伍，著即将边界情形详细访察，并将布鲁克巴及哲孟雄部众设法防闲，毋滋他患。其定日、聂拉木边界营伍，务须力求整顿，以资镇压。一切办理情形，著于巡阅事毕据实具奏。本日已有旨将恩麟交部议处，令其来京当差。新任驻藏大臣未到任以前，所有应办事宜仍著认真经理，不得稍涉大意。将此由四百里各谕令知之。"

（穆宗朝卷三三七·页五下～六下）

○同治十一年（壬申）十月甲戌（1872.11.23）

又谕（军机大臣等）："恩麟奏遵查藏界情形，德泰奏巡阅边境现筹办理一折。布鲁克巴部长禀求助银赏俸，业经恩麟等檄谕开导，廓尔喀人已由聂拉木边界折回，藏境尚属安靖。惟据德泰奏：聂拉木边外与廓尔喀毗连各隘口防守空虚，拟于聂拉木左右各隘以至定日、后藏、江孜各汛添设番兵，责成噶布伦等实力整顿等语。所奏自为慎重边防起见，承继现已起程，到任后即著该大臣等彼此妥商，将所拟各节实力办理。所有添设番兵约二百名，每月应需口分，著承继、德泰知照达赖喇嘛，转饬协理商上事务呼图克图罗卜藏青饶汪曲妥拟章程，由达赖喇嘛咨明核办，并严饬罗卜藏青饶汪曲暨噶布伦总堪布等将边防事务认真整顿，不得视为具文。其定日汉营防兵缺额，著即挑补足数，饬令实力操防，以固边圉。承继未到以前，仍著恩麟、德泰将应办事宜和衷商榷，务臻妥善。将此由五百里各谕令知之。"

（穆宗朝卷三四三·页一三下～一四下）

禁阻法人罗勒拿等入藏传教

○ 同治二年（癸亥）十月甲申（1863.11.21）

谕议政王军机大臣等："……至所称东路法国罗勒拿、萧法日等于今春派无赖刘姓由炉城运来茶包，在巴、里一带散给汉兵，要结人心，并捏造谣言，诱惑巴塘正副土司投赴瞻逆。是否有此情事，著崇实、骆秉章查奏。又，罗勒拿等声言：景纹奉有谕旨，将前藏所属之擦瓦博木噶地方赏交伊等永远管理，凡有天主教之人进藏者，不准阻止等语。如果属实，是该教士假传诏旨，殊属可恶。除谕令总理衙门向法国住京公使据理驳斥外，著崇实、骆秉章严饬沿边各属认真查察。如有内地传教之人潜赴藏地者概行截回，毋令乘间偷越。披楞因法国有入藏传教之信，亦欲来藏通商，其意实属叵测。廓尔喀于去冬遣人来藏复修旧好，其西北各小部落亦愿与藏永作藩篱，著福济等乘势利导，饬令廓尔喀等永敦旧好，严密防范，以杜披楞窥伺之心。粮员严清荣有无与罗勒拿暗中勾结情事，是否将由藏截回川省之教民吴姓留住江达署中，擅将由藏发出折报停压六个时辰，捏称有蛮子二人来抢此折，种种纰缪，不可不严切根究。……将此由六百里各谕令知之。"

又谕："……至罗勒拿等意欲入藏传教，西藏官民力阻其行，具见悃忱。本日已谕知崇实、骆秉章等遵照条约设法拦阻矣。其披楞西入之语，尤宜先事预防。现在廓尔喀虽已修好，其西北各小部落亦甘与藏永作藩篱，而边备仍不可一日懈弛。著满庆等督饬汪曲结布等妥筹防范，不得稍涉大意。……将此由六百里各谕令知之。"

（穆宗朝卷八二·页一上～九下）

○同治三年（甲子）正月乙巳（1864.2.10）

又谕（议政王军机大臣等）："崇实、骆秉章奏密陈西藏情形，请权宜办理一折。……罗勒拿于道光年间既已入藏，彼时未经藏中驱逐，此时弛禁之后，藏中僧俗未必即至惊疑。满庆等前奏藏中因洋人传教人心惶惑，是否实在情形，著福济、景纹于到藏后查明酌办。……将此由六百里各谕令知之。"

（穆宗朝卷九〇·页一一下～一四上）

色拉寺买巴札仓事件

○同治三年（甲子）三月己酉（1864.4.14）

又谕（议政王军机大臣等）："满庆、恩庆奏买巴扎仓喇嘛抢去已革待审之总堪布，照缮夷匪抢去折件呈览，改委陈塉暂署拉里粮务，请饬催议补僧俗番目并催四川饷项各折片。据称：二年八月十一夜间，已革总堪布罗布藏称勒拉木结带喇嘛数百名脱逃。经官兵拿获同逃之喇嘛洛桑曲扎，据供罗布藏称勒拉木结由色拉寺行抵噶纳山，有喇嘛二人将该已革总堪布从马上抱放平地，余众及骡马概令前行，惟吐多卜降巴等十余人在彼耽延多时，将该已革总堪布之骑马空牵至噶纳山打尖，云罗布藏称勒拉木结行至山顶已死。又硕第巴等报称，十八日在噶纳山东北寻见石板围圈，有罗布藏称勒拉木结尸身兀坐其中。现将尸身搬回，当经派员查验，棺殓寄埋。旋经官兵在达木属毕纳地方追杀逃犯沙克嘉尽巴等六十七名，生擒吐多卜降巴等一百六十五名，押解回藏，查明首从照夷例惩治等语。色拉寺现已将不法喇嘛交出，呈缴军械。其寺中误受拖累之领袖及众僧均在神前盟誓具结，永远不敢妄为。即著满庆、恩庆迎机开导，妥为弹压，毋令再滋事端。福济、景纹务当星速起程前进，不得任意迁延，致干咎戾。前被夷匪抢去之满庆等折件，业已照缮呈览。所有遗失佛匣，著满庆等饬知班禅额尔德尼毋庸补具。拉里粮务严清荣撤任后，经满庆等扎委巴塘粮务张启昌署理。该员因巴塘事件尚难交卸，一时未能前赴署任，著骆秉章迅选贤能之员，前往接管拉里粮务。其未到任以前，即照满庆等所请，准其以卸任察木多粮务陈塉暂行署理。总理商上事务各员，现在止有噶布伦白玛结布一人系实授之缺，其余均属署任。据满庆等奏：呼应不灵，深恐别滋事端，请饬催议补僧俗番目等语。自系实在情形，著福济、景纹于到藏后迅速办理。将此由六百里各谕令知之。"

又谕："满庆、恩庆奏买巴扎仓喇嘛抢去已革待审之总堪布，改委陈堉暂署拉里粮务，请饬催议补僧俗番目各折。满庆等所奏该已革总堪布身死情节甚属含糊支离，难保非被人谋害毙命，满庆等捏词入告，亟应彻底根究，以期水落石出。著崇实、骆秉章、福济、景纹将罗布藏称勒拉木结身死情形严密访查，据实具奏。其所称生擒吐多卜降巴等并色拉寺之领袖僧众具结永远不敢妄为，亦未必尽皆确实，并著一并查奏。满庆等奏请饬呼征呼图克图及随伊犯众仍递解回藏，以便将两造互相讯究，万无如此办法。并著该将军等仍遵本年正月初三、二月十四等日密谕妥为办理。福济、景纹务当星速起程前进，以弭藏中祸患。寄谕严催业已至再至三，毋再迁延推诿，致干咎戾。满庆等前将拉里粮务严清荣撤回，扎委巴塘粮务张启昌署理。该员因巴塘事件尚难交卸，现在改委已经交卸之察木多粮务陈堉署理，已照满庆等所请，准以陈堉暂署。仍著骆秉章迅选贤能之员前往接管，以重责守。据满庆等奏称：现在止有噶布伦白玛结布一人系实授之缺，其余均属署任，呼应不灵，请饬催议补僧俗番目等语，著福济、景纹酌量情形，或懔遵前旨，于到藏后查明核办，或权衡缓急，预行拣补，均著妥筹办理。藏地饷项万分支绌，本日满庆等奏请拨饷，已于另行寄谕内催令该督筹拨。惟此项饷银可否拨给，应否解交满庆、恩庆，抑由福济等赴藏时带往，著骆秉章斟酌情形，妥为办理。将此由六百里各谕令知之。"

（穆宗朝卷九六·页三三下～三七上）

○同治三年（甲子）六月壬申（1864.7.6）

又谕（议政王军机大臣等）："满庆、恩庆奏称：将达赖喇嘛送到首犯吐多卜降巴及色拉寺买巴、结巴、阿克巴三札仓各供词详核，虽首从犯众均经讯明惩治，惟吐多卜降巴造意纠众，先夺已革总堪布人财，继又胁众拒捕，请即在藏正法。又色拉寺僧众滋事时，有在该寺学艺之僧人深知佛教大体，并未附和，请将该僧人滚多尔呼毕勒罕甲木巴勒丹增拉木结以呼图克图列名册档，每届帕克巴拉呼图克图年班贡期，附同呈进贡品，仍颁给印敕，俾资遵守，及赏加坚隆琫呼图克图名号等语。吐多卜降巴罪状既据满庆、恩庆逐一讯明，自应明正典刑。至该寺僧既知佛教大体，不肯附和滋事，尤应量予恩施，以昭激劝。惟朝廷既派钦差前往查办事件，此

时福济、景纹尚未到藏，若一切刑赏各事宜不候钦差先行办结，恐无以折服众心。著满庆、恩庆会同崇实、骆秉章、福济、景纹悉心筹商，先将该犯吐多卜降巴羁禁，俟福济、景纹到藏后，再行请旨办理。至应行奖励之滚多尔呼毕勒罕甲木巴勒丹增拉木结等，亦俟福济、景纹到藏后，再行奏请奖叙。原折一件、供词、信函七件著抄给崇实、骆秉章、福济、景纹阅看。将此由五百里各谕令知之。"

又谕："据满庆、恩庆奏称，将达赖喇嘛送到首犯吐多卜降巴及三札仓供词详核。吐多卜降巴造意纠众，先夺已革总堪布人财，实为此案渠魁，请即在藏正法等语。该已革总堪布从前身死情节甚属含糊支离，此次满庆、恩庆欲将吐多卜降巴正法，难保非因该已革总堪布被人谋害颠末，为吐多卜降巴所深悉，故欲致死灭口，以期含混了结。著崇实、骆秉章、福济、景纹将吐多卜降巴有无不法并所犯罪状是否应行正法之处严密访查，据实具奏。满庆、恩庆又请将滚多尔呼毕勒罕甲木巴勒丹增拉木结等奖励，所称该僧人深知佛教大体，并未附和色拉寺，且能设法脱身之处，恐满庆、恩庆为该寺僧所挟制，不得不捏词请奖，欺罔朝廷，亦应彻底根究，以归核实，并著一并查明具奏。……此次另寄满庆等谕旨一道，仍将崇实、骆秉章、福济、景纹衔名叙入，以安其心。藏事败坏已极，福济、景纹屡经有旨催令赴藏，何以尚未前进？殊属任意迟延，著崇实、骆秉章迅派妥员，设法疏通道路，福济、景纹等星驰赴藏，将交办各事迅速秉公办结，毋在稽延。将此由五百里各密谕知之。"

（穆宗朝卷一〇五·页一一上～一四上）

〇同治三年（甲子）八月己巳（1864.9.1）

又谕（议政王军机大臣等）："崇实、骆秉章奏：前奉谕旨饬查已革总堪布身死情节，因川中距藏窎远，不特此案无从悬揣，即藏中实在情形亦难知悉。……将此由五百里各密谕知之。"

（穆宗朝卷一一一·页八上～一〇上）

○同治四年（乙丑）七月辛巳（1865.9.8）

谕军机大臣等："前因满庆、恩庆奏讯明造意纠夺已革总堪布人财、胁众拒捕之首犯吐多卜降巴，请即在藏正法，当谕令俟福济、景纹到藏后再行请旨办理。兹复据满庆等奏以福济业已奉旨回旗，景纹又无自炉出口确信，未便使讯明要犯久稽显戮等语。此案虽经满庆等讯明确情，惟前既有令福济、景纹查办之旨，若不候讯结先行正法，恐无以折服该犯之心。现在福济虽已回京，而景纹前次奏报已行抵里塘，不久当可到藏，仍著满庆等将吐多卜降巴妥为羁禁，不得稍涉疏虞。并著景纹于抵任后，即亲提研讯，请旨办理。将此各谕令知之。"

（穆宗朝卷一四八・页二六下～二七下）

○同治四年（乙丑）十二月乙未（1866.1.20）

又谕（军机大臣等）："景纹、恩庆奏审据要犯吐多卜降巴供词，并恳请赏给夷喜罗布汪曲公爵各折片。该犯吐多卜降巴于买巴札仓众喇嘛攒集传唤之时，不能弹压僧众，反为首谋，将罗布藏称勒拉木结擅行接回色拉寺院。次夜复敢纠聚僧众七百余名，各佩枪刀器械，晋藏搬运财物，已属不法。迨衅端已成，经达赖喇嘛同满庆等数次札谕，令将已革总堪布及为首滋事之人交案惩办，该犯不肯交人，并派兵筑卡，率众抗拒，更属目无法纪。该犯现已据实供认，实属罪无可逭，吐多卜降巴一犯著即就地正法，以昭炯戒。至所请恳将达赖喇嘛之兄夷喜罗布汪曲赏给公爵之处，前据满庆等奏请，旋经理藩院议准，将达赖喇嘛之父彭错策旺所遗公爵赏给达赖喇嘛之兄夷喜罗布汪曲，业经降旨允准。该大臣等未接理藩院行知，故有此奏。本年六月十一日清字谕旨，著抄给景纹等阅看，即著宣示达赖喇嘛遵照。所有商上僧俗事务，仍著该大臣等妥为经理，毋稍大意。将此由四百里各谕令知之。"

（穆宗朝卷一六二・页二二下～二四上）

罢黜噶伦密玛策忍；平息班垫顿柱纠集僧俗滋事

○同治十年（辛未）三月己未（1871.5.18）

谕内阁："恩麟、德泰奏噶布伦不遵节制请旨惩处一折。噶布伦密玛策忍在藏办理一切公务诸多把持，遇事阻挠，不遵诺们罕约束，实属咎有应得。密玛策忍著革去噶布伦并东科尔，仍交达赖喇嘛按例严惩，并饬令该管营官严加管束，不准出外别滋事端。"

（穆宗朝卷三〇七·页二九下～三〇上）

○同治十年（辛未）六月丁卯（1871.7.25）

谕军机大臣等："恩麟、德泰奏僧俗番官谋害已革番目，分别奏参一折。据称：达尔汉总堪布班垫顿柱勾通噶勒丹寺喇嘛阿丹及扎萨克喇嘛扎克巴协捻、折窝喇嘛策忍桑结，谋令诺们罕呼图克图辞退协理商上事务，并定计密差喇嘛分住各处，将已革赎罪之普隆噶布伦彭错策旺夺结父子、池扪戴琫期美夺结、大昭仓储巴江洛拉旺彭错、通巴戴琫朗结顿柱及现参催果噶布伦密玛策忍等六人先后谋死。班垫顿柱旋因畏罪潜回噶勒丹寺，噶布伦策忍汪曲听信该总堪布之言，私离职守，同往噶勒丹寺集众抗拒，不遵扎调等情。此案班垫顿柱谋夺商上之权，辄敢勾通各该喇嘛，谋害多人，不法已极。策忍汪曲听信班垫顿柱煽惑，擅离职守，情亦可恶。班垫顿柱原授达尔汉总堪布职名，扎克巴协捻现授四品大堪布连扎萨克名号，策忍汪曲曾授台吉、噶布伦连东科尔，著即一并斥革。并著恩麟、德泰派拨番营官兵将该犯等拿获，会同达赖喇嘛讯明确供，定拟具奏。该犯等既经纠集僧俗，意图抗拒，恩麟等尤当妥为弹压。一面严拿首要各犯，一面解散胁从，以免滋生事端。……将此由四百里各谕令知之。"

（穆宗朝卷三一三·页一四下～一六上）

○ 同治十年（辛未）九月辛卯（1871.10.17）

又谕（军机大臣等）："恩麟、德泰奏剿办西藏逆番现已蒇事一折。逆首班垫顿柱等纠合噶勒丹寺喇嘛僧众恃险抗拒，经恩麟等调兵进剿，并会商达赖喇嘛，催令汉、番文武剿抚兼施，生擒喇嘛阿丹及已革噶布伦策忍汪曲等二十五名，并将班垫顿柱枪毙。既据恩麟等奏称质审各犯，情词相符，所有阿丹、策忍桑结及现获从逆各犯均著照所拟，分别办理。至扎克巴协捻、策忍汪曲二犯，并著恩麟等照例治罪。在逃从逆人犯，恩麟等当咨会达赖喇嘛彻底清查，务获究办，毋任漏网。投诚之喇嘛僧众，仍责成各该寺领袖喇嘛妥为管束，不准再滋事端。此次在事出力汉、番文武僧俗官兵并伤亡兵练，著恩麟等查明，分别奏请奖恤。将此由五百里各谕令知之。"

（穆宗朝卷三一九·页八上～九上）

○ 同治十一年（壬申）四月甲寅（1872.5.7）

又谕（军机大臣等）："德泰奏：驻藏办事大臣恩麟于戴琫拉旺夺结剿办不法总堪布班垫顿柱一案，并不查照达赖喇嘛咨报，违例擅赏拉旺夺结花翎。上年巡阅三汛营伍，恩麟并未亲到，于旋回前藏时蒙混奏称逐一查竣，且于巡捕戈什哈等擅行赏戴翎支各等语。恩麟与德泰同办一事，理应会商办理，何以于戴琫等擅行赏戴翎支，且该办事大臣于阅伍未到之处何以蒙混具奏逐一校阅，即著恩麟按照德泰所奏各节据实明白回奏，毋稍隐饰。原折片著抄给阅看，将此谕令知之。"

以西藏办理斗案完竣，予知府恩承等加衔升叙有差。

（穆宗朝卷三三一·页六上～下）

七世哲布尊丹巴呼图克图之呼毕勒罕在藏访获、掣定与迎赴库伦

○同治十年（辛未）十月庚午（1871.11.25）

驻藏大臣恩麟等奏："访出哲布尊丹巴呼图克图呼毕勒罕灵异幼童，例应掣瓶，惟现在班禅额尔德尼患病，不克前赴前藏，可否会同达赖喇嘛照例敬谨掣瓶。"

得旨："哲布尊丹巴呼图克图呼毕勒罕业经访出，不可久稽，即著恩麟等会同达赖喇嘛敬谨掣定。"

（穆宗朝卷三二一·页二五上～下）

○同治十一年（壬申）四月甲寅（1872.5.7）

谕内阁："恩麟等奏察看转世之哲布尊丹巴呼图克图之呼毕勒罕灵异幼童掣定奏闻一折。上年十二月二十一日，驻藏大臣会同达赖喇嘛、呼图克图罗布藏青饶汪曲并伊徒达喇嘛等，率领众喇嘛唪经，由金瓶掣出番民贡确策仁之子阿旺罗布藏成勒迥柰丹贝甲木参之名定为呼毕勒罕，当经达赖喇嘛遵依经文哲布尊丹巴呼图克图之呼毕勒罕名之曰阿旺罗布藏吹玑呢玛丹增旺楚克。洵属祥瑞之事，朕心深为欣悦。著加恩赏给该呼毕勒罕黄哈达一个、佛一尊、大缎四匹，并著库伦办事大臣传谕喀尔喀四部落汗王等，使相庆幸。所有迎接哲布尊丹巴呼图克图之呼毕罕一切应办事宜，均著张廷岳等照例妥为办理。"

（穆宗朝卷三三一·页一下～二下）

○同治十一年（壬申）十二月丁丑（1873.1.25）

谕军机大臣等："理藩院奏遵议迎接新呼毕勒罕事宜一折。喀尔喀四

部落汗王等择于明年正月内由库起程赴藏，迎接哲布尊丹巴呼图克图之呼毕勒罕。著派桑噶西哩前往迎接，随行之堪布、台吉等，由理藩院咨行兵部给发路引。其一切应办事宜，均照该衙门所议办理。现在西宁地方未靖，所有迎接人众及明岁由京派往之大臣，沿途经过地方，应一体派兵往返护送，以利遄行。著左宗棠、豫师、吴棠、承继、恩麟于此项差务过境时，多派官兵妥为护送，不得稍有疏虞。理藩院折均著抄给阅看。将此由五百里各谕令知之。"

（穆宗朝卷三四七·页二六上～下）

○同治十二年（癸酉）七月癸酉（1873.9.18）

又谕（内阁）："……前任驻藏大臣恩麟著赏给副都统衔，俟驻藏大臣承继到任后，护送哲布尊丹巴之呼毕勒罕前赴库伦，再行来京。"

（穆宗朝卷三五五·页二六下）

○同治十二年（癸酉）八月丁酉（1873.10.12）

谕军机大臣等："左宗棠、豫师奏请饬催赴藏迎接呼毕勒罕之大臣等迅速前行一折。此次赴藏迎接哲布尊丹巴呼毕勒罕之库伦堪布、喇嘛等早由西宁出口，赴青海草地驻牧，所有改派库伦车臣汗部落贝勒车林桑都布尚无入甘消息。该堪布等一千余人守候三月之久，若再迟延，转瞬天时严寒，长途难以行走，情形更属苦累。著张延岳、阿尔塔什达查明该贝勒现在行抵何处，催令迅速前进，与先到之堪布人等一同起程赴藏，以免耽延。前派宝珣赴藏迎接呼毕勒罕，因中途患病，准其开缺回旗。改派恩麟，俟承继到任交卸藏务后，就近护送起程赴库。本日复寄谕该前驻藏大臣遵照办理矣。将此由五百里各谕令知之。"

又谕（军机大臣等）："……前有旨令恩麟护送哲布尊丹巴之呼毕勒罕前赴库伦，著恩麟懔遵前旨，俟交卸藏务并车林桑都布暨库伦堪布、喇嘛等到藏后，即速护送起程，毋稍延缓。将此由五百里各谕令知之。"

（穆宗朝卷三五六·页二六下～二八上）

○同治十三年（甲戌）八月己亥（1874.10.9）

谕军机大臣等："恩麟奏护送呼毕勒罕行抵西宁，途遇野番抢掳一折。恩麟护送、照料呼毕勒罕回库坐床，行至通天河沿地方，突遇骑马番夷拥众数百，声称求赏箱包、驼马各节，胆敢围放枪铳，肆行抢掳，实属不成事体。恩麟现已护送呼毕勒罕行抵西宁，将来出口赴库，道路尚遥，著该前驻藏大臣沿途小心照料，饬令哨探弁兵勤加侦探，稳慎行走，毋得再有疏虞。将此由四百里谕令知之。"

（穆宗朝卷三七〇·页三〇上～下）

里塘喇嘛更登培结等聚众反抗藏官

○光绪元年（乙亥）七月己亥（1875.8.5）

又谕（内阁）："魁玉、吴棠奏里塘僧俗借端聚众查办完竣，请将出力各员弁分别奖励一折。西藏里塘喇嘛更登培结等因番官膨饶巴侵渔土户，聚众万余人驻扎藏里一带，狡焉思逞。经魁玉等派委知府马玉堂等前往瞻对、里塘等处查访、开导，里塘喇嘛及百姓人等屯聚未散，势甚汹汹。马玉堂等率领汉、土官兵驰抵里塘，进攻藏里喇嘛营垒，更登培结被击自焚，擒获首恶仁青热舟等正法，勒凹洛朱等分别惩治。办理尚为妥速，在事出力员弁自应量予奖叙。知府马玉堂著俟补缺后以道员用；同知沈宝昌著交部从优议叙；鲍焯著归候补班前先补用；副将丁鸣岐著赏加总兵衔；知州陆法言著赏加运同衔；都司邰成宗等均著以游击尽先补用；直隶州知州赵光燮著赏加知府衔；县丞伍什杭阿著俟补缺后以知县用，打箭炉厅照磨肖沛霖著遇有府经历县丞缺出在任候升；驿丞张锦帆著俟补缺后以府经历县丞补用；把总桂扶朝著以都司尽先补用，六品衔土舍甲木参旺恪著赏给五品花翎；土舍札祥呵忒、土目甲承祥、包光华均著赏给六品翎顶，以示鼓励。"

谕军机大臣等："魁玉、吴棠奏里塘僧俗借端聚众，查办完竣一折。本日已明降谕旨，将出力各员弁照所请奖励矣。番官膨饶巴恃其地远兵强，侵渔土户，以致里塘僧俗不服。素不安分之喇嘛更登培结、仁青热舟等借端煽惑，聚众万余人，扎营于藏里一带，里塘寺内亦集有僧俗二千余人。经魁玉等派知府马玉堂等前往查办，竟敢有心藐抗。该委员等分兵剿办，解散胁从，首恶喇嘛更登培结等先后焚毙、正法，办理尚为迅速。番官膨饶巴现已由驻藏大臣另行更换，即著魁玉、吴棠、松溎、希凯悉心会商，将善后事宜妥为筹办，并督饬该委员等申明禁约，严定章程，除土司非分之苛求,杜番官越疆之骚扰,务令僧俗人等各安本业,毋任滋生事端。将此由五百里各谕令知之。"

（德宗朝卷一三·页九上～一一上）

英人在布鲁克巴、哲孟雄、廓尔喀扩大侵略，进逼西藏，清廷设法防维

○光绪二年（丙子）四月癸酉（1876.5.5）

又谕（军机大臣等）："松溎奏披楞租地通商，设法禁阻一折。据称披楞头人现向布鲁克巴部长租地修路，意欲来藏通商。松溎已派粮员周溱前往设法禁阻，并饬该部长妥为解释。惟布鲁克巴与哲孟雄毗连，哲孟雄既已认租修路，难保不暗中勾结引进。著松溎妥慎筹办，相机开导，务令申明旧章，各守疆界；并饬周溱等剀切劝谕，勿任往来勾结，遂其诡谋。仍一面弹压地方，不准滋生事端。该驻藏大臣接奉此旨务宜慎密从事，毋得泄漏，以致别生枝节。将此密谕知之。"

（德宗朝卷二九·页一二上～下）

○光绪二年（丙子）七月壬戌（1876.8.22）

谕军机大臣等："松溎奏披楞屡欲通商，设法阻止一折。披楞纳尔萨海等前来布鲁克巴、哲孟雄各部，意欲租地修路，入藏通商，均经松溎饬令委员劝谕阻回，办理尚妥。仍著该办事大臣加意防维，谕令该部长等固守边界，以期彼此相安，毋任勾结滋事。所有此次出力之通判周溱著赏换花翎；把总马胜富等二员均著赏换五品顶带；戴琫札喜达结著赏换三品顶带；如琫顿柱策忍等三员均赏换四品顶带；甲琫札喜策忍等二员均著赏换五品顶带；布鲁克巴布[部]长欧柱汪曲等二名均著赏加总堪布衔；书识王松荣等五名均著以从九品选用。将此由四百里谕令知之。"

（德宗朝卷三六·页一六上～一七上）

○ 光绪三年（丁丑）十月戊申（1877.12.1）

又谕（军机大臣等）："恒训、丁宝桢奏贡使未能畅行，恳暂免进京一折。本年值廓尔喀及察木多堪布入贡之期，川省西、南两路土司亦须分班入觐，均系取道山、陕前进。现在山西、陕西两省荒旱，饥民四出觅食，若各处贡使分起北上，人数众多，经过地方力难应付；并恐驿路未能畅行，中途或有疏失，转非所以示体恤。所有廓尔喀本年例贡，著松溎、桂丰仍照上届成案将表文、贡物存留，派员赍至四川省城，再由恒训、丁宝桢委员赍京呈进。应给敕书及恩赏各物著理藩院发往四川，交恒训、丁宝桢转交松溎、桂丰祗领颁给。至察木多喇嘛及川省各路土司贡物，已启程者，均准其留存代进，未经启程及因事请免入觐者，均著加恩暂免一次，俟下届道路无阻再行照例办理。将此谕知理藩院，并由四百里谕令恒训、丁宝桢、松溎、桂丰知之。"

四川总督丁宝桢奏英人吉为哩等在川往返游历情形。报闻。

又奏："密陈布鲁克巴、廓尔喀二国为英人所慑，请设法极力羁縻。"下总理各国事务衙门议。

寻奏："布鲁克巴、廓尔喀两部界连前后藏，若能设法羁縻，固足为我屏蔽。惟贡献久绝，不能确指为藩属，请饬四川督臣丁宝桢相机办理。"从之。

（德宗朝卷六〇·页三一上～三四上）

○ 光绪三年（丁丑）十一月庚申（1877.12.13）

谕军机大臣等："松溎等奏廓尔喀贡使行抵前藏，派员护送起程一折。前因恒训等奏本年廓尔喀及察木多堪布例贡，驿路未能畅行，恳请暂免进京，当经谕令松溎等将表文贡物存留，派员赍至四川省城，由恒训等委员赍京呈进。应给敕书及恩赏各物即由理藩院发往四川，转交松溎等祗领颁给。现在廓尔喀年班例贡及庆贺登极表贡，该贡使业经行抵前藏，松溎等已派员护送起程赴川，惟山、陕两省荒旱，饥民甚多，仍恐沿途阻滞，著恒训、丁宝桢于该贡使行抵川省时，即将表文、贡物存留，委员赍京呈进，一面将该贡使派员护送回藏，毋庸在川等候。所有应给敕书及恩赏各物仍著理藩院发往四川，交恒训、丁宝桢转交松溎、桂丰祗领颁给。其余西藏及川省各路土司贡物无论是否起程，统著恒训、丁宝桢、松溎、桂丰怀遵前月二十七日谕旨，分别妥为办理。将此谕知理藩院，并由五百里谕令恒训、丁宝桢、松溎、桂丰知之。"

（德宗朝卷六一·页一八下～一九下）

○光绪四年（戊寅）四月癸卯（1878.5.25）

谕军机大臣等："前据恒训、松溎等先后奏称廓尔喀及察木多堪布暨前藏堪布囊索等赴京呈进贡物，迭经谕令恒训、丁宝桢将表文、贡物等项存留，派员赍京呈进，并其余西藏及川省各路土司贡物，统令遵照办理。……将此各谕令知之。"

驻藏办事大臣松溎等奏密陈现办驭远防边情形。得旨："所筹尚合机宜，即著松溎等随时体察情形，妥为办理。"

（德宗朝卷七二·页一五上～一七下）

○光绪四年（戊寅）十二月乙酉（1879.1.2）

驻藏办事大臣松溎奏巡三汛兼察边界并询哲孟雄情形。得旨："哲孟雄禀诉情形，仍著该大臣饬令派出之员秉公筹办。务使与唐古忒及布鲁克巴彼此相安，勿任披楞再有欺陵情事，以安边地。"

（德宗朝卷八三·页一四上）

○光绪五年（己卯）二月辛巳（1879.2.27）

谕军机大臣等："松溎等奏办理哲孟雄边界事务完结一折。哲孟雄毗连唐古特等处，地小势弱，素被欺陵。该办事喇嘛、头人等沥陈困苦情形，自应妥为调剂。业经松溎等派员开导，发给青稞等物并印札等件，令其仍旧固守边界，所办尚妥。嗣后该驻藏大臣等当加意抚恤，设法羁縻，并随时察看情形，务令彼此相安，不致另生枝节，以安边圉。将此由四百里谕令知之。"

（德宗朝卷八七·页八下～九上）

○光绪七年（辛巳）二月戊申（1881.3.15）

（驻藏大臣色楞额等）又奏："江孜等处距哲孟雄尚远，未便增设委员，致滋疑阻。"报闻。

（德宗朝卷一二七·页一八上）

○光绪十一年（乙酉）五月己酉（1885.6.23）

（四川总督丁宝桢）又奏："英人窥伺藏地，居心叵测，现将川省防营勤加训练，添造枪炮，以期有备无患。并请准乍丫番夷随班入贡，借资控制。"

得旨："所筹甚是。即著丁宝桢督饬防军认真训练，总期防患未然，缓急实有可恃，不得徒托空言。该督前奏请准乍丫一体入贡，已谕令该衙门议奏，俟复奏时再降谕旨。"

（德宗朝卷二○七·页一一下～一二上）

○光绪十一年（乙酉）八月丁亥（1885.9.29）

驻藏办事大臣色楞额等奏拣派汉番委员查办布鲁克巴夷务。得旨："即著督饬各员妥为查办，迅速了结。毋任别滋事端。"

（德宗朝卷二一四·页一一下）

○光绪十二年（丙戌）九月丙辰（1886.10.23）

以办理布鲁克巴洋务出力，赏大招业尔仓巴拉巴结布等花翎，硕弟巴仔仲根登伊喜等蓝翎，馀升叙有差。

（德宗朝卷二三二·页二五上～下）

○光绪十五年（己丑）三月癸丑（1889.4.7）

又奏："布鲁克巴部长倾诚向化，请颁给敕书、印信，责令防守边隘。"下所司议。

寻总理各国事务衙门、理藩院会奏："请俟藏边事定后，颁给布鲁克巴封号、印敕。"报闻。

（德宗朝卷二六八·页八下）

十二世达赖之转世灵童访获、坐床；十三世达赖受戒、亲政

○光绪三年（丁丑）六月戊子（1877.7.14）

驻藏办事大臣松溎奏请将访获灵异幼童可否免其掣瓶即作为达赖喇嘛之呼毕勒罕一折。得旨："工噶仁青之子罗布藏塔布克甲木错即作为达赖喇嘛之呼毕勒罕，毋庸掣瓶。"

（德宗朝卷五二·页三下～四上）

○光绪五年（己卯）三月庚申（1879.4.7）

命谕吉咙呼图克图照看达赖喇嘛之呼毕勒罕，颁发敕书赏赉。诏曰："谕吉咙呼图克图。自派尔呼图克图办理商上事务以来，广阐黄教，训诲众僧，于一切事件悉代达赖喇嘛办理妥善，并率领藏中各寺喇嘛、呼巴喇克等勤唪经卷，虔心祈祷，寻获达赖喇嘛之呼毕勒罕，洵属可嘉，朕深忻悦。现在达赖喇嘛之呼毕勒罕虽经出世，惟年岁尚幼，尔呼图克图务当仰体朕推衍黄教、仁爱众生之意，妥为照看达赖喇嘛之呼毕勒罕，令其唪经，并教导阖藏堪布、喇嘛等勤习经典，勉之勿忽。兹特颁发敕书，赏尔蟒缎一匹、妆缎一匹、闪缎一匹、八丝缎四匹、大哈达五方，尔其祗领。特谕。"

（德宗朝卷九〇·页三下～四上）

○光绪五年（己卯）三月乙丑（1879.4.12）

以达赖喇嘛之呼毕勒罕坐床，赏给黄哈达一方、佛一尊、铃杵一分、念珠一串，并赏给伊父工噶仁青公衔。

准达赖喇嘛之呼毕勒罕钤用金印及黄轿、黄车、黄鞍、黄缰并黄布城。

以罗布萨荣垫为额外噶布伦。

（德宗朝卷九〇·页一〇上）

○ 光绪五年（己卯）六月乙丑（1879.8.10）

谕军机大臣等："松溎奏请选派达赖喇嘛教经正副师傅一折。著照所请，通善济龙呼图克图阿旺班垫曲吉坚参著作为达赖喇嘛正师傅，沙布咙普尔觉罗布藏楚称坚巴勒佳木撮著作为达赖喇嘛副师傅。"

驻藏办事大臣松溎奏："达赖喇嘛呼毕勒罕之父工噶仁青可否照例恩赏公爵。"

得旨："准其戴用宝石顶戴花翎。"

（德宗朝卷九七·页一六下～一七上）

○ 光绪六年（庚辰）七月甲申（1880.8.23）

谕内阁："此次达赖喇嘛坐床，除业经颁给敕书、赏件外，著丁宝桢于司库内提银一万两，派员送至西藏，交色楞额给领。"

（德宗朝卷一一六·页三下～四上）

○ 光绪八年（壬午）四月丁卯（1882.5.28）

又谕（内阁）："色楞额奏达赖喇嘛由伊正师傅济咙呼图克图阿旺班第彦曲吉坚参得受格龙小戒，呈进佛、哈达等物一折。本年正月十三日达赖喇嘛由伊正师傅受持格龙小戒，实为吉祥之事，朕甚悦之。达赖喇嘛嗣后尤当专学经咒，善守黄教，永承眷爱之恩。著加恩赏给黄哈达一个、椰子念珠一串、玉碗一件、玉盒一件、大荷包一对、小荷包二对，由色楞额晓谕颁赐。至达赖喇嘛所请仍将例进贡物交年班前来之堪布到京交纳之处，即著照所请办理。"

（德宗朝卷一四五·页九上～下）

○ 光绪二十二年（丙申）八月丁亥（1896.10.1）

驻藏办事[帮办]大臣讷钦奏："达赖喇嘛接办藏务，并授格隆大戒，例应免呈递贡品。"报闻。

（德宗朝卷三九四·页二七下）

"游历""通商"问题，匈牙利人摄政义、英人马科蕾援约入藏被阻，清廷与英另立新约，英人允停入藏

○光绪四年（戊寅）十二月己亥（1879.1.16）

又谕（军机大臣等）："总理各国事务衙门奏中外人等领有执照由藏行走，请饬妥为保护一折。据称贡生黄茂材前经丁宝桢奏明，由藏赴五印度游历，该藏番众派兵守卡，不准进藏。将来英国及各国游历之人若照烟台会议条款由藏行走，诚恐肇衅生端。请饬驻藏大臣严谕该番众毋得拦阻等语。中国与各国既有会议条款，即应遵照办理。中外人等由藏行走领有执照者，该藏何得擅行拦阻？著松溎严切开导该藏番众安分守法。嗣后遇有中外人等领有执照由藏行走，必须一体妥为保护，不得任意阻止，致酿衅端。该番众等倘敢抗违不遵，即著从严惩办。原折著抄给阅看。将此由五百里谕令知之。"

（德宗朝卷八四·页一八上～一九上）

○光绪五年（己卯）闰三月乙未（1879.5.12）

又谕（军机大臣等）："丁宝桢等奏会筹藏中应办事宜一折。藏中事务关系紧要，必须该处汉番各官合而为一，方能提纲挈领，操纵咸宜。近来各国洋人请入藏游历者甚多，又哲孟雄地方界在印度、西藏之中，该番往往以披楞欺占彼地为言希图生事。全在该督与驻藏大臣等妥慎筹画，方期彼此相安。丁宝桢等拟于藏中及各路交界之处择要增设文委员二人，归驻藏大臣统属，专司稽查，护送游历洋人各事，并分一员驻江孜，与哲孟雄毗邻，俾得探访该处番情就近稽查弹压，所筹尚妥。惟洋人行踪无定，防不胜防，丁宝桢、松溎、色楞额务当饬令该员认真防范。遇有入藏游历洋人，设法阻止；倘不能阻，则加意防护，勿稍疏玩，以免滋生事端。至

委员仅有二人，尚须分一员专驻江孜，设有缓急，势恐不能兼顾，官职过卑，亦难期得力。著丁宝桢等悉心筹画，应如何实事求是有裨大局之处，即行妥速会商，奏明办理。色楞额到任后，著与松溎悉心筹商，力图整顿，以期消患未萌，是为至要。将此由五百里各谕令知之。"

（德宗朝卷九二·页九下～一〇下）

○光绪五年（己卯）六月庚戌（1879.7.26）

西宁办事大臣喜昌奏："马加国世袭伯爵摄政义等拟由青海至西藏游历，请饬总理各国事务衙门照会阻止。"下所司知之。

（德宗朝卷九六·页一三上）

○光绪五年（己卯）八月癸亥（1879.10.7）

谕军机大臣等："松溎奏西藏商上呈递禀结不令洋人入藏，请将掌办商上事务之通善济咙呼图克图等严行惩办，并自请从重治罪一折。洋人入藏游历系条约准行之事，该藏僧俗人众执意不遵，公具禀结不令入境。松溎未能剀切晓谕，殊属办理不善，著交部议处。通善济咙呼图克图等本应惩办，暂从宽免。著松溎、色楞额责成该呼图克图等开导僧俗人众，告以该洋人入藏人数无多，前往游历不至有欺压之事，毋庸妄自惊疑，致生事端。该商上于洋人到藏时务当饬令汉番弁兵妥为照护。倘仍前违抗，定将驻藏大臣及该呼图克图等从严惩处。此事关系綦重，松溎、色楞额当悉心妥办，毋得稍有疏虞，贻误大局。该藏商上此次递结情形，著总理各国事务王、大臣照会该国使臣知悉，并著恒训、丁宝桢于洋人抵川时，将藏众情形详细告知，设法劝阻，令其停止前进，更为妥善。松溎、色楞额仍即一面妥筹办理，不得意存观望。将此谕知总理各国事务衙门，并由五百里谕令恒训、丁宝桢、松溎、色楞额知之。"

（德宗朝卷九九·页二六下～二八上）

○光绪五年（己卯）九月己亥（1879.11.12）

四川总督丁宝桢奏现办阻止马加国摄政义等入藏各情。下所司知之。

（德宗朝卷一〇〇·页三〇下）

○光绪六年（庚辰）四月丙午（1880.5.17）

驻藏办事大臣色楞额奏："游历西藏乌[马]加国摄伯爵等已经劝回，现正设法开导僧俗番众，一面请饬总理各国事务衙门知会他国使臣洋人暂缓入藏游历，以免疏虞生事。"下所司知之。

（德宗朝卷一一二·页一〇上～下）

○光绪六年（庚辰）四月丁巳（1880.5.28）

谕军机大臣等："丁宝桢奏派兵解散藏番，现已遵檄折回等语。藏番因摄政义等欲由川境赴藏游历聚兵拦阻，嗣摄政义已改道入滇，藏番仍嚣然不靖。番官颇琫香噶等奉派赴巴塘开导，不但不能约束，竟敢擅调夷兵，勒令巴塘文武土司将各处洋人逐去，出具永不进藏切结，否则直至巴塘驱逐洋人，焚毁教堂，并遍札川滇交界僧俗不许迎护接送，一味强横，不服理谕。丁宝桢已酌派兵弁前往弹压，旋经驻藏大臣将该番官等严行申饬，始各撤回等情。该藏番借端寻衅，肆意挟制，殊出情理之外，若不惩前毖后，妥为钳束，终恐滋生事端。此次虽据奏称遵檄撤回，地方安堵，是否一律解散，不致再生枝节。丁宝桢、色楞额、维庆当随时设法维持，相机防范，不可稍有疏虞，致贻后患。将此由五百里各谕令知之。"

（德宗朝卷一一二·页一八下～一九下）

○光绪六年（庚辰）十一月乙丑（1880.12.2）

总理各国事务衙门奏进江西贡生黄茂材所撰五印度、西域回部暨滇、蜀、西藏、缅甸道里各图说、游历刍言、西徼水道等书。得旨："暂行留中。"

（德宗朝卷一二三·页一上～下）

○光绪十年（甲申）八月己丑（1884.10.6）

谕军机大臣等："色楞额等奏道员中途被阻，派员前往查办一折。道员丁士彬赴藏，行抵莽里江卡，番民等以该员随从甚伙，恐有洋人在内为词，擅行拦阻，实属藐顽。即著色楞额、崇纲督饬委员查明实在情形，将为首之人从严惩办。守备周天禄、番官拉汪洛布均著先行摘去顶带，责令随同办理此案，以观后效。并著该大臣等传知丁士彬迅即遵旨回川。该员有无多带随从，沿途骚扰，以致番众惊疑情事，即行查明据实具奏。将此由五百里各谕令知之。"

寻奏："遵将为首滋事洛坠彭错等八犯从重惩办，并请将驻防江卡汛守备周天禄交部严加议处，番官拉汪洛布斥革。丁士彬随从人役无多，约束严明，尚无沿途骚扰情事，应请免议。"从之。

（德宗朝卷一九二·页三下～四下）

○光绪十年（甲申）九月壬寅（1884.10.19）

又谕（军机大臣等）："丁宝桢奏道员丁士彬赴藏被阻，请饬查办，并洋人拟由西宁取道入藏游历等语。前据色楞额等奏丁士彬行至莽里江卡被番众拦阻，当经谕令该大臣等查明为首之人从严惩办，先将守备周天禄等摘顶示儆，并查明丁士彬有无沿途骚扰情事据实具奏。兹据该督所奏番众拦阻情形与色楞额等前奏相同，即著该大臣等懔遵八月十八日谕旨迅速查办。至洋人俄官尼拟由西宁取道入藏游历，必应预筹保护。著丁宝桢督饬沿途文武员弁设法劝导。如能照上年摄伯爵之案，取道云南中甸一路回国，最为妥善。万一该洋人不听劝阻，立意入藏，色楞额、崇纲务当预为切实晓谕番众，不得无故生疑，任意拦阻。并先遴派妥员与川省官员互相商办，以免别滋事端，是为至要。将此由五百里各谕令知之。"

（德宗朝卷一九三·页二上～三上）

○光绪十一年（乙酉）九月庚子（1885.10.12）

又谕（军机大臣等）："总理各国事务衙门呈递曾纪泽信函。据称英国现派使臣马科蕾来京，专议印度、西藏通商一事等语。藏地通商，英人蓄志已久。前欲由川入藏游历，即为通商地步。今该国专派使臣来京商议通商之事，必应先事绸缪，详加区画。西藏番众仗喇嘛为长城，视洋人如深仇，若不商议妥协，贸然前往，必至开衅生事。然番族恃众好胜，只有阻遏之心，并无坚拒之力。设彼族恃强逞凶，藏番无从抵御，后患何可胜言，殊于时局大有关系。向来通商之地不至遽启兵端，是经营商务未始不收保护之益。况游历载在条约，目前即不遽许通商，须先与藏番定议，准其游历，俾得畅行无阻。但使西藏与洋人耦俱无猜，将来通商一事庶不至始终胶执。著丁宝桢详细筹度，会商色楞额、崇纲遴选明干委员，向该番众将此时一切事理切实开导，必使觉悟而后已。番众头目中当有明白晓事之人，所派委员必须通达大体而又熟习藏番情形，方能于事有益。该督等务当详慎筹商，并将遵办情形先行迅速复奏。曾纪泽信二件著抄给阅看。将此由六百里各谕令知之。"

寻色楞额等会奏："遵旨遴委晓畅番性之员切实开导，惟藏番素性冥顽，能否遵从尚难逆料。应请饬下总理各国事务衙门，俟英使马科蕾到后，将藏番顽梗、藏地瘠贫情形详细告之，以息其窥伺之萌。倘使准其游历，亦必俟开导有成，番性移转，免致激成边患。"

得旨："即著饬令裕钢等设法切实开导，并随时咨行丁宝桢详慎妥筹，会商办理。"

（德宗朝卷二一五·页八上～一〇上）

○光绪十一年（乙酉）十二月己丑（1886.1.29）

谕军机大臣等："驻藏大臣文硕奏洋人入藏游历，请先事预筹一折。著该衙门议奏。"

寻总理各国事务衙门奏："前于光绪二年烟台条约已准英人派员由川入藏以抵印度，只有婉为劝阻，一面咨明四川总督丁宝桢、驻藏大臣文硕先事预防，婉为开导，俟其探确奏明再行筹办。"

（德宗朝卷二二二·页二四下）

○光绪十二年（丙戌）四月庚寅（1886.5.30）

谕军机大臣等："前据色楞额等咨行总理各国事务衙门文称：英人欲由印度入藏，再三开导，藏中番众执意力阻等情。当经该衙门照会英使矣。本日据李鸿章电奏：英领事言马高蕊不日由印度入藏游历，路多山僻无人，须带帐房、行李以备沿途食宿。拟分起行走，押送帐房、食物夫役五十八人，护送英弁兵十六名。事非得已，毫无他意，请预为知照川藏等语。英人入藏游历事在必行，而藏中疑虑至今未释，若不先事图维，必致别生枝节。仍著丁宝桢等审度番情，妥筹办法；并著色楞额、崇纲迅即派委妥员前往切实开导，谕以英人此来系为游历起见，并无他意，该处兵民勿得拦阻，一面派员于印藏交界处所察看情形。设其时藏番坚执如故，务当劝止英人暂缓前进，免致仓猝生变，是为至要。将此由五百里各谕令知之。"

（德宗朝卷二二七·页一八上～一九上）

○光绪十二年（丙戌）六月戊辰（1886.7.7）

谕军机大臣等："色楞额等奏沥陈藏地现在情形并请将番官议处各折片。英人入藏游历一事，现经总理各国事务衙门与该国驻京署公使欧格讷反复辩论，设法抵制，该使已允电告马科蕾从缓入藏。惟据称：当时定议入藏探路本为通商而设，并无他意。现在印藏交界之独脊岭地方，藏番早有与英人互相贸易之事，如果准令在印藏边界通商，即可永不入藏……等语。洋人惟利是图，所称专主通商尚属可信。入藏一议载在烟台条约，现在若无转圜办法，该国决不肯废弃专条。虽此事在边界办理，将来有无窒碍未能悬定。然并此拒绝，则入藏一节目前万难阻止。究竟藏番与英人在边界处所私相贸易有无其事，著色楞额、崇纲设法密查，据实具奏，务须得其真情，不可听信番众一面之词，致多讳饰。至所请将伊喜洛布汪曲等交理藩院议处，本属咎有应得，惟念番众愚顽成习，该噶布伦等仅系开导无效，情尚可原，著从宽暂免置议。色楞额等仍当督饬委员，随时晓谕番官约束番众，不得滋生事端，是为至要。将此由六百里密谕色楞额、崇纲，并传谕游智开知之。"

（德宗朝卷二二九·页三下～四下）

○光绪十二年（丙戌）六月己卯（1886.7.18）

总理各国事务衙门奏："与英国商订条约五条：……一、烟台条约另议专条派员入藏一事，现因中国情形窒碍，英国允即停止。至英国欲在藏印边界通商，应由中国体察情形，如果可行，再行妥议章程。倘多窒碍，英国亦不催问。一、本约立定，彼此画押用印，速行互换。"允之。

（德宗朝卷二二九·页一八上～下）

○光绪十二年（丙戌）六月戊子（1886.7.27）

护理四川总督游智开奏委员入藏开导被阻情形。得旨："现据总理各国事务衙门与英使议定，已允停止入藏，仍须商办印、藏通商事宜。著游智开仍遵前旨，会同驻藏大臣将藏番与印度人有无在边界私相贸易情事密查，据实具奏。"

（德宗朝卷二二九·页二六上）

○光绪十二年（丙戌）七月癸丑（1886.8.21）

又谕（军机大臣等）："游智开、文硕奏会议举办边防，并声明酌增兵数缘由各折片。前据丁宝桢奏，拟于巴、里二塘驻师三千余人，当经谕令不动声色妥为布置。兹据该护督等会奏，拟于丁宝桢原议三千人之外再添兵一千名，并称文硕到任后恐即有必应调拨之需等语。英人入藏游历一事，现经总理各国事务衙门与英使订立新约，允即停止。惟须在藏、印边界议办通商，应由中国体察情形，设法劝导。如果开办有成，即可永不入藏。是目前紧要关键仍以开导番众于边界通商为主。前因印、藏交界之独脊岭地方，藏番早有与英人互相贸易之事已谕色楞额等密查具奏，著文硕于到任后确切查明。如果实有其事，正可因势利导，切实劝谕，将来开办自无阻阂。至所请募勇四千人举办边防之处，现在并无战事，防勇本不必多，文硕所称调勇入藏尤宜慎重，恐番众疑惧，别滋事端。丁宝桢前奏驻防三千人有所费不资，酌量情形办理之语。巴、里二塘究应驻师若干名，四川财力能否供应，吴奇忠统领各营能否得力，刘秉璋计将到任，著即会同筹商，奏明请旨办理。文硕身膺边寄，所有一切事宜务当妥慎筹画，加意抚绥，切勿稍涉张惶，致生枝节，是为至要。将此由六百里各谕令知之。"

（德宗朝卷二三〇·页一九下～二〇下）

○光绪十二年（丙戌）十一月庚戌（1886.12.16）

又谕（军机大臣等）："总理各国事务衙门奏遵议刘秉璋、文硕所筹西藏事宜一折。开导藏番自宜择人而使，惟棍噶札拉参虽曾赴藏，是否与藏众浃洽究难深信，且从前在西北各路带兵，诸多卤莽，于开导番藏，议办通商等事恐不相宜，所请将该呼图克图调往之处著毋庸议。前因英藏私相贸易，谕令文硕查明，如有其事，正可因势利导，为此后开办互市地步，导其将来，并非追其既往。即著仍遵前旨，酌度情形，相机设法开办，以期商务流通，借为安边之计。藏印边界通商条约原未载明何地，将来开办通商，须就该处地势番情妥筹布置。既不能预行指定地方，亦何能将已定之约遽议更改。至藏地边防自宜筹备，惟骤带多兵入藏，易启群疑，必须逐渐转移，方不至横生枝节。所请拨兵补勇整顿营伍一节，著文硕到任后体察情形，妥慎办理，切勿遽露更张之迹，俾免别滋事端。现当中英定约之后，藏务已就安谧，该大臣惟当于抚绥开导等事平心静气，筹措得宜，即可潜消隐患，慎勿胶执成见，操切张惶，致误大局。懔之，慎之！原折均著抄给阅看。将此由五百里各密谕知之。"

（德宗朝卷二三五·页九下～一一上）

○光绪十二年（丙戌）十一月丁巳（1886.12.23）

驻藏办事大臣色楞额奏："督饬妥员开导藏番，办理独脊岭边界商务事宜，并将查明情形报闻。"下部知之。

（德宗朝卷二三五·页二三上）

○光绪十三年（丁亥）三月壬子（1887.4.17）

又谕（军机大臣等）："棍噶札拉参呼图克图于上年到京瞻觐后，据刘秉璋等奏请调赴西藏，经总理各国事务衙门议复请旨。当以棍噶札拉参于开导番众、议办通商等事恐不相宜，未经准行。惟该呼图克图曾在塔尔巴哈台带兵剿贼，于西北边情自较熟习。前在四川省城，丁宝桢与之接见，称其胸襟阔大，深明大义，奏请留备任使。该呼图克图才略短长，早在朝廷洞鉴之中，必须安置得宜，亦可储以待用。所领徒众应如何收回安插，前经谕令锡纶等详晰定议，迄今日久未据复奏，殊属延缓。著刘锦棠会同锡纶妥为筹商，于新疆所属择一距俄较远可以安插之地，迅速奏明请旨办理。将此由五百里各谕令知之。"

（德宗朝卷二四〇·页二三下～二四下）

○光绪十六年（庚寅）七月己卯（1890.8.26）

驻藏办事大臣长庚奏："法国亲王根哩和到藏游历。现已出藏，取道打箭炉东下。"下所司知之。

（德宗朝卷二八七·页一一下～一二上）

清廷对玉树藏族遭抢掠、勒索的查办与派员前往会盟

○ 光绪五年（己卯）六月庚戌（1879.7.26）

谕军机大臣等："喜昌奏川属果洛克暨西藏番匪迭次抢杀玉树番众，请饬查办一折。四川所属果洛克暨西藏番匪迭次抢杀行旅，西宁所属之玉树地方屡被该匪等抢掠牲畜，伤毙番众，勒索兵费，强罚羊只，亟应严行惩办，以儆凶顽。著恒训、丁宝桢、松溎、色楞额立即查明，从严惩办，俾安边圉。勿得仍前玩忽，致贻后患。将此各谕令知之。"

（德宗朝卷九六·页一二下）

○ 光绪六年（庚辰）四月丁巳（1880.5.28）

成都将军恒训等奏："甘肃阶州番匪倡乱，现派兵驰赴松潘应之南坪并龙安府暨昭广等处地方严密防堵，以遏窜扰。"

得旨："仍著懔遵本月十七日谕旨加意防范，勿任匪徒窜扰。"

（德宗朝卷一一二·页一九下～二〇上）

○ 光绪十一年（乙酉）七月壬寅（1885.8.15）

西宁办事大臣李慎奏："本年会盟委员征获玉树各番族马贡银一千二百九十五两零，请发商生息，以资办公。"下部议行。

（德宗朝卷二一一·页一三上）

○ 光绪十六年（庚寅）三月甲申（1890.5.3）

谕军机大臣等："萨凌阿奏玉树番族屡被川藏番匪欺陵，恳留委员查办一折。据称主事锡拉绷阿等前往玉树番族会盟，查办词讼事件，该番各族千户等诉称，近年屡被川番抢劫、藏番需索，并川番强派支应等情。该

主事等查传该土司等对质，乃抗不到案。玉树番族苦留该委员等将欺陵前案查办了结。该大臣已令该委员等先行回宁，请另派大员查办等语。玉树番族迭被川藏番匪抢掠勒索，亟应严行查办。著岐元、刘秉璋、长庚、升泰遴选妥员确切查明，分别惩治，以弭后患。原折著抄给岐元、刘秉璋、长庚、升泰阅看。将此由四百里各谕令知之。"

（德宗朝卷二八三·页一一下～一二下）

○光绪十九年（癸巳）三月己酉（1893.5.12）

成都将军恭寿等奏："派员会办青海玉树番族频年被川省德尔格土司欺陵、磕索各案，一律清结，请将川、甘两省出力人员量予保奖。"

得旨："著准其择尤酌保，毋许冒滥。"

（德宗朝卷三二二·页一一下）

○光绪二十八年（壬寅）五月庚午（1902.6.16）

西宁办事大臣阔普通武奏："派员前赴玉树番旗会盟，办竣各旗积案，远番靖谧，边备可期久安。"

得旨："著将该番旗随时加意抚绥，以安边圉。"

（德宗朝卷四九九·页一〇上）

查办黄、黑教案

○光绪六年（庚辰）十二月丁酉（1881.1.3）

谕军机大臣等："色楞额等奏派员查办黄、黑两教夷案一折。批结岭寺喇嘛与伙尔族番互讼一案，据派往之噶布伦等禀称，普纳等寺黑教藐视逞强，而伙尔总百户等则以该噶布伦偏袒黄教私自调兵等情禀诉。此案自系为各寺布施起衅，该噶布伦等所禀各执一词，自应另派贤员查办。著色楞额、维庆即饬派出粮员确切查明案中关键，相机开导，秉公办结，所有带兵弹压之处亦当斟酌情形，不得轻举妄动，激成事端。……将此各谕令知之。"

（德宗朝卷一二五·页三上～下）

○光绪七年（辛巳）二月戊申（1881.3.15）

驻藏办事大臣色楞额等奏查办黑、黄教夷案完竣，并特保粮员。得旨："仍著随时妥为抚驭，毋任再生事端。周溁著以知府在任候升，其余在事汉、番员弁等准其择尤保奏，毋许冒滥。"

（德宗朝卷一二七·页一八上）

○光绪七年（辛巳）六月癸卯（1881.7.8）

以查办西藏纳鲁、噶鲁等族积案暨黑、黄教夷案出力，予四川嘉定府四望关通判周溁等升叙加衔有差。

（德宗朝卷一三一·页一二下）

后藏营官聚众包围驻藏帮办大臣行馆

○光绪七年（辛巳）十一月己亥（1881.12.31）

谕军机大臣等："色楞额奏帮办大臣行抵后藏，番民聚众滋闹，现拟亲往查办一折。据称帮办大臣维庆巡阅定日汛，事毕折回，后藏营官等带领多人围署滋闹，抛石打伤官兵。迭饬济咙呼图克图、噶布伦等前往弹压，以维庆格外需索供应为词支吾延抗等语。即著色楞额将番民滋事缘由确切查明，秉公办理，以儆刁风。务令番众折服，毋致激成事端。维庆如实有需索扰累情事，即行据实奏参，不得稍有徇隐。将此由五百里谕令知之。"

（德宗朝卷一三九·页一六下～一七下）

○光绪七年（辛巳）十二月壬申（1882.2.2）

谕军机大臣等："色楞额奏查明后藏聚众抛石案情分别拟结一节。后藏营官索巴彭错、策垫仑珠等向不安分，此次竟敢在帮办大臣行馆聚众抛石，实属不法。现经色楞额查明惩办，并将其余人等酌量责罚，足以惩玩法而儆效尤。至通善济咙呼图克图阿旺班垫曲吉坚参等虽支吾延抗于前，尚能开导遵办于后，均著免其议处。幕友沈其康、吴灏、家丁赵九等虽无扰累实据，而事出有因，著色楞额传知维庆查明惩办。嗣后该大臣等巡阅藏地，务当严明约束，不得稍涉扰累，致贻口实。将此谕令知之。"

又谕："色楞额奏请饬拨办公经费等语。西藏地方瘠苦，办公经费入不敷出，历年台站番民折送一切陋规未能革除。色楞额现请由四川省按年筹拨银两，津贴办公，自系为整顿藏务永革陋规起见。即著丁宝桢于盐厘项下，自光绪八年起按年筹拨银一万二千两，发交西藏领饷员弁搭解回藏，分给驻藏大臣二员，俾资办公。此后该大臣等如再有收受陋规情事，定行严惩不贷。将此各谕令知之。"

（德宗朝卷一四〇·页一九上～二〇上）

镇慑麻书、孔撒等土司称兵构衅

○光绪九年（癸未）九月辛巳（1883.10.4）

四川总督丁宝桢奏："麻书、孔撒各土司称兵构衅，遴派知府庆善前往弹压。"

得旨："该土司等称兵构衅，亟应开导解散。即饬令知府庆善相机妥办，务令及时撤兵，并查明起衅缘由，持平断结。"

（德宗朝卷一七〇·页三下）

○光绪九年（癸未）十一月甲午（1883.12.16）

以办结麻书、孔撒土司滋事，肃清川藏地面，予四川布政使张凯嵩等升叙加级有差。

（德宗朝卷一七四·页二上）

查办拉萨喇嘛与巴勒布商民冲突，济咙边界巴勒布商民被劫

○光绪九年（癸未）五月庚寅（1883.6.15）

驻藏办事大臣色楞额等奏前藏喇嘛滋事查办情形。得旨："即著督饬通善济咙呼图克图等查照条约，秉公妥办，以息争端。铁棒喇嘛不能约束僧众，致滋事端，并著查明办理，一并详细具奏。"

（德宗朝卷一六三·页一一上～下）

○光绪九年（癸未）九月癸未（1883.10.6）

驻藏办事大臣色楞额等奏："济咙边界巴勒布商民被劫失物，拣派汉番委员驰往断结。"

得旨："著即督饬派委各员妥筹商办，迅速了结，以靖边圉。"

（德宗朝卷一七〇·页五下～六上）

○光绪九年（癸未）十月癸酉（1883.11.25）

驻藏办事大臣色楞额等奏："喇嘛滋事，现派员驰赴济咙边界，酌断巴勒布商民偿款。"

得旨："著即督饬派委各员妥筹商办，迅速了结，以靖边圉。"

（德宗朝卷一七二·页一七下）

○光绪十年（甲申）三月壬午（1884.4.2）

谕军机大臣等："前据色楞额、崇纲奏前藏喇嘛滋事，攘夺巴勒布商民财物，派员前往济咙边界查明办理。当经谕令色楞额等督饬各员妥为查办。兹据丁宝桢奏此案尚未了结，请派大员前往办理等语。廓番在藏贸易

有年，此次被喇嘛攘夺财物，取怨邻封，事关中外，更恐激而生变。该委员等前往数月之久，何以尚未查复？著派道员丁士彬克日驰赴前藏，查明实在情形，由丁宝桢酌核办理。巴勒布抢劫巨款，若不予以赔偿，番众必不甘服。然如该督所请明降谕旨赏给廓番银两，亦于政体有碍。总之，此事必须速结，应如何酌定银数，由川省先行筹垫，令藏中分年归款之处，著该督尉酌妥办，并著色楞额等勒令铁棒喇嘛将为首滋事之犯交出，从严惩办，以申国法而服番情。将此由六百里各谕令知之。"

（德宗朝卷一七九·页一四下～一五下）

○ 光绪十年（甲申）五月丙子（1884.5.26）

谕军机大臣等："丁宝桢奏西藏喇嘛抢掠巴勒布商民一案，催令丁士彬速往查办等语。丁宝桢以此案延宕已久恐起戎机，又恐该国有从旁构煽之人，更虞日久生变，一面照会廓尔喀国王安抚商民，静候查办，一面催令丁士彬起程，所办尚妥。番众被劫多家，为数甚巨，必须秉公办理，方足以服其心。该喇嘛恃强横行，并应剀切开导，训其桀骜之气，事关中外交涉，尤宜迅速办竣，以免别生枝节。著丁宝桢传知丁士彬星驰前往，克日抵藏，悉心筹办，务臻妥善。应如何酌定银数，由川省先行垫给，藏中分年归款之处，并著该督懔遵前旨妥筹具奏。将此由五百里谕令知之。"

（德宗朝卷一八三·页五上～下）

○ 光绪十年（甲申）闰五月戊辰（1884.7.17）

谕军机大臣等："前据丁宝桢奏前藏喇嘛攘夺巴勒布商民财物一案，请派大员办理。当派道员丁士彬前往查办。兹据色楞额等奏巴勒布所失财物已允议让，尚须赔偿汉银十八万三千余两。该商上仅认筹银八万三千余两，分年归还，一面另行筹捐，以备拨发。第恐此案反复靡定，色楞额现赴济咙边界督办。倘捐项不能足数，惟有恳恩训示办理等语。巴勒布商民被劫一案必须妥速了结，庶免日久生变。色楞额现已前往，丁士彬谅亦驰赴该处，即著该大臣会商丁士彬妥为筹办，并咨商丁宝桢悉心酌核，奏明办理。至此项赔款，除该商上认筹外，著仍遵前旨由川省先行筹垫，令藏中分年归还以清款项。将此由五百里各谕令知之。"

（德宗朝卷一八六·页二一上～二二上）

○光绪十年（甲申）六月丙子（1884.7.25）

谕军机大臣等："色楞额等奏巴勒布商民被劫一案现经断结书立条约，照录呈览一折。据称巴勒布所失财物议定偿款十八万三千四百余两，该商上认筹及达赖喇嘛等报捐银共有十万四千两，其余不敷之数，除折抵货物外，藏中无力再筹，恳恩赏给，由四川先行筹拨银八万两解藏等语。此案关系中外大局，既经汉番委员断结，所有偿款不敷之项自应早日清完，即著丁宝桢迅速筹垫银八万两解藏应用。仍憬遵迭次谕旨，令藏中分年归还，以清款项。所请赏给银两之处实非政体，著勿庸议。至此案为首滋事之犯，仍著色楞额等勒令迅速交出，从严惩办。将此由五百里各谕令知之。"

（德宗朝卷一八七·页一一上～下）

○光绪十年（甲申）七月壬戌（1884.9.9）

又谕（军机大臣等）："前据色楞额等奏巴勒布商民被劫一案议定偿款十八万三千四百余两，除筹捐折抵外，不敷之数恳由四川筹拨。当令丁宝桢垫银八万两解藏应用，仍令藏中分年归还，毋庸赏给。并经谕令色楞额等知悉。兹据该大臣等奏：接据岐元等咨称，承准寄谕令丁宝桢传知丁士彬克日抵藏，悉心筹办。惟此案业经筹办了结，应否再行查办，请旨遵行等语。所有巴勒布商民被劫一案，著仍遵六月初四日谕旨办理，所请再行查办之处著毋庸议。丁士彬如已抵藏，即著启程回川；如尚在途，亦著咨明折回。将此由五百里各谕令知之。"

（德宗朝卷一九〇·页一四下～一五上）

○光绪十年（甲申）九月壬寅（1884.10.19）

又谕（军机大臣等）："丁宝桢奏道员丁士彬赴藏被阻，请饬查办……等语。前据色楞额等奏丁士彬行至莽里江卡被番众拦阻，当经谕令该大臣等查明为首之人从严惩办，先将守备周天禄等摘顶示儆，并查明丁士彬有无沿途骚扰情事据实具奏。兹据该督所奏番众拦阻情形与色楞额等前奏相同，即著该大臣等懔遵八月十八日谕旨迅速查办。……将此由五百里各谕令知之。"

（德宗朝卷一九三·页二上～三上）

○光绪十一年（乙酉）正月甲寅（1885.2.28）

驻藏办事大臣色楞额等奏："巴勒布商民被劫一案，铁棒喇嘛等不能拿获首犯，请分别惩办。"

又奏："西藏每年正、二月间，阖藏寺院喇嘛均于大小招内攒集诵经，不下数万，饬调番营官兵防范，以杜乱萌。"

均如所请行。

（德宗朝卷二〇一·页二四下）

○光绪十一年（乙酉）九月辛酉（1885.11.2）

驻藏办事大臣色楞额等奏："部驳办理唐廓事件出力人员保案，恳请恩准。"

得旨："刘钧、赵咸中均著照原保奖励。王琢章著照所请，免选本班，以布政司照磨留川补用。"

又奏："巴勒布商民被劫多家，应偿银三十余万两，业经全数给领。"下所司知之。

以寄济巴勒布商民偿款，予四川总督丁宝桢、布政使易佩绅议叙。

（德宗朝卷二一六·页一九下）

○光绪十二年（丙戌）九月丁巳（1886.10.24）

以办理藏廓边界防务出力，赏四川知县刘钧花翎。

（德宗朝卷二三二·页二七下）

○光绪十六年（庚寅）三月辛未（1890.4.20）

驻藏办事大臣长庚奏："……又藏廓番民贸易滋事一案，现接据廓尔喀国王来文，请转饬在边办事人等嗣后仍遵和约拟办。"下所司知之。

（德宗朝卷二八三·页四上）

八世班禅圆寂，九世班禅"金瓶掣签"掣定、坐床

○光绪八年（壬午）九月丁未（1882.11.4）

派驻藏办事大臣色楞额往奠班禅额尔德呢，赏银五千两治丧，及妆蟒缎、哈达等物并御用蜜蜡念珠一串、沉香朝珠一盘、经一卷，传谕札萨克喇嘛罗卜藏顿柱将藏内一切事宜敬谨代办。

（德宗朝卷一五二·页一五上～下）

○光绪十一年（乙酉）七月壬戌（1885.9.4）

又谕（军机大臣等）："色楞额等奏圆寂班禅额尔德尼入葬金塔日期一折。班禅额尔德尼为后藏喇嘛僧众表率，深谙经典，阐兴黄教，现徒众修理金塔工竣，于四月初八日入葬金塔，洵属祥瑞，朕心甚为畅慰，念切殊深。著加恩赏给白哈达一个、念珠一串，用副追念勤奋喇嘛之至意。将此交色楞额转饬该徒众祗领，献于班禅额尔德尼金塔之前。"

（德宗朝卷二一二·页一八上）

○光绪十三年（丁亥）十一月壬戌（1887.12.23）

谕内阁："文硕奏访获班禅额尔德呢之呼毕勒罕聪颖幼童三名请旨一折。班禅额尔德呢转世已届五年，兹据文硕奏称，访获聪颖异常、有灵根之幼童三名，洵为嘉祥，朕心悦览。著照所奏，即遵定例将三幼童之名入于奔巴金瓶内唪经，敬谨掣签定为呼毕勒罕。俟掣定后，由驿奏闻。"

（德宗朝卷二四九·页九下）

○光绪十四年（戊子）三月丙寅（1888.4.25）

又谕（军机大臣等）："文硕奏班禅额尔德呢之呼毕勒罕所出幼童察验属实，掣定奏闻一折。本年正月十五日由驻藏大臣亲往布达拉山，会同

第穆呼图克图、苏勒挪们罕罗普藏敦珠，率领喇嘛徒众唪经，由奔巴金瓶掣出仑珠甲错之名，定为呼毕勒罕。当日天气清和，诸事吉祥，阖藏众僧不胜欢感。第穆呼图克图等取名诺们多罗罗普藏图普单曲吉依木格勒克拉木捷。甚属吉祥，朕心实深嘉悦。著加恩赏给呼毕勒罕大哈达一方、珊瑚珠一串、玉如意一柄，第穆呼图克图哈达一方、嵌玉如意一柄，苏呼诺们（罕）哈达一方、嵌玉如意一柄，交该大臣传谕该第穆呼图克图等并阖藏众喇嘛等，将该呼毕勒罕妥为照料，以副朕振兴黄教之至意。"

（德宗朝卷二五三·页九上～下）

○光绪十七年（辛卯）十月壬寅（1891.11.12）

驻藏办事大臣升泰奏："班禅额尔德尼之呼毕勒罕坐床吉期，例颁敕书，请由驿驰递，其恩赐各物请饬各省派员接换护送，以期迅速。"

又奏："札萨克请遵照佛规，饬令第穆呼图克图依期赴札什伦布寺院，照料呼毕勒罕坐床、受戒、传经。"均如所请行。

又奏："班禅额尔德尼之呼毕勒罕请援照封亲之例，移封外祖父期美汪布爵衔、顶戴、花翎。"下所司议。

寻理藩院奏："历届呼毕勒罕之父蒙恩赏给爵衔、顶翎，非专指坐床荣亲而论，未便援引。应否援照达赖喇嘛请封懿亲之案，赏给公衔或头等台吉之职，只授本身，毋庸袭替。"

得旨："期美汪布著加恩赏给本身辅国公衔。"

（德宗朝卷三〇二·页八下～九下）

○光绪十七年（辛卯）十月癸丑（1891.11.23）

谕内阁："班禅额尔德尼呼毕勒罕于明年正月初三日坐床，著派升泰会同苏呼诺们罕前往看视。所有颁发敕书、赏赍等件，著由驿驰递，其沿途经过地方妥为护送。并著刘秉璋于司库提银一万两，派员迅速解往，一并赏给班禅额尔德尼祗领。"

（德宗朝卷三〇二·页一六上～下）

○光绪十八年（壬辰）三月乙亥（1892.4.13）

驻藏办事大臣升泰奏："遵旨看视班禅呼毕勒罕坐床礼成。"

（德宗朝卷三〇九·页一一下）

俄人普尔热瓦尔斯基、撒武撮伏、科兹洛夫等窜扰藏地及边觉夺吉交通俄人问题

○ 光绪十年（甲申）九月壬寅（1884.10.19）

又谕（军机大臣等）："丁宝桢奏……洋人拟由西宁取道入藏游历等语。……至洋人俄官尼拟由西宁取道入藏游历，必应预筹保护。著丁宝桢督饬沿途文武员弁设法劝导。如能照上年摄伯爵之案，取道云南中甸一路回国，最为妥善。万一该洋人不听劝阻，立意入藏，色楞额、崇纲务当预为切实晓谕番众，不得无故生疑，任意拦阻。并先遴派妥员与川省官员互相商办，以免别滋事端，是为至要。将此由五百里各谕令知之。"

（德宗朝卷一九三·页二上～三上）

○ 光绪十六年（庚寅）三月辛未（1890.4.20）

驻藏办事大臣长庚奏："俄官撒武撮伏游历到境。……"下所司知之。

（德宗朝卷二八三·页四上）

○ 光绪十六年（庚寅）五月甲申（1890.7.2）

驻藏办事大臣升泰奏："由独脊岭回藏，查明西藏密迩印度，英人畏俄窥伺，时思派员到藏游历，借探消息。倘英、俄事机稍急，则藏地之安危系之，边防亟宜讲求。现同汉番各员悉心筹画：一、宜修建关隘，以重边防；一、宜分设驻边汉番文武官员，以资控制；一、布坦、廓尔喀两部宜令藏番与修邻好，以期相助；一、酌留官兵驻边，暂资巡查。"如所请行。

（德宗朝卷二八五·页一三上～下）

○光绪十九年（癸巳）十二月己未（1894.1.17）

谕军机大臣等："总理各国事务衙门奏：据嵇志文寄到禀函，内称新授噶布伦边觉夺吉交通俄使，险诈用事。前充黄绍勋随员，到岭后与印官往来最密，黄绍勋曾禀其大不安分，取结一事，居间阻挠，意在挑弄印藏不和，以便俄人乘隙，结事益难措手等语。印藏立约业经画押，以后通商交涉，事务殷繁。若果如嵇志文所禀，该番官居心叵测，将至贻误大局，所关匪细。著奎焕、延茂悉心察看该番官边觉夺吉心术行为究竟如何。果有可疑之处，即行斥退，以弭隐患，毋稍回护。倘嵇志文所禀或涉虚诬，亦著据实复奏。原折及禀稿均著抄给阅看。将此各谕令知之。"

（德宗朝卷三三一·页一二下～一三上）

○光绪二十年（甲午）三月壬寅（1894.4.30）

谕军机大臣等："前据总理各国事务衙门奏：据嵇志文寄到禀函，内称新授噶布伦边觉夺吉交通俄使，险诈用事等情。当谕令奎焕、延茂悉心察看，如有可疑之处，即行斥退。倘嵇志文所禀或涉虚诬，亦据实复奏。兹据奎焕奏称：遵查边觉夺吉办理边务毫无贻误，亦无私通俄使情弊。抄录黄绍勋、嵇志文禀件批牍呈览。并陈嵇志文现已押令回川各等语。又据延茂奏称嵇志文被参后，屡呼冤抑，据情代奏。边觉夺吉素习钻营，居心狡诈，随时咨访，不为无因，及密陈奎焕见好边觉夺吉情形各折片，并将嵇志文原禀、原呈抄录呈览。该大臣等所奏情形迥不相符。嵇志文禀讦奎焕各条及奎焕所称嵇志文诡谲欺饰等语，虚实均应切究。著刘秉璋按照该大臣等所奏各节确切查明，据实复奏，不得稍涉偏徇。奎焕折片各一件、单二件，延茂折一件、片二件、单二件均著抄给阅看。将此谕令知之。"

（德宗朝卷三三七·页一六下～一七下）

○光绪二十年（甲午）三月甲辰（1894.5.2）

又谕（内阁）："前因驻藏大臣奎焕奏参四川雅州府知府嵇志文于派办事件任意延误，当谕奎焕派员押令迅速回川，听候谕旨。该员辄复在藏逗留，分递禀函，哓哓辩诉，实属胆大貌玩。嵇志文著即行革职，仍令回川听候查办。"

谕军机大臣等："奎焕奏番官边觉夺吉被嵇志文捏词妄禀，商上请饬调来藏质对，并将僧俗公禀缮单呈览一折。嵇志文在藏逗留，分投禀诉，咎有应得，本日已降旨革职，仍令回川听候查办，毋庸再令该员赴藏质对。即著奎焕明白晓谕，以安藏众之心。现在嵇志文既已离藏，所有通商及取结一切事宜，并著设法开导，妥为筹办，以维大局。前因嵇志文禀称边觉夺吉交通外人，居心叵测，谕令奎焕等悉心察看，自应慎密访察，何得辄将所奉谕旨译行商上，饬令查复，殊属非是。奎焕著传旨申饬。嗣后该大臣办理藏务必须加意详慎，勿稍大意。将此由五百里谕令知之。"

又谕："本日奎焕具奏达赖喇嘛攒招事毕一折，未与延茂会衔。又据延茂奏称本年蒙赏福字荷包等件，委员商请奎焕联衔谢恩，讵奎焕折件业已先发，是以单衔具奏等语。奎焕、延茂同城办事，于例应会奏事件，率行单衔具奏，显系各存意见，殊非和衷共济之道。嗣后该大臣等务当以公事为重，屏除私见，悉心商办，以副委任。将此各谕令知之。"

（德宗朝卷三三七·页一八下～二〇上）

○光绪二十年（甲午）三月乙巳（1894.5.3）

又谕（军机大臣等）："前据奎焕奏参四川雅州府知府嵇志文于派办事件任意延误，谕令奎焕将嵇志文派员押令回川，听候谕旨。本月二十七日复据奎焕奏：商上禀称番官边觉夺吉被嵇志文捏词妄禀，恳请代奏调藏质对。已经降旨将嵇志文革职，仍令回川听候查办，毋庸再令赴藏质对。该革员到川后，如有应行查讯之处，即著刘秉璋就近传问。奎焕折及商上公禀各一件均著抄给阅看。将此谕令知之。"

（德宗朝卷三三七·页二一上～下）

○光绪二十年（甲午）五月癸卯（1894.6.30）

谕军机大臣等："前据延茂代奏嵇志文禀讦奎焕各条及奎焕所奏嵇志文诡谲欺诈等语，当经谕令刘秉璋确查复奏。兹复据延茂奏奎焕荒谬离奇，列款纠参开单呈览一折，著刘秉璋委道府大员迅速前往，按照所参各节一并确切查明，据实复奏，毋得稍有徇隐。原折单均著抄给阅看。将此谕令知之。"

（德宗朝卷三四一·页一五下～一六上）

○光绪二十八年（壬寅）十一月丙寅（1902.12.9）

（驻藏办事大臣裕钢等）又奏："游历俄人在察木多枪毙番民多名，请饬部就近与俄使交涉。"下外务部知之。

（德宗朝卷五〇七·页一四上）

○光绪二十八年（壬寅）十一月甲申（1902.12.27）

外务部奏："藏番命案日久未结。拟先由藏筹款，派员驰往酌加抚恤，再由臣部照催俄使，速筹结案。"从之。

（德宗朝卷五〇八·页一四上）

○光绪二十九年（癸卯）五月壬申（1903.6.13）

驻藏办事大臣裕钢奏："俄人游历琐图，枪毙多名，烧毁房屋，派员察勘抚恤。"下部知之。

（德宗朝卷五一六·页六下～七上）

○光绪二十九年（癸卯）十月己巳（1903.12.7）

驻藏办事大臣裕钢奏："琐图地方，前因俄人游历番民被害，日久案悬。现已办理完结，恳将出力知府何光燮等奖叙。"

得旨："何光燮著俟藏事完结再行给奖。"

（德宗朝卷五二二·页二一上）

○光绪二十九年（癸卯）十一月壬辰（1903.12.30）

谕内阁："理藩院奏遵议琐图重案办理完结出力之察木多锡瓦拉呼图克图阿旺济克美青饶丹增称勒等奖叙请旨一折。察木多锡瓦拉呼图克图阿旺济克美青饶丹增称勒等于办理琐图重案均资得力，加恩锡瓦拉呼图克图阿旺济克美青饶丹增称勒，赏给通诚禅师名号，甲拉克呼图克图阿旺丹卑俊乃称勒曲结坚参赏给博善禅师名号，乍丫诺们罕罗布藏土丹济克美嘉木磋赏给普济禅师名号，以示奖励。"

（德宗朝卷五二三·页一七下～一八上）

○光绪三十年（甲辰）十一月壬午（1904.12.14）

以办理西藏琐图灵案完结，予四川知县谢文藻以直隶州知州候补。

（德宗朝卷五三七·页一一上）

隆吐山设卡自守，英国第一次侵藏战争，藏军抵抗受挫，清廷与英签订藏印条约和藏印条款续三款

○光绪十二年（丙戌）十一月庚戌（1886.12.16）

又谕（军机大臣等）："总理各国事务衙门奏遵议刘秉璋、文硕所筹西藏事宜一折。开导藏番自宜择人而使，惟棍噶札拉参虽曾赴藏，是否与藏众浃洽究难深信，且从前在西北各路带兵，诸多卤莽，于开导番藏，议办通商等事恐不相宜，所请将该呼图克图调往之处著毋庸议。前因英藏私相贸易，谕令文硕查明，如有其事，正可因势利导，为此后开办互市地步，导其将来，并非追其既往。即著仍遵前旨，酌度情形，相机设法开办，以期商务流通，借为安边之计。藏印边界通商条约原未载明何地，将来开办通商，须就该处地势番情妥筹布置。既不能预行指定地方，亦何能将已定之约遽议更改。至藏地边防自宜筹备，惟骤带多兵入藏，易启群疑，必须逐渐转移，方不至横生枝节。所请拨兵补勇整顿营伍一节，著文硕到任后体察情形，妥慎办理，切勿遽露更张之迹，俾免别滋事端。现当中英定约之后，藏务已就安谧，该大臣惟当于抚绥开导等事平心静气，筹措得宜，即可潜消隐患，慎勿胶执成见，操切张惶，致误大局。懔之，慎之！原折均著抄给阅看。将此由五百里各密谕知之。"

（德宗朝卷二三五·页九下～一一上）

○光绪十三年（丁亥）十月庚子（1887.12.1）

又谕（军机大臣等）："电寄升泰。升泰现已到川，著迅饬赴任，会同文硕速筹撤退隆吐藏兵并开导边界通商事宜，勿稍延缓。"

（德宗朝卷二四八·页二一上）

○光绪十三年（丁亥）十一月壬戌（1887.12.23）

谕军机大臣等："电寄刘秉璋，两电均悉。向来哲孟雄自为部落，在后藏界外，不入舆图，且久已暗附于英，今设卡既在哲境之隆图山，即不得谓之西藏界内。况英国正议边界通商，而藏众反设卡禁绝通商之路，是显与定约背驰。英为与国，于停止入藏一节尚知通情退让；藏为中国属地，乃竟不知恭顺朝廷。将来设有不虞，国家亦何能于此等顽梗之徒曲施保护耶？著刘秉璋飞咨文硕、升泰，传齐各番官，将此旨严切宣示，饬令迅将卡兵撤回，慎勿再有违延，自贻罪悔。并著文硕等将遵办情形迅速复奏。"

寻文硕奏："查藏番并无越界戍守，隆图山卡兵碍难抽撤。"下该衙门知之。

（德宗朝卷二四九·页九下～一〇下）

○光绪十四年（戊子）正月戊寅（1888.3.8）

谕军机大臣等："电寄刘秉璋。上年英人麻葛蕊拟带兵入藏，情势岌岌可危，朝廷悯念番众愚顽，特饬总署与英使订约，停止入藏。其边界通商一节，英人亦不催问。当时办理此事，不知几费唇舌。倘藏众安分自守不生枝节，从此便可相安无事。是朝廷保护藏番委曲成全，何等周详妥协。乃蠢兹苾刍不量己力，越疆置卡，肇衅生端，因有新约通商，反欲断绝商路。文硕受事以后，不能将朝廷保全该番之意剀切劝谕，近复畏难取巧，反欲借拒英护藏为名，谓地为藏地，撤无可撤，连章累牍晓辩不休。推其执谬之见，虽兴兵构怨有所不恤，而于藏界尺寸之争不应骚动天下，番众自挑之衅不能败坏全局，徒手寡弱之众万难捍御强敌，彼兵深入之后势更无所收束，一切危急窒碍情形悉置不顾，非但不能开导愚蒙，转为愚蒙煽其昏焰，其迷误为何如耶？本应治以应得之咎，因藏事未定先行撤回。新任长庚未到之前，升泰责无旁贷，前已有旨饬催赴藏，著于抵任后，即传齐番官谕以上年与英人订议，缓设通商之约，永免入藏之患，正朝廷扶持黄教、复庇藏番代筹一永保安全之至计。但令赶速撤卡，印督已言明彼决不越藏中定界热勒巴拉山岭一步，盖英人顾念和约，其视西藏尚与哲、布有殊。此时印兵未来，藏卡先撤，固属甚好，即印兵已到，卡众亦应善退，勿与交锋，盖彼此未经接仗，无论此界属藏属哲将来尚可徐徐辩明。若彼兵争所得，此后断不再让，且恐所失更多，与其男尽女绝，曷若相安无事。如此反复开解，冀其万一之悟。倘再执迷不改，则是甘蹈覆灭，自外生成，朝廷断难再施补救矣。现经总署与英使议展限期，伊已电达印督，并令刘瑞芬面商外部，均尚无复音，殊不可必。此旨著刘秉璋飞递升泰懔遵速办，勿踵文硕迂谬之见，自贻罪戾也。勉之，慎之！"

又谕："电寄升泰。向来西藏图说，藏地与哲、布分界处东西一线相齐，藏境中并无隆吐、日纳之名。今文硕寄来新图，隆吐、日纳在藏南，突出一块，插入哲、布两界之内，而哲、藏分界之处恰在捻纳修路东西一线之北。新图以黄色为藏界，而日纳营官寨之地注明数十年前喇嘛给与哲孟雄，现仍画黄色，正与隆吐山相连，难保非藏人多画此一段，饰称藏中现界也。并著升泰详细确查，究竟隆吐属哲属藏，据实复奏，毋得稍有捏饰。"

（德宗朝卷二五一·页一九上～二二上）

○光绪十四年（戊子）二月癸未（1888.3.13）

又谕（军机大臣等）："文硕奏商上申复情形请饬会议，并附陈管见，节录前奉谕旨各折片。隆吐设卡一事，前经迭谕文硕，令其开导藏番，赶紧撤卡，以为保全该番之计。朝廷于此事权衡利害，度势审机，筹之至熟，前寄升泰电旨业经详谕。文硕于此事筹及军旅殊属昧于事情，不顾大局，所请会议之处著毋庸议。目下事机紧迫，无论隆吐属藏属哲将来自可辩明，现在总以撤卡为第一要义。升泰未到以前，文硕责无旁贷，仍著懔遵迭次谕旨剀切劝谕，迅速撤卡。即令印兵已到，强弱势殊，藏中番兵不可与之接仗。至我兵驻藏无几，尤宜严加约束，勿得稍有干涉，致生枝节，将来难于转圜。至电寄谕旨，均系军机大臣请旨后缮拟进呈钦定，交该衙门电发，办理已久，从未舛错遗漏。况自设电以后，一切调兵筹饷深资得力，并无流弊，寻常文件不准用电，更毋庸另立章程。文硕谓收取电气亵渎神明，尤属迂谬可笑，均毋庸置议。升泰现在行抵何处，著即星速前往，文硕俟升泰到任后即行来京，不准稍涉逗遛。将此由六百里各谕令知之。"

（德宗朝卷二五二·页四上～五下）

○光绪十四年（戊子）二月庚寅（1888.3.20）

谕军机大臣等："据都察院奏准驻藏大臣文硕咨送奏陈藏地事宜折稿、电稿并舆图加说等件一折。览奏殊堪诧异。文硕自抵藏后，于开导藏番事宜，并不懔遵谕旨切实妥办，识见乖谬，不顾大局，已降旨撤令来京。兹复擅将未奉明旨之奏稿密电各件竟行移咨都察院。意在耸动言官，纷纷渎奏，以遂其忿争挟制之私，殊属胆大妄为。此风断不可长，文硕著即行革职。"

（德宗朝卷二五二·页一三下～一四上）

○光绪十四年（戊子）二月戊戌（1888.3.28）

谕军机大臣等："电寄刘秉璋。英兵于初八日攻毁隆吐兵房，藏番自行退去。英使来言印督饬约其兵，但使藏兵不越界出关，彼兵不过隆吐，以后一切照旧等语。藏番昏愚已极，违旨背约，此次辱由自取，朝廷早在意中。现在卡房既毁，若藏兵不再出，英兵亦必撤回，仍可相安如旧。著升泰迅谕藏官，勿再执迷不悟为出界复仇之举，或俟英兵退后又复前往设卡，以致引敌深入，求如现在情形而不可得，则噬脐无及矣。除饬总理衙门，促英使电催印督及早撤兵外，刘秉璋接奉此旨即飞咨升泰钦遵办理，迅速复奏。"

（德宗朝卷二五二·页八上～下）

○光绪十四年（戊子）三月戊辰（1888.4.27）

驻藏帮办大臣升泰奏："接奉谕旨，兼程赴藏。预饬驻藏委员传谕商上番官，勿再妄思报仇，出兵设卡，自贻祸患。"

得旨："即著迅速赴任，懔遵迭次谕旨，妥筹办理。"

（德宗朝卷二五三·页一〇上～下）

○光绪十四年（戊子）三月庚辰（1888.5.9）

驻藏办事大臣文硕奏："隆图山藏番与英兵接仗获胜。惟英人向来谲诈，已令该呼图克图谕饬仔琫倍加谨慎，勿恃小胜而骄，并于该仔琫略加奖励，以示绥柔。"下所司知之。

（德宗朝卷二五三·页二〇上）

○光绪十四年（戊子）四月癸未（1888.5.12）

驻藏办事大臣文硕奏："续接边报，隆图山驻卡仔琫以英兵滋扰退守卓玛依村。现有依附英人颇当喇嘛之弟康萨卓尼尔来信，愿从中讲和，藏番游移观望，颇有迳向英人商办，不欲我与闻之意。"下所司知之。

（德宗朝卷二五四·页三上～下）

○光绪十四年（戊子）四月丙戌（1888.5.15）

又谕（军机大臣等）："电寄文硕，两奏均悉。印藏通商一事，英人约定并不催办，倘非隆图设卡，妄生枝节，尽可相安无事。此次开衅与通商绝无干涉，文硕办理此事始终不明机括，于撤卡一节不但不竭力开导，反代为晓辩力争，一旦兵败卡毁，束手无策，乃欲借通商为转圜，而于藏番自行商办又不拦阻，种种乖谬，深堪痛恨！殊不思藏为中国属地，断无听其自主之理，且以藏番之愚蠢岂知西国体例？倘受其愚弄，非藏地吃亏，即中国失体，后患何可不防？及今为挽回之计，著升泰、文硕接奉此旨，即传齐番官谕以通商事例非尔等所能知晓，一经堕其术中，追悔无及。如议有条款，伊等不可遽允，总须禀明驻藏大臣具奏，由总理衙门核定，候旨遵办。若并未定议，更可由中朝与英国从容商办。但令该番从此不自添枝节，印兵必不再进，却不可因惶惑改图又增亏辱也。此旨著刘秉璋飞咨升泰、文硕遵办。"

（德宗朝卷二五四·页五下～七上）

○光绪十四年（戊子）五月庚申（1888.6.18）

谕军机大臣等："电寄升泰。前据刘瑞芬电报，四月十三日藏番出攻印兵营卡又复败退。当经总署电询，近据英使两次到署云接印督电称：近又函达藏官，但令藏众退回原界，仍守二年以前情形，不在隆吐山扎兵，以后便可照旧办理。绝不欲侵入藏地，致碍两国和好等语。此电在十三日藏印再战之后，印督犹作此语，无非顾畏中英和约，留一转圜地步。惟伊所云原界，即从前所指修路至热勒巴拉山岭而止，决不越此岭一步，按之藏中所绘新图即捻纳修路之地也。捻纳以南，隆吐以北，遥荒废弃，藏人久置不理，故日纳宗营可附哲部，捻纳修路亦不阻拦。迨修路已成，此一段地方英人早已视为保护境内，纵令先期撤卡，已难以口舌相争，况今已叠次交绥，兵争所得，更不再让。此皆前谕屡次明白开示，而藏众冥顽不悟，以致此时万难置辩者也。为今之计，印督既有不进原界之语，藏兵却不可有再出捻纳复仇之事，但令安分不动，以后一切均易商量。向来藏务专归商上，闻第穆呼图克图素日人尚和平晓事，现在掌办商上，责有专归。著升泰于奉旨后，传谕第穆加以策励。即专委该呼图克图，将此事妥为了结。倘能深维终始，仰体朝廷复庇深恩，保安全藏，定当优加褒赏。若惑于众论，不顾全局，以后兵交无已，自速败亡，求如现在转圜，尚可完守捻纳定界而不可得，亦惟该呼图克图是问。总之，及时自守，尚可借此收帆。自非心如石顽，必当言下领悟也。"

成都将军岐元等奏："藏印交兵，募勇出关，驻扎巴塘、里塘，以固疆圉。"

得旨："著该将军等随时侦探确情，妥慎办理，不得稍涉张惶。"

（德宗朝卷二五五·页五上～七上）

○光绪十四年（戊子）五月丙子（1888.7.4）

谕军机大臣等："电寄升泰，四月二十二日奏折片均悉。所论英、藏各情均尚中肯。惟该大臣具奏时，尚未知四月十三日藏番又有出攻印兵营卡之事，且在热纳巴拉岭外修筑石垒，是藏众复仇之意未息。此时欲令印兵先撤，虽费口舌，亦办不到。该大臣折内'先解战争'一语，甚属扼要。印兵之不入藏地，英人屡为此语，但令从此不自生枝节，印兵必不再进，毋庸过生疑虑。若必固执成见，希冀争回隆吐山地方，再与寻衅，则兵连祸结，势必不可收拾。五月初九日电饬该大臣传谕第穆呼图克图将此事妥为了结。其筑垒一节，并经总署电询，著遵照迭次谕旨所指各节迅速办理。该大臣到任后应否亲往与英官面议，抑派员前往，并著相机妥办。其传谕第穆后情形如何，即行奏复。"

（德宗朝卷二五五·页一三下～一四下）

○光绪十四年（戊子）六月甲辰（1888.8.1）

谕军机大臣等："电寄升泰。五月初九、二十五两次电谕升泰开导藏番勿再构衅,并责成第穆妥为了事,现尚未据该大臣奏报,殊深廑系。昨英使照会总署,据称接印督电信,藏番现又添兵,并有攀阻该大臣不赴边界之语。此说未可遽信,藏番虽蠢愚,谅不敢阻留钦使,但添兵再出之事难保必无。印督此次电信中有不能久待一语。如果藏兵再出,印兵亦必再进,深恐兵连祸结,并现界亦不可保。该大臣务当守定'先解战争'四字,传谕第穆切实办理。前奏有与英官面议之意,目前事机紧要,如亲至边界商办,先令印藏彼此退兵,再明定彼此界址,使此后不相侵犯,自较派员前往更为妥协。此时但使藏兵不再出捻纳之外,印兵之不再进,英人屡屡言之,亦决不至失信。该大臣现已到任,一切情形著即迅速奏闻。"

(德宗朝卷二五六·页一三下～一四下)

○ 光绪十四年(戊子)九月丁卯(1888.10.23)

又谕(军机大臣等):"升泰奏遵旨传谕第穆呼图克图,并查明藏、哲界址,开导情形各折片。所陈各节明晰周详,颇中肯綮。现据总理衙门转奏刘瑞芬八月二十八日电信内称:印兵在热勒巴拉山近处与藏兵攻战,藏兵伤亡数百,印兵追入微毕山岔等语。九月十五日电称:接英外部照复云,藏兵来攻纳东,英营统领克拉哈玛已遵印度政府之谕不可占据西藏之地,故追入微毕后立即退回。并接印督来信云,驻藏大臣拟于西十月初三日由拉萨起程赴边界,印督已派政事官保尔前往会晤。并云现有驻藏大臣调处,甚望边界之事速行了结等语。与该大臣片奏所称,非再搏一战难望转机之言,情形吻合。刻下该大臣想已与保尔会晤,藏、哲界址既已查明,印督又有甚望速了之语,著即熟商妥办,一面严饬藏番勿得再出滋事。即将会商情形,随时飞咨刘秉璋迅速电奏,以慰廑系。将此由六百里密谕知之。"

驻藏帮办大臣升泰奏:"密陈藏番自失藩篱轻启兵衅情形。现时第穆等极愿遵谕撤兵,然僧俗阻挠者尚众。惟有相机驾驭,以其渐就范围。"下所司知之。

(德宗朝卷二五九·页一一上～一二下)

○光绪十四年（戊子）十月庚辰（1888.11.5）

驻藏帮办大臣升泰奏开导藏番具禀停战，即赴边界筹办情形。

得旨："该大臣甫经到任，即能尽心开导，藏事已有转机，深堪嘉许。刻下想已驰抵边境，著即懔遵前旨熟商妥办，以副委任。并随时将办理情形速咨刘秉璋，由电奏闻。"

（德宗朝卷二六〇·页四上～下）

○光绪十四年（戊子）十月辛丑（1888.11.26）

谕军机大臣等："升泰奏印藏挑衅交战藏兵溃败情形，并沥陈棘手实情各折片。藏番此次私犯敌营，又致大败，昏愚顽梗，可为痛恨。若非萧占先临机应变阻遏英兵，藏中情形几同瓦解。该守备胆识可嘉，著先传旨奖励，俟事定后从优保奏。第穆呼图克图办理不善，噶布伦伊喜洛布旺曲不遵节制，均有应得之咎，姑念藏事尚未定局，著先行传旨严行申饬，仍责令约束番众。如再滋生事端，定即从重惩办。升泰抵藏后布置一切均尚中肯，目前印藏情形非该大臣亲赴边界与英官面议终难定局，且事机亦万难再缓。据英使华尔身告知总理衙门，有该大臣于十月十二日启程之说，著即懔遵迭次谕旨熟商妥办。该大臣务当勉为其难，竭力开导，绥靖边疆，以副委任。一面先将会商情形飞咨刘秉璋，由电奏闻。至请电印督添派汉文通事一节，已饬总理衙门酌核办理矣。将此由五百里谕令知之。"

（德宗朝卷二六〇·页二〇上～二一上）

○光绪十四年（戊子）十一月戊午（1888.12.13）

又谕（军机大臣等）："升泰奏边事紧急，据实缕陈，并密陈印藏情形各折片。藏番执迷不悟，昏愚狡玩日甚一日，该大臣所陈办事棘手情形，朝廷早经洞照。至因川藏边防筹及西宁、青海，亦具有深意，但此时欲解藏厄，舍该大臣即日赴边罢兵定界更无别法。至开导一事，虽万难措手，亦必须竭尽心力做去，以冀挽此败局。该大臣先派妥弁函止印兵勿动，一面自备夫马速行到界，所办均合机宜，即著懔遵十月二十三日谕旨妥筹办理，毋再延缓，致误事机。所请饬总理衙门预告英使各节，该衙门已累与华尔身切实言及，但藏兵不撤，印兵必进，亦断非空言所能阻止。

此事关系重大，朝廷正切纾筹，该大臣到界后，务将办理情形迅速驰奏。将此由六百里密谕知之。"

（德宗朝卷二六一·页一四上～一五上）

○光绪十四年（戊子）十一月壬申（1888.12.27）

谕军机大臣等："电寄刘秉璋，升泰十月十六日奏报已悉。该大臣到藏以后，于开导番众事宜筹措悉中肯要。兹该番既有求照近年向章之语，英使在总理衙门具述印度所求亦不过如是，看来此事可就转圜。该大臣办事尽心，实堪嘉悦。昨据英使声称，该大臣已于十九日到纳东地方，此后与印使相见，撤兵定界不难次第商办。所请拨银七八万两，即著刘秉璋如数筹拨，即日迅解打箭炉城交厅员暂存，以便转汇，勿稍迟缓。此旨由刘秉璋飞咨升泰知之。"

（德宗朝卷二六一·页二七上～二八上）

○光绪十五年（己丑）正月癸丑（1889.2.6）

驻藏帮办大臣升泰奏英兵进驻对邦，建屋筑垒，意在通商，并通事汉语不清，办理为难情形。得旨："赫政到边，通词较易。所有商办情形，并著随时摘要电闻。"

（德宗朝卷二六四·页五上～下）

○光绪十五年（己丑）二月丁亥（1889.3.12）

谕军机大臣等："升泰奏移营仁进冈，开导藏番布置诸务，暨请刊用关防各折片。哲孟雄与英国定约租地，事属已成，无可挽救。该国本在版图之外，现在势穷力竭，愿求内附，若照所请办理，英人窥伺已久，必不相让，殊于藏事无益有害。该大臣许其保护，而争'照旧'二字，所见甚是。布鲁克巴派兵来营效力，该大臣重给赏需，饬其速回，所办亦中肯綮。总之此时惟有就事论事，将藏案妥筹完结，若别生枝节，必致贻误大局。谅该大臣必能体会此意也。长庚到任后，著暂缓赴边，即由升泰咨照该大臣知悉。升泰于此事情形已熟，即著责成一手经理。该大臣务当勉为其难，与英官妥为商办，徐与磋磨，一面督饬委员开导藏番，总期此事渐

就范围，用副委任，万不可稍存退缩推诿之意。总理各国事务衙门所派翻译系总税务司赫德之弟税务司赫政，并非赫德。该衙门据赫德声称，赫政于年内到独脊岭，因大雪封山未能即行前进，刻下谅已抵仁进冈。此后翻译传语当无隔阂情事，即著该大臣熟筹妥办，并将商办情形随时迅速奏闻。所请刊用木质关防，著依议行。将此由五百里密谕知之。"

（德宗朝卷二六六·页一六下～一八上）

○光绪十五年（己丑）三月癸丑（1889.4.7）

驻藏帮办大臣升泰奏大雪封山，会议需时，密陈筹办情形。下所司知之。

（德宗朝卷二六八·页八下）

○光绪十五年（己丑）三月丁卯（1889.4.21）

驻藏帮办大臣升泰奏："藏番具结遵旨撤兵，请饬总理各国事务衙门知照英使，约期撤兵。"下所司知之。

（德宗朝卷二六八·页一九下～二〇上）

○光绪十五年（己丑）四月丁亥（1889.5.11）

驻藏帮办大臣升泰奏："藏番东路七族如期撤兵，分起归牧，续办定界通商各事。"下所司知之。

（德宗朝卷二六九·页一二下）

○光绪十五年（己丑）五月丁未（1889.5.31）

驻藏帮办大臣升泰奏："饬令藏番办理定界通商已有端倪，专候印使约期亲往会议。"下所司知之。

（德宗朝卷二七〇·页一下）

○光绪十五年（己丑）六月戊寅（1889.7.1）

驻藏帮办大臣升泰奏："藏番已允在亚东地方通商，英人虽强，似亦无可要挟。现在印督尚未照复，俟定议后，再行请旨办理通商事宜。"报闻。

（德宗朝卷二七一·页三下～四上）

○光绪十五年（己丑）八月丙戌（1889.9.7）

驻藏帮办大臣升泰密陈近日边情。得旨："览奏具悉。此次该大臣迅速赴边，挽回藏事，深明机要。赫政勤奋耐劳，著先行传旨嘉奖。"

（德宗朝卷二七三·页一一上）

○光绪十五年（己丑）九月己巳（1889.10.20）

驻藏帮办大臣升泰奏："印兵渐次撤退，印官会议稽延，察看番情，未可久待，请速会议定约。"

又奏："藏番已允通商，请速立约完案。"均下所司知之。

（德宗朝卷二七四·页一八上）

○光绪十五年（己丑）十月癸未（1889.11.3）

（驻藏帮办大臣升泰）又奏："阻止哲孟雄部长私来春丕，以免英人借词生事。并饬赫政速结印藏边事。"均下所司知之。

（德宗朝卷二七五·页一〇上～下）

○光绪十六年（庚寅）正月庚戌（1890.1.29）

命驻藏帮办大臣升泰为全权大臣，与英国全权大臣定约画押。

（德宗朝卷二八〇·页七下）

○光绪十六年（庚寅）闰二月戊申（1890.3.28）

谕军机大臣等："电寄升泰，初四电悉。该大臣亲赴印都画押完案，识见明决，办理妥速，深堪嘉许。回独吉岭后，如无应办事件，即著回藏。自岭起程后，如何布置，仍随时驰奏。"

（德宗朝卷二八二·页五上～下）

○光绪十六年（庚寅）四月壬子（1890.5.31）

以藏印界务画押完结，予四川补用直隶州候补知县嵇志文以知府尽先补用，理藩院员外郎裕钢等奖叙有差。

（德宗朝卷二八四·页六下～七上）

○光绪十六年（庚寅）六月戊申（1890.7.26）

以藏事大定，颁给布鲁克巴部长敕印。其出力洋员印督兰士丹、政事官保尔，命出使英国大臣薛福成亲赴该外务部署传旨嘉奖，并向英廷致谢。税务司赫政给予宝星，并赏花翎。

（德宗朝卷二八六·页六下～七上）

○光绪十六年（庚寅）七月乙亥（1890.8.22）

驻藏办事大臣升泰奏："纳金丈结洛纳等山为赴哲孟雄捷径，洋人时来窥探，应否添兵驻守？"下总理各国事务衙门议。

寻奏："筹款维艰，当以兵力、饷力兼权并顾。该大臣请添兵驻守纳金各隘，是否就前添兵数量为移扎，抑或另议增加，应令悉心筹画，详细具奏，再行核复。"如所请行。

寻升泰又奏："拟暂由前添兵数量为移扎。"从之。

以藏印边案完结，予四川夔州府通判黄绍勋等奖叙有差。

（德宗朝卷二八七·页七上～下）

○光绪十六年（庚寅）十月癸丑（1890.11.28）

出使英、法、义、比国大臣薛福成奏："遵旨于伦敦互换印藏条约。"下所司知之。

（德宗朝卷二九〇·页一九上）

○光绪十七年（辛卯）正月庚辰（1891.2.23）

驻藏办事大臣升泰奏："改派西藏粮务委员黄绍勋等赴边，会同洋员商议新约。"下所司知之。

（德宗朝卷二九三·页一一下）

○光绪十七年（辛卯）八月己酉（1891.9.20）

四川总督刘秉璋奏："驻藏大臣前在印度电汇总税务处银两，请在出使经费项下作正开销，免予川省筹还。"下部议。

（德宗朝卷三〇〇·页一四上）

○光绪十七年（辛卯）八月辛亥（1891.9.22）

驻藏办事大臣升泰奏："改关、游历等款，藏番不遵开导，请饬下总理各国事务衙门妥商英使，转电印督，仍照前议在亚东立市抵关贸易，以免藏人疑贰。"下所司知之。

（德宗朝卷三○○·页一六下）

○光绪十七年（辛卯）十二月乙未（1892.1.4）

驻藏办事大臣升泰奏："西藏与英人通商可定于亚东立市，现派员伴送英员保尔前来该处察看酌议。"下所司知之。

（德宗朝卷三○五·页五下～六上）

○光绪十七年（辛卯）十二月丙午（1892.1.15）

驻藏办事大臣升泰奏："西藏互市请设靖西关监督一员，或关道一员，或即责成该管靖西同知经理。"下所司议。

（德宗朝卷三○六·页一下～二上）

○光绪十八年（壬辰）三月乙亥（1892.4.13）

（驻藏办事大臣升泰）又奏："由江孜起程赴边日期，并据洋员送到赫尔商会来文，经面商呼图克图译行商上会议，以便妥结。"并下所司知之。

（德宗朝卷三○九·页一一下）

○光绪十八年（壬辰）六月己亥（1892.7.6）

驻藏办事大臣升泰奏："请将亚东通商续议改关添口条约删去，以免碍难。"下所司知之。

（德宗朝卷三一二·页九上～下）

○光绪十八年（壬辰）闰六月庚辰（1892.8.16）

驻藏办事大臣升泰奏："印度后三款办法已无异议，饬商上具结定案。"下所司知之。

（德宗朝卷三一三·页一四上）

○光绪十八年（壬辰）八月丙寅（1892.10.1）

谕军机大臣等："电寄奎焕。升泰驻边办理印藏商约事宜渐次就绪，遽闻溘逝，轸惜殊深。事在垂成，不可无人接办。著派奎焕迅速前赴仁进冈，查照升泰原议各节，与英使保尔妥为商办。升泰所带随员即令在边静候，毋庸折回。至开导藏番，为此事第一要义，升泰所派之员可勿更动。税务司赫德在事始终出力，奎焕一切可与商酌。知府嵇志文坚忍耐劳，熟悉藏中情形，著刘秉璋传知该员赶紧赴藏，随同奎焕襄办商约，事竣仍令回川。所有迭次商办紧要情节，著总理各国事务衙门详悉电咨奎焕遵办。"

（德宗朝卷三一五·页五下～六下）

○光绪十八年（壬辰）十二月己未（1893.1.22）

驻藏办事大臣奎焕奏："开导藏番，先将改关一层剀切宣示，番目感悟，酌呈结底。内除抵关贸易不得擅入请注约内一条，应候总理各国事务衙门电复再定，余条似可照办。"下所司知之。

（德宗朝卷三一九·页四下～五上）

○光绪十九年（癸巳）二月甲子（1893.3.28）

驻藏办事大臣奎焕奏："藏番拟具结底，已无异议。惟防患心切，恳将英商抵关贸易不得擅入关内一语注入约内。其商上防费、赏恤各节，拟俟藏约完竣奏恳恩施。"下所司议。

（德宗朝卷三二一·页八下）

○光绪十九年（癸巳）七月丁未（1893.9.7）

驻藏办事大臣奎焕奏："边事逐渐就绪，知府嵇志文带同番官入藏取结。俟藏番结到，仍带噶布伦回边，一面函约英员会议立约，以期速藏边事。并遵谕饬原议委员黄绍勋到边听候画押。"下所司知之。

（德宗朝卷三二六·页一三下～一四上）

○光绪十九年（癸巳）九月丁亥（1893.10.17）

谕军机大臣等："电寄奎焕，九月初三日电已悉。所拟令黄绍勋先行赴岭立约，一面责成嵇志文开导取结，均著照所拟妥为办理。"

（德宗朝卷三二八·页四下～五上）

○光绪十九年（癸巳）九月壬寅（1893.11.1）

谕军机大臣等："电寄奎焕，电已悉。即著该大臣带同委员何长荣驰往大吉岭会商画押。"

（德宗朝卷三二八·页一四上～下）

○光绪十九年（癸巳）十一月己亥（1893.12.28）

（驻藏办事大臣奎焕）又奏："由边赴大吉岭，会商英员赫政，拟将行茶一款另筹变通办法。"下所司知之。

（德宗朝卷三三○·页一八上～下）

○光绪二十年（甲午）正月己丑（1894.2.16）

驻藏办事大臣奎焕奏："藏印善后条约三款画押完案，所有总理各国事务衙门在事出力各员，恳恩奖励。"

得旨："在京司员由外请奖，向来无此办法。所奏殊属冒昧，著不准行。"

（德宗朝卷三三二·页三○上～下）

○光绪二十年（甲午）二月癸丑（1894.3.12）

驻藏办事大臣奎焕等奏："藏印善后三款现经画押完案，请将出力员弁优奖。"

得旨："准其汇案核实请奖，勿许冒滥。"

又奏："测绘西藏舆图学生三员拟咨回二员，以节经费。"下所司知之。

（德宗朝卷三三四·页五下）

○光绪二十年（甲午）五月丁酉（1894.6.24）

驻藏办事大臣奎焕奏亚东关通商互市日期。下所司知之。

（德宗朝卷三四一·页九上）

瞻对番民因藏官苛敛激变，清廷调兵镇抚，酌议瞻对善后事宜

○光绪十五年（己丑）十二月戊戌（1890.1.17）

谕军机大臣等："升泰奏瞻对番民变乱查办情形一折。据称，瞻对吴鲁玛地方番民因番官苛敛，勾结野番谋叛西藏，并焚掠官寨，杀毙藏番，现经升泰札饬第穆呼图克图派员招抚，并请将办理不善之戴琫革职查办等语。瞻对密迩川疆，该番构衅滋事，亟应迅速筹办。升泰现驻仁进冈，距该处较远，恐难兼顾。长庚已将抵藏，即著该大臣严饬商上，遴派妥员前往解散胁从，设法抚辑。并著刘秉璋酌派防营驻扎打箭炉，相机镇抚，以壮声威，一面严防沿边各土司，杜其勾结，总期妥速竣事，毋任日久蔓延。后藏戴琫青饶策批平日抚驭无方，致生事变，著先行革职，听候查办。至该番从前屡抚屡叛，总由藏官办理不善之故，著刘秉璋会商长庚等，详察边界番情。俟此案办竣后，将善后事宜妥筹良法，以期永远相安。原折著抄给刘秉璋、长庚阅看。将此由五百里各谕令知之。"

（德宗朝卷二七九·页一九上～二○上）

○光绪十六年（庚寅）正月丙午（1890.1.25）

谕军机大臣等："前据升泰奏瞻对吴鲁玛番民勾结野番谋叛西藏，并围困官寨，肆行焚掠等情，当谕令刘秉璋等派兵镇抚，设法解散，并将办理不善之戴琫青饶策批革职查办。兹据长庚奏报瞻番滋事情形，与升泰前奏大略相同。该番酋得登工布等胆敢纠众煽乱，亟应查明为首各犯擒拿惩治。著岐元、刘秉璋会商长庚，督饬派出员弁，相机妥办。并著仍遵前旨，严饬商同遴派妥员前往解散胁从，设法抚辑。其番目人等不在滋事之列者，俱令各安职业，毋得妄行附和，自干罪戾。此案总期妥速办竣，毋

任蔓延勾结贻误边疆。所有该番官旧行一切苛虐之政悉予裁革，以苏民困。其徭赋章程应如何核减之处，著长庚、升泰体察情形，妥筹办理。原折著抄给岐元、刘秉璋、升泰阅看。将此由五百里各谕令知之。"

（德宗朝卷二八〇·页三下～四下）

○光绪十六年（庚寅）闰二月辛丑（1890.3.21）

成都将军岐元等奏："瞻对番民叛藏，派兵守隘，并未扰及邻界。因藏官贪虐起衅，别无异志。现经派员出示开导，此后有无滋扰邻界情事，容俟随时妥筹酌办。"报闻。

（德宗朝卷二八二·页一上～下）

○光绪十六年（庚寅）三月辛未（1890.4.20）

又谕（军机大臣等）："瞻对番民滋事一案，前经长庚、升泰先后奏报，迭经谕令该大臣等设法解散，妥为查办。兹据长庚奏遵旨派员前往开导，并瞻对控告番官及商上所陈各情，览奏均悉。此次瞻番因藏官苛敛暴虐，辄敢纠众驱逐，借端滋事。现经长庚等派兵弹压，杜其勾结，刻下商上业已遵谕息兵。该大臣所陈目前办法以弭患息争除苛安民为主，自系先务之急。即著饬令派往瞻对员弁剀切开导，晓以利害。俾该番知感知畏，克就范围。至该番所呈愿隶内地版图一节，瞻对地方同治年间已给与达赖喇嘛管理，该商上果能涤除苛政，妥为抚驭，则番境自臻静谧，朝廷一视同仁，只期乂安边圉，并无利其土地之心。惟瞻境密迩川疆，嗣后总须妥筹定局，以期永远相安。且俟委员前往办理如何，再由长庚等随时体察情形，会同岐元、刘秉璋详议具奏，候旨遵行。原折片均著抄给岐元、刘秉璋阅看。将此由五百里各谕令知之。"

（德宗朝卷二八三·页三上～四上）

○光绪十六年（庚寅）三月乙未（1890.5.14）

又谕（内阁）："岐元、刘秉璋奏查办瞻对番务，破寨擒渠，边境敉定一折。瞻对番目撒拉雍珠与巴宗喇嘛勾结野番，纠众滋事，经岐元等饬派署阜和协副将徐联魁等密带兵勇驰往查办，歼毙首犯撒拉雍珠，解散胁从，复督队围攻官寨，生擒巴宗喇嘛，阵斩匪党数名，当将官寨收复。办理尚为妥速。即著岐元、刘秉璋会商长庚、升泰将巴宗喇嘛从严审办。并核定轻减赋役章程，妥筹善后，以靖边疆。所有尤为出力之记名提督署阜和协副将徐联魁，著遇有四川副将缺出，不论班次先尽借补。其余出力各员弁著准其择优保奖，毋许冒滥。"

（德宗朝卷二八三·页二二上～二三上）

○ 光绪十六年（庚寅）四月甲寅（1890.6.2）

谕内阁："长庚奏讯明瞻番首犯，请旨正法，并饬拿逸犯一折。瞻对叛番巴宗喇嘛首先造意煽乱，勾结野番夺寨逐官，情罪重大。现经长庚等审讯明确，即著正法枭示，以昭炯戒。逸犯色乌机，著长庚、岐元等会同萨淩阿分饬接任番官并接壤各番部一体缉拿，务获讯办。至撒拉阿噶一犯，于起事时虽属知情，惟自委员到瞻，该犯即遵谕归诚，随同开导番民，复枪毙撒拉雍珠，著加恩免罪。此次查办番务，破寨擒渠，边境粗定，办理尚为妥速。所有在事出力各员弁，著长庚等会同岐元、刘秉璋择优保奖，毋许冒滥。并著将番地轻减赋役章程及善后事宜妥筹办理，以靖边圉。另片奏请饬严拿逆番得登工布等语，著岐元、刘秉璋、杨昌濬、萨淩阿通饬果洛克附近番部严拿惩办，毋留余孽。"

（德宗朝卷二八四·页七上～下）

○ 光绪十六年（庚寅）十月丁未（1890.11.22）

谕军机大臣等："长庚奏酌议瞻对善后事宜，请饬妥筹办理一折。瞻对番族从前屡抚屡叛，总由藏官办理不善之故。此次该番滋事一案业经查办完竣，亟应妥筹善后，以期永远相安。长庚所陈严禁番官不准受理土司事务，土司亦毋得赴瞻具控番官；土司不准擅自动兵；驻瞻番官由驻藏大臣拣选奏补，随员定以额数；分防地方，奏明分设；瞻对番官归打箭炉、里塘文武兼辖；并将应禁苛政酌拟八条，请饬妥议各节。著岐元、刘秉璋、升泰酌量情形，悉心妥筹，奏明办理。另片奏严禁番官勒索玉树番族，并开导商上蠲除兵费等语。并著升泰等一并酌核奏办。原折片、单各一件均著抄给阅看。将此由四百里各谕令知之。"

（德宗朝卷二九○·页一二下～一三下）

○光绪十七年（辛卯）六月庚子（1891.7.13）

成都将军岐元等奏："会议瞻对善后事宜，谨将前任将军长庚酌拟应禁苛政八条稍加更改，译行该呼图克图具结遵依。"下所司知之。

（德宗朝卷二九八·页三下～四上）

○光绪十八年（壬辰）正月丙子（1892.2.14）

（驻藏办事大臣升泰）又奏："讯明已革瞻对番官青饶策批参案苛虐情状，皆其头人四朗汪堆勾同伊子坚参札巴所为，请免治罪。"并允之。

（德宗朝卷三〇七·页一〇上～下）

伙色两族互斗，波密械斗，乍丫、察木多纷争，拉卜楞寺滋扰等事件

○同治十一年（壬申）四月甲寅（1872.5.7）

又谕（军机大臣等）："恩麟、德泰奏伙色两族互斗，现已办理完竣一折。伙色两族因控地启衅，经恩麟等派员前往弹压，该两族胆敢抗拒戕兵，委员恩承等当带所部将两族不法头目歼毙，并将控案断清，两造均已悦服，边境现在肃清，办理尚为妥协。惟该夷众素称勇悍，难保不再滋生事端，仍著恩麟等随时弹压，妥为驾驭，以弭边衅而靖地方。将此各谕令知之。"

（穆宗朝卷三三一·页五下～六上）

○光绪十二年（丙戌）二月癸酉（1886.3.14）

驻藏办事大臣色楞额奏遵查波密野番械斗情形。得旨："著严行饬缉逸犯，务获究办。至该番等械斗一案，并著饬令委员秉公查办，迅速结案。务令彼此相安，毋任再滋事端。"

又奏："咨调粮员毛锐卿等赴察木多查办夷案。"

得旨："即著咨行四川总督饬毛锐卿、马应祥驰赴察台，将此案会同秉公查办，妥为了结。倘再草率从事，即将该委员等严行参办。"

（德宗朝卷二二四·页七下～八下）

○光绪十五年（己丑）正月庚戌（1889.2.3）

谕内阁："升泰奏乍丫、察木多两部构衅一案遵旨办理完结，请将呼图克图及出力员弁奖叙一折。光绪四年间，乍丫番人以兵队围攻察台，焚烧虏掠，两部人众构衅多年。经升泰督饬委员再三开导，谕令乍番将虏去

各物退还，并缴赔款谢罪。复经升泰赏给察番银一千两。已据该两部呼图克图禀报完案，办理尚为妥协。在事出力之四川补用直隶州知州拉里粮员嵇志文，著赏给四品衔。察木多帕克巴拉及仓储巴罗布策旺深明大义，忍辱驭众，不至别生事端，且能于该部被兵之后勉力照常当差，毫无贻误，殊属可嘉。靖远禅师察木多帕克巴拉呼图克图额尔德尼阿旺洛桑济克美丹贝坚参著颁'法轮绥远'匾额一方，赏给祗领，以示优异；察木多达尔汗仓储巴罗布策旺著赏加札萨克名号；新任仓储巴噶桑云塾[垫]调和两部甚为得力，著赏给达喇嘛名号。把总张文元著在任以千总用，字识刘润、钟元庆均著以从九品归部选用，以示鼓励。"

（德宗朝卷二六四·页二下～三下）

○光绪十五年（己丑）七月壬子（1889.8.4）

西宁办事大臣萨凌阿奏番僧聚众械斗，派员前往查办。得旨："此案业据杨昌濬奏报，即著会商该督迅即弹压解散，并饬拿匪首，讯明惩办。"

（德宗朝卷二七二·页三下～四上）

○光绪十五年（己丑）十二月庚辰（1889.12.30）

四川总督刘秉璋奏请饬陕甘总督等将番匪棒周解川审办。得旨："著即咨行杨昌濬、萨凌阿，严饬拉布浪寺将首匪棒周交出，解赴四川，归案审办。"

陕甘总督杨昌濬等奏："甘肃循化厅拉布楞寺番僧构衅械斗，业经弹压解散，照番例断结，请将出力各员酌予奖叙。"

得旨："著准其酌保数员，勿许冒滥。"

（德宗朝卷二七八·页一〇上～下）

○光绪十八年（壬辰）三月癸亥（1892.4.1）

谕军机大臣等："刘秉璋奏甘肃番僧迭次越界滋事情形，并将焚掠各案开单呈览一折。据称：甘省所属之拉布浪寺窝匪棒周越界抢掠，曾经奏明饬令该寺将棒周交出审办，至今抗延未交。上年八月间，该寺香错、黑窝、折顿等拥众数千，至松潘所属之上阿坝围攻色凹等寨，焚毁多家，并至折参巴寺院肆行焚杀。色凹六寨均被逼降。复将班佑十二部落之辖漫各寨概行烧毁，且围攻中阿坝等处，请饬查拿究办等语。此案首匪棒周纠众焚掠，曾经谕令刘秉璋咨行杨昌濬等将该犯解川审办，何以至今未据杨昌濬等复奏。现在该寺番僧复行越界滋扰，亟应认真拿办。著杨昌濬、奎顺迅即严饬拉布浪寺将棒周交出，归案审办，并将滋事喇嘛提讯惩治，所占番寨勒令退还。并偿还焚掠各件，以遏乱萌而安边氓。该督等务将此案妥速办结，即行复奏，毋再迟延。原折单均著抄给阅看。将此谕知杨昌濬，并传谕奎顺知之。"

（德宗朝卷三〇九·页四下～五下）

○光绪十八年（壬辰）六月丁亥（1892.6.24）

谕军机大臣等："杨昌濬、奎顺奏查明川属番案大概情形一折。据称：拉布浪寺呼图克图嘉木样被控各节，现已派员究办。惟棒周系川属热档坝土百户之侄，是否逃回该坝，抑窜入果洛克番族，均属川省所辖，请饬该将军总督就近缉拿讯办等语。此案日久未结，必应迅将棒周严拿到案，即著雅尔坚、刘秉璋迅饬所属严密查拿，归案审办。并著杨昌濬等督饬派出之员认真查办。总期妥速办结，毋得彼此推诿，再事耽延。杨昌濬等原折著抄给雅尔坚、刘秉璋阅看。将此谕知雅尔坚、刘秉璋、杨昌濬并传谕奎顺知之。"

陕甘总督杨昌濬等奏："改派副将杨志胜等会办玉树、德格番案。"报闻。

（德宗朝卷三一二·页一上～二上）

○光绪十八年（壬辰）九月癸丑（1892.11.17）

驻藏办事大臣奎焕奏："乍丫番僧与戎州百姓因债起衅，互相仇杀。委知县王家容酌带番汉兵丁驰往查办。"

得旨："即著秉公查办，迅速结案，以靖地方。"

（德宗朝卷三一六·页二〇上）

○光绪十九年（癸巳）八月癸酉（1893.10.3）

谕军机大臣等："杨昌濬等奏会办川属番案，请饬川省一体严缉逃犯一折。逃犯棒周屡次滋事，上年六月间谕令雅尔坚等饬拿归案，并著杨昌濬等派员认真查办。兹据杨昌濬、奎顺复奏棒周并未在拉布浪寺藏匿，实在川属西日加安木族内，请饬川省一体严缉等语。此案日久未结，该犯棒周无论在川在甘，亟应会同拿获，归案审办，以杜后患。著杨昌濬、奎顺严饬派出文武各员，就川省所指地方密速查拿，并著恭寿、刘秉璋一体饬属严缉。务将该犯捕获惩治，毋任漏网。该将军等当懔遵迭次谕旨会商妥办，不得互相推诿。杨昌濬等折著抄给恭寿、刘秉璋阅看。将此各谕令知之。"

（德宗朝卷三二七·页一四下～一五上）

○光绪十九年（癸巳）十月戊辰（1893.11.27）

又谕（军机大臣等）："恭寿、刘秉璋奏甘省拉布浪寺侵占川番各寨，请饬严办一折。据称：甘省查办番案拉布浪寺嘉木样窝藏匪犯棒周，串同抢劫，纵令黑窝、香错等率兵侵占焚掠，杨昌濬等漫无觉察，以致案久未结。请饬勒令该寺退还各寨，撤回管寨喇嘛，并严办带兵焚掠之黑窝等语。此案前经谕令杨昌濬等派员认真查办，并令恭寿等会商妥办，不得互相推诿。兹据恭寿等所奏各节，是拉布浪寺显有欺诳刁抗情形，亟应彻底查究，以遏乱萌。即著杨昌濬等按照川省所指各节，懔遵前旨确切查办，迅速复奏，不得稍涉回护，致干咎戾。恭寿等折著抄给杨昌濬、奎顺阅看。将此各谕令知之。"

（德宗朝卷三二九·页一一下～一二下）

○光绪二十三年（丁酉）二月己卯（1897.3.22）

谕军机大臣等："恭寿、鹿传霖奏甘肃拉布浪寺番僧滋扰川边番寨查办完结，并将退还各寨及赔偿银两开单呈览一折。甘省循化厅属拉布浪寺番僧恃其人强地远，部落又与川境毗连，川属各番寨被其勾诱并吞，为时已久。现经夏毓秀前往查办，该寺番僧将所占番寨一律退还，并赔偿银物，办理尚为妥协。即著恭寿、鹿传霖督饬夏毓秀转饬该土千、百户各安住牧，不得再听勾结，并将札盖二千一户积案速为清理。其棒周一犯仍饬严缉，务获惩办，以绝根株。将此谕令知之。"

（德宗朝卷四〇一·页一九上～下）

○光绪二十八年（壬寅）正月辛卯（1902.3.9）

四川总督奎俊奏："四川松潘镇上、中、下三河坝番民，因附甘番拉布浪寺劫杀商民，宜以兵威慑服。"

得旨："仍著督饬何长荣相机剿抚，以靖边疆，馀依议。"

（德宗朝卷四九四·页二一下）

镇慑博窝番族滋扰

○光绪三年（丁丑）二月壬寅（1877.3.30）

驻藏办事大臣松溎奏："剿办博窝野番，请将出力汉、番员弁章京铁魁等赏戴花翎暨升叙有差。"

得旨："铁魁等均著照所请奖励；仍著饬令汉、番各员随时认真巡缉，毋任再滋事端。"

（德宗朝卷四八·页三下）

○光绪二十五年（己亥）九月己巳（1899.10.28）

驻藏办事大臣文海奏："博窝野番滋扰，调派官兵，亲督防剿。"

得旨："即著驻扎硕板多一带相机抚剿，仍将办理情形随时驰奏。"

（德宗朝卷四五一·页九上～下）

○光绪二十六年（庚子）正月丁卯（1900.2.23）

驻藏办事大臣文海奏抚办博窝番务情形。得旨："即著将招抚事宜次第妥为经理，毋稍大意。"

（德宗朝卷四五八·页二八下）

○光绪二十六年（庚子）二月丙申（1900.3.24）

谕军机大臣等："文海奏出藏所带勇丁、委员薪水等项费用甚巨，且办理善后事宜更须另行筹款，请饬川省预拨银二万两，以资接济等语。著奎俊即行如数筹拨，迅速运解，以应要需。原片著抄给奎俊阅看。将此各谕令知之。"

以收抚博番上、中、下三巢，大道肃清，赏驻藏办事大臣文海头品顶带，予四川补用知县曹铭等五员升叙有差。

（德宗朝卷四六〇·页七下～八上）

○光绪二十六年（庚子）三月甲寅（1900.4.11）

又谕（军机大臣等）："电寄奎俊，电悉。四川候补道庆善著赏给副都统衔，作为驻藏办事大臣，即行驰驿前往，毋庸来京请训。著奎俊传谕庆善知之。"

驻藏办事大臣文海奏："博窝善后委员办理，须俟夏秋之交方可蒇事。"

得旨："著裕钢督饬原派委员认真勘查，妥筹办理。"

（德宗朝卷四六一·页一〇下～一一上）

○光绪二十七年（辛丑）正月乙卯（1901.3.18）

以办理西藏博窝善后事宜出力，予选用直隶州知州钟元庆以知府用，并赏花翎，馀升叙加衔有差。

（德宗朝卷四七九·页一七上～下）

瞻对藏官先后领兵越界滋扰里塘、明正等土司地方，清廷查办用兵，议筹收回三瞻，因疑虑达赖，仍行赏还收管

○光绪六年（庚辰）九月己丑（1880.10.27）

谕军机大臣等："恒训、丁宝桢奏里塘土司、喇嘛调兵攻击查录野番，现经派员驰往弹压查办等语。查录野番因戍守番官约束不严纠房里塘土民粮食、牲畜及汉塘官马，并逼勒里塘番户，致土司等忿极不甘，调集土兵数千，该野番亦聚兵抵御，业已接仗，相持未下。经丁宝桢派员酌带弁兵星驰前往筹办，查录野番素称凶悍，降服后仍敢乘间肆行纠房，里塘土司、喇嘛等不堪其扰，擅自调兵攻击，并不先禀请办理，亦属藐玩。著恒训、丁宝桢即饬派出员弁妥为相机筹办，设法解散，一面选派番民敬信之呼图克图分往切实开导，务令两造罢兵，听候查办。并著色楞额、维庆严饬戍守番官若康撒认真约束，以弭衅端。将此由四百里各谕令知之。"

（德宗朝卷一二〇·页一一上～下）

○光绪六年（庚辰）十一月庚午（1880.12.7）

谕军机大臣等："恒训、丁宝桢奏分剿夷匪获胜情形一折。……另片奏查录野番滋扰，饬查妥办等语。里塘土司、喇嘛调兵攻击野番，经恒训、丁宝桢派员前往开导，土司等业经回台。该番众恃瞻对为护符，胆敢四出抢掠，围扑官寨台垣，实属顽梗。瞻对番官索康色当已前来里塘，即著檄饬委员谕导该番官，将瞻对之兵撤回，一面将滋事各情秉公查办，务令两造帖服，永弭衅端。倘该番众仍前违抗，即行酌派兵勇相机惩办，以遏乱萌。番官若康撒附和滋扰，即著咨行驻藏大臣等撤回究惩，并另派妥员接办。将此由五百里各谕令知之。"

（德宗朝卷一二三·页九上～一一上）

○光绪六年（庚辰）十二月丁酉（1881.1.3）

谕军机大臣等："……（色楞额等）另片奏派员前赴里塘查办夷务等语。查绿野番与里塘土司构衅，色楞额等已派员带兵查办，著恒训、丁宝桢、色楞额、维庆遵照前旨妥筹办理。将此各谕令知之。"

（德宗朝卷一二五·页三下）

○光绪七年（辛巳）正月甲戌（1881.2.9）

又谕（内阁）："恒训、丁宝桢奏：官军剿办查录野番，歼擒首逆，里塘肃清一折。上年冬间，四川查录野番勾结瞻对番兵围攻官寨台垣，焚杀抢虏，经恒训等饬委知府杨福萃查办。讵瞻对番官索康色狡诈支吾，将兵退扎台垣山后，仍暗令查录首逆工却得且、达马贡大等日肆滋扰。杨福萃督同兵弁先后将工却得且、达马贡大击毙，并擒获索郎江策等十余犯，三寨一律荡平。索康色带同查录首逆格桑登舟、工布朗杰、札录工呷三犯逃回瞻对。即著恒训等咨照驻藏大臣，严饬索康色将格桑登舟等三犯交出，归案究办，并治索康色以越境滋扰之罪。知府杨福萃剿办番匪尚为妥速，著俟补缺后以道员用，并赏换巴图鲁名号。其余出力员弁准其择尤酌保，该处善后事宜并著妥为筹办。"

谕军机大臣等："恒训、丁宝桢奏请饬勘明内地与瞻对地方界址，分立界碑等语。此次中瞻对番官索康色胆敢称兵犯境，围攻台寨，焚杀百姓，现经恒训等派令官兵，办理完竣。惟瞻对地方接连内地，必须划清界限，以遏乱萌。著色楞额、维庆严行商上，将番官索康色撤回后，饬令接成番官，约期会同该处地方官暨各土司等前往勘明内地与瞻对地面，划清界址，分立界碑。以后土司所辖部落，番官不得越境逼勒滋扰；瞻对所管地方，土司亦不得蒙混侵占。如有彼此越界滋事，即惟所辖之番官、土司是问，以息纷争。将此各谕令知之。"

（德宗朝卷一二六·页一三上～一四下）

○光绪十年（甲申）七月乙巳（1884.8.23）

四川总督丁宝桢奏："瞻对、里塘划界立案，请将出力道员丁士彬等奖励。"

得旨："仍著该督饬属随时秉公妥办，务使瞻对、里塘永远相安，毋再滋生事端。宝森著改为赏加随带三级，其余各员均著照所请奖励。"

（德宗朝卷一八九·页一一上～下）

○光绪二十一年（乙未）十二月庚午（1896.1.18）

谕军机大臣等："奎焕奏瞻对番官领兵越界滋事，请旨惩办一折。据称瞻对番官对堆夺吉等以追逐瓦述三村百姓为由，起意吞并明正土司。胆敢率兵一千余人长驱深入，互相杀伤，商上多方袒护。若不严行惩办，窃恐酿成巨案等语。瞻对番民凶悍，屡次滋事，此次又率兵越界，意图吞并明正土司地方，实属横恶异常，肆无忌惮。番官后藏戴琫对堆夺吉、僧官小堪布夷喜吐布丹均著即行革职，即著奎焕译饬商上，另派贤员接管。事关土司构衅，该大臣务当妥为开导，持平办理，且勿操之过感，激成事变。将此谕令知之。"

又谕："奎焕奏瞻对番官领兵越界滋事，请旨惩办一折。据称瞻对番官对堆夺吉率兵越界滋扰明正土司所属部落那珍等处地方一案，业经鹿传霖派员查办等语。本日已有旨将番官对堆夺吉、僧官夷喜吐布丹一并革职，并谕令奎焕妥为开导，持平办理矣。仍著该督饬令派出委员，体察情形，秉公查办，总期迅速解散，以息争端为要。将此谕令知之。"

（德宗朝卷三八一·页六下～八上）

○光绪二十一年（乙未）十二月癸未（1896.1.31）

谕军机大臣等："前据奎焕奏瞻对番官领兵越界滋事，当将番官对堆夺吉、僧官夷喜吐布丹革职，并分别谕令鹿传霖、奎焕体察情形，妥为办理。兹据恭寿、鹿传霖奏番官对堆夺吉等滋事情形，与奎焕前奏大略相同。据称该番官闻帮办大臣讷钦过境，遂即退兵等语。该番官等尚有畏惧之心，即可相机开导。著恭寿、鹿传霖会同奎焕、讷钦饬令派出各员秉公查办，以息争端。如该番官等再有抗违情事，亦当设法妥办，切勿轻启兵端。将此各谕令知之。"

（德宗朝卷三八二·页二上～三上）

○光绪二十二年（丙申）四月己巳（1896.5.16）

谕军机大臣等："鹿传霖奏章谷、朱窝土司构衅扰害，不遵开导，派员带兵查办一折。朱窝土司原系内属，乃被附从瞻对挟制滋事。鹿传霖已派知县穆秉文前往妥为开导，并添派知府罗以礼酌带勇营进驻打箭炉，以期慑服。即著照所拟办理。总须该土司悔悟帖服，遵断了结，方为妥善。其瞻对番官越界与明正土司构兵一事，并著罗以礼会同驻藏大臣所派委员同赴明、瞻交界适中之地，调集两造，妥为开导。如再抗违，应如何妥办之处，著该督审度机宜，奏明请旨。至打拉罩子等沟贼番滋事，并著该督妥慎办理。将此谕令知之。"

（德宗朝卷三八八·页四下～五下）

○光绪二十二年（丙申）四月甲申（1896.5.31）

又谕："鹿传霖奏添派勇营严防窜回，并预筹办理瞻对情形一折。瞻对本系川属，近来该番官与明正土司互斗，恃强藐法，自应及早图维，预筹布置。著即乘严防窜回之便，拣派明干大员，添募得力营勇，驰赴打箭炉驻扎，不动声色，相机妥办。如瞻对有机可乘，即行进抚土民，收回该地，以固川省门户。总期办理得人，务令藏番心折，毋至激生事端，是为至要。将此谕令知之。"

（四川总督鹿传霖）又奏："甘回有将窜扰川藏之信，派委记名提督周万顺统带四营前往打箭炉扼要驻扎，以固边疆。"报闻。

（德宗朝卷三八九·页七下～八下）

○光绪二十二年（丙申）六月庚午（1896.7.16）

谕军机大臣等："鹿传霖奏瞻对番官现复带兵出巢越界侵扰，不服开导，及拟办情形一折。瞻对番官上年与明正土司越界构兵，经鹿传霖等将驻瞻僧俗番官先后撤参，均经降旨允准。乃该革番官并不遵照撤换，近复带兵越界滋事，干预章谷土司案件，勒令书立投瞻字样。迨经委员前往切实开导，仍敢玩不遵从，添兵抗拒，藐玩梗顽，形同叛逆，自应慑以兵威。著鹿传霖即饬罗以礼出关再行开导，晓以利害。一面咨明讷钦转饬商上，如其稍知悔祸，领兵回巢，准从宽免其剿办。倘仍执迷不悟，即著厚集兵力，妥筹进剿。惟打箭炉与滇边相通，该处教民杂处，尤恐勾结为患，该督务当稳慎以图，不可任其越界侵扰，亦不可因此激成边衅，是为至要。……将此由四百里谕令知之。"

（德宗朝卷三九二·页六下～七下）

○光绪二十二年（丙申）六月丙戌（1896.8.1）

谕军机大臣等："……（鹿传霖）另片奏瞻对番官不服开导，现添派营勇、土兵分扎要隘等语。该番意图抗拒，难保不启兵端。如果各土司皆为所胁，办理更形棘手。并著该督严饬罗以礼等严加防范，妥为办理。所有支给各土兵行粮，准其作正开销。将此由四百里谕令知之。"

（德宗朝卷三九二·页二一下～二二下）

○光绪二十二年（丙申）七月戊申（1896.8.23）

谕军机大臣等："鹿传霖奏瞻番先开兵端，朱窝助逆，迭次攻击败退，现筹进剿情形一折。瞻番既迭经开导，抗不遵从，并有朱窝土司及喇嘛寺从逆之人相助，竟敢开枪轰击官兵，衅端已开，自非大加挞伐不可。业经知府罗以礼督饬兵勇，将朱窝逆寨、瞻番新寨攻破。惟瞻逆仔仲则忠札霸乘间逃遁，助逆番官尚据瞻对老巢。鹿传霖务当督饬罗以礼，会同提督周万顺等迅速率队前进，妥筹进剿。并调里塘、明正各土司，听候调遣，以为后继。一面咨明讷钦译行商上，责以曲庇瞻番之咎，仍密购间谍，开导瞻民，如能捆献首逆，兵不血刃，是为上策。惟是事机所值难以逆料，务当计出万全，断不可稍涉轻率。所有此次出力之知府罗以礼等，著先行存记，俟番案办理完竣后再降谕旨。另片奏教民不至勾结为患等语。仍著妥为防范，毋任越界侵扰。将此由五百里谕令知之。"

（德宗朝卷三九三·页一六下～一七下）

○光绪二十二年（丙申）七月癸丑（1896.8.28）

谕军机大臣等："电寄鹿传霖。瞻对之事干涉达赖，恐掣动藏中全局。现在添营进剿能否得手？著鹿传霖随时电闻。"

又谕："电寄文海，本日据奏瞻对情形已悉。此事干涉达赖，且适梗入藏之路，自宜妥慎办理。著文海与鹿传霖细为斟酌。至新募兵数及赴打箭炉暂驻，均照所请行。"

（德宗朝卷三九三·页二一下～二二上）

○光绪二十二年（丙申）八月己巳（1896.9.13）

谕军机大臣等："鹿传霖等奏遵旨会商筹议保川图藏情形一折。给事中吴光奎条陈各节，既据鹿传霖等查明事多窒碍，即著毋庸置议。惟现在藏事孔棘，祸机已伏。藏番冥顽倔强，隐有所恃，致有轻藐抗拒情事。鹿传霖拟俟收复三瞻后议设流官，妥筹善后。文海拟于入藏之便沿途察看情形，斟酌办理。所筹均尚周妥。即著该督等悉心筹画，并查明由滇通藏道路，斟酌妥办。总期自固藩篱，消弭隐患，用副朝廷廑念边陲至意。将此由四百里各谕令知之。"

又谕："鹿传霖奏进剿瞻对迭克险隘情形一折。已革瞻对番官对堆夺吉、夷喜吐布丹等侦知大军出关，率其悍党拒守一日沟等处，负嵎自固。提督周万顺总统防边各营三路进攻，数日之间迭克要隘，现已进逼中瞻逆巢，办理尚为得手。仍著该督饬令周万顺等严督队伍，将中瞻逆巢迅速攻克。总期慑以军威，不致再萌反侧，为一劳永逸之计，方为妥善。前据该督奏知府罗以礼等攻破朱窝逆寨、瞻对新寨，请旨奖励。当谕令将罗以礼等先行存记。此次所保出力各员仍著先行存记，俟瞻对全境办理完竣后一并降旨。另片奏朱窝土司四郎多登经官军攻破寨门，携带章谷印信号纸潜逃等语。知县穆秉文于该寨老土妇来营乞降一味严责，纵令回巢，实属办理失宜。著责令该知县赶紧将四郎多登追捕务获，以赎前愆。将此由四百里谕令知之。"

（德宗朝卷三九四·页五下～七上）

○光绪二十二年（丙申）八月庚辰（1896.9.24）

谕军机大臣等："电寄鹿传霖，电悉。瞻对用兵系暂时办法，事定之后应否仍设番官，当再斟酌妥办。讷钦尚未奏到，俟奏到，当谕以从缓再办。不能因此严责喇嘛，转生他衅也。藏事棘手，该督等当通盘筹计，切勿卤莽。并谕文海知之。"

（德宗朝卷三九四·页一九上～二〇上）

○光绪二十二年（丙申）八月丁亥（1896.10.1）

谕军机大臣等："电寄鹿传霖。前据电奏进攻瞻对即可得手，何以连旬未据续报？至瞻对番官，本日讷钦奏到，业已照准。此与军务两不相妨，即瞻境荡平亦当有番官抚辑也。"

（德宗朝卷三九四·页二六下）

○光绪二十二年（丙申）九月丙申（1896.10.10）

谕军机大臣等："电寄鹿传霖。瞻对一事，该督之意欲借此收回，使达赖慑伏。朝廷之意正恐达赖不能慑伏，转致激动藏番，驱令外向。此中消息毫厘千里，该督亦当深思。此时军务总以能否得手为断。果能得手，则虽有新设番官，何难从长布置？若不得手，则虽不设番官，于事奚补？该督惟当督饬将士迅拔瞻巢，以安边圉。至准放番官已有明发谕旨，所请缴回批折之处著毋庸议。"

（德宗朝卷三九五·页二上～下）

○光绪二十二年（丙申）九月丁未（1896.10.21）

谕军机大臣等："鹿传霖奏进兵围攻中瞻番巢，迭次击败援贼一折。官军围逼中瞻，该逆番尚敢负嵎抗拒，乘夜扑营，现虽迭次接仗，稍有擒斩，而坚碉仍未攻拔。该督务当稳慎图维，不可视之太易。著严饬先后派出各军相机进剿，以竟全功。另折奏统筹川藏情形，瞻对亟宜改设汉官等语。该督所筹办法自属虑远思深，但此事总以军务能否得手为断，初四日电旨业已详悉谕知。如果军务得手，将来设官一节尚可斟酌办理，此时正不必因番官已放，或虑有所牵制也。将此由四百里谕令知之。"

（德宗朝卷三九五·页一三下～一四上）

○光绪二十二年（丙申）九月丁巳（1896.10.31）

谕军机大臣等："文海奏行抵打箭炉询明瞻对情形一折。文海著在打箭炉暂驻，所带勇丁毋庸遣撤。俟川藏道路疏通，即行进藏。瞻对一事迭经谕令鹿传霖妥慎办理，不可视之太易。现在节近冬令，军事是否得手？转瞬大雪封山，必至进兵无路。该督务须严饬在事各员迅拔坚巢，毋任旷日持久，转致大局或有窒碍，是为至要。仍将现在办理情形随时电闻。将此由五百里各谕令知之。"

（德宗朝卷三九五·页二七上～下）

○光绪二十二年（丙申）十月庚午（1896.11.13）

又谕（军机大臣等）："电寄鹿传霖。电奏瞻对碉寨全克，逆目遁逃，甚慰厪系。惟上、中、下三瞻是否全克，又未详叙月日，尚应查奏。该督于易换番官一事坚执前议，不知三瞻介在里塘为入藏要路，此等办法达赖岂肯甘心？即无藏兵援瞻之谣，亦当虑及。文海尚无折来，俟奏到再议。总之，保川固要，保藏尤要。筹善后，设流官，此保川之计，非保藏之计也。叛则诛之，服则抚之，已给之地不索还，已授之官不更易，隐示达赖以兵威，而不使借口生衅，此保藏而并保川之计也。该督身膺边寄，务当详思善策，速即电复。"

（德宗朝卷三九六·页一五下～一六上）

○光绪二十二年（丙申）十月丙子（1896.11.19）

又谕（军机大臣等）："电寄鹿传霖，电悉。著酌留数营驻扎瞻对，镇静弹压，此事关系川藏全局。现在大路并无阻碍，著文海速即驰赴前藏，会同讷钦查看达赖情形。如瞻对收回，是否输服，有无后患，详细驰奏，以凭办理。并著鹿传霖将前后电报、奏折一并抄寄文海等阅看。至番官业经简放，此时毋庸遽撤。"

（德宗朝卷三九六·页二一上～下）

○光绪二十二年（丙申）十月己丑（1896.12.2）

谕军机大臣等："本日鹿传霖奏迭克中瞻碉寨剿抚情形。文海奏瞻对业经收复，亟宜妥筹办法。讷钦奏遵旨译咨商上并瞻对关系藏中全局各折片。鹿传霖此次奏报系在本月十一日电奏以前，三瞻虽已全克，或收回内属，或赏还达赖，均于大局颇形窒碍，实属势处两难。即使酌赏银两，能否令其心服，亦无把握。向来藏内军饷归番商汇兑接济，兵米亦资商上。倘达赖因此抉望，诸事掣肘，将来印藏勘界一事更难着手。是收回一说谈何容易？然使竟行赏还达赖，又恐藏番生心，威胁邻境各土司，以致出关路阻，将来驼只无人供应何以入藏？是径行赏还，亦有不可。此事鹿传霖力主改设汉官，惟以上窒碍情形不可不熟思审处。上次电奏保川、保藏之说把握安在？应如何通盘筹画，外不使达赖萌反侧之心，内不使瞻民罹水火之厄，该督等身亲其事，自当确有见地。文海著准其折回成都，与鹿传霖妥筹办法。如果能令达赖悦服，不致因此掣动藏中全局，朝廷抚育方夏，岂肯置边氓于度外？况瞻对本系川省辖境，又为全川门户哉！该督等接到此次谕旨，务即议细会商，各抒所见，迅速具奏。所有迭次攻剿出力员弁及阵亡人员，著鹿传霖汇案奏请奖恤。文海、讷钦折片著分别抄给互看。讷钦另奏藏廓盐米通商事务现经书立和约，遵允完结一折，尚属妥协。所有派出委员准其酌保数员，毋许冒滥。将此由五百里各谕令知之。"

（德宗朝卷三九六·页三二下～三四上）

○光绪二十二年（丙申）十月辛卯（1896.12.4）

谕军机大臣等："鹿传霖奏瞻对全境收复，应请撤回番官，达赖势难生衅外向，并赏给银两，其端不可自我先发，及瞻民闻新番官将至纷纷惊疑各折片。现在全瞻收复，自应亟筹办法。惟径行收回与仍行赏还，事处两难，必须通盘筹画，俾达赖、瞻民均无窒碍，方可以保川、保藏。朝廷用意总以保藏为要，并无成见。所有一切情形，已于本月二十八日寄谕详细谕知。文海已准折回成都，著该督即与该大臣详细商酌，定一至当不易之策会同具奏。将此由五百里谕令知之。"

（德宗朝卷三九六·页三五下～三六上）

○光绪二十二年（丙申）十一月辛丑（1896.12.14）

又谕（军机大臣等）："有人奏瞻对关系川藏大局，请饬筹经久之策以杜外患而固边防一折。瞻对一事迭经谕令鹿传霖通筹全局，妥慎办理。此奏所称撤去番官、建置汉官、设兵戍守、开垦屯田各节是否悉合机宜？鹿传霖身任封圻，当兼筹川藏全局，著即归入前两次寄谕内一并妥筹，迅速具奏。另片奏请于打箭炉厅城设巡道一员，再于里塘以南与云南中甸接壤处设文武官一二员，并将阜和协副将改设总兵，或径令移扎里塘等语。著鹿传霖一并妥议具奏。原折片著抄给阅看。将此由五百里谕令知之。"

（德宗朝卷三九七·页一〇下～一一下）

○光绪二十二年（丙申）十二月乙丑（1897.1.7）

又谕（军机大臣等）："鹿传霖、文海奏遵旨会商妥筹瞻对办法，鹿传霖奏筹办瞻对、朱窝、章谷善后事宜各一折。所陈瞻对地方形势、瞻民向化、藏番震慑各情，通筹全局，利害相形，自以收回瞻地改设汉官为正办。著鹿传霖、文海即将前后情形及现在办法详细函知讷钦，剀切详明开导达赖，晓以大义，并译行商上，示以朝廷保护黄教二百余年，瞻对距藏窎远，鞭长莫及，此次收回内属，实为藏中省却无数葛藤，免致瞻民与藏番交怨。并饬现在察木多暂住之参将喻立诚向四郎多布结、青饶彭错等相机开导，总应令番官折回。纵费唇舌，当不至别生枝节，掣动全局，则办理自易就绪。其赏银一节，并准通融办理。如达赖撤回番官，即可借此转圜，是在该督等之相机因应矣。至所请将章谷、朱窝两土司一并改设汉官，将来次第经营，巴、里塘一带地方，展修电线，界务亦易就范各节。并著该督等通盘筹画，妥慎办理。鹿传霖另片奏酌留三营驻扎瞻对，筹办善后，著照所议办理。总之，鹿传霖身膺疆寄，文海、讷钦统辖全藏，均属责无旁贷。务须酌度情形，刚柔互用，保藏、保川两无窒碍，方为不负委任，一切操纵机宜朝廷不为遥制也。将此由五百里各谕令知之。"

（德宗朝卷三九八·页七上～八下）

○光绪二十二年（丙申）十二月庚辰（1897.1.22）

又谕（军机大臣等）："电寄鹿传霖。据奏瞻对设官各节，此事关系川藏全局，是以迭谕该督妥慎办理。今据所奏，于川省藩篱绸缪甚固，而于藏卫情形仍无把握。达赖尚无回信，又未撤兵，其包藏贰心，已可概见。设因一隅内属，而全藏摇动，得不偿失，该督岂未深思耶？著该督将瞻民愿仍归川并朝廷垂念藏番可以酌赏银两之意明白宣示，派委干员乘传入藏，必得达赖的实声复，且以觇其向背之机。俟有确情，再行定放，切勿孟浪从事，致误大局。"

（德宗朝卷三九九·页七上～下）

○光绪二十二年（丙申）十二月乙酉（1897.1.27）

谕军机大臣等："电寄鹿传霖。朝廷慎重者瞻对设官一节。至朱窝、章迈[谷]及巴、里塘布置，原与藏中无涉。然若因朱窝等先设流官，遽将瞻对一体改设，则前此简放番官之必须撤回，难保藏番不从此生衅。著遵前旨，迅速派干员前往宣示后，取有的实回信，再行电闻。此时有四营在瞻，必无他虑。"

（德宗朝卷三九九·页一一下～一二上）

○光绪二十三年（丁酉）正月癸巳（1897.2.4）

谕军机大臣等："电寄讷钦。据电奏，语涉游移。现在达赖情形若何，有无引咎之处，番兵曾否撤退，三瞻收回有流弊否，赏银已宣示否，该大臣身处藏中，务当得其要领，与鹿传霖等切实函商妥办，毋托空言。"

（德宗朝卷四〇〇·页二下）

○光绪二十三年（丁酉）正月丁巳（1897.2.28）

谕军机大臣等："鹿传霖奏遵旨派员入藏，瞻对暂缓设官及达赖不能生衅一折。即著饬令裕钢迅速会同前派委员李毓森禀商讷钦，遵照迭次谕旨明白宣示，开导达赖。必须令其心悦诚服，取有的实回信，瞻事自易转圜。是在该督审度机宜，妥慎办理，不在遽撤番官也。……将此由四百里谕令知之。"

（德宗朝卷四〇〇·页一五上～下）

○光绪二十三年（丁酉）二月丁亥（1897.3.30）

又谕（军机大臣等）："讷钦奏遵查达赖情形，筹拟办法，并番情狡诈，派员劝导各折片。界务与瞻事分别办理，所筹甚是。番人性多顽梗，难保不借词挟制，必须使之中心悦服，方无后患。现在鹿传霖已派知府裕钢入藏开导，该大臣务当与之悉心妥商，因势利导，总期早日完结为要。将此由四百里谕令知之。"

（德宗朝卷四〇一·页二七下）

○光绪二十三年（丁酉）三月庚戌（1897.4.22）

又谕（军机大臣等）："文海奏瞻事尚无端倪，碍难即行入藏，并敬抒管见及吁恳开缺各折片。瞻对一案业经兵力收复，只宜妥筹善后，未便再有游移。该大臣既称碍难入藏，即著暂驻成都，与鹿传霖和衷商办，以期早日了结。前据讷钦奏称达赖虽无输复之意，讷钦再三晓谕，该噶布伦等颇有耸动之色，允为开譬僧俗，不敢复逞兵戈等语。并无达赖喇嘛来京控诉，请派大员查办之说，与此次文海所奏词意不同。究竟情形若何，著讷钦详细开导，并将量为加赏之意斟酌宣示，据实复奏。文海所请派员查办，著毋庸议。此次朝廷特简文海为驻藏大臣，原为藏事棘手起见，该大臣正当力任其难，方为不负委任，何得借词推诿，率请开缺，著不准行。文海折一件著抄给讷钦阅看。将此由五百里各谕令知之。"

（德宗朝卷四〇三·页五上～六上）

○光绪二十三年（丁酉）五月甲寅（1897.6.25）

谕军机大臣等："……（鹿传霖）另片奏请饬讷钦宣示抚恤之意等语。已谕知讷钦督同裕钢妥为办理。藏事紧要，已有旨令文海赶紧赴任。该督接奉此谕后，并著催令迅速启程，毋稍迟缓。讷钦奏藏营请购马二百匹以备差操，其马价、马干由川先行筹解。并另片奏请由川领解前膛来复枪四百杆、后膛毛瑟枪二百杆，分拨操演，并洋式铜炮六尊，以备缓急等语。已允所请行。即著该督分别拨解，将此由四百里谕令知之。"

又谕："讷钦奏瞻对事宜应如何了结，宜由藏设法疏通。文海在川似无可会筹之处，请饬迅速入藏等语。现在川藏大路并无梗阻，该大臣著即迅速赴藏，会同讷钦商办一切，以期周妥，毋再迟缓。原片著抄给阅看。将此由四百里谕令知之。"

又谕："鹿传霖奏瞻对一案，开导达赖，请将酌给赏需各节明白宣示等语。知府裕钢计早入藏，开导情形究竟若何，著讷钦督饬该员相机妥办。鹿传霖片著抄给阅看。据讷钦另片所奏藏事紧要，请饬催文海入藏等语。本日已有旨令该大臣迅速赴藏矣。另折奏藏营请添马匹，又片奏由川领解枪炮各等语。已均照所请，并谕知鹿传霖矣。将此由四百里谕令讷钦知之。"

（德宗朝卷四〇五·页二一上～二三上）

○光绪二十三年（丁酉）六月辛酉（1897.7.2）

以收复三瞻出力，赏四川都司马德元勤勇巴图鲁名号，永宁营参将佟在棠等花翎，云骑尉罗锡文等蓝翎，馀升叙加衔有差。

（德宗朝卷四○六·页三下）

○光绪二十三年（丁酉）六月戊寅（1897.7.19）

谕军机大臣等："电寄文海。前谕文海迅速赴藏，谅已接奉。何日启程，即电奏。"

又谕："电寄讷钦，奏悉。分界与撤瞻截然两事，而藏番借以挟持。总之，瞻对可撤不可撤，该大臣须下一断语。可撤则坚持到底，不可撤则万勿回护前奏，是为正办。裕钢到否？著一并电复。"

（德宗朝卷四○六·页二二上～下）

○光绪二十三年（丁酉）九月己丑（1897.9.28）

谕军机大臣等："……其尤关紧要者，尚有瞻对改设汉官一事日久尚未办结。此事鹿传霖始终坚执，力主将该处收回内属。刻下番官虽经退出，尚在察木多观望；达赖因三瞻用兵，亦未能心悦诚服。年来印、藏画界又须达赖转饬遵行，瞻对之事办理有一不慎，必致牵掣全局，俱形窒碍。所有前后一切情形，悉见于鹿传霖暨文海、讷钦折奏、电奏并迭次寄谕、电谕。恭寿当向鹿传霖索观全案，细心䌷绎，然后将此事彻始彻终，通盘筹画，应如何保藏、保川两无窒碍。并著会同文海、讷钦和衷商办。恭寿现在以将军兼署总督，责无旁贷，李秉衡到任需时，此等事机皆不容稍涉迟误。倘或措置乖方，仍蹈鹿传霖故辙，以致沿边各土司反侧不安，竟成不了之局，仍无以善其后，朕惟该署督是问。勉之，慎之！将此由四百里谕令知之。"

（德宗朝卷四一○·页二下～五上）

○光绪二十三年（丁酉）九月辛卯（1897.9.30）

谕军机大臣等："讷钦奏瞻对撤归川属无可疑虑一折。瞻对归川一事朝廷审察周详，迭经谕令鹿传霖妥慎办理。嗣因讷钦奏达赖不遵劝导，并

将分界之事借以挟制，复电谕讷钦，将瞻对可撤不可撤下一断语，以凭核办。兹据奏称：藏番不敢生衅约有四端，通筹熟计，保无意外之虞等语。从来办理边疆重务总以持平稳慎为主，鹿传霖偏执己见，以致难以结束。恭寿务当详慎筹度，应否即照讷钦所奏办理，抑或别有善策可以速了之处，著会商妥办。固不可操切图功，亦未便迁就了事，以纾朝廷西顾之忧。原折著抄给阅看。将此由四百里谕令知之。"

又谕："讷钦奏瞻对撤归川属无可疑虑一折，本日已谕令恭寿妥筹办理矣。惟折内所称印藏界务一节，筹办仍无把握。著再斟酌情形，妥慎办理。将此谕令知之。"

（德宗朝卷四一〇·页五下～六下）

○光绪二十三年（丁酉）九月甲辰（1897.10.13）

谕军机大臣等："理藩院奏达赖喇嘛恳请赏还瞻对地方，据呈代奏一折。据称：光绪十五年明正土司勾串瞻对百姓投降，领其进界抢杀，该土司并将太林寺庙宇拆毁，复贿通军粮厅，转禀总督。派带队官周万顺会同明正土司土兵进瞻，该处堪布无奈退出。屡次转咨驻藏大臣，恳其代奏未允等语。与鹿传霖迭次所奏情形迥不相同。此事筹办将及一年，至今尚无归宿，以达赖遣人来京呈诉。无论所诉各节是否属实，其心之不肯输服已可概见。究竟三瞻用兵因何启衅，是否鹿传霖过于操切，查办不公，抑或达赖饰词强辩，著将确实情形查明详细具奏。前据讷钦奏称瞻对撤归川属无可疑虑，复经谕令恭寿妥筹善法。现在该署督等筹办情形若何，未可坚执收回之说，致滋波折。如果查明该喇嘛所陈各节并无虚妄，自当设法转圜，速了为是。恭寿等务即会商一万全之策，一并迅速具奏。呈内所称军粮厅，自系指打箭炉同知而言。至所请藏中紧急要事可否准达赖遣人来京递呈，由理藩院代奏一节，显与旧章不符，著不准行。原折均著抄给阅看。将此由四百里各谕令知之。"

（德宗朝卷四一〇·页一三下～一五上）

○光绪二十三年（丁酉）十月戊寅（1897.11.16）

谕军机大臣等："恭寿奏筹度川省边务事宜一折。德尔格忒土司一事已电谕文海毋庸集讯,该土司母子兄弟自可毋庸令其在打箭炉听候。应如何妥筹办结,即著恭寿悉心经理。张继应查各节亦著恭寿查讯。巴塘、三岩两案均著酌核情形妥办。瞻对一案将来若何结束,应俟文海抵藏会商讷钦后再行会同具奏,请旨定夺。将此谕令知之。"

(德宗朝卷四一一·页二〇上~下)

○光绪二十三年(丁酉)十一月甲午(1897.12.2)

谕内阁:"上年瞻对番官越界滋事,当谕令鹿传霖秉公查办,以息争端。乃该番官胆敢抗违,经鹿传霖派兵剿办,并请收回其地,原属咎由自取。朝廷因念该僧番等久受国家深仁厚泽,岂竟自外生成,恐鹿传霖操之过蹙,未足以折服其心,特将鹿传霖开缺,派恭寿署理督篆,谕令持平办理。兹据奏称,当鹿传霖派兵进剿之时,该番官等并非有意抗拒,因见大兵临境疑惧不敢投案,凭寨固守。鹿传霖误听带兵官一面之词,遂谓其叛形昭著,是以有改土归流之议。前据达赖喇嘛在理藩院呈请赏还地方,并览该署督此次所奏各节,是该番官并无叛逆情形尚属可信。朝廷轸念僧番,岂肯以迹近疑似遽行收回其地,所有三瞻地方仍著一律赏给达赖喇嘛收管,毋庸改土归流。该达赖喇嘛当仰体朝廷覆冒之仁,知感知畏,力图自新,即著慎选番官,严加约束,毋得再有苛虐瞻民、侵扰邻境情事,致干罪戾。其一切善后事宜著恭寿妥为经理,以期永远相安。至德尔格忒、朱窝、章谷、巴塘、里塘各案仍著该署督悉心妥筹,次第办结。另片所奏鄂克什土司争袭一案,现据该署督将土妇释放,并派员前往懋功查办,亦尚中肯。即著迅速办结,毋稍迟延。"

(德宗朝卷四一二·页六下~八上)

○光绪二十三年(丁酉)十二月乙亥(1898.1.12)

谕军机大臣等:"恭寿奏瞻对蒙恩赏还,该达赖自必感激。窃恐番官返巢挟嫌报怨,愈肆苛虐,现虽饬候补道庆善妥为抚驭,而番官系由达赖统率,恐非汉官所能钤束,请饬文海等就近与达赖约定善后办法等语,自系为惩前毖后起见。文海等身为驻藏大员,恭寿所奏情形想亦筹虑及此。即著与达赖严定约章,取其慎选番官,不再苛虐侵扰确据,以期永远相安。并著传谕达赖,嗣后番官等倘再滋生事端,定惟该达赖是问。原片著

抄给阅看。将此由五百里各谕令知之。"

又谕："……（恭寿）另片奏瞻对赏还，恐番官还巢愈肆苛虐，请饬文海等就近与达赖严定约章等语。本日已谕令文海等照办矣。……将此由五百里谕令知之。"

（德宗朝卷四一三·页一九上～二〇下）

○光绪二十四年（戊戌）正月癸丑（1898.2.19）

谕军机大臣等："讷钦奏藏番遵允勘界，并瞻案曲直请派员查办各折片。瞻对地方业于上年十一月初九日明降谕旨赏还达赖，系属持平办理，曲直昭然，已足以折服其心，自毋庸再行派员查办。印藏勘界一事藏番既已遵允，谅不致复有变更。著俟文海抵任后悉心会商，妥筹办理。将此由四百里谕令知之。"

（德宗朝卷四一四·页三一下～三二上）

○光绪二十四年（戊戌）七月丁巳（1898.8.22）

又谕（内阁）："文海奏遵旨严定瞻对约章，取具达赖确据缮单呈览一折。瞻对地方前经降旨赏还，谕令文海与达赖严定约章，宣布朝廷德意。兹据该大臣将约章复行删定，办理尚属妥协。即著恭寿迅派道员庆善前往交代，仍由该大臣咨行达赖，慎选番官赴瞻戍守，毋致滋生事端。……"

（德宗朝卷四二三·页一〇上～下）

法人吕推窜扰通天河地方被杀

○光绪二十年（甲午）七月戊子（1894.8.14）

又谕（军机大臣等）："总理各国事务衙门奏法国游历士吕推行抵西宁被番屯枪伤，捆投通天河淹毙，先将筹办情形具奏一折。吕推被伤身死，前经杨昌濬电达总理衙门。据称通天河距西宁二十余里，业经该衙门电令迅饬地方官寻觅尸身拿办正凶。嗣复接杨昌濬复称通天河系四川地界，值此炎天，寻觅尸身尤为不易等语。通天河距四川窎远，去西宁仅二十余里，吕推系在西宁地方身死，自应仍由该处寻觅。著杨昌濬、奎顺迅速遴派妥员，会同地方官沿途寻获吕推尸身，并缉拿正凶，按律惩办。此事关系中外交涉，必应迅筹了结，免生枝节，该督等务须妥速办理，毋稍迁延。原折均著抄给阅看。将此各谕令知之。"

寻陕甘总督杨昌濬等奏："吕推由西藏赴青海，取道野番，因拉番马被戕，现在查办各情形。"下所司知之。

（德宗朝卷三四四·页二九上～三〇上）

印藏划界纠纷，"藏哲勘界"与"廓藏争界"问题

○光绪二十一年（乙未）六月甲午（1895.8.15）

又谕（军机大臣等）："电寄奎焕，电奏已悉。藏番经该大臣开导，已允先往察看，容后再定界牌。著即派委精明妥实之员详细履勘，不可稍涉含混，一面照会印督派员会勘。"

（德宗朝卷三七一·页一五下）

○光绪二十一年（乙未）七月丁卯（1895.9.17）

驻藏办事大臣奎焕奏筹办藏哲界务，开导藏众，稍有领悟情形。下所司知之。

（德宗朝卷三七三·页二四下）

○光绪二十一年（乙未）九月辛亥（1895.10.31）

驻藏办事大臣奎焕奏："藏哲勘界，英印度总督订于明春开办。现饬在边各员预备明春会同前往。"下所司知之。

（德宗朝卷三七六·页一八下）

○光绪二十二年（丙申）正月辛酉（1896.3.9）

驻藏办事大臣奎焕等奏请调四川试用同知王葆恒等勘办界务。得旨："即著咨行四川总督调往差遣。"

（德宗朝卷三八四·页一三下）

○光绪二十二年（丙申）二月壬申（1896.3.20）

又谕（军机大臣等）："电寄鹿传霖。所奏西藏情形，殊深廑系。奎

焕已令来京，讷钦到任未久，一切操纵机宜著鹿传霖驰函商酌，或拣派熟谙藏务公正明干之员随同讷钦办理，俾资臂助。至瞻对桀骜不驯，尤须妥为开导，毋激事端。"

（德宗朝卷三八五·页九上～下）

○光绪二十二年（丙申）三月戊戌（1896.4.15）

谕军机大臣等："电寄鹿传霖。近闻廓尔喀与西藏失和，意欲决战。廓悍而附英，藏愚而奉佛，势必不敌。廓若得志，全藏将不可问。著鹿传霖速即拣派熟悉藏务之员驰往设法解散，勿令起事。藏既恃俄为援，则廓之动兵必系英所主使。该督留心边事，应如何措置之处著筹议具奏。"

（德宗朝卷三八七·页四上～下）

○光绪二十二年（丙申）三月庚子（1896.4.17）

谕军机大臣等："奎焕、讷钦奏藏哲勘界事宜，藏番仍持定见，不肯前往会勘，现在设法拟办情形一折。藏哲勘界一事关系中外邦交，既经定约于先，断难爽约于后。如本年春夏之交商上不肯偕往会勘，即由该大臣等照会印度，各派委员先行会勘，然后徐图办法。藏番既始终固执，止可暂为通融办理。仍著一面设法切实开导达赖喇嘛及藏番大众毋得执迷不悟，自启兵端，致蹈隆吐覆辙。现在文海尚未到任，奎焕、讷钦均属责无旁贷，倘有疏虞，惟该大臣等是问。至奏调棍噶札拉参一节，已据杨昌濬奏报该呼图克图于上年九月三十日圆寂矣。再，藏番迭次梗命，何所恃而不恐？是否另有外人为之奥援？又，近闻廓尔喀与西藏失和，意欲决战。该大臣等必已知悉，务当设法劝导，不至另起衅端。并著迅速奏报，以纾廑系。将此由五百里谕令知之。"

驻藏办事大臣奎焕等奏委员代巡后藏定日及新设靖西三汛营伍边隘情形。报闻。

又奏："江孜汛兵归并靖西一营，请酌加巡费。"允之。

（德宗朝卷三八七·页七上～八下）

○光绪二十二年（丙申）三月癸卯（1896.4.20）

谕军机大臣等："电寄文海。文海著迅速入藏，毋庸来京，徒延时日。至分界案卷具在藏署，该大臣到后自可查悉。现闻廓夷与藏失和，并须设法解散。藏事孔棘，不准迟留。"

（德宗朝卷三八七·页一一上）

○光绪二十二年（丙申）四月己巳（1896.5.16）

（四川总督鹿传霖）又奏："廓、藏失和，派员航海取道印度前往查探解散，请宽给公费。廓、藏案结，即饬就近随同驻藏大臣劝导画界，并拟赶修川藏电线，以速文报。有款十万，现存沪局，请饬拨办。"从之。

（德宗朝卷三八八·页六上）

○光绪二十二年（丙申）五月辛亥（1896.6.27）

又谕（军机大臣等）："电寄鹿传霖，电悉。李毓森著仍赴藏随勘界务。"

（德宗朝卷三九一·页四下）

○光绪二十二年（丙申）五月己未（1896.7.5）

谕军机大臣等："讷钦奏藏、廓争界事务查办尚未完结，此外并无另有构衅情由，并藏内近日情形各折片。藏廓界务现经该大臣饬传两造呈出实据，办理尚为中肯。著俟禀复到日，即行派员会勘，迅速完结，以弭隐患。至失和决战，虽查无其事，惟藏人顽梗成性，受人愚弄。据片内历叙可疑形迹，亦不得不预为之防。仍著随时访察，妥筹措置，毋稍疏虞。另折奏印藏界务请饬总理衙门会商英使暂缓勘办等语。此事英使正拟在总署开议，所请五年换约之时再行勘办，断不能行。现在事机已迫，该大臣惟有竭尽心力设法开导，俾藏番憬然悔悟，免致酿成边衅。前据鹿传霖电奏，文海业抵成都，抵藏之期尚难预定。将此由五百里谕令知之。"

（德宗朝卷三九一·页一四上～下）

○光绪二十二年（丙申）六月乙丑（1896.7.11）

署驻藏办事大臣讷钦奏："藏印界务，请饬总署会商英使暂行缓办。"得旨："文海未到任以前，著该大臣等实力妥筹办理。"

（德宗朝卷三九二·页一下）

○光绪二十二年（丙申）六月庚午（1896.7.16）

谕军机大臣等："……（鹿传霖）另折奏委员李毓森俟抵印度时，密为侦探等语。与前寄电谕适相吻合，即著照所议办理。将此由四百里谕令知之。"

（德宗朝卷三九二·页六下～七下）

○光绪二十三年（丁酉）正月癸巳（1897.2.4）

谕军机大臣等："电寄讷钦。据电奏，语涉游移。现在达赖情形若何，有无引咎之处，番兵曾否撤退，三瞻收回有流弊否，赏银已宣示否，该大臣身处藏中，务当得其要领，与鹿传霖等切实函商妥办，毋托空言。"

（德宗朝卷四〇〇·页二下）

○光绪二十三年（丁酉）正月丁巳（1897.2.28）

谕军机大臣等："……（川督鹿传霖）另片奏：印藏界务藏番已允会勘，请即由讷钦知照印督会同画界等语。著照所请行。将此由四百里谕令知之。"

（德宗朝卷四〇〇·页一五上～下）

○光绪二十三年（丁酉）二月丁亥（1897.3.30）

又谕（军机大臣等）："讷钦奏遵查达赖情形，筹拟办法，并番情狡诈，派员劝导各折片。界务与瞻事分别办理，所筹甚是。番人性多顽梗，难保不借词挟制，必须使之中心悦服，方无后患。现在鹿传霖已派知府裕钢入藏开导，该大臣务当与之悉心妥商，因势利导，总期早日完结为要。将此由四百里谕令知之。"

（德宗朝卷四〇一·页二七下）

○光绪二十三年（丁酉）六月戊寅（1897.7.19）

又谕（军机大臣等）："电寄讷钦，奏悉。分界与撤瞻截然两事，而藏番借以挟持。总之，瞻对可撤不可撤，该大臣须下一断语。可撤则坚持到底，不可撤则万勿回护前奏，是为正办。裕钢到否？著一并电复。"

（德宗朝卷四〇六·页二二下）

○光绪二十三年（丁酉）九月辛卯（1897.9.30）

又谕（军机大臣等）："讷钦奏瞻对撤归川属无可疑虑一折，本日已谕令恭寿妥筹办理矣。惟折内所称印藏界务一节，筹办仍无把握。著再斟酌情形，妥慎办理。将此谕令知之。"

（德宗朝卷四一〇·页六上～下）

○光绪二十四年（戊戌）正月癸丑（1898.2.19）

谕军机大臣等："讷钦奏藏番遵允勘界，并瞻案曲直请派员查办各折片。瞻对地方业于上年十一月初九日明降谕旨赏还达赖，系属持平办理，曲直昭然，已足以折服其心，自毋庸再行派员查办。印藏勘界一事藏番既已遵允，谅不致复有变更。著俟文海抵任后悉心会商，妥筹办理。将此由四百里谕令知之。"

（德宗朝卷四一四·页三一下～三二上）

○光绪二十四年（戊戌）闰三月丁巳（1898.4.24）

以查办唐廓边务出力，予汉、番文武员弁知府李毓森等奖叙。

（德宗朝卷四一七·页四下）

○光绪二十四年（戊戌）五月戊寅（1898.7.14）

谕军机大臣等："文海奏派员赴藏查勘界务，请由四川预拨经费。又奏添派驻防兵丁各等语。文海此次赴后藏靖西一带查阅防兵，并往边界办理界务商务，事关重大，应需经费自不可少。所有添调之汉、番兵勇二百名，著照所请行。著四川总督将应解西藏备边经费预先拨发四年，共银四万两，于六月内如数解往。即自光绪二十六年起，由川省分年扣还，以清款目。原片著抄给恭寿阅看。将此各谕令知之。"

（德宗朝卷四二〇·页二二下~二三上）

○ 光绪二十五年（己亥）三月癸亥（1899.4.25）

谕军机大臣等："理藩院奏哲布尊丹巴呼图克图等会报西藏情形，据情代奏一折。著总理各国事务衙门查明具奏。原折单著抄给阅看。"

寻奏："查藏事业与英人订明条约，交涉各事自应按照条约办理。乃藏人屡经开导，尚未释然。达赖喇嘛世守藩封，值兹时局尤宜仰体朝廷推诚相与之意，经权互用，共济时艰，勿滋疑虑。应请饬驻藏大臣剀切晓谕，用绥藩服而弭边患。"依议行。

（德宗朝卷四四一·页一上~下）

○ 光绪二十五年（己亥）四月辛巳（1899.5.13）

驻藏办事大臣文海奏："西藏与哲孟雄界务，议照藏官所指地方为准，已有成说。英人意图别生枝节，拟先行回藏。"允之。

（德宗朝卷四四二·页七上）

○ 光绪二十五年（己亥）七月庚戌（1899.8.10）

谕军机大臣等："昆冈等奏西藏为强敌欺陵，请设法固结达赖喇嘛，启发其愚，并饬川、滇督抚统筹全局，同力维持一折。前据理藩院代奏哲布尊丹巴呼图克图等会报西藏情形，当经饬交总理衙门详议。旋据该衙门按照胪列各节分别议复，请令驻藏大臣晓谕达赖喇嘛妥商办理，该大臣谅已切实宣谕。现在时局艰难，强邻环伺，闭关绝约势所难行。达赖喇嘛等世守藩封，输忱效顺，自应深体朝廷推诚相与之意，勿滋疑虑，致启衅端。著文海、裕钢传谕该达赖喇嘛，开导番众人等，因时制变，知己知彼，务释群疑而防后患。并将应办事宜和衷商酌，及时整顿，毋再因循贻误。藏卫为川、滇屏蔽，应如何未雨绸缪预为防范之处，并著奎俊、崧蕃、丁振铎统筹全局，协力维持。勿得稍存观望，以期外绥藩服，内固边防。原折均著抄给阅看。将此各谕令知之。"

寻文海等奏："遵查藏番素性执拗，但知坚拒外洋交涉，惟有遇事开导，冀祛其惑。至强邻迫胁，或恐动摇，体察藏情，尚无外附之意。"

得旨："仍著随时体察情形，因时制变，务释群疑，以维大局。"

（德宗朝卷四四八·页五上～六上）

○光绪二十五年（己亥）九月己巳（1899.10.28）

（驻藏办事大臣文海）又奏："英人所议界务，藏番执拗。设法开导。"

得旨："即著设法开导，相机办理，毋任酿成边衅。"

（德宗朝卷四五一·页九下）

○光绪二十六年（庚子）八月辛卯（1900.9.15）

驻藏帮办大臣裕钢奏："交涉事繁，请留四川知府何光燮供差，暂缓引见。"允之。

（德宗朝卷四六九·页一五上）

松潘番民滋事，清廷用兵剿办

○咸丰十一年（辛酉）四月癸未（1861.6.3）

又谕（军机大臣等）："前因粤匪窜及毕节，距川省较近，谕令骆秉章于入川后，或亲赴南路督剿，或分兵剿办，勘酌情形办理。本日据崇实奏叙永防兵不敷分布，请饬田兴恕拨兵助剿。并因李、蓝二逆四处纷窜，松潘番匪、越巂夷匪复行滋事，倘粤匪复行阑入，更难收拾，请饬骆秉章速行赴蜀，会同筹办等语。粤匪窜扰毕节，本日已谕令田兴恕饬令都司田兴发等带兵会同川兵剿办。骆秉章由沙市启程，计已早抵川境，著即兼程前进，与崇实将各路军务会同筹商，分别缓急，派兵剿办，以期各匪次第荡平，毋稍迟误。将此由六百里谕令知之。"

（文宗朝卷三五〇・页一八上～一九上）

○咸丰十一年（辛酉）八月庚辰（1861.9.28）

谕内阁："崇实奏松潘番情反复，派员前往相机剿办一折。松潘逆番占踞要隘，时扑厅城，总兵联昌及同知张中寅督率兵团守御。逆番因攻扑不能得手，邀请喇嘛代陈情愿投诚。该总兵因腹地军务吃紧，乘机招抚。该番乘各喇嘛搬运犒赏茶包之隙，由东北两门扑入焚杀。该总兵及张中寅分门堵御，众寡不敌，张中寅于东门督队，手刃数贼，立时阵亡，镇厅衙署悉被焚烧，张中寅全家殉难，联昌家属亦皆被害。逆番戕官踞城，殊堪痛恨。著骆秉章督饬联昌及副将奎林等调募兵勇扼要堵剿，务将番众悉数歼除，克复松潘厅城，毋稍延缓。同知张中寅著骆秉章查明请恤，该城文武下落著一并查明具奏。"

（穆宗朝卷三・页一五下～一六下）

○同治四年（乙丑）十一月己丑（1866.1.14）

以四川松潘厅全境肃清，予总兵官周达武以提督提奏；赏总兵官向芝寿、王照南巴图鲁名号，守备黎佐清花翎，从九品陆辉蓝翎，馀升叙、开复有差；予阵亡都司刘义霖等祭葬世职加等。

（穆宗朝卷一六一·页二三下～二四上）

○同治五年（丙寅）八月壬辰（1866.9.14）

以四川克复松潘厅城出力，予副将邓日胜、黄宗耀以总兵官用；赏参将胡义和等花翎，把总谭明高等蓝翎；馀加衔、升叙、开复有差。

（穆宗朝卷一八二·页一一下）

○光绪二十二年（丙申）六月丙戌（1896.8.1）

谕军机大臣等："鹿传霖奏剿抚松潘番贼获胜，并办理情形一折。川甘交界之打拉罩子等沟贼番勾结川属包坐、双寨、甲借等寨，屡次出巢滋事，大为边患。本年四月间，松潘镇总兵夏毓秀带队出关，先将松潘城攻克，复乘胜将甲借、双寨、喇嘛岭等处贼巢一律攻破。并将首匪正巴笑讯明正法，击毙番贼无算。其未下之六让等寨逃出良番，现请缓期进兵，设法擒献首逆。该贼番积年稔恶，此次剿抚兼施，番部慑服，办理尚为迅速。松潘镇总兵夏毓秀及前敌出力汉、土官兵员弁勇丁准其酌量保奖，毋许冒滥。仍著鹿传霖督饬夏毓秀等加意严防，总期边境乂安，一劳永逸，方为妥善。……将此由四百里谕令知之。"

（德宗朝卷三九二·页二一下～二二下）

○光绪二十八年（壬寅）正月辛卯（1902.3.9）

四川总督奎俊奏："四川松潘镇上、中、下三河坝番民，因附甘番拉布浪寺劫杀商民，宜以兵威慑服。"

得旨："仍著督饬何长荣相机剿抚，以靖边疆，馀依议。"

（德宗朝卷四九四·页二一下）

剿办三岩、乍丫、哈拉乌苏等地变乱

○同治八年（己巳）六月己巳（1869.8.6）

又谕（军机大臣等）："恩麟奏筹办三岩野番并廓夷情形一折。三岩野番屡次出巢抢劫，大道几至不通，景纹仅以纸上空言搪塞属吏，其不达事理，甚可痛恨。恩麟既知景纹之谬，派员剿捕，即著实力筹办，以期绥靖边疆。……将此由五百里谕令知之。"

（穆宗朝卷二六一·页二三上～下）

○同治九年（庚午）四月己未（1870.5.23）

以西藏乍了[丫]剿办野番完竣，赏都司马开昌等花翎，馀加衔升叙有差。

（穆宗朝卷二八一·页九下～一〇上）

○同治九年（庚午）九月庚辰（1870.10.11）

以西藏哈拉乌苏剿办野番出力，予员外郎恩承以知府用，并赏花翎，县丞何炳焜等蓝翎，馀升叙有差。

（穆宗朝卷二九一·页三上）

○光绪六年（庚辰）十一月丙戌（1880.12.23）

谕军机大臣等："维庆奏野番滋扰大道，请饬惩办等语。此次维庆由打箭炉入藏，竟有三岩野番数十人在大石包地方拦路劫抢，杀毙引马人夫。迨该地方官带领土目查拿，仍敢施放枪炮，肆行抗拒，实属藐法已极，亟应严行惩创，以儆凶顽。著恒训、丁宝桢、色楞额、维庆即饬该地方文武，认真捕缉，从严惩办，以安行旅而靖边陲。将此各谕令知之。"

（德宗朝卷一二四·页七下～八上）

○光绪七年（辛巳）九月乙未（1881.10.28）

谕军机大臣等："丁宝桢奏野番劫杀洋人，现饬拿办等语。据称巴塘教堂司铎梅玉林前往盐井，并未知会地方官照料，行抵核桃园被三岩野番杀毙，劫去骡马、箱只、茶包。现派官兵会同粮员、土司等赶紧缉捕等情。野番肆行劫杀，实属凶顽。著丁宝桢、托克湍督饬派出官兵，并严檄该地方官等，务将滋事首伙各凶番克日拿获，追赃给领，尽法惩办，不准稍涉迟延，致洋人有所借口，别生枝节。将此由四百里各谕令知之。"

（德宗朝卷一三六·页一一下～一二上）

○光绪十二年（丙戌）三月壬寅（1886.4.12）

四川总督丁宝桢奏遵筹防边情形。得旨："该督拟于巴、里二塘驻扎勇丁，借防范三岩野番出巢抢夺为名，以示我慎固边疆之意，所筹尚妥。惟英于中国现在并无衅端，所有一切布置务当不动声色，毋得稍涉张惶，致令彼族有所借口，是为至要。"

（德宗朝卷二二五·页六上～下）

○光绪二十三年（丁酉）十二月乙亥（1898.1.12）

又谕（军机大臣等）："恭寿奏巴塘三岩野番抢劫折弁一案现已办结，拟设立土千户以图经久一折。三岩野番向不归化，此次抢劫折件，犹敢不服开导。现经官军攻剿，将首逆伏诛，其余均已就抚。该督署拟于上、中、下三岩设立土千户，归巴塘文武管辖。即著照所请行。仍著饬令韩国秀会同粮员将应办事宜妥筹办理，毋致再有反侧。所有出力员弁暨阵亡弁勇准其暂行存记，并案分别奏请奖恤。……将此由五百里谕令知之。"

（德宗朝卷四一三·页一九下～二○下）

○光绪二十六年（庚子）正月壬戌（1900.2.18）

四川总督奎俊奏："巴塘、三岩等处新设土千总、土把总各职衔，管辖各寨番众，所有大石包至宁静山一带碉楼均责成该番弁弹压巡防，不得滋事。"下所司知之。

以办理三岩、桑坡各处夷务肃清，赏署四川提督夏毓秀头品顶戴，予记名提督韩国秀优叙。

（德宗朝卷四五八·页一九下～二○上）

文海召勇入藏未果，谕筹经营巴塘、里塘

○光绪二十二年（丙申）六月癸酉（1896.7.19）

谕军机大臣等："文海奏到川日期并筹商藏事情形一折。据称藏番现在情形非慑以兵威于事无济，拟召勇五百名，带领进藏，以壮声威。著照所请行，并著迅速前往，毋稍迟延。所需饷银每月二千两，即著鹿传霖按月筹给。本日又据给事中吴光奎奏藏事孔棘宜筹备御一折。里塘、巴塘一带为四川入藏门户，该给事中请于该处设立汉官，假以事权，招来川省商民前往垦荒并采办矿产各节，系为预杜窥伺起见。著鹿传霖确查里塘、巴塘一带情形，如能招来商民垦荒开矿，洵于时局有益。并著文海、讷钦会商妥办。另片奏开办藏务，请于边防经费等项内每年划银二三十万应用等语。各项协饷均关紧要，川省有无另款可拨，著鹿传霖妥为筹议。至所称调安定勇五营移驻雪山一带，是否可行，并著该督等酌夺办理。吴光奎原折片均著抄给阅看。将此由五百里各谕令知之。"

（德宗朝卷三九二·页一〇下～一一下）

○光绪二十二年（丙申）九月丁巳（1896.10.31）

谕军机大臣等："文海奏行抵打箭炉询明瞻对情形一折。文海著在打箭炉暂驻，所带勇丁毋庸遣撤。俟川藏道路疏通，即行进藏。瞻对一事迭经谕令鹿传霖妥慎办理，不可视之太易。现在节近冬令军事是否得手？转瞬大雪封山，必至进兵无路。该督务须严饬在事各员迅拔坚巢，毋任旷日持久，转致大局或有窒碍，是为至要。仍将现在办理情形随时电闻。将此由五百里各谕令知之。"

（德宗朝卷三九五·页二七上～下）

○光绪二十三年（丁酉）三月己酉（1897.4.21）

驻藏办事大臣文海奏："所部勇丁三百名，因瞻事未能前进，已于二月底酌裁一半，拟再陆续遣撤，俟后定期前去，就近召募。"

得旨："所募勇丁，著全行裁撤。"

（德宗朝卷四〇三·页五下～六上）

鹿传霖于章谷、朱窝、德格等地改土归流，清廷据恭寿、文海奏，勿而改图

○光绪二十二年（丙申）四月己巳（1896.5.16）

谕军机大臣等："鹿传霖奏章谷、朱窝土司构衅扰害，不遵开导，派员带兵查办一折。朱窝土司原系内属，乃被附从瞻对挟制滋事。鹿传霖已派知县穆秉文前往妥为开导，并添派知府罗以礼酌带勇营进驻打箭炉，以期慑服。即著照所拟办理。总须该土司悔悟帖服，遵断了结，方为妥善。其瞻对番官越界与明正土司构兵一事，并著罗以礼会同驻藏大臣所派委员同赴明、瞻交界适中之地，调集两造，妥为开导。如再抗违，应如何妥办之处，著该督审度机宜，奏明请旨。至打拉罩子等沟贼番滋事，并著该督妥慎办理。将此谕令知之。"

（德宗朝卷三八八·页四下~五下）

○光绪二十二年（丙申）六月癸酉（1896.7.19）

谕军机大臣等："……本日又据给事中吴光奎奏藏事孔棘宜筹备御一折。里塘、巴塘一带为四川入藏门户，该给事中请于该处设立汉官，假以事权，招来川省商民前往垦荒并采办矿产各节，系为预杜窥伺起见。著鹿传霖确查里塘、巴塘一带情形，如能招来商民垦荒开矿，洵于时局有益。并著文海、讷钦会商妥办。……将此由五百里各谕令知之。"

（德宗朝卷三九二·页一〇下~一一下）

○光绪二十二年（丙申）七月戊申（1896.8.23）

谕军机大臣等："鹿传霖奏瞻番先开兵端，朱窝助逆，迭次攻击败退，现筹进剿情形一折。瞻番既迭经开导，抗不遵从，并有朱窝土司及喇嘛寺

从逆之人相助，竟敢开枪轰击官兵，衅端已开，自非大加挞伐不可。业经知府罗以礼督饬兵勇，将朱窝逆寨、瞻番新寨攻破。惟瞻逆仔仲则忠札霸乘间逃遁，助逆番官尚据瞻对老巢。鹿传霖务当督饬罗以礼，会同提督周万顺等迅速率队前进，妥筹进剿。并调里塘、明正各土司，听候调遣，以为后继。一面咨明讷钦译行商上，责以曲庇瞻番之咎，仍密购间谍，开导瞻民，如能捆献首逆，兵不血刃，是为上策。惟是事机所值难以逆料，务当计出万全，断不可稍涉轻率。所有此次出力之知府罗以礼等，著先行存记，俟番案办理完竣后再降谕旨。另片奏教民不至勾结为患等语。仍著妥为防范，毋任越界侵扰。将此由五百里谕令知之。"

（德宗朝卷三九三·页一六下～一七下）

○光绪二十二年（丙申）八月己巳（1896.9.13）

又谕（军机大臣等）："……（鹿传霖）另片奏朱窝土司四郎多登经官军攻破寨门，携带章谷印信号纸潜逃等语。知县穆秉文于该寨老土妇来营乞降一味严责，纵令回巢，实属办理失宜。著责令该知县赶紧将四郎多登追捕务获，以赎前愆。将此由四百里谕令知之。"

（德宗朝卷三九四·页六上～七上）

○光绪二十三年（丁酉）五月甲寅（1897.6.25）

谕军机大臣等："鹿传霖奏筹办章谷、朱窝两土司议定改流情形及关外德尔格忒土司献地归诚请改流设官各一折。章谷、朱窝两土司业经该督派员查明疆域，议定赋税，拟在各该土司分设屯官。即著饬令接管之知县王曜南等迅速驰往，将该土民赋讼等事尽心抚辑。惟改设汉官事属创始，该督当悉心筹画，务臻周密。至德尔格忒小土司昂翁降白仁青母子恣行不义，业经委员张继擒获押解炉厅收禁。该老土司及头目人等献地归诚，现拟改流设官，即著照所请行。该督务当督饬张继等详细查勘，将建设事宜分晰筹妥，奏明办理。所保各员已交该部议奏矣。……将此由四百里谕令知之。"

（德宗朝卷四〇五·页二一上～二二下）

○光绪二十三年（丁酉）八月丙子（1897.9.15）

又谕（军机大臣等）："恭寿奏土司改土归流，督臣事前并未商办，径行列衔具奏，据实奏闻一折。四川边务事宜向由总督会同将军互商妥善，合词具奏。德尔格忒土司献地改土归流一案，鹿传霖并未知照恭寿，竟将该将军衔名列入，与历来办法不符。并据该将军奏称该督不察虚实，即饬委员张继率师往取其地。张继急于邀功，遂将该土司全家诱获，解省监禁，迭次提审所供情节与张继所禀悬殊。现闻张继在德尔格忒被围，边民之未必心服亦可想见等语。此案实在情形究竟若何，朝廷无由悬度，若如该将军所奏，办理实未妥善。国家深仁厚泽二百余年，各土司食毛践土，与内地军民无异。从前用兵查办之案甚少，此次鹿传霖在川，瞻对既已用兵，三岩、桑披又复纷纷滋事。虽时势所值不同，该督等亦应酌度情形倍加详慎。乃鹿传霖咨复恭寿有如果办理不善，该督当独任其咎之语，事关边务岂可掉以轻心，独断独行。设有贻误，该督能当此重咎耶？恭寿所请嗣后边务事件毋庸会列衔名，径由督臣具奏，以一事权，亦属非是。总之，恭寿、鹿传霖共事一方，同受朝廷重寄，均应摒除成见，和衷商办，俾边务乂安，番情悦服，方为不负委任，正不独德尔格忒一事为然也。将此由四百里各谕令知之。"

（德宗朝卷四〇九·页八下～九下）

○光绪二十三年（丁酉）八月己卯（1897.9.18）

谕军机大臣等："电寄文海。据恭寿奏土司德尔格忒献地一案鹿传霖办理失当等语。现在文海计抵打箭炉，著即查明委员张继有无被围情事，及现在各土司情形若何，一并据实复奏。"

（德宗朝卷四〇九·页一〇下～一一上）

○光绪二十三年（丁酉）八月乙酉（1897.9.24）

谕军机大臣等："文海奏询明德尔格忒土司改土归流大有后患各折片。本年五月间，据鹿传霖奏称：德尔格忒小土司昂翁降白仁青母子恣行不义，业经委员张继擒获押解炉厅收禁。该老土司及头目人等献地归诚，现拟改设流官。当经谕令妥筹办理。此次文海行抵打箭炉询问情形，始知张继以带勇前往察木多查办为名，突入德尔格忒境内，诱令该土司及其长子先赴炉城，旋将土妇及其少子一并拿获，禀称劝令献地投诚。鹿传霖饬令将该土司父子、夫妇解省审办，道路传闻莫不骇异，以致各土司皆有不安之象等情。此事鹿传霖轻听委员一面之词，辄称德尔格忒小土司恣行不义，老土司情愿献地归诚。即使所奏属实，只应将小土司昂翁降白仁青解至打箭炉城，派委妥员查讯明确即可办结，何以又将该老土司一并解省？到省之后供情若何，亦未据鹿传霖续行奏报，情节种种支离，自相矛盾。以二百余年恭顺之土司，辄因其家庭细故，勒令改土归流，并非出于情愿，又将其父子解省监禁，各土司岂肯心悦诚服？办理若此，转涉滋生事端。鹿传霖奉到此旨，著即速将该土司父子夫妇释放，并宣布朝廷德意，谕令该土司速回德尔格忒经理该土司事务。仍令其长子帮办一二年后，果能称职，即奏请承袭，或可收效桑榆。慎毋讳过护前，仍蹈故辙。其改土归流一节著毋庸议。此外如三岩之抢案、桑披之命案均应办理得宜，迅速了结，毋使朝廷久厪西顾之忧。将此由四百里谕令知之。"

又谕："电寄文海。德尔格忒土司改土归流一案，鹿传霖办理未妥。此系该土司家事，朝廷可不过问。著宣布德意，责成该老土司仍旧管辖，毋庸改设流官。土司昂翁降白仁青及其家属著一并释放。"

又谕："电寄文海。文海现驻打箭炉，有应行电奏之件，著鹿传霖即将现用之密红电本速即递交一册。"

又谕："电寄文海，奏悉。著俟查办事竣，再行启程。电本已饬鹿传霖速寄炉厅矣。"

（德宗朝卷四〇九·页一七上～一九下）

○光绪二十三年（丁酉）九月己丑（1897.9.28）

谕军机大臣等："昨因川省边务土司各事宜鹿传霖办理失当，业经降旨将其开缺来京，命恭寿兼署四川总督矣。德尔格忒土司改土归流一节，鹿传霖轻听委员张继一面之词，辄称该土司情愿献地，又将其父子解省监禁。前据恭寿将实在情形奏明，亦称其大有后患。是德尔格忒一事应如何措置得宜，恭寿自确有见闻。上月十九日、二十八等日迭谕恭寿、鹿传霖宣布朝廷德意，将该土司父子释放，改土归流著毋庸议。并电谕文海查明张继有无被围情事,以凭核办。惟是驾驭土司虽贵结以恩信,权术亦在所不废。鹿传霖一味操切,能发而不能收,自属失之太激。此刻径行释放,仍令回寨管事,若该土司冥不知感,贸然而归,不特无以动其畏服之诚,即其余各土司亦将闻而生玩。恭寿务当剀切宣示,告以前督臣勒令献地,本非出自朝廷之意,现在大皇帝俯念该土司隶属中朝二百年来恭顺无过,不忍因其家庭细故,遽尔临以兵威,勒令改土归流,特命将其释放。张继如果尚在被围,亦应饬其谕令该属下头目人等赶紧撤兵,毋得妄动。然后饬该土司速回德尔格忒管理事务,将来如何承袭,照例办理。此事全在恭寿善于操纵,因应得宜,有以激其天良,而生其畏服,亦不仅在慰谕之词,古人恩孚异域至有劙面指心、涕泣归诚者,该署督办理此事须得此意。张继邀功生事,鹿传霖为其所误,其在事始末情形,并著查奏。至鹿传霖轻听人言,办理失当,不独德尔格忒一事为然,如三岩之抢案、桑披之命案皆不免涉于铺张,亦应酌度机宜,从速了结。……将此由四百里谕令知之。"

(德宗朝卷四一〇·页二下~五上)

○ 光绪二十三年(丁酉)九月乙巳(1897.10.14)

谕军机大臣等:"文海奏查明德尔格忒土司献地一案,据实复陈一折。所奏各节前经寄谕恭寿,令将该土司父子、夫妇速行释放,并宣布朝廷德意,饬其仍回德尔格忒管理事务。现在该老土司已在省身故,自应照例承袭。著恭寿、文海迅速会商,妥为镇抚。该土司头人等围困张继,既属彼此相持,未敢妄动,何以直至八月初始行出来?其中情节不无可疑。现在该土司既蒙朝廷特恩释放,慰谕再三,各土司自当闻风生感。恭寿、文海当酌度情形,善为操纵,务在开诚布公,迎机利导,俾群疑尽释,隐患潜消,方为万全之策。委员武镛等禀复到日,如另有情节仍著电奏。原折著抄给恭寿阅看。将此由四百里各谕令知之。"

(德宗朝卷四一〇·页一六上~一七上)

○ 光绪二十三年(丁酉)九月丙午(1897.10.15)

又谕(军机大臣等):"电寄恭寿。前谕鹿传霖将德尔格忒土司家属一并释放。兹据奏称释其长子，令充土司，并留驻德官兵，为之保护。其小土司母子暂缓释回等语。著恭寿察看情形是否允协，秉公妥办。"

（德宗朝卷四一〇·页一八下）

○光绪二十三年（丁酉）九月庚戌（1897.10.19）

谕军机大臣等："电寄文海。著俟土司案集讯明确，即行启程赴藏。"

（德宗朝卷四一〇·页二一上）

○光绪二十三年（丁酉）十月戊午（1897.10.27）

谕军机大臣等："电寄文海，电悉。土司前已释放，著毋庸集讯。卫藏事重，文海仍即定期启程。"

（德宗朝卷四一一·页二下）

○光绪二十三年（丁酉）十月甲戌（1897.11.12）

谕军机大臣等："鹿传霖奏办理德尔格忒土司一案情形据实上陈一折。据称：德格归流各土司小有不安，实因谣传所致。杂竹卡部落经张继亲往开导亦已听命。察木多之仓储巴经该前督出示晓谕，各土司早已帖然无事。且提讯老土司父子，并无怨词。夺吉色额手书番字供词存卷可查。该处道里、赋税未及两月均已查清，今忽而改图，恐启土司之轻藐，长藏番之刁风等语。此事关系川藏大局，著恭寿将其所奏各节详细参酌，毋得稍存成见，回护前奏。倘敷衍了事，仍贻后患，恭寿亦不得辞其咎也。原折著抄给阅看。将此由四百里谕令知之。"

（德宗朝卷四一一·页一七上～下）

○光绪二十三年（丁酉）十月戊寅（1897.11.16）

谕军机大臣等："恭寿奏筹度川省边务事宜一折。德尔格忒土司一事已电谕文海毋庸集讯，该土司母子兄弟自可毋庸令其在打箭炉听候。应如何妥筹办结，即著恭寿悉心经理。张继应查各节亦著恭寿查讯。巴塘、三岩两案均著酌核情形妥办。瞻对一案将来若何结束，应俟文海抵藏会商讷钦后再行会同具奏，请旨定夺。将此谕令知之。"

（德宗朝卷四一一·页二〇上～下）

○光绪二十三年（丁酉）十一月戊子（1897.11.26）

谕军机大臣等："文海奏德尔格忒土司一案先行拟结，并安插土司情形，及麻书、孔撒两土司虽有不服，毋庸示威，又查明张继前后办事实情各折片。据称：德尔格忒土司一案现经讯结，并派员护送土司回籍。朱窝、章谷、瞻对三处均不必改土归流，请照懋功五屯章程设立屯员，分派委员王耀南等前往经理其事，并拟将德格、瞻对两处勇丁撤回各等语。所奏筹办各节持论均属平允，即可照此办法完结。著恭寿再行悉心体察，定议具奏，俟该署督复奏到日再降谕旨。至所奏张继办理德格一案未免轻率，其办理瞻对劳绩亦不可没，请将该员德格案内保奖撤销，免其再议之处著照所请行。文海折片四件均著抄给恭寿阅看。文海入藏后，接见达赖务当宣布朝廷德意，善为操纵，并将应办事宜随时知照恭寿会商妥办，期臻尽善。将此由四百里各谕令知之。"

（德宗朝卷四一二·页一下～二下）

○光绪二十三年（丁酉）十一月甲午（1897.12.2）

谕内阁："……至德尔格忒、朱窝、章谷、巴塘、里塘各案仍著该署督悉心妥筹，次第办结。另片所奏鄂克什土司争袭一案，现据该署督将土妇释放，并派员前往懋功查办，亦尚中肯。即著迅速办结，毋稍迟延。"

（德宗朝卷四一二·页六下～八上）

○光绪二十三年（丁酉）十二月癸亥（1897.12.31）

成都将军兼署四川总督恭寿奏鄂克什土司争袭，委员办结。得旨："所筹均妥，即照此办结。务当严饬该土司奉公守法，毋再滋事。"

（德宗朝卷四一三·页六下～七上）

○光绪二十三年（丁酉）十二月乙亥（1898.1.12）

又谕（军机大臣等）："……（恭寿）另片所奏朱窝、章谷两土司有无应袭之人，著即查明办理。至文海前奏改设屯官一节，即著毋庸置议。将此由五百里谕令知之。"

（德宗朝卷四一三·页一九下～二〇下）

○光绪二十四年（戊戌）三月辛卯（1898.3.29）

谕军机大臣等："恭寿奏，德尔格忒土司禀控张继掠取财物，并委员德瑞等禀称张继到德始末情形，及张继禀复各节，请将张继量予惩处等语。此案德尔格忒土司所控失去财物为数甚巨，自系张大之词。惟张继是否有借端妄取情事，著裕禄到任后确切查明，秉公断结具奏。恭寿片著抄给裕禄阅看。将此各谕令知之。"

（德宗朝卷四一六·页八下）

○光绪二十四年（戊戌）闰三月乙亥（1898.5.12）

以办结德尔格忒土司案件出力，予调藏各官贵州县丞萧富谷、副将陈均山等奖叙，开复前署打箭炉同知武文源降留处分。

（德宗朝卷四一七·页一七上～下）

○光绪二十四年（戊戌）七月丁巳（1898.8.22）

又谕（内阁）："……至章谷、朱窝、瞻对三处屯官应即一律撤去，用示开诚布公抚绥藏卫至意。"

（德宗朝卷四二三·页一〇上～下）

○光绪二十四年（戊戌）十一月戊亥（1898.12.31）

又谕（军机大臣等）："前因恭寿奏德尔格忒土司禀控张继掠取财物各情，当于三月间谕令裕禄确查。现在裕禄业经调任，著奎俊迅即确切查明，秉公断结，据实具奏，毋稍延缓。将此谕令知之。"

（德宗朝卷四三四·页一二下～一三上）

里塘桑披寺喇嘛设伏戕官

○光绪二十三年（丁酉）八月丙子（1897.9.15）

谕军机大臣等："……（鹿传霖）另片奏桑披寺喇嘛不服查办，伏兵戕杀守备李朝福父子。密饬嵇志文等迅将三岩番案办竣，即行移师筹办等语。桑披蓄谋设伏戕官反侧情形，必应设法令其缚献渠魁，解散党类，方为上策。该两处均系川藏要路，尤应认真办理，毋稍疏忽。守备李朝福暨其子兵丁李光宗、李光培死事甚烈，均著交部照例议恤。将此由四百里谕令知之。"

（德宗朝卷四〇九·页七上～八上）

○光绪二十六年（庚子）正月壬戌（1900.2.18）

四川总督奎俊奏："巴塘、三岩等处新设土千总、土把总各职衔，管辖各寨番众，所有大石包至宁静山一带碉楼均责成该番弁弹压巡防，不得滋事。"下所司知之。

以办理三岩、桑坡各处夷务肃清，赏署四川提督夏毓秀头品顶带，予记名提督韩国秀优叙。

（德宗朝卷四五八·页一九下～二〇上）

英人图谋侵占博窝地方，谕令驻藏大臣迅速前往，妥为办理

○光绪二十五年（己亥）十一月庚午（1899.12.28）

谕军机大臣等："文海奏英人图据博窝地方，于川藏皆有窒碍一折。博窝边界与印度毗连，倘英人占据其地，不惟西藏将为包括，川省后路亦属可虞，自应妥筹办法，以杜后患。著文海迅速前往，督率员弁相度机宜，设法办理。总宜不动声色，使博番就我范围，以占先著，毋得稍涉延误。仍俟筹有办法，即行驰奏。将此由五百里谕令知之。"

（德宗朝卷四五五·页一九下～二〇上）

○光绪二十六年（庚子）三月甲寅（1900.4.11）

驻藏办事大臣文海奏："博窝善后委员办理，须俟夏秋之交方可蒇事。"

得旨："著裕钢督饬原派委员认真勘查，妥筹办理。"

（德宗朝卷四六一·页一一上）

弹压纳鲁、噶鲁等族仇斗

○光绪七年（辛巳）六月癸卯（1881.7.8）

以查办西藏纳鲁、噶鲁等族积案暨黑黄教夷案出力，予四川嘉定府四望关通判周溱等升叙加衔有差。

（德宗朝卷一三一·页一二下）

○光绪二十八年（壬寅）二月乙未（1902.3.13）

驻藏办事大臣裕钢等奏："西藏所属纳鲁等族调兵仇斗，互相杀伤，派员檄调达木协佐领等，酌带汉、土兵丁相机弹压，妥为办理。"

得旨："著即督饬该委员妥为解散，持平断结。"

（德宗朝卷四九五·页一一上～下）

英国第二次侵藏战争，中英议订藏约及藏印通商章程的谈判，亚东、江孜、噶大克开埠设关

○光绪二十六年（庚子）闰八月乙卯（1900.10.9）

驻藏帮办大臣裕钢奏："遵旨密陈藏卫民贫兵弱，刻下英国并无实在开衅举动，未便先事张惶。"

得旨："著俟庆善到后妥为商酌，稳慎办理，以固边疆。"

（德宗朝卷四七一·页二上）

○光绪二十八年（壬寅）七月甲戌（1902.8.19）

驻藏办事大臣裕钢等奏："英人抵藏，派员会勘界务。"下外务部查照办理。

（德宗朝卷五〇三·页一上）

○光绪二十八年（壬寅）九月庚午（1902.10.14）

谕军机大臣等："裕钢等奏藏番异常梗命，边务实难措置，请另简员接办一折。据称英员领兵越界，委员何光燮前往商阻，该番既不派噶布伦随同前往，并敢阻止夫马，不令委员出关等语。此次英员争界，自应设法商阻，该大臣身任藏务，责无旁贷，何得以藏番梗命辄行诿卸。仍著裕钢等宣布朝廷德威，传谕商上切实开导。仍派员驰赴边界，会同英员惠德妥为商办，勿误事机。将此谕令知之。"

（德宗朝卷五〇五·页一五上～下）

○光绪二十八年（壬寅）十一月丙寅（1902.12.9）

驻藏办事大臣裕钢等奏："藏番噶布伦等不遵开导，界商诸务拟请展

年缓办。"

得旨:"著仍遵前旨切实开导,妥为商办。"

（德宗朝卷五〇七·页一三下～一四上）

○光绪二十九年（癸卯）正月乙丑（1903.2.6）

驻藏办事大臣裕钢奏遵旨派员赴边与英员磋商界务、商务,并陈开导藏番情形。下部知之。

（德宗朝卷五一一·页七上）

○光绪二十九年（癸卯）四月戊申（1903.5.20）

驻藏办事大臣裕钢奏委员何光燮到边,函约英员惠德晤商,迟不照复。现闻哲境用兵情形。得旨:"外务部迅速办理。"

（德宗朝卷五一四·页一八上）

○光绪二十九年（癸卯）六月辛巳（1903.8.21）

驻藏办事大臣裕钢奏:"英人照会约期干坝会议,已饬汉番委员前往。"下外务部知之。

（德宗朝卷五一八·页二四下～二五上）

○光绪二十九年（癸卯）八月戊午（1903.9.27）

又谕（军机大臣等）:"电寄裕钢,奏悉。仍著开导藏番,晓以利害,不准开衅。该大臣总以调停善办,毋生枝节为要。"

（德宗朝卷五二〇·页七下）

○光绪二十九年（癸卯）八月庚申（1903.9.29）

谕军机大臣等:"电寄有泰,电悉。藏事关系紧要,该大臣责无旁贷,著即提前迅速驰往,纵难兼程,切毋迟缓。"

（德宗朝卷五二〇·页八下）

○光绪二十九年（癸卯）八月戊寅（1903.10.17）

谕军机大臣等:"电寄锡良。藏事紧要,有泰现在行抵何处,著锡良催令迅速驰往，毋稍延缓。"

（德宗朝卷五二〇·页三〇下）

○光绪二十九年（癸卯）九月戊子（1903.10.27）

驻藏办事大臣有泰奏："筹商藏务首在练兵，次则分设重镇，非旦夕所能就绪。谨拟由川启程，沿途察看情形，再行通盘筹画。"

得旨："著即赶紧到任，开导藏番，妥为筹办。其应行整顿各事宜，著随时与锡良、桂霖咨商办理。"

（德宗朝卷五二一·页六下～七上）

○光绪二十九年（癸卯）九月庚子（1903.11.8）

谕军机大臣等："桂霖奏条陈藏事三端一折。据称：藏部颛愚，达赖喇嘛近尤骄悍，非徒手所能就范。藏兵数仅千余，分布单薄。拟就边地选募土勇三千人，分起扼要，输流换防等语。所陈办法不为无见。其应如何筹拨饷需暨大臣分驻要地各节，著锡良、有泰、桂霖迅即详细会商妥筹，奏明办理。原折著抄给阅看。将此谕令知之。"

（德宗朝卷五二一·页二〇下～二一上）

○光绪二十九年（癸卯）十月己巳（1903.12.7）

又谕（军机大臣等）："电寄裕钢，据奏藏番执拗情形折已悉。藏事紧要，有泰未能克期到任，仍著裕钢遵照外务部电传迅即亲赴边界，先与英员妥为商议，并切实开导藏番，毋得执迷不悟，致启衅端。该大臣驻藏已久，务当力为其难。如事机妥顺，惟尔之功，否则不能辞此重咎也。懔之，勉之！"

（德宗朝卷五二二·页二〇下～二一上）

○光绪二十九年（癸卯）十一月庚子（1904.1.7）

驻藏帮办大臣桂霖奏："遵旨募勇，拟仿湘军营制饷章，俟统率入藏，再行加给盐折银两。"下部知之。

（德宗朝卷五二三·页二五下）

○光绪二十九年（癸卯）十一月甲辰（1904.1.11）

以熟悉边务，予四川打箭炉同知刘廷恕军机处存记。

（德宗朝卷五二三·页二八下）

○光绪二十九年（癸卯）十一月戊申（1904.1.15）

驻藏办事大臣裕钢奏："一时未能出藏，拟派委员赴边催办开议。"得旨："著遵前次电旨迅赴边界，妥筹办理。"

又奏："英兵势欲前进，请饬商阻。"下部知之。

（德宗朝卷五二三·页三五上）

○光绪二十九年（癸卯）十二月戊辰（1904.2.4）

谕军机大臣等："电寄裕钢等。藏事紧要，迭经降旨饬令裕钢亲赴边界，妥速商议。乃该大臣延宕支吾，迄未启程。兹复以俟有泰到任等情借词推诿，实属有意规避。裕钢著交部议处。有泰计将抵藏，著接任后迅即开导藏番，毋开边衅。无论如何拦阻，赶紧设法前往，亲与英员妥商办理。想有泰受恩深重，必能不负委任也。"

（德宗朝卷五二五·页四上～下）

○光绪三十年（甲辰）正月乙未（1904.3.2）

谕军机大臣等："电寄桂霖，电悉。所请著毋庸议。藏事紧要，该帮办大臣惟当迅速启程，会商有泰妥为筹办，毋得借词迁延。"

（德宗朝卷五二六·页一六上～下）

○光绪三十年（甲辰）二月庚申（1904.3.27）

谕军机大臣等："电寄锡良等。据会奏妥筹藏务，请将帮办大臣移驻察木多，居中策应等语。业经降旨允准。桂霖久住成都，殊属延缓，著即克期启程前往，随时会商有泰，妥筹办理。"

驻藏办事大臣有泰奏川藏交界情形及藏印近事。得旨："著即妥为筹办，以副委任。已电饬桂霖迅速启程矣。"

（德宗朝卷五二七·页五下～六上）

○光绪三十年（甲辰）八月庚午（1904.10.3）

谕军机大臣等："西藏为我朝二百余年藩属，该处地大物博，久为外人垂涎。近日英兵入藏，迫胁番众立约，情形叵测。亟应思患预防，补救筹维，端在开垦实边，练兵讲武，期挽利权而资抵御，方足以自固藩篱。前有旨令凤全移驻察木多，西宁办事大臣昨已简放延祉。所有西藏各边，东南至四川、云南界一带著凤全认真经理，北至青海界一带著延祉认真经理。各将所属蒙、番设法安抚，并将有利可兴之地切实查勘，举办屯垦畜牧，寓兵于农，勤加训练，酌量招工开矿，以裕饷源。目前所需经费，著会商崧蕃、锡良妥筹具奏。该大臣等均经朝廷特简，才足有为，务即尽心筹画，不避艰难，竭力经营，慎重边圉，用裨大局，庶副委任。功多厚赏，其共勉之。"

（德宗朝卷五三四·页一六下～一七上）

○光绪三十年（甲辰）九月丁丑（1904.10.10）

（驻藏办事大臣有泰）又奏："英藏阻兵，开导藏番，接洽英员，现与英员开议办法。"均下外务部知之。

（德宗朝卷五三五·页三上）

○光绪三十一年（乙巳）八月戊午（1905.9.16）

又谕（军机大臣等）："电寄唐绍仪等。唐绍仪现在患病，著即赏假回国。藏约一事著派张荫棠接议。"

（德宗朝卷五四八·页二一上）

○光绪三十一年（乙巳）十月丙辰（1905.11.13）

又谕（军机大臣等）："电寄有泰。前因英兵入藏，议由藏赔款，分三年交付。现在藏中番情困苦，财力维艰，朝廷实深轸念，所有此次赔款共计银一百二十余万两，著即由国家代付，以示体恤。著有泰即行宣布知之。"

（德宗朝卷五五〇·页二〇下）

○光绪三十二年（丙午）四月戊戌（1906.4.24）

外务部奏："缮呈中英两国议订藏约条款并附入约内之光绪三十年英藏条约，及印督更订批准之款，又声明照会各一件，请简全权大臣画押。"

得旨："著派唐绍仪为全权大臣，即行画押。"

寻奏："遵于四月初四日在外务部会同画押。"报闻。

（德宗朝卷五五八·页一下～二上）

○光绪三十二年（丙午）十二月丁亥（1907.2.7）

以随使印藏议约出力，予翰林院编修梁士诒以五品京堂候补，直隶候补知府冯元鼎等十一员升叙加衔有差。出洋感疾身故之试用府经历屠邵昭因公殒命例优恤。"

（德宗朝卷五六八·页二七下～二八上）

○光绪三十三年（丁未）七月甲辰（1907.8.23）

又谕（军机大臣等）："电寄张荫棠。张荫棠已抵森辣，著派为全权大臣，以便开议。"

（德宗朝卷五七六·页二一下）

○宣统元年（己酉）二月乙丑（1909.3.6）

驻藏大臣联豫等奏："印藏商约既定，亚东、江孜、噶大克等处均宜开埠设关，以固主权。查三处情形不同，以地方形势论，江孜实扼前后两藏出入之冲途，以边界论，亚东、噶大克实处西南之极边，均与英印连界，故开埠设关皆不容缓。然该三埠商务出入货物一时难期兴旺，且印度茶叶现以无人稽查，多由噶大克灌入藏境，所关尤大。臣等公同商酌，拟请以亚东关为税务司，其江孜、噶大克暂作为分卡。而噶大克距藏较远，计程三月有余，该处土民极为强悍，必须有兵驻摄。新拨藏款尚不敷用，非别筹的款断难持久。"下部议。

寻奏："请饬下税务处，以亚东关为税务司。其江孜、噶大克两处暂作为分卡。"从之。

（宣统朝卷八·页一九下～二〇下）

○宣统元年（己酉）三月辛未（1909.5.11）

外务部等奏："会议驻藏办事大臣联豫等奏印藏商约既定，亚东、江孜、噶大克三处开埠设关分别拟办情形。查藏印通商订定约章，以五年为限，免纳进出口税现在早已限满。惟百货一经征税，照约即应准印茶入藏，于川茶入藏之贸易殊有妨碍。此时应由驻藏大臣等先将开埠事宜妥为布置。噶大克一埠，既据称印茶多由该处灌入藏境，亦应续筹设关派员，以资稽查。其各埠所设监督有管理商务之责任，应先行遴派妥员，俾资治理。该大臣等所拟派员兼充监督委员，暨江孜、噶大克两处监督委员作为兼差之处，应如所请，先行试办。至江孜、噶大克两处拟设分卡查验委员，归亚东关管辖一节，查噶大克在后藏迤西，南通印度新辣等处，地方尚为冲要，该处设关，拟作为亚东之分关，派副税司一员，归亚东税务司管辖。其江孜一处与印度往来贸易，必经过亚东，本毋庸另设关卡，惟该处商务较盛，拟由亚东税务司派一查验委员，在该处设立分卡，料理稽征事宜。至该大臣等奏请酌拨江孜、噶大克两处商埠经费每年每处银三万两，按照单开各款，尚无浮冒，自应准予筹拨。又，建造公署、购办器具，每处三千两为数无多，自应一律筹拨。其噶大克须设塘站驻兵，裁判暂归商务委员兼办及筹议巡警工程各节，应俟办理就绪，妥定章程，再行核议。"如所请行。

（宣统朝卷一一·页三五上～三六下）

十三世达赖出走库伦、后赴西宁及进京陛见、受封

○光绪三十年（甲辰）七月壬辰（1904.8.26）

又谕（军机大臣等）："电寄有泰，电奏悉。著即将达赖喇嘛名号暂行革去，并著班禅额尔德尼暂摄。"

（德宗朝卷五三三·页一九下）

○光绪三十年（甲辰）九月丁丑（1904.10.10）

驻藏办事大臣有泰奏："藏番与英兵开衅，达赖喇嘛平日跋扈妄为，临事潜逃无踪，请褫革达赖喇嘛名号。"……均下外务部知之。

（德宗朝卷五三五·页二下～三上）

○光绪三十年（甲辰）九月己亥（1904.11.1）

又谕（军机大臣等）："电寄德麟，电悉。达赖喇嘛被难逃出求救，请为代奏等语。著德麟迅即派员迎护到库，优加安抚，以示朝廷德意。"

（德宗朝卷五三五·页一二上～下）

○光绪三十年（甲辰）九月辛丑（1904.11.3）

谕军机大臣等："电寄德麟。昨据电奏达赖喇嘛求救，已有旨谕令优加安抚，现派延祉前往库伦迎护，延祉未到任以前，仍著德麟妥为照料。"

（德宗朝卷五三五·页一三上）

○光绪三十年（甲辰）十一月甲申（1904.12.16）

又谕（军机大臣等）："电寄延祉，电悉。据称天气太寒，行路不便，著准该喇嘛在库伦过冬，以示体恤。一俟春融，仍著延祉偕同前往西宁，

毋稍迟缓。"

（德宗朝卷五三七・页一四下～一五上）

○光绪三十一年（乙巳）正月乙酉（1905.2.15）

谕军机大臣等："昨据延祉等代奏达赖喇嘛呈称因英人径行入藏，恐有滋扰，故携印出走。现在惟期藏地早复，以卫众生等语。英人带兵入藏，并未侵占地方，该达赖喇嘛本不应携印潜逃，自离职守。朝廷保安黄教，仍予加恩曲全，现在西藏业已平靖，一切照常，该达赖喇嘛即可早日回藏，仍承恩眷。切勿游移不定，自外生成。至库伦系哲布尊丹巴呼图（克图）掌教之地，原与西藏各有专归，该达赖喇嘛所请在该处建庙念经应不准行。仍著延祉懔遵前旨，偕同该达赖喇嘛前赴西宁，再令启程自行回藏，善抚众生。毋负德意，致贻后悔。"

（德宗朝卷五四一・页七上～下）

○光绪三十一年（乙巳）二月癸丑（1905.3.15）

谕军机大臣等："电寄延祉等，电悉。达赖回藏，准其由张家口、大同内地行走。著理藩院知照各将军、都统、督、抚并各盟、旗一体遵办。"

（德宗朝卷五四二・页七下）

○光绪三十一年（乙巳）三月辛巳（1905.4.12）

谕军机大臣等："吕海寰奏藏事关系全局，密陈管见一折。著锡良悉心筹议，会商绰哈布、有泰、凤全妥为办理。原折著抄给阅看。"

（德宗朝卷五四三・页一〇上）

○光绪三十一年（乙巳）三月壬午（1905.4.13）

谕军机大臣等："电寄朴寿等，电悉。该达赖喇嘛已报四月十四日启程回藏，即著延祉偕行，先至西宁。应否由内地行走，究以何路为便，著朴寿、延祉会商妥定，奏明办理。"

（德宗朝卷五四三・页一〇下）

○光绪三十一年（乙巳）三月丙戌（1905.4.17）

驻藏办事大臣有泰奏："后藏地方紧要，恳准将班禅额尔德尼留于后藏，以资镇慑。"报闻。

（德宗朝卷五四三·页一三下）

○光绪三十一年（乙巳）四月辛酉（1905.5.22）

谕军机大臣等："电寄朴寿等，电悉。该达赖喇嘛著准其于本月二十四日启行。现在藏中无事，切勿轻听浮言，观望不前。"

（德宗朝卷五四四·页一七下）

○光绪三十一年（乙巳）四月丁卯（1905.5.28）

谕军机大臣等："电寄延祉等，电悉。该达赖喇嘛现在患病，著即传知安心调理。一俟就痊，即行启程。"

（德宗朝卷五四四·页二一上）

○光绪三十一年（乙巳）七月壬申（1905.8.1）

谕军机大臣等："电寄延祉。延祉现已补授库伦办事大臣。所有达赖喇嘛回藏即著该大臣遴派廉干妥员沿途护送，仍著切催该达赖喇嘛一俟病痊及早启程，毋再延缓。"

（德宗朝卷五四七·页一上～下）

○光绪三十一年（乙巳）七月己丑（1905.8.18）

驻藏办事大臣有泰奏请开复达赖名号，以顺番情。得旨："著俟达赖喇嘛由库伦启程后再降谕旨。"

（德宗朝卷五四七·页一四上）

○光绪三十一年（乙巳）八月甲子（1905.9.22）

谕军机大臣等："电寄延祉，电悉。据称达赖喇嘛欲在代臣王旗小住等语。该王旗部落甚小，达赖喇嘛随带人众，恐难供亿。如果由该旗行走，著延祉、奎焕各派干员驰往妥为照料。仍劝令赶紧前进，毋任逗留。该大臣等务当不分畛域，妥速筹办。"

（德宗朝卷五四八·页二四下～二五上）

○光绪三十一年（乙巳）十月丁巳（1905.11.14）

又谕（军机大臣等）："电寄延祉，电悉。现在天气已寒，达赖喇嘛著准其在喀尔喀暂住过冬，一俟春融仍著前往西宁。并著该将军大臣等妥为羁縻，毋令他往。"

（德宗朝卷五五〇·页二一上）

○光绪三十二年（丙午）十二月壬辰（1907.2.12）

又谕（军机大臣等）："电寄张荫棠，电悉。据代奏班禅额尔德尼吁请陛见等语，具见悃忱。著俟藏务大定后听候谕旨，再行来京陛见。达赖喇嘛现在留住西宁，并著暂缓来京。究竟达赖、班禅等来京是否相宜，著张荫棠体察情形，再行详晰电奏。"

（德宗朝卷五六八·页三四下）

○光绪三十三年（丁未）二月癸亥（1907.3.15）

谕军机大臣等："电寄张荫棠，电奏悉。达赖喇嘛、班禅额尔德尼著仍遵前旨暂缓来京陛见。"

（德宗朝卷五七〇·页一下）

○光绪三十三年（丁未）四月庚辰（1907.5.31）

陕甘总督升允奏："达赖喇嘛久驻思归，惟性情贪嚚，难资镇慑，应否准令回藏，请旨遵行。"

得旨："达赖喇嘛著暂缓回藏，俟藏务大定，再候谕旨。"

（德宗朝卷五七二·页二五下）

○光绪三十三年（丁未）七月甲寅（1907.9.2）

陕甘总督升允奏："塔尔寺主僧阿嘉呼图克图与达赖喇嘛同居一处，积不相能，请调令来京当差，以冀消患无形。"

得旨："著理藩部调令阿嘉呼图克图来京当差。"

（德宗朝卷五七六·页三二上）

○光绪三十三年（丁未）十月壬午（1907.11.29）

谕军机大臣等："电寄升允，电悉。著即转饬分起妥速预备驼马，俾达赖早日启程，以示体恤。"

（德宗朝卷五八一·页二三下）

○光绪三十三年（丁未）十二月庚辰（1908.1.26）

西宁办事大臣庆恕奏达赖喇嘛前往五台山由西宁启程日期。报闻。

（德宗朝卷五八五·页八上）

○光绪三十四年（戊申）六月乙亥（1908.7.19）

谕内阁："前据张荫棠电奏达赖喇嘛吁请陛见，恭请圣训。当经降旨，著暂缓来见。现在藏务大定，达赖喇嘛已抵五台山，著山西巡抚传谕该达赖喇嘛来京陛见。由该巡抚遴派文武大员沿途护送，妥为照料。"

（德宗朝卷五九三·页一六下～一七上）

○光绪三十四年（戊申）七月丁未（1908.8.20）

谕军机大臣等："电寄宝棻，电悉。达赖来京，准其由龙泉关抵定州，改乘火车北上。著该抚会商直隶总督妥为照料。"

（德宗朝卷五九四·页二七上）

○光绪三十四年（戊申）八月壬午（1908.9.24）

谕军机大臣等："达赖喇嘛来京有期，著派御前大臣博迪苏前往保定劳问。"

（德宗朝卷五九五·页二二上～下）

○光绪三十四年（戊申）九月庚寅（1908.10.2）

谕军机大臣等："达赖喇嘛现在到京，著派达寿、张荫棠随时照料。"

（德宗朝卷五九六·页六下）

○光绪三十四年（戊申）九月壬寅（1908.10.14）

上奉慈禧端佑康颐昭豫庄诚寿恭钦献崇熙皇太后御仁寿殿，达赖喇嘛觐见。

（德宗朝卷五九六·页一五下～一六上）

○光绪三十四年（戊申）九月丁未（1908.10.19）

谕军机大臣等："达赖喇嘛祝嘏，著于王大臣行礼后，在景福门外另班行礼。"

理藩院奏："达赖喇嘛应否于入宴坐次跪迎跪送。"

得旨："著于入宴坐次跪迎跪送。"

（德宗朝卷五九六·页一九上）

○光绪三十四年（戊申）九月壬子（1908.10.24）

又谕（军机大臣等）："达赖喇嘛著准其于十月初九日在勤政殿呈进贡物。"

（德宗朝卷五九六·页二三下）

○光绪三十四年（戊申）十月癸丑（1908.10.25）

谕军机大臣等："电寄赵尔巽等，电悉。现值时势多艰，饷项支绌，边疆有事不得不格外审慎。倘不谋定后动，轻开兵端，万一兵连祸结，恐将牵动全局。惟三崖、德格两处地属川境，而察台瞻对番官竟敢纠众侵逼，实属目无法纪。若再事优容，恐番焰日张，土司解体，边陲之患伊于胡底。至该处距京甚远，详细实情朝廷未能洞悉，自未便悬揣遥制。著该督等会同赵尔丰详审筹度，慎始图终。究竟番众之煽乱能否足为大患，川省之兵力是否足以戡定，严密整备，厚集接应。一面仍遣员传檄，剀切开导，勒限责令解退。倘执迷不悟，意存抗拒，惟有严定赏罚，激励将士，奋力驱剿。但须严禁骚扰，勿多株连。而进兵之际又须多布侦探，慎防抄伏，以期师出万全。且国家保护黄教原为羁縻番众，所有庙宇、佛像若非攻战所必经，断不可任意焚毁，贻番口实，资以煽惑。除饬达寿、张荫棠责问达赖喇嘛外，著该督等相机筹办，以固封守。"

（德宗朝卷五九七·页二下～三下）

○光绪三十四年（戊申）十月戊午（1908.10.30）

上御紫光阁，赐达赖喇嘛宴。

谕军机大臣等："电寄赵尔丰等，会电奏悉。昨饬达寿、张荫棠诘问达赖喇嘛，答词闪烁，意涉支吾。纵肯戒饬番众，而万里遗书需时甚久，三崖等处被攻正急，何能久待？著该大臣等即将三崖等案设法办结，然后再相机规画瞻对，随时请旨遵办，以期步步稳进，勿误事机。"

（德宗朝卷五九七·页八上～九下）

○光绪三十四年（戊申）十月壬戌（1908.11.3）

谕内阁："朕钦奉慈禧端佑康颐昭豫庄诚寿恭钦献崇熙皇太后懿旨，达赖喇嘛上月来京陛见，本日率徒祝嘏，备抒悃忱，殊堪嘉尚，允宜特加封号，以昭优异。达赖喇嘛业经循照从前旧制封为'西天大善自在佛'，兹特加封为'诚顺赞化西天大善自在佛'。其敕封仪节著礼部、理藩部会同速议具奏。并按年赏给廪饩银一万两，由四川藩库分季支发。达赖喇嘛受封后，即著仍回西藏。经过地方该管官派员挨站护送，妥为照料。到藏以后，务当确遵主国之典章，奉扬中朝之信义，并化导番众谨守法度，习为善良。所有事务依例报明驻藏大臣随时转奏，恭候定夺，期使疆宇永保治安，僧俗悉除畛域，以无负朝廷护持黄教、绥靖边陲之至意，并著理藩部转知达赖喇嘛祗领钦遵。"

（德宗朝卷五九七·页一一上～下）

○光绪三十四年（戊申）十月己卯（1908.11.20）

达赖喇嘛率徒叩谒大行太皇太后、大行皇帝梓宫，唪经。

（宣统朝卷一·页三四上～下）

○光绪三十四年（戊申）十一月壬辰（1908.12.3）

理藩部奏："达赖喇嘛受封，现值大行太皇太后、大行皇帝大事未便举行，而达赖喇嘛在京不服水土，若令久候，不足以示体恤。拟变通办理，令其先行起程，至西宁塔尔寺候封。俟受封后，即遵旨回藏。"依议行。

又代奏达赖喇嘛恳请予以奏事权限。得旨:"著理藩部查明该达赖喇嘛所称依照陈例,事在何年,有无案据,详细具奏,候旨复奏。"

（宣统朝卷二·页二〇下～二一下）

○宣统元年（己酉）闰二月甲午（1909.4.4）

又谕（军机大臣等）:"电寄升允,电奏达赖喇嘛受封礼成,回藏行期未定,请饬迅即起程等语。著理藩部电知庆恕,传谕达赖迅速起程,毋许借词迁延,任意逗留。"

（宣统朝卷九·页三八上）

九世班禅被迫赴印及返藏

○光绪三十一年（乙巳）十二月乙巳（1906.1.1）

驻藏办事大臣有泰奏："英员强迫班禅额尔德尼赴印，阻止不从，请饬部及议约大臣设法办理。"

得旨："著外务部迅速查核办理。"

（德宗朝卷五五二·页五上～下）

○光绪三十一年（乙巳）十二月丙辰（1906.1.12）

谕军机大臣等："电寄张荫棠。据电奏班禅喇嘛遣札萨克面递番呈译开，据称班禅额尔德尼前将英员威逼赴印情形请由驻藏大臣转奏在案，现已会晤事毕，准于十二月十七日由印启程回藏。仍前虔诵经典，以期仰答圣恩，请代奏等语。该喇嘛班禅额尔德尼此次前赴印度并未奏准，擅行出境实有不合。现已启程回藏，念其情词恭顺，尚属出于至诚，著即准其回藏，照旧恪供职守。"

（德宗朝卷五五三·页四上～下）

凤全事件，马维骐、赵尔丰奉派剿办，边乱底定

○光绪二十九年（癸卯）七月丁酉（1903.9.6）

谕军机大臣等："有人奏川藏危急，请简员督办川边，因垦为屯，因商开矿等语。著锡良查看情形，妥筹具奏。原折片著抄给阅看。将此谕令知之。"

寻奏："川藏急务非屯垦商矿所能解其危迫。但就屯垦商矿而论，惟巴塘土性沃衍，宜于种植，拟在该处先兴矿务，需以岁月，或期底绩。至因垦为屯之议，未敢先事铺张。商矿两端，目下更难大举。原奏请派左都御史清锐督办川边农商矿等事，并将四川商务归并一局，应请毋庸置议。"下部知之。

（德宗朝卷五一九·页一二下～一三上）

○光绪三十年（甲辰）四月乙卯（1904.5.21）

驻藏帮办大臣桂霖以目疾解职。赏四川候补道凤全副都统衔，为驻藏帮办大臣。

（德宗朝卷五二九·页七下）

○光绪三十年（甲辰）八月庚午（1904.10.3）

谕军机大臣等："西藏为我朝二百余年藩属，该处地大物博，久为外人垂涎。近日英兵入藏，迫胁番众立约，情形叵测。亟应思患预防，补救筹维，端在开垦实边，练兵讲武，期挽利权而资抵御，方足自固藩篱。前有旨令凤全移驻察木多，西宁办事大臣昨已简放延祉。所有西藏各边，东南至四川、云南界一带著凤全认真经理，北至青海界一带著延祉认真经理。各将所属蒙、番设法安抚，并将有利可兴之地切实查勘，举办屯垦畜牧，寓兵于农，勤加训练，酌量招工开矿，以裕饷源。目前所需经费，著会商崧蕃、锡良妥筹具奏。该大臣等均经朝廷特简，才足有为，务即尽心筹画，不避艰难，竭力经营，慎重边圉，用裨大局，庶副委任。功多厚赏，其共勉之。"

（德宗朝卷五三四·页一六下～一七上）

○光绪三十年（甲辰）九月戊戌（1904.10.31）

又谕（军机大臣等）："有人奏西藏情形危急，请经营四川各土司，并及时将三瞻收回内属等语。著锡良、有泰、凤全体察情形，妥议具奏。原折著抄给阅看。将此各谕令知之。"

（德宗朝卷五三五·页一一上）

○光绪三十年（甲辰）十一月丁亥（1904.12.19）

驻藏帮办大臣凤全奏："行抵炉厅，酌量召募土勇，克期出关。"

得旨："著即认真训练，务期得力。"

又奏："遵旨筹办川藏事宜，屯练实为急务。而炉霍适当川藏之冲，欲保前藏来路，当自经营达木三十九族始，欲保川疆后路，当自经营新设炉霍屯始。拟待来春回炉合操，即往该屯切实查勘，分地举办。"

得旨："仍著会商有泰，认真筹办。"

（德宗朝卷五三七·页二〇上～下）

○光绪三十年（甲辰）十二月乙巳（1905.1.6）

礼部奏："添铸四川炉霍屯务关防……。"报闻。

（德宗朝卷五三九·页一上～下）

○光绪三十一年（乙巳）正月壬寅（1905.3.4）

驻藏帮办大臣凤全奏筹办饬收三瞻内属情形。

得旨："著即会商锡良、有泰妥速办理。"

又奏："勘办巴塘屯垦，远驻察台，恐难兼顾，变通留驻巴塘半年、炉厅半年，以期办事应手。"

得旨："著仍驻察木多妥筹办理。"

（德宗朝卷五四一·页一八上～下）

○光绪三十一年（乙巳）三月辛卯（1905.4.22）

谕军机大臣等："电寄锡良等。据电奏：巴塘番匪作乱，焚毁教堂，法教士三人被困。凤全督兵堵御，遇伏捐躯，随员人等同殉等语。此次番匪作乱因何起衅？现在势已猖獗，著该将军等迅即遴委明干晓事大员，添派得力营伍，飞驰前进，查察情形，会同马维骐分别剿办。所有被困之法教士等，务即严饬各员赶紧设法出险，认真保护，是为至要。凤全死事惨烈，并同殉各员著一并查明具奏候旨。"

（德宗朝卷五四三·页一七下～一八上）

○光绪三十一年（乙巳）四月丙午（1905.5.7）

谕军机大臣等："有人奏土司叛变，大局攸关，亟宜审察实情，以固边防而消外患一折。著锡良、有泰妥筹办理。原折均著抄给阅看。"

（德宗朝卷五四四·页五下～六上）

○光绪三十一年（乙巳）四月癸亥（1905.5.24）

成都将军绰哈布等奏："巴塘番匪滋事，戕害驻藏帮办大臣凤全，查明死事情形最为惨烈。并请将随同殉难贵州巡检陈式钰等优恤。现派道员赵尔丰会同提督马维骐相机剿办，妥筹布置。"

得旨："凤全死事惨烈，深堪悯惜！著照副都统阵亡例从优议恤。陈式钰等均著从优议恤。"

（德宗朝卷五四四·页一九上～下）

○光绪三十一年（乙巳）六月癸卯（1905.7.3）

以攻克泰凝寺喇嘛效忠用命，赏四川明正宣慰土司甲木参琼珀总兵衔。其纵兵抢掠之靖边营管带已革知县穆秉文发新疆充当苦差。

（德宗朝卷五四六·页二上～下）

○光绪三十一年（乙巳）六月壬子（1905.7.12）

驻藏办事大臣有泰奏："巴塘番匪滋事戕官，已饬严加防范，藏境一律安谧。"

得旨："著锡良妥筹办理。"

（德宗朝卷五四六·页九下）

○光绪三十一年（乙巳）七月壬申（1905.8.1）

四川总督锡良奏："此次剿办巴塘土匪，请援案召募土勇作为向导。每营仍以一百五十名为额，口粮照川勇章程支给。"下部知之。

（德宗朝卷五四七·页一下）

○光绪三十一年（乙巳）七月甲戌（1905.8.3）

谕军机大臣等："电寄绰哈布等。据电奏马维骐等军先后驰赴里塘进剿等语。著即严饬各军妥筹剿办，务歼渠魁而散胁从。闻滇边亦有煽动，并著丁振铎迅饬兵团扼要严防，合力援剿，毋任蔓延，各将教堂、教士切实保护为要。"

（德宗朝卷五四七·页二下～三上）

○光绪三十一年（乙巳）八月庚戌（1905.9.8）

谕军机大臣等："有人剿办番匪请饬严禁滋扰等语。著锡良严饬各军将弁申明纪律，禁止骚扰，以安番众。原片著抄给阅看。将此谕令知之。"

（德宗朝卷五四八·页一三上～下）

○光绪三十一年（乙巳）八月己巳（1905.9.27）

谕内阁："绰哈布、锡良等奏诸军进克巴塘戡平边乱一折。本年春间巴塘番匪煽乱，戕害驻藏大臣凤全等，迭经电谕该将军、总督赶紧派兵剿办。兹据奏称，马维骐等亲率各营直捣巢穴，将戕害凤全之正犯喇嘛阿泽隆本朗吉等及其余各犯悉正典刑。巨憝剪除，全台底定，办理尚为迅速，自应量加甄叙。四川提督马维骐著赏给头品顶带，并著赏穿黄马褂；四川建昌道赵尔丰著交部从优议叙；出力各员除钱锡宝甫经准销永不叙用毋庸加恩外，馀均著照所请，以示奖励。"

（德宗朝卷五四八·页二八上～下）

○光绪三十一年（乙巳）九月辛未（1905.9.29）

谕军机大臣等："昨据绰哈布、锡良奏报巴塘匪乱已除，全台底定。所有善后事宜应即妥为筹办，毋稍松懈。巴、里两塘距省过于辽远，究属鞭长莫及，宜有文武大员常川坐镇，方足以资控制而固藩篱。若于该处一带添设镇、道各一员，并将四川提督移驻川西，庶几消息灵通，声威自壮，地方屯垦、工艺诸事亦可次第振兴。寓兵于农，整军经武，以期一劳永逸，边圉乂安，实为未雨绸缪之要计。著锡良统筹全局，悉心详核。提镇、道员应分驻何处及应如何拨给经费之处，著一并速行妥议复奏。将此谕令知之。"

（德宗朝卷五四九·页一上～二上）

○光绪三十一年（乙巳）十一月丙戌（1905.12.13）

谕内阁："丁振铎奏特参办事荒谬、贻误地方之通判一折。据称：本年三月间川境巴匪倡乱，扰及维西厅之阿墩地方，业经击退。讵通判李祖祐带团前往该处，率将土千总禾文耀正法，并有勒索供应情事，以致众情激怒，酿成重案。复委咨幕友汪如海、通事赵天锡，竟将两人处斩。请将该员革职，发往军台充当苦差等语。昨已有旨将李祖祐先行革职监禁，似此滥杀无辜，糜烂地方，实属荒谬已极，罪不容诛。仅如该督所请不足蔽辜，李祖祐著即行正法，以昭炯戒。"

（德宗朝卷五五一·页九下～一〇下）

○光绪三十一年（乙巳）十二月己亥（1905.12.26）

以死事惨烈，遗爱在民，予故驻藏帮办大臣凤全事迹宣付国史馆立传，并于四川省城建立专祠。从成都将军绰哈布请也。寻谥曰："威悯。"

（德宗朝卷五五二·页一下～二上）

○光绪三十二年（丙午）正月癸未（1906.2.8）

驻藏办事大臣有泰奏："巴塘番匪聚众滋事，戕官作乱，经提臣马维骐等统兵进剿，歼除凶恶，克复全境，及时撤防。请将防堵出力员弁骁骑校江潮等量予奖叙。"下所司议。

（德宗朝卷五五四·页一〇下）

○光绪三十二年（丙午）二月庚子（1906.2.25）

　　四川总督锡良奏："剿办里塘属乡城地方桑披岭寺逆夷，悍党坚巢猝未易拔。现已夺占要隘，拟渐次合围逼攻。"

　　得旨："著督饬赵尔丰认真妥办。"

　　续予巴塘殉难笔帖式维垄等十四员优恤。

（德宗朝卷五五五·页六下～七上）

○光绪三十二年（丙午）六月辛巳（1906.8.5）

　　以攻克四川里塘桑披逆番，首匪普中乍娃等咸就歼灭，赏督兵建昌道赵尔丰武勇巴图鲁名号，予文职县丞吴俣等五员、武职千总许志霖等九员奖叙，复已革广西道员钱锡宝、州知县王会同原官。

（德宗朝卷五六一·页一一上）

○光绪三十二年（丙午）六月甲午（1906.8.18）

　　以攻克巴塘逋匪并平定泰凝寺喇嘛筹饷有功，予四川布政使许涵度优叙。

（德宗朝卷五六一·页一七下）

○光绪三十三年（丁未）五月癸巳（1907.6.13）

　　（护理四川总督赵尔丰）又奏："巴塘、盐井之河西腊翁寺喇嘛杀戕守卡兵勇，出巢犯我后营，并诱胁河西蛮民助攻。官军奋力追击获胜，河西底定。恳请择尤保奖，以示鼓励。"

　　得旨："准其酌保数员，毋许冒滥。"

　　以剿办桑披逆寺惨遭剥皮支解，予四川补用游击施文明、里塘守备李朝富于死事地方建立专祠。从护理四川总督赵尔丰请也。

（德宗朝卷五七三·页六下～七上）

○光绪三十三年（丁未）六月辛酉（1907.7.11）

　　谕军机大臣等："电寄赵尔丰，电悉。此案并不查明是匪是民，辄行开炮击毙多人，实属荒谬。唐吉森、朱连魁著即革职，归案严行讯办。伤毙无辜百姓妥为抚恤，并确查真情据实具奏，毋稍回护。"

（德宗朝卷五七五·页四上～下）

○光绪三十三年（丁未）八月丁卯（1907.9.15）

以剿办巴塘、盐井河西腊翁寺匪出力，予四川候补道赵渊等六员奖叙。

予四川省城新建故驻藏帮办大臣凤全祠墓列入祀典，并准殉难员弁、勇丁、仆从、都司吴以忠等六十四人附祀。

（德宗朝卷五七七·页一三下～一四上）

三岩杀毙洋教士；维西焚毁教堂

○光绪七年（辛巳）九月乙未（1881.10.28）

　　谕军机大臣等："丁宝桢奏野番劫杀洋人，现饬拿办等语。据称巴塘教堂司铎梅玉林前往盐井，并未知会地方官照料，行抵核桃园被三岩野番杀毙，劫去骡马、箱只、茶包。现派官兵会同粮员、土司等赶紧缉捕等情。野番肆行劫杀，实属凶顽。著丁宝桢、托克湍督饬派出官兵，并严檄该地方官等，务将滋事首伙各凶番克日拿获，追赃给领，尽法惩办，不准稍涉迟延，致洋人有所借口，别生枝节。将此由四百里各谕令知之。"

（德宗朝卷一三六·页一一下～一二上）

○光绪三十一年（乙巳）四月辛未（1905.6.1）

　　云贵总督丁振铎奏："川匪滋事，盐井教士逃至维西厅属茨姑教堂。现饬丽江府知府李盛卿等率带营兵驰往保护。并电商四川督臣，严饬沿边文武与该员等会筹妥办，以靖边隅。"

　　得旨："仍著认真弹压抚辑，会商锡良妥筹办理。"

（德宗朝卷五四四·页二五下）

○光绪三十一年（乙巳）七月庚寅（1905.8.19）

　　谕军机大臣等："电寄丁振铎。据电称：巴匪滋事，煽动滇边，当经派营驰往堵御弹压，并饬丽江府知府李盛卿，督同维西通判李祖祐率兵进攻。昨据报官军失利，李祖祐被贼隔绝。有逃出教民投报教士余伯南被匪擒去，不知存亡，教士蒲德元、英人傅礼士均被戕害。现将护出教士彭茂德派兵送至大理。所有该处教产及维西教堂现仍竭力保护等语。著丁振铎严饬各军赶紧合力剿办，迅扫匪氛。仍将各教堂、教士人等切实保护，毋再疏虞。丽江府知府李盛卿亲督各营，疏于防护，著即行革职，留营立功,以观后效。教士蒲德元、英人傅礼士无辜被害,深堪悯恻,著该督妥为抚恤。"

(德宗朝卷五四七·页一五上～一六上)

○光绪三十一年（乙巳）九月甲申（1905.10.12）

谕军机大臣等："电寄丁振铎,电悉。著即督饬各军分别剿抚,严禁骚扰。"

(德宗朝卷五四九·页一三上)

○光绪三十一年（乙巳）九月戊子（1905.10.16）

云贵总督丁振铎奏："云南维西厅属僧蛮因巴匪勾煽聚众叛乱,焚毁教堂,戕害教士。现派署提督张松林统兵剿办。"

得旨："著仍遵电旨分别剿抚,严禁骚扰。"

(德宗朝卷五四九·页一五上～下)

○光绪三十二年（丙午）二月庚子（1906.2.25）

以议办四川巴塘教案出力,赏法国驻炉主教倪德隆三品顶戴。

(德宗朝卷五五五·页七上)

○光绪三十二年（丙午）四月甲子（1906.5.20）

云贵总督丁振铎奏："上年川境巴塘之变,滇省维西厅属僧夷亦因之蠢动。现已平靖,即将绥靖彰字营、武字营及中甸慎固左右营裁撤。……"均下部知之。

(德宗朝卷五五八·页二三下)

○光绪三十二年（丙午）闰四月壬辰（1906.6.17）

以巴塘教案议结,赏四川法领事何始康宝星。

(德宗朝卷五五九·页二三上)

筹议收回瞻对，经营边藏，设置川滇边务大臣，用兵三岩、工布、波密等地，改土归流，举办新政

○光绪三十年（甲辰）九月戊戌（1904.10.31）

又谕（军机大臣等）："有人奏西藏情形危急，请经营四川各土司，并及时将三瞻收回内属等语。著锡良、有泰、凤全体察情形，妥议具奏。原折著抄给阅看。将此各谕令知之。"

（德宗朝卷五三五·页一一上）

○光绪三十一年（乙巳）正月壬寅（1905.3.4）

驻藏帮办大臣凤全奏筹办饬收三瞻内属情形。得旨："著即会商锡良、有泰妥速办理。"

又奏："勘办巴塘屯垦，远驻察台，恐难兼顾，变通留驻巴塘半年、炉厅半年，以期办事应手。"

得旨："著仍驻察木多妥筹办理。"

（德宗朝卷五四一·页一八上～下）

○光绪三十一年（乙巳）三月壬寅（1905.5.3）

四川总督锡良奏："筹议收回三瞻，请饬驻藏大臣开导藏番，令商上人等缴回瞻地，调回瞻官。并给还兵费银二十万两，由川筹解，以杜狡谋。"

又奏："关外喇嘛等摇惑抗阻，迭起事端，现饬提督马维骐赴炉城相机进剿。并请驻藏大臣将关外兵事就近指示，以免迟误戎机。"

得旨："著即体察情形，妥筹办理。"

（德宗朝卷五四三·页二九上～下）

○光绪三十一年（乙巳）五月壬午（1905.6.12）

内阁代奏中书尹克昌条陈："请酌收川滇土司，添设建昌行省，以固西境边防。"下政务处知之。

（德宗朝卷五四五·页四下～五上）

○光绪三十一年（乙巳）九月戊寅（1905.10.6）

谕军机大臣等："电寄锡良，电悉。昨已两次廷寄，谕令将全台善后事宜妥为筹办。兹据奏宜及时收瞻等语，自应乘此机会将三瞻地方收回内辖，改设官屯，俾资控驭。著有泰、联豫即行剀切开导商上，晓以保固川边必应收还瞻对。令将所派番官撤回，毋稍疑贰。兵费仍照前筹给，以示体恤。即著锡良审度机宜，径檄番官遵照，并督饬赵尔丰通筹妥办，以遂瞻民内附之忱。至附近里塘土司应否改设，并著体察情形，相机酌办。其一切事宜应如何妥筹布置之处，仍著随时奏明办理。"

（德宗朝卷五四九·页六上～下）

○光绪三十一年（乙巳）十二月乙巳（1906.1.1）

又谕（军机大臣等）："电寄锡良。前于九月初一日发出廷寄一道，九月初八日电旨一道，谕令锡良保固川边，通筹妥办各等语。日久尚未据复奏。现在事机紧要，著该督迅速筹办，并将布置情形详晰具奏。"

（德宗朝卷五五二·页五上）

○光绪三十一年（乙巳）十二月戊申（1906.1.4）

谕军机大臣等："电寄锡良，电悉。仍著该督将川边事宜妥速筹办，毋误事机。"

（德宗朝卷五五二·页七上）

○光绪三十二年（丙午）七月丙申（1906.8.20）

四川总督锡良奏："岑春煊因办壬寅赈务，设立筹赈总局，自光绪三十一年九月十二日以后，所收赈常捐系作炉边饷需等项，赈局本非常设，应即停撤。"下部知之。

（德宗朝卷五六二·页一上～下）

○光绪三十二年（丙午）七月戊戌（1906.8.22）

谕军机大臣等："四川、云南两省毗连西藏，边务至为紧要。若于该两省边疆开办屯垦，广兴地利，选练新兵，足以固川滇之门户，即足以保西藏之藩篱，实为今日必不可缓之举。四川建昌道赵尔丰著开缺，赏给侍郎衔，派充督办川滇边务大臣，居中擘画，将一切开垦防练事宜切实筹办。该大臣应驻何处方为呼应灵通，及所有未尽事宜，并应需经费，著锡良、丁振铎会同赵尔丰通盘筹画，详晰具奏。该督等身任地方，责无旁贷。该大臣膺此重寄，尤当不负委任。务各竭诚和衷，认真经理，用副朝廷眷念边陲之至意。"

寻奏："会筹边务大概情形：一、设官；一、练兵；一、屯垦；一、通商；一、建学。先从川边入手，约计开办经费二百万两、常年经费三百万两，请饬筹拨之款，以资创办。"下部议行。

（德宗朝卷五六二·页二上～三上）

○光绪三十二年（丙午）七月己未（1906.9.12）

又谕（军机大臣等）："电寄岑春煊。云南地方紧要，该省铁路交涉尤繁，毗连西藏等处亟宜开垦防边，借以保藏。……"

（德宗朝卷五六二·页二二上～下）

○光绪三十二年（丙午）九月丙申（1906.10.19）

四川总督锡良奏："炉边需饷，请再展常赈捐二年。"下部议。

（德宗朝卷五六四·页三上）

○光绪三十三年（丁未）六月丙子（1907.7.26）

川滇边务大臣护理四川总督赵尔丰奏："部议川滇边务审慎持重，惟原奏六事缓无可缓，谨再酌拟章程，候款遵办。并请画定地界，所有地方各事及差缺更调均归边务大臣主政，以一事权。"下部议。

换铸川滇边务大臣关防，从护理四川总督赵尔丰请也。

（德宗朝卷五七五·页二三下～二四上）

○光绪三十三年（丁未）九月庚寅（1907.10.8）

护理四川总督赵尔丰奏："筹办关外巴、里二塘学务，以化夷情，于炉城设局次第规画。"下部知之。

（德宗朝卷五七九·页一下～二上）

○光绪三十四年（戊申）三月庚寅（1908.4.5）

又谕（军机大臣等）："电寄赵尔丰，电悉。所请展缓停铸铜圆各节，著度支部议奏。"

寻议驳。得旨："著仍遵前旨暂行停铸，以归画一。"

（德宗朝卷五八八·页八上）

○光绪三十四年（戊申）四月壬午（1908.5.27）

又谕（军机大臣等）："电寄赵尔丰。据电奏停铸铜圆实有碍难等情，著度支部速议具奏。"

（德宗朝卷五九〇·页一六下）

○光绪三十四年（戊申）五月丁亥（1908.6.1）

驻藏办事大臣兼川滇边务大臣护理四川总督赵尔丰奏："平定巴塘、盐井之河西腊翁寺喇嘛出力营官程凤翔等请奖。"

得旨："准其酌保数员，毋许冒滥。"

又奏："上年攻克巴塘，戡定桑披，查获土司铜印三颗。查巴里两塘土司以助逆就擒正法者二人，畏罪自尽者一人，现在两塘均拟改设流官，应将各该土司一并裁革，所获印信截角缴销。其原领号纸，均因兵燹散失无从追缴，请免置议。"下部知之。

（德宗朝卷五九一·页五下～六上）

○光绪三十四年（戊申）十月丙寅（1908.11.7）

谕军机大臣等："电寄赵尔丰等，电奏悉。番兵既经撤退，姑免深究。如三崖有降藏字据，著赵尔丰查明取销。德格土司多格生吉之弟印翁降白仁青怙恶不悛，实难姑容，并著赵尔丰遣兵驱捕，务获惩办。即派多格生吉为土司，请旨承袭，一面仍严檄瞻对番官，永不准干预各土司事务，期绝纷扰而谧边陲。"

（德宗朝卷五九七·页一一下～一二上）

○光绪三十四年（戊申）十月辛未（1908.11.12）

谕军机大臣等："电寄赵尔丰，电悉。由土既亲来投诚，不应藏调，自属尚明大义。该藏番纠众占据，逼近盐井，殊属悍悖。著该大臣严切晓谕，勒令退去，一面分饬戒备，相机防捕，勿稍疏忽。"

（德宗朝卷五九七·页一三上～下）

○光绪三十四年（戊申）十一月丁未（1908.12.18）

陆军部会奏："四川总督赵尔巽等请驻兵巴、里，抽拨川镇，饬部筹饷一节。该督等所奏自系实情。第原奏必以自筹部筹为川藏之分，窃谓未宜。川藏事同一体，历来办边藏者皆以川为根本，万无可分。拟令该省于奏定自行筹练两镇赶紧编练，即以川中可用之队匀作边藏布置之师。如遇有事兵力不敷，再行相机调拨援应，决不使该督等独任其难。"依议行。

（宣统朝卷三·页三二上～下）

○光绪三十四年（戊申）十二月丙辰（1908.12.27）

谕军机大臣等："电寄川滇边务大臣赵尔丰，电奏悉。驻瞻番官扰害土司，苛派杀掠，又蚕食边境，侵占日深，并抗违谕饬，于德格土司争袭事强为干涉。朝廷柔怀边民，讵忍坐视？著赵尔丰会同赵尔巽、联豫妥为规画，谋定后动。应将驻瞻番官历来咎状严切指实晓谕，勒令番官回藏，退还瞻地。一面酌拟赏项，请旨发交。倘仍怙抗不遵，即由该大臣等协谋详筹，相机驱逐。并抚辑各土司自安生业，以期永绝边患。但须遇事审慎，毋稍疏虞。"

（宣统朝卷四·页一〇上～下）

○光绪三十四年（戊申）十二月壬戌（1909.1.2）

四川总督赵尔巽奏："边藏练兵，关系紧要，拟请饬部筹拨的饷，以资开办。"下部速议。

寻陆军部奏："请仍饬该督遵议复前奏，先练川省，赶紧编练两镇，匀顾边藏，以免贻误。所请筹拨的饷之处应毋庸议。"从之。

（宣统朝卷四·页二八下）

○宣统元年（己酉）正月己酉（1909.2.18）

驻藏大臣兼川滇边务大臣赵尔丰奏："关外出产以牛皮为大宗，现当殖民练兵，皮革之用日广，拟在巴塘地方设立制革工厂，讲求硝制诸法，期于边地军民两受其利。"下部知之。

（宣统朝卷七·页二九下）

○宣统元年（己酉）三月戊寅（1909.5.18）

以助款兴学、捐廉赡族，予四川总督赵尔巽、驻藏大臣兼边务大臣赵尔丰优叙，赏赵尔巽御书扁额曰"谊笃宗亲"。

（宣统朝卷一一·页四五下）

○宣统元年（己酉）四月壬辰（1909.6.1）

又谕（军机大臣等）："电寄赵尔丰，电奏悉。著将现在情形详细电知联豫等，严饬藏番迅将勘界事宜议定回藏，勿得逗留滋事。倘再抗延，即行设法驱逐。惟须妥慎筹办，勿稍操切。"

（宣统朝卷一二·页一二下～一三上）

○宣统元年（己酉）四月丁未（1909.6.16）

又谕（军机大臣等）："电寄赵尔丰等。赵尔丰奏乍丫一部落可否拨归边务管辖等语。乍丫部落之正副呼图克图是否向归驻藏大臣管辖，现拨归边务有无窒碍，著联豫体察情形迅速电奏。"

（宣统朝卷一二·页二六上）

○宣统元年（己酉）十月庚子（1909.12.6）

谕军机大臣等："电寄赵尔巽，电奏悉。张继良著俟川藏军事稍松后，仍饬赴滇差委。"

督办川滇边务大臣赵尔丰奏："德格土舍多格生吉呈称，愿将全境人民、土地纳还朝廷，涕泣求请至于再三，其部众头人亦屡以设官为请。初犹疑其各有私心，乃详加体察，始知该土舍素不以恩信结左右之心，且惟恃掊克为制驭之术，众叛亲离，已成独夫之势。若令仍行袭职，诚如该土舍所言，将有性命不保之虞。且查德格地方自该土司家庭变故以来，多格生吉与昂逆互争雄长，干戈相见，十余年来，流血满地，小民迄无安居之日，其且富者转而为贫，贫者流离至死。百姓诉其冤苦，令人耳不忍闻。且其地近接察台，幅员辽阔，形势险要，土脉膏腴，若能擘画经营使成重镇，实可内屏川边，外控藏卫。舍此不图，后患尤大。应准俯如所请，将德格全境收回，设官分治。并拟请赏给该土舍都司实职，准其世袭。每年由德格征粮项下拨银二三千两，以资用度。德格土司原有二品顶戴花翎并准照旧戴用，以安蛮心而卫边境。至德格应设流官，应俟体察情形另行具奏。"

得旨："会议政务处妥速议奏。"

又奏："旧疾复发，精力难支，恳请开去差使，以免贻误。"

得旨："边务紧要，该大臣办理深合机宜，朝廷正资倚任，未便遽易生手。著仍力疾任事，勉为其难，以竟全功。一俟边务稍松，再候降旨。"

以驱剿四川德格土司逆匪全境肃清，予广西候补知府石德芬以道员留川补用，加二品顶戴，赏都司程凤翔等花翎，五品军功陈桂亭等蓝翎，馀升叙、加衔、开复有差。

（宣统朝卷二四·页一三下～一八下）

○ 宣统元年（己酉）十一月壬戌（1909.12.28）

督办川滇边务大臣赵尔丰奏："收回高日、春科两土司地方百姓及印信号纸，送部销毁，并灵葱土司境内郎吉岭四村百姓，一并拟请改土归流。"下部议。

又奏："拟于巴塘设立边务收支报销局一所，以专责成。将局中各项并为五科：曰统计，曰经征，曰垦务，曰矿务，曰工程。遴选委员，分科办事。"

又奏："巴塘盐井设局试办，征收盐税。"均下部知之。

以四川故建昌道属中所土千户喇淑统弟喇绪统、故峨眉喜寨土千户择乃学侄出札西袭职。

（宣统朝卷二六·页二下～三下）

○ 宣统元年（己酉）十二月辛巳（1910.1.16）

（四川总督赵尔巽）又奏："巴、里塘等处征收租粮，照旧按年变价，拨充边务经费。"

又奏关外盐井地方试办抽税情形。均下部知之。

（宣统朝卷二七·页六下）

○ 宣统元年（己酉）十二月庚寅（1910.1.25）

会议政务处奏："督办川滇边务大臣奏请将德格土司改土归流。查德格地形为川藏扼要之区，其土舍归心纳款，应准如该大臣所奏，将该土司全境收回，改设流官，借资治理。并赏给该土舍世袭都司实职，以资观感。"依议行。

（宣统朝卷二七·页二一下～二二上）

○ 宣统二年（庚戌）二月庚寅（1910.3.26）

四川总督赵尔巽奏："松潘厅属中阿坝地方墨仓土司与墨科土目构衅抢掠，商路梗阻，业经委员查照番规秉公断结，边境安谧。"下部知之。

又奏："请截留洋款，拨解西藏经费。"均下部议。

以办理屯务出力，予四川炉霍屯务委员试用知县吴庆熙奖叙。

（宣统朝卷三二·页二下～三下）

○ 宣统二年（庚戌）二月甲午（1910.3.30）

又谕（军机大臣等）："电寄驻藏大臣联豫，电奏悉。拉里僧俗暨工布番兵等投诚归化，自应一体保护。至该番兵应否改归汉属之处，此举近于改革，恐外人有所借口，著联豫体察情形，妥慎筹画，奏明请旨。"

（宣统朝卷三二·页六上～下）

○ 宣统二年（庚戌）三月辛亥（1910.4.16）

又谕（军机大臣等）："电寄川滇边务大臣赵尔丰。电奏三岩、工布等处土番前有捆缚兵弁、抢虏地方情事，拟将边军调回，次第剿办等语。现在藏事粗定，不可过事诛戮，以致番众惊疑。赵尔丰务当体察情形，妥慎弹压镇慑，毋稍操切。"

（宣统朝卷三三·页一五上～下）

○宣统二年（庚戌）三月癸亥（1910.4.28）

（四川总督赵尔巽）又奏："中渡地方为打箭炉通边藏要道，其地即鸦龙江，江面宽至数十丈，水极漂急。每当盛涨，舟船不能迳渡，转输饷械尤难，非建桥不足以资利便。现与比商订定合同造洋式钢桥一座，价银二万八千五百两。"下部知之。

西宁办事大臣庆恕奏："试办青海垦务，现在查出荒地，招户认领。从容劝导，务以蒙、番、汉民相安为宗旨。"下部知之

（宣统朝卷三三·页三四下～三五下）

○宣统二年（庚戌）四月丁酉（1910.6.1）

四川总督赵尔巽奏："德格、春科、高日三土司改土归流，应建置道、府、州、县，以资治理。拟请于登科设知府一员，名曰登科府；龚垭设知州一员，名曰德化州；杂渠卡设知县一员，名曰石渠县；白玉设知州一员，名曰白玉州；洞普设知县一员，名曰同普县；并于登科府设分巡兼兵备道一员，名曰边北道，统辖各府、州、县所设各员，均请作为边疆要缺。"

下会议政务处议。寻奏："该督奏陈建置事宜，均系择要经画，应请如所奏。添设各缺一切事宜归边务大臣统辖，以资控驭。所拟补缺、升途各节，并请准如所奏办理。"从之。

督办川滇边务大臣赵尔丰奏："边、藏情形时殊势异，亟宜将洛隆宗、硕板多、边坝、杂瑜、倮俪、波密等紧要地方收回，固我边圉。"下外务部查核办理。

（宣统朝卷三五·页一五上～一六上）

○宣统二年（庚戌）五月庚戌（1910.6.14）

督办川滇边务大臣赵尔丰奏："高日土司改土归流，拟予职衔承袭，并给赠地以资世守。"下部议。

（宣统朝卷三六·页一二下）

○宣统二年（庚戌）五月辛亥（1910.6.15）

四川总督赵尔巽奏："打箭炉直隶厅边缺紧要，请照越嶲等处改缺成案变通酌补。"下部议。

（宣统朝卷三六·页一三上～下）

○宣统三年（辛亥）二月乙亥（1911.3.6）

会议政务处奏："四川总督赵尔巽等奏：德格、春科、高日三土司改土归流，建置道、府、州、县设治章程。拟于德格、春科、高日交界之登科地方设知府一员，名曰登科府；德格适中龚垭设知州一员，曰德化州；德化之北，与俄洛、西宁毗连之杂渠卡设知县一员，名曰石渠县，德化之南，与巴塘相连之白玉设知州一员，曰白玉州；德化之西，与乍丫、察木多连界之洞普设知县一员，曰同普县；德化之东，与麻书、孔撒土司连界之处暂归德化县管理。两州、两县皆隶于登科府。并于府治设分巡兼兵备道一员，名曰边北道，以资督率。均作为边疆要缺。府县属官不设大使经历，而设佐治员。均应准如所请办理。其应行画一及建置各事宜，并请饬边务大臣会同四川总督详慎妥筹，另行奏明核办。"

（宣统朝卷四九·页五下～六下）

○宣统三年（辛亥）三月癸丑（1911.4.13）

督办川滇边务大臣赵尔丰奏："关外巴塘一隅，男女学生四百余名，体操、国文、算术试验成绩大有可观。初等小学堂学生皆能演译白话，解释字义，骤然变野蛮而归文化。是皆办学各员及教习等善于训导，成效昭著。惟学务推广之处甚多，如江卡、乍丫、察木多、三岩、贡觉、桑昂曲宗及杂瑜、札夷、察哇、作冈等处皆知设学之益，颇有引领而望者。拟由边务经费项下拨库平银六万两，以资推广办学之用。并饬局员撙节动用，以免糜费。"如所请行。

又奏："拿获叛迹昭著带印潜逃之孔撒土妇央机，追回印信、号纸，咨部销毁。并请革去孔撒、麻书两土司，收回土地人民，改设流官，暂行委员前往管理孔撒、麻书两处事件，刊给木质关防一颗，暂时行用。"下部议。

又奏："攻剿三岩野番，一律肃清，应照边塘等处一体改设流官。所有在事出力员弁知府傅嵩休等，请先行分别奖叙，其余文武暨阵亡兵勇，俟查明再行奏请奖恤。"

得旨："傅嵩休等均照所请奖励，馀照所议办理。"

以攻剿三岩野番观望逗留，革管带巡防营守备刘庆先职，永不叙用。

（宣统朝卷五〇·页三七上～三九上）

○ 宣统三年（辛亥）四月乙亥（1911.5.5）

又谕（军机大臣等）："电寄赵尔丰。据电奏边务紧要，代理需人，请将已保道员傅嵩休以道员代理边务大臣事宜，并将长庚查参知府原案开复等语。著照所请。"

督办川滇边务大臣赵尔丰奏："边藏百姓归心，应早设汉官以谋安辑，上年业于贡觉、江卡两处暂行委员管理。惟作冈、桑昂、杂瑜等处地方辽阔，且与倮㑩接界，意外堪虞，亟应斟酌设治，以资捍卫。"

得旨："著即妥筹办理。"

（宣统朝卷五二·页九上～一〇上）

○ 宣统三年（辛亥）六月癸酉（1911.7.2）

川滇边务大臣赵尔丰等奏："自打箭炉至恩达共三十九台，额设员弁兵丁统计七百余员名一律撤回，并酌改路线，弃弧就弦，将巴塘至江卡、乍丫各台尽行裁去，别由三岩边界迳出乍丫。此外亦设法缩减，计自打箭炉至恩达并为二十台，每台暂设汉号书一名、蛮兵三名、马三匹。站路既捷，额兵无多，固可省失时废事之虑，亦足杜空额冒支之弊。"如所请行。

（宣统朝卷五五·页六上～下）

○ 宣统三年（辛亥）六月甲戌（1911.7.3）

又谕（内阁）："电寄赵尔丰等。据电奏筹商波密，调营进攻，并饬凤山赴硕板多节制调度等语。即著按照所筹各节，饬令各营分投前进，妥慎办理。赵尔丰布置就绪，仍即迅速赴川。未尽事宜由傅嵩休妥为筹办。"

（宣统朝卷五五·页七上～下）

○宣统三年（辛亥）六月庚辰（1911.7.9）

驻藏办事大臣联豫奏："波密野番大股出巢抢掳，现经调兵分路剿办。"

又奏："电请四川总督赵尔丰、代办边务大臣傅嵩炑派拨边军三营，由硕般等处分道进剿。委派左参赞罗长裿驰赴前敌，调度军事。"均报闻。

代理川滇边务大臣补用道傅嵩炑奏："边务经费支绌，西藏安设电线无款划拨。"下部议。

（宣统朝卷五五·页一九上～下）

○宣统三年（辛亥）六月癸未（1911.7.12）

督办川滇边务大臣赵尔丰奏："收服巴塘之南得荣地方八十余村，纵横五六百里。该处百姓纷纷开报户籍，请纳粮税。内有浪庄寺喇嘛千余名，许其还俗回村，各安耕牧，不准再行滋事。"

又奏："巴塘之东北隅有地名临卡石，该民相率投诚，即将该处拨归三坝应管理征粮。"均报闻。

（宣统朝卷五六·页一下～二上）

○宣统三年（辛亥）七月甲午（1911.9.21）

又谕（内阁）："电寄驻藏办事大臣联豫，电奏悉。波密野番畏罪投诚，逆酋授首，全境来归，办理尚属妥速，殊堪嘉尚。投诚番众著该大臣妥为抚恤。至请添练营队一节，著照所请。"

（宣统朝卷五九·页二八下）

禁阻巴塘移民白马岗；哈萨克流民由藏归牧

○光绪三十二年（丙午）五月丙辰（1906.7.11）

又谕（军机大臣等）："电寄锡良。据有泰奏巴塘所属陆玉等处番民讹传藏内新开白马贡地方为天生福地，男妇千余人相率前往。已饬沿边番官会同汛弁极力截阻。并飞咨锡良，迅饬赵尔丰派员绕出番民之前拦阻，设法招回，遣归原牧，以安边氓等语。此等情节该番民究竟因何远徙，著锡良妥速筹办，并迅即查明实情，详晰电奏。"

（德宗朝卷五六〇·页一四下）

○光绪三十二年（丙午）三月癸巳（1906.4.19）

驻藏办事大臣有泰奏："所有新疆哈萨克收归阿尔泰山原牧，将次告竣。内有小头目布克一股不服驱收，流入藏境，穷蹙难堪。现在捻充地方暂行安插，以待新疆派员来藏收回原牧。"

得旨："即由锡恒、联魁、有泰妥速办理。"

（德宗朝卷五五七·页二〇上）

○光绪三十三年（丁未）九月己丑（1907.10.7）

驻藏办事大臣联豫奏："哈萨克流民九十余人由藏归牧，业交新疆委员接收，并派兵护送。"报闻。

（德宗朝卷五七九·页一上～下）

○光绪三十四年（戊申）四月癸酉（1908.5.18）

科布多帮办大臣锡恒奏："前在屈莽山滋事哈民随同头目布克窜入西藏，现已悉数收回原牧，酌加赈抚，分地安插。"下部知之。

（德宗朝卷五九〇·页三下）

英国侵藏战争前后，整顿藏事之朝议；张荫棠查办藏事，倡行革新

○光绪十年（甲申）九月丙午（1884.10.23）

又谕（军机大臣等）："前据户部代递七品小京官陈炽奏敬陈管见折内请饬整顿西藏事务一条，据称：向来驻藏大臣不皆洁清自守，往往横征暴敛，深恐番众离心，且地居边徼，外患堪虞，宜联络喇嘛、土番，抚绥训练，俾成重镇等语。西藏地属岩疆，番民素称恭顺。该大臣等身膺重寄，宜如何实心任事，宣布朝廷德意，妥为拊循，色楞额、崇纲务当洁己率属，力除积习，毋得稍有扰累，自干咎戾，并将应办事宜，认真整顿，以副委任。该处番众勇敢可用，联络拊循当能得力。至习俗相沿已久，必以不扰为安，未可轻易更张。陈炽所奏通商、惠工、开屯、劝学各节是否可行，著丁宝桢、色楞额、崇纲悉心会商，妥议具奏。原折著摘抄给与阅看。将此由四百里各谕令知之。"

寻丁宝桢等复奏："西藏地处极边，素崇佛教，言语不通，文字不同，一旦改弦更张，恐求其治而反速其乱，陈炽所奏各节碍难议行。"报闻。

（德宗朝卷一九三·页一三下）

○光绪十六年（庚寅）正月乙巳（1890.1.24）

驻藏帮办大臣升泰奏："西藏汉印一房公事繁重，请设洋务公所，并添委文案委员，以专责成。"从之。

（德宗朝卷二八〇·页二下～三上）

○光绪二十二年（丙申）三月庚戌（1896.4.27）

谕军机大臣等："电寄王文韶。鹿传霖奏川藏文报迟缓，拟由成都至

打箭炉先接电线。川有款十万，存盛宣怀处，可拨用等语。著王文韶传知该道，速即接展，毋误事机。"

又谕："电寄鹿传霖，电悉。接展电线已饬照办。至委员李毓森由海道驶往究竟取道何处，著详复。藏地情形仍著确探。"

（德宗朝卷三八七·页一七上~下）

○光绪三十年（甲辰）八月癸亥（1904.9.26）

命直隶津海关道唐绍仪以三品京堂候补，并加副都统衔，前往西藏查办事件。

（德宗朝卷五三四·页一〇下）

○光绪三十年（甲辰）十一月乙未（1904.12.27）

出使俄国大使胡惟德奏："藏务孔亟，办理贵知地理，谨译印法人窦脱勒依所绘西藏舆图进呈。"报闻。

（德宗朝卷五三八·页一三上）

○光绪三十二年（丙午）四月癸卯（1906.4.29）

命直隶特用道张荫棠以五品京堂候补前往西藏查办事件。

（德宗朝卷五五八·页七上~下）

○光绪三十二年（丙午）四月辛亥（1906.5.7）

赏候补五品京堂张荫棠副都统衔。

（德宗朝卷五五八·页一二上）

○光绪三十二年（丙午）十月癸未（1906.12.5）

命驻藏办事大臣有泰来京当差。以帮办大臣联豫为办事大臣。赏候补五品京堂张荫棠副都统衔，作为驻藏帮办大臣。

（德宗朝卷五六五·页一二下）

○光绪三十二年（丙午）十月癸巳（1906.12.15）

又谕（军机大臣等）："电寄张荫棠，电悉。驻藏帮办大臣著联豫暂行兼署，所有亚东关开埠各事宜著张荫棠妥筹办理，以专责成。俟查办事竣后，再候谕旨。"

（德宗朝卷五六五·页二〇上）

○光绪三十二年（丙午）十一月戊午（1907.1.9）

谕军机大臣等："电寄张荫棠，电悉。据陈藏中吏治之污，鱼肉藏民，侵蚀饷项，种种弊端，深堪痛恨。刘文通、松寿、李梦弼、恩禧、江潮、余钊、范启荣等均著革职归案审办，分别监追。善佑著革职永不叙用，递解回旗，严加管束。周廷彪、马全骥均著勒令休致。李福林著革职留任，带罪效力，倘仍前玩愒，即行从严参办。有泰庸懦昏愦，贻误事机，并有浮冒报销情弊，著先行革职，不准回京，听候归案查办。仍著张荫棠严切彻查，据实具奏。至噶布伦齐丁温珠、番官荡孟，均著革职究办。"

（德宗朝卷五六七·页一二上～下）

○光绪三十三年（丁未）正月己亥（1907.2.19）

谕军机大臣等："电寄张荫棠。有人奏风闻张荫棠有令喇嘛尽数还俗，改换洋装之事等语。藏番迷信宗教，如果操之太急，深恐激成事变。著张荫棠将藏务妥慎通筹，毋涉操切。"

（德宗朝卷五六九·页五上）

○光绪三十三年（丁未）二月甲子（1907.3.16）

谕军机大臣等："电寄张荫棠，电奏悉。据称查明各员亏空情形各节。黄绍勋、郭镜清、胡用霖、杨兆龙等均著交四川总督照数监追。李梦弼、恩禧、范启荣、松寿等均著押解回川，分别追缴。刘文通著解往四川永远监禁，并将原籍、寄居财产查抄充公。有泰身为大臣，未能洁己率属，实属辜恩，所请议罚，不足蔽辜，著改为发往军台效力赎罪。嗣后驻藏大臣应如何筹给津贴之处，著张荫棠妥拟具奏，并严禁浮冒婪索。倘再有前项情弊，定行从重治罪。另电奏整顿前藏粮台各条及靖西同知等缺办理，著岑春煊妥核，奏明办理。"

（德宗朝卷五七〇·页二下～三上）

○光绪三十三年（丁未）三月己亥（1907.4.20）

谕军机大臣等："电寄张荫棠，电悉。据称护法曲吉苛敛横行情事，自应惩儆。惟将寺产查抄充公，于番情未必协服，有失大体。应如何妥慎办理之处，著张荫棠会同联豫查明妥议具奏。"

（德宗朝卷五七一·页七上）

○光绪三十四年（戊申）二月辛巳（1908.3.27）

谕军机大臣等："电寄联豫，电悉。番官罗桑称勒著即行革职惩办。"

（德宗朝卷五八七·页三二上～下）

○光绪三十四年（戊申）三月戊子（1908.4.3）

谕军机大臣等："张荫棠奏沥陈西藏情形，并善后事宜开单呈览一折。西藏地方紧要，前已特简赵尔丰前往经理。兹据张荫棠条陈兴学、练兵、整顿实业、统筹经费各节，颇多可采。著赵尔巽、赵尔丰、联豫、张荫棠按照单开各条体察情形，会同悉心妥议，随时奏明，请旨办理。现值库款支绌，百废待举，骤以数百万之款取给部库，势难应付。仍责成赵尔巽等就现有人才、物力分别缓急，次第筹办，以收循序渐进之效。原折均著抄给密阅。"

（德宗朝卷五八八·页五上～下）

○光绪三十四年（戊申）正月庚戌（1908.2.25）

翰林院代递编修朱汝珍条陈："请派蒙王、藏僧及殷实商民为资政院议员，以固人心而安边圉。并于内地设蒙藏语学堂，于蒙、藏设汉文学堂，以通内外之情。"下所司议。

（德宗朝卷五八六·页二八下）

九世班禅吁请赴京陛见

○光绪三十二年（丙午）十二月壬辰（1907.2.12）

又谕（军机大臣等）："电寄张荫棠，电悉。据代奏班禅额尔德尼吁请陛见等语，具见悃忱。著俟藏务大定后听候谕旨，再行来京陛见。达赖喇嘛现在留住西宁，并著暂缓来京。究竟达赖、班禅等来京是否相宜，著张荫棠体察情形，再行详晰电奏。"

（德宗朝卷五六八·页三四下）

○光绪三十三年（丁未）二月癸亥（1907.3.15）

谕军机大臣等："电寄张荫棠，电奏悉。达赖喇嘛、班禅额尔德尼著仍遵前旨暂缓来京陛见。"

（德宗朝卷五七〇·页一下）

○宣统元年（己酉）十一月丁巳（1909.12.23）

谕军机大臣等："电寄联豫等。现据延祉电奏称班禅额尔德尼欲赴库念经，并请赴京陛见。当经电谕应由驻藏大臣代奏请旨。现在班禅额尔德尼是否果欲来京陛见，如伊来京于藏中情形是否相宜，著联豫、温宗尧体查明确，详晰电奏。如班禅额尔德尼并未呈请陛见，即毋庸向伊查询。"

又谕："电寄库伦办事大臣延祉，电奏悉。班禅额尔德尼陛见应由驻藏大臣代奏，候旨遵行。"

（宣统朝卷二五·页二一上～下）

联豫等奏请在藏的若干新政措施

○光绪三十三年（丁未）二月丙寅（1907.3.18）

驻藏办事大臣联豫奏："筹办藏中情形，拟裁撤制兵，招练新军，并酌拟应办之事五条：一、筹设学堂；一、设立陈列所，并遣番民赴川学习工艺；一、藏中银钱仍规复旧制，派员监造；一、驻藏随员优给薪水，酌予保奖；一、裁粮员，改设理事官。"下部议。

（德宗朝卷五七〇·页三下～四上）

○光绪三十三年（丁未）九月己丑（1907.10.7）

（驻藏办事大臣联豫）又奏："开办藏文、中文传习所并白话报馆、施医馆、商品陈列馆等所，捐集经费，请免造报。"从之。

（德宗朝卷五七九·页一下）

○光绪三十三年（丁未）九月乙卯（1907.11.2）

驻藏办事大臣联豫奏："达木八族改换衣冠，设立小学。其三十九族地方拟设汉员，带同勇丁驻扎，期渐开化。"

得旨："仍著认真妥筹办理。"

（德宗朝卷五八〇·页一五上）

○光绪三十四年（戊申）五月乙酉（1908.5.30）

驻藏办事大臣联豫奏："整顿西藏以练兵为急务。前部议由四川、广东各拨银十万两，请作为常年经费。并恳饬宽筹的款，开办各要政。"

得旨："著度支部速议筹拨。"

寻奏："查藏中饷需除原拨四川、广东盐务项下银二十万两外，又由

川省截留洋款银五十万两，专供常年经费，较该大臣所请增加一倍有余，应毋庸再行添拨。"从之。

又奏："开设印书局，并开办陆军小学堂速成科，使边氓识字，兼明战术。"

得旨："著认真筹办，期收实效。"

（德宗朝卷五九一·页三上～下）

○宣统元年（己酉）闰二月乙未（1909.4.5）

谕军机大臣等："电寄驻藏办事大臣联豫等，电奏悉。所陈筹办藏事各节尚属妥协。……其选募新兵责成联豫督饬统领，认真训练，并随时弹压地方，俾臻安谧。所有兴办学堂、开垦、开矿等事，仍著次第筹办，以重边务。其添设参赞驻后藏办开埠事一节，语不明晰，先行电复。其余应办一切事宜，仍著详细具折奏闻，候旨遵行。"

（宣统朝卷九·页四〇上～下）

○宣统元年（己酉）闰二月丁酉（1909.4.7）

邮传部奏："遵将应办要政分则按年筹备，开单呈览。……第三年……筹设四川至西藏电线。……第八年……展设前后藏电线。……第九年筹设甘肃至青海至前藏电线。……"下宪政编查馆知之。

（宣统朝卷一〇·页一〇上～一五下）

○宣统元年（己酉）五月戊午（1909.6.27）

驻藏办事大臣联豫、帮办大臣温宗尧奏："筹办西藏事宜：

一、开辟商埠。去年九、十月已将江孜、亚东两埠先行开办，惟开埠之后急设警察，以期英兵早撤。噶大克一埠离藏较远，俟派员测量后，按照约内界址租地酌办。

一、添练新兵。川、粤拨来银二十万，先练达木兵一营，再从三十九族选练，逐渐扩充。去年五月已设武备速成学堂。至于编定营制，二年更换一次，旧者作为续备，新者另募再练，但须每年部拨饷银五十万。

一、察台驻兵。察木多虽久隶川属，仍由该处之呼图克图管理，乍丫亦然。此次赵尔丰止宜添兵驻扎，善为开导，谓保护地方，不干涉其财赋，否则隶黄教者或反为达赖所使矣，或且与唐古特合谋拒我矣。

一、定路进兵。惟刻下尚未宣言，藏人抗否难料，故小路险阻不如大路进退较易，或有阻滞，亦可改由三十九族前进。

一、兴办学堂。从前试办虽有十六所，系由捐廉捐款，难期普及，应加推广，拟作正开销。

一、筹垦荒地，藏中僧多民少，故荒地甚多，惟开垦必先移民，此事繁重，似宜稍缓。

一、开采矿山。西藏矿源甚富，弃之可惜，且启外人觊觎，拟招商承办，但藏俗迷信风水，宜先由我属之三十九族地方办起，果有成效，藏人自欣羡乐从之。数者皆为切要之图，宜乘时并举。至于帮办大臣应仍驻前藏，拟添参赞一员驻后藏，遇有重要事件，大臣仍驰往办理。抑奴才更有请者，旧章西藏僧俗入内地者须领路票，今多不遵行，恐煽惑勾结即在其中，请申明旧章，以杜隐患。"

得旨："所筹各条办法尚属妥慎周详，著照所请行。并随时会商赵尔丰妥为规画，以固边圉而收实效。"

（宣统朝卷一三·页三二下～三五下）

○ 宣统元年（己酉）五月辛未（1909.7.10）

外务部奏："美国减收赔款业于本年正月起实行，则选派学生出洋即应举办，非徒酬答与国，实乃推广育材。臣等拟在京师设立游美学务处，管理考选、遣送、稽查等事，并附设肄业馆，选学生入馆试验，随时送往美国肄业。以八分习农、工、商、矿等科，以二分习法政、理财、师范诸学。专派监督驻美，管理学生学费、功课、起居等事。至于学生名额，案照各省赔款数目匀给。其满、汉、蒙、藏亦酌给名额，以昭公溥。"从之。

（宣统朝卷一四·页一三上～下）

○ 宣统元年（己酉）八月乙巳（1909.10.12）

驻藏办事大臣联豫奏："西藏情形与内地不同，宪政骤难筹办。"下宪政编查馆知之。

（宣统朝卷二○·页二四上）

○宣统二年（庚戌）正月壬戌（1910.2.26）

谕军机大臣等："电寄驻藏大臣联豫等。昨经降旨将达赖革去名号，温宗尧开缺赴川，所有藏中一切善后事宜即责成联豫悉心经理。另选达赖原为维持黄教，自应体察番情，查照例案，妥慎办理。川兵业已抵藏，著即妥为布置，借资镇慑。必须申明纪律，严加约束，毋令丝毫滋扰。其余练兵、兴学、垦荒、开矿以及振兴实业、利便交通、添置官吏诸大端，均应及时妥筹，次第规画，固不可稍事操切，亦不可坐失事机。该大臣向来办事尽心，于藏中情形亦甚熟悉，朝廷既畀以重寄，务当殚竭心力，勉为其难。如有与川省关涉事件，著电商赵尔巽，协力通筹，务臻妥善，并将筹办情形随时电奏。"

（宣统朝卷三〇·页八上～九上）

○宣统二年（庚戌）二月乙未（1910.3.31）

又谕（军机大臣等）："电寄赵尔巽等，赵尔巽转联豫电奏并筹议各节均悉。达赖既经宣布另选，应即遵照迭次谕旨从速选定，以维教务。……近英人因他案未结，频有责言，尤恐其观衅而动。藏地关系紧要，正宜示以镇静，勿遽更张，俾全藏悉保治安，庶外交可无瑕隙。一俟藏事大定，再行相机酌办。总之，目下重在整顿而不重在改革，齐其政不易其宜，明其教不变其俗，此自来绥边之良策，即今日治藏之要图。该大臣等其慎筹之。"

（宣统朝卷三二·页九上～一〇下）

○宣统二年（庚戌）三月壬申（1910.5.7）

驻藏大臣联豫奏："藏地立约互市，外交以保护邮电、商埠为先；达赖潜逃，内政以保教、安民为要。而内政之尤急者，则在于清除内奸，挽回主权。然今日与昔时不同，藏地与内地亦异，其筹办各事有应改革者，有应变通者，有应更新者，有应复旧者，如练兵、兴学、辟地利、兴工艺、添设官吏以收人心，分驻弁兵以扼要路，头绪纷繁，皆应措置周妥。惟有竭尽心力，揣其时势，分别缓急，次第办理。"

得旨："当懔遵迭次电谕，妥慎办理，用副朕系念边疆之至意。"

（宣统朝卷三三·页四二下～四三下）

○宣统二年（庚戌）四月乙酉（1910.5.20）

（驻藏办事大臣联豫）又奏：" 藏以西拟设驻曲水委员一员，藏以北拟设驻哈拉乌苏委员一员，藏以南拟设驻江达委员一员、驻山南委员一员，藏以东拟设驻硕般多委员一员，三十九族地方拟设委员一员，管理刑名词讼，清查赋税数目。至于振兴学务工艺、招来商贾、经营屯垦、调查矿山盐场，皆责成委员切实筹办。"

又奏：" 封禁藏番之造枪、造币两厂，及拟自铸银元。" 均如所请行，并下部知之。

（宣统朝卷三四·页二六上~下）

○宣统二年（庚戌）五月甲辰（1910.6.8）

驻藏办事大臣联豫奏：" 拉萨地方开办巡警，已派巡官、巡长带步警兵一百四十名、马警兵二十四名站岗梭巡。其江孜、亚东、噶大克等处，俟警兵毕业人数较多，接续开办。" 下部知之。

（宣统朝卷三六·页二下~三上）

○宣统二年（庚戌）七月庚午（1910.9.2）

（四川总督赵尔巽）又代奏开缺驻藏帮办大臣温宗尧密陈西藏情形："今之论藏事者皆曰英俄皆当防闲也，英俄皆干涉我也，藏人意已不属我而有专属也，事机危急无可挽救也。臣窃谓自我言之，则英俄皆当防闲，自英俄言之，则防英者俄，防俄者英，中国当趁此各有忌惮之时，急整理西藏内政，恢复主权。观近日英外部大臣三次致驻俄英使之文，所述两国申论之语，则中国不必防闲英俄，即英俄亦无防闲中国之意。假使中国能增加治理西藏之权力，则英俄方且赞助不遑，何也？盖西藏者无独立资格，我不能保之，则属于英，而有害于俄之中亚细亚；属于俄，而有害于英之印度。两国必出死力以相争，而大局决裂，此两国所不愿也。臣谓我不必防闲彼，彼亦不干涉我者此也。考藏人凡分三级：一曰僧俗官吏，一曰喇嘛，一曰百姓，官吏皆各有自雄之心，而实无坚强之性。往者官吏背约，英兵来则恭顺矣；番官无礼于我，军至则改观矣；达赖革则屏息矣。喇嘛迷信佛教，俄以其术牢笼之，故向俄较热；百姓蠢无知识，英以柔道牢笼之，故反感英德。三级人之性情向背如此。再考西藏政体，全乎专制，官吏命令无敢违者。中国但能增长权力，制其官吏，则向俄、向英皆归无效。臣谓不患其不属我者此也。至论事机，诚危急矣，而英俄既不事防闲、干涉，则挽救正可及时。英之不惜委曲牢笼者，何尝须臾忘西藏哉，特不欲操之过急，且恐招俄之忌耳。我若仍前因循，既不能保藏人之受其牢笼，尤不保英俄之别谋权利。故今日中国治藏，须分别表里，善为操纵，不必遽改为行省，而当以治行省之道治之，不必强同于汉民，而当以爱汉民之心爱之，宣威布德较蒙古诸藩为易。臣愚以为达赖既革，当以呼图克图分任藏事。利用转世迷信之愚，永废达赖之制，则番官各自树帜，而英俄无从牢笼，事莫急于此者。此外练兵、兴学、开矿、垦荒、通商、殖民诸政则又当循序进行者矣。"

得旨："密交外务部知道。"

（宣统朝卷三九·页三八上～四〇下）

○ 宣统二年（庚戌）八月戊寅（1910.9.10）

东三省总督锡良等奏："……中国交通不便，凡政令之宣布，军事之征调，障阻既多，缓急难恃。所有森林、矿产，因运输不便亦多弃利于地。果十年以外铁路尽通，御中控外，势增百倍，斯时采用各国行政之法，决无难行之虑。拟请速定大计，指明我国亟应兴筑之粤汉、川藏、张恰、伊黑四段干路，准以本铁路抵押募借外债，以十万万为度。即由度支部、邮传部主持，一面议定借款，一面议定包工限期，十年完竣。……"下部妥议具奏。

寻度支部等会奏："我国所借外款，合之庚子赔款，截至本年已达十万万之数。原奏借款筑路之策，我国非不用之，惟重在兴利，即重在还本。原奏所指四路，除粤汉一路另行议办外，其川藏、张恰、伊黑三路多属荒远，成本既重，收利难期，将来还款恐无把握。察度情形，所请议定借款包工限年之处，暂应从缓办理。"从之。

（宣统朝卷四〇·页一二下～一四下）

○宣统二年（庚戌）八月丁酉（1910.9.29）

西藏办事大臣联豫奏："遵照向章铸造宣统宝藏银元、铜元，行使之际，不准任意低昂。拟另购外洋轻便机器，并拟增建厂屋，招募内地工匠，次第扩充。"如所请行。

（宣统朝卷四一·页二八上）

○宣统二年（庚戌）九月癸丑（1910.10.15）

四川总督赵尔巽奏："川茶行销藏卫每岁以百万计，上关公家课税，下系商民生计，只以道路险阻，商情散漫，未能发展。兹饬司、道筹议，设立一大公司，改良茶叶，于雅州府城设立公司筹办处，即以该府知府总办其事；公举殷实茶商为总协理，招股开办；并于藏、卫繁盛各处择要筹设支店，督饬劝业、盐茶两道及所属文武认真考查补助。"下部知之。

（宣统朝卷四二·页二三下～二四上）

○宣统三年（辛亥）正月丙辰（1911.2.15）

驻藏办事大臣联豫奏："设建西藏电线，自察木多至拉萨，又自拉萨至江孜，共计二千余里，并议接收自江孜至印度边界电线，请饬部宽筹的款指拨应用。"下部议。

（宣统朝卷四八·页一五上～下）

○宣统三年（辛亥）三月丙午（1911.4.6）

驻藏大臣联豫奏："驻藏绿营官弁制兵共计尚存一千余名，现拟一律裁撤。凡游击以下各员，拟请悉予开缺，分别回藏回川，酌加录用。此项制兵，从前系由川省委派粮员经理饷项，每年通计领饷银九万三千两，以后粮员缺，即改为地方理事官。所有弹压、缉捕及边防要隘必须添练陆军，责成认真办理。至各塘汛传递折奏、公文，事关紧要，制兵既裁，拟改为邮夫，即归地方理事官经理，以期毋误文报。以上数端需款甚巨，其川省每年原解饷银仍应按年如数解交，以资应用。"下部议。

（宣统朝卷五〇·页二〇上～二一上）

反对赵尔丰驻藏办事与川边骚乱

○光绪三十四年（戊申）二月庚申（1908.3.6）

赏川滇边务大臣赵尔丰尚书衔，作为驻藏办事大臣，仍兼边务大臣。

（德宗朝卷五八七·页三下～四上）

○光绪三十四年（戊申）二月癸亥（1908.3.9）

谕军机大臣等："西藏为川蜀藩篱，与强邻逼处，而地方广漠，番民蒙昧。举凡练兵、兴学、务农、开矿、讲求实业、利便交通以及添置官吏、整饬庶政诸大端，均应及时规画，期于治理日益修明。现经降旨派赵尔丰为驻藏办事大臣，特加崇衔，以重事权。并调赵尔巽为四川总督，以免扞格，而便联络。应即责成赵尔丰会同联豫察度情形，将藏中应办各事通盘筹画，详拟章程，次第奏请施行。需用人员准由四川省慎选调派，厚给薪资，优定奖励，均准其携带眷属，各令久于所事。应需款项，著度支部按年筹拨的款银五六十万两，俾济要需。并由四川总督无分畛域，随时接济。赵尔丰、赵尔巽兄弟同受国家厚恩，公义私情均应和衷筹办，共济时艰，用副朝廷绥固边陲之至意。前据联豫密陈西藏情形一折暨外务部进呈张荫棠条陈一件，均著抄给阅看，以资参考。"

川滇边务大臣护理四川总督赵尔丰奏："川滇边务应办事宜拟请划清权限，以专责成。"下所司议。

寻奏："赵尔丰现已简放驻藏大臣仍兼边务大臣，是边务、藏务均应由该大臣会同川滇督臣通盘筹画，另拟详细章程，奏明办理。"从之。

（德宗朝卷五八七·页六下～八下）

○光绪三十四年（戊申）二月乙丑（1908.3.11）

又谕（军机大臣等）："电寄赵尔丰，电悉。前据联豫密陈西藏情形，拟请速简经济夙优、声名素著大臣前往经营。又览张荫棠电陈，亦以收回政权、及时规画为请。并据该大臣奏陈边务应办事宜，请画清权限，以专责成。朝廷顾念西陲紧要，特简该大臣驻藏办事，原为因地择人，以期固我藩篱，与寻常委任不同。并调赵尔巽移任四川，自可联络一气，作为西藏之后援。朝廷苦心筹画，斟酌至再，舍此别无可筹之策，亦别无可简之人。昨有寄谕该大臣详授机宜，复著度支部岁拨银五六十万两以应要需，又责成四川总督无分畛域，随时接济，所需人员亦优加体恤。总期饷糈无缺，实力充足，诸事应手。朝廷为该大臣计者，亦可谓既周且备。至该大臣驻扎地方，俟到藏后察度情形酌量择定，只可居中调度，亦无须疲于奔走。遇有重要事务，不妨按时巡查，亦不必一一周历。且西藏为川滇屏蔽，藏务即是边务，如西藏布置完固，川滇边务自可松简。该大臣娴熟边情，奋发任事，正当力图报称，何可稍涉畏难，所请收回成命之处，著毋庸议。"

（德宗朝卷五八七·页九下～一一上）

○光绪三十四年（戊申）四月戊午（1908.5.3）

驻藏办事大臣兼川滇边务大臣护理四川总督赵尔丰奏："预筹藏务，首重外交。江苏候补道温宗尧曾肄业香港华洋学堂，精谙法律，为办理交涉不可多得之才，请加简畀，赞襄藏卫交涉。"

得旨："温宗尧著交赵尔丰差遣委用。"

又奏："现召川兵三营派员统带，以备随同进藏之用。此项军队将来出关，茹苦含辛，请仿陆军部章程，所有薪饷一切概从优给，以慰军心。"下陆军部知之。

添铸驻藏办事大臣关防。从驻藏办事大臣赵尔丰请也。

（德宗朝卷五八九·页九下～一〇上）

○光绪三十四年（戊申）六月辛酉（1908.7.5）

谕军机大臣等："电寄赵尔巽。赵尔巽到任已久，西藏事务紧要，赵尔丰著迅即启程赴藏，勿得借端延宕，致误事机。"

（德宗朝卷五九三·页七下～八上）

○光绪三十四年（戊申）六月庚辰（1908.7.24）

驻藏办事大臣兼川滇边务大臣赵尔丰等奏："料理入藏防边各事，筹商先后之序、缓急之方，不敢冒昧从事，会陈出关大概事宜。"

得旨："著懔遵电旨，迅速赴藏。倘再借端延宕，定予重惩。"

（德宗朝卷五九三·页二四上）

○光绪三十四年（戊申）八月丙辰（1908.8.29）

谕军机大臣等："电寄赵尔丰等，联豫电奏悉。番官悖谬，图拒朝使，赵尔丰赴藏，必须严密筹备。著赵尔丰、赵尔巽妥慎会商，节节布置，步步稳进。其后路巴塘、里塘一带，并著赵尔巽遣驻重兵，以壮声威。联豫来电转赵尔丰等阅看"。

（德宗朝卷五九五·页五上～下）

○光绪三十四年（戊申）八月丁丑（1908.9.19）

谕军机大臣等："军机大臣进呈联豫、赵尔丰咨送西藏僧番等禀呈各件，均览悉。国朝抚绥全藏向从宽厚，近年来藏人与英人构衅，情势危急，朝廷不惜巨帑代为赔偿。又选派大臣与英人议定约章，相安互市。其所以保全藏众者可谓至矣。此次简派赵尔丰驻藏办事，假以事权，厚集实力，岁糜巨款，在所不吝，亦为保护藏众，杜绝窥伺起见。乃该藏众联名呈诉赵尔丰枉杀多命，毁寺掠财，情节甚重，措词且多狂悖。赵尔丰是否办事操切，致失全藏僧番之心，抑或有狡黠之徒借口指摘，希遂其要求之计，著马亮按照所诉各节摘要确查，详细复奏。至赵尔丰与藏众仇隙甚深，将来入藏任事能否相安，并著马亮体察情形，据实密陈。原禀各件著抄给阅看。将此谕令知之。"

（德宗朝卷五九五·页一八上～下）

○光绪三十四年（戊申）九月丙申（1908.10.8）

谕军机大臣等："电寄赵尔丰，电奏悉。著严饬派往营队遥为声援、镇慑，相机妥慎办理。"

（德宗朝卷五九六·页一三上～下）

○光绪三十四年（戊申）九月己亥（1908.10.11）

驻藏办事大臣兼川滇边务大臣赵尔丰奏："谨于八月初四日移营，随即亲率赴藏。"

得旨："仍遵八月十九日电旨择地暂驻，以待后命。"

（德宗朝卷五九六·页一四下）

○光绪三十四年（戊申）十月癸丑（1908.10.25）

谕军机大臣等："电寄赵尔巽等，电悉。现值时势多艰，饷项支绌，边疆有事不得不格外审慎。倘不谋定后动，轻开兵端，万一兵连祸结，恐将牵动全局。惟三崖、德格两处地属川境，而察台瞻对番官竟敢纠众侵逼，实属目无法纪。若再事优容，恐番焰日张，土司解体，边陲之患伊于胡底。至该处距京甚远，详细实情朝廷未能洞悉，自未便悬揣遥制。著该督等会同赵尔丰详审筹度，慎始图终。究竟番众之煽乱能否足为大患，川省之兵力是否足以戡定，严密整备，厚集接应。一面仍遣员传檄，剀切开导，勒限责令解退。倘执迷不悟，意存抗拒，惟有严定赏罚，激励将士，奋力驱剿。但须严禁骚扰，勿多株连。而进兵之际又须多布侦探，慎防抄伏，以期师出万全。且国家保护黄教原为羁縻番众，所有庙宇、佛像若非攻战所必经，断不可任意焚毁，贻番口实，资以煽惑。除饬达寿、张荫棠责问达赖喇嘛外，著该督等相机筹办，以固封守。"

（德宗朝卷五九七·页二下～三下）

○光绪三十四年（戊申）十月甲寅（1908.10.26）

又谕（军机大臣等）："电寄赵尔丰等，电悉。昨据赵尔巽等电奏，业经降旨饬该督等会商相机筹办。该番酋所调各兵究有若干，其终日操练是否执有快枪、巨炮，著该大臣确切查明，议细奏闻。"

（德宗朝卷五九七·页四下）

○光绪三十四年（戊申）十月乙卯（1908.10.27）

又谕（军机大臣等）："电寄赵尔丰，电悉。藏番称兵，侵犯川边，安有坐视之理！但须先行开导，继以兵威，不可孟浪从事，致难收束。著仍遵初一日电旨，会商赵尔巽等妥慎筹办，毋得诿卸。"

（德宗朝卷五九七·页五下～六上）

十三世达赖离京返藏

〇光绪三十四年（戊申）十一月癸巳（1908.12.4）

理藩部奏："达赖喇嘛呈请陛辞，据情代奏。"

得旨："现在大行太皇太后、大行皇帝之丧未满百日，著毋庸陛辞，照例颁赏。"

又奏："达赖喇嘛回藏，现值停止筵燕之时未便设饯。届期仍由臣等送至火车站，如来时礼节，以示优容。"依议行。

（宣统朝卷二·页二五上～下）

〇光绪三十四年（戊申）十一月乙巳（1908.12.16）

又谕（内阁）："本月二十八日达赖喇嘛出京回藏，著派御前大臣博迪苏送至保定。其经过地方，著沿途各督、抚、将军等酌派文武大员妥为护送照料。"

（宣统朝卷三·页一九上）

〇光绪三十四年（戊申）十二月癸丑（1908.12.24）

又谕（军机大臣等）："内务府会奏请将沿途照料达赖喇嘛之甘肃候补知府裕端饬回原省，可否酌给奖叙一折。裕端应饬回原省，著陕甘总督酌给奖叙。"

（宣统朝卷四·页一下～二上）

〇宣统元年（己酉）闰二月庚寅（1909.3.31）

又谕（军机大臣等）："电寄升允等。据军机处进呈联豫等电称：番官带兵二百名到西宁迎接达赖，如达赖未抵西宁，拟带兵前进。达赖聘练

兵教习十余人，托名蒙古，实系俄人。军火多购自西宁等语。著升允、庆恕会商，迅即查明禁阻，番兵到西宁后毋得再往前进。其在西宁所购军火，系何人售卖，务须严查禁止。其聘用教习，是否俄人影射蒙古，尤须探查明确，详细电奏。"

（宣统朝卷九·页三一上～下）

○宣统元年（己酉）闰二月甲午（1909.4.4）

又谕（军机大臣等）："电寄升允，电奏达赖喇嘛受封礼成，回藏行期未定，请饬迅即起程等语。著理藩部电知庆恕，传谕达赖迅速起程，毋许借词迁延，任意逗留。"

（宣统朝卷九·页三八上）

○宣统元年（己酉）三月丙寅（1909.5.6）

谕军机大臣等："升允等电奏达赖行程未定，屡次愆期，请饬严催起程等语。著理藩部再行严催该达赖迅速起程，毋得违延，并将起程日期先行电奏。"

（宣统朝卷一一·页二五上～下）

○宣统元年（己酉）五月乙卯（1909.6.24）

又谕（军机大臣等）："电寄联豫等。据电奏班禅额尔德尼请往迎达赖喇嘛等语。著准其前往。"

（宣统朝卷一三·页一九下）

○宣统元年（己酉）七月癸亥（1909.8.31）

谕军机大臣等："电寄赵尔巽等。赵尔丰电奏称达赖回藏既不应由德格绕道，且供备乌拉亦不应自传等语。本应照章禁阻，惟朝廷俯念达赖由京至藏程途遥远，姑准照行，以示体恤。即著赵尔巽将此意传知达赖，安静行走，勿生事端。并由该督饬知土司供备乌拉，以利遄行。一面知照驻藏大臣转行达赖，嗣后仍著照章行走，其土司乌拉不得擅传。"

（宣统朝卷一八·页二上～下）

○宣统元年（己酉）七月甲子（1909.9.1）

谕军机大臣等："理藩部奏达赖欲绕道德格进藏一折。昨日已有旨，著抄给阅看。"

（宣统朝卷一八·页九上）

○宣统元年（己酉）七月戊辰（1909.9.5）

又谕（军机大臣等）："电寄赵尔巽，电奏悉。土司向系川属，自应由该督转饬，并可转商赵尔丰妥筹办理。达赖现在行抵何处，探明电复。并传谕达赖，准由德格取道察台回藏，勿得任意绕行，致多滋扰。"

（宣统朝卷一八·页一五上）

○宣统元年（己酉）八月丙戌（1909.9.23）

谕军机大臣等："电寄赵尔丰等，电奏藏番窥伺川边，暗串察台一带僧俗练兵，阻截川兵进路各等语。朝廷镇抚藏番本不欲轻启兵衅，惟既据称种种抗拒情形，实属顽梗已极，倘敢调兵前来抗阻，是衅由彼开，自应传知统领钟颖相机驱剿。总以步步稳慎，能发能收，期于我兵足资镇慑为主义。至达赖行抵何处，著该大臣等迅即查明。一面由赵尔巽、联豫等晓谕达赖，责成约束藏番，毋得滋生事端。至土司供备乌拉，前已有旨，自未便撤止。仍将筹办情形随时电奏。"

（宣统朝卷一九·页一九上～二〇上）

○宣统元年（己酉）十一月甲子（1909.12.30）

理藩部奏："本月十七日接据驻藏办事大臣联豫等电称，达赖喇嘛于十一月初九日回至拉萨。"报闻。

（宣统朝卷二六·页五下～六上）

川军进藏，达赖拦阻，边军声援

○ 宣统元年（己酉）闰二月乙未（1909.4.5）

谕军机大臣等："电寄驻藏办事大臣联豫等，电奏悉。所陈筹办藏事各节尚属妥协。赵尔丰即著驻扎巴塘，将察木多拨归官辖，借为藏援。所请调知府钟颖统领兵弁，著即照准。至进兵以何路为宜，应由该大臣等妥商酌办。其选募新兵责成联豫督饬统领，认真训练，并随时弹压地方，俾臻安谧。所有兴办学堂、开垦、开矿等事，仍著次第筹办，以重边务。其添设参赞驻后藏办开埠事一节，语不明晰，先行电复。其余应办一切事宜，仍著详细具折奏闻，候旨遵行。"

（宣统朝卷九·页四〇上～下）

○ 宣统元年（己酉）六月戊子（1909.7.27）

谕军机大臣等："电寄赵尔丰，电奏悉。原电著电给联豫、温宗尧阅看。并著随时妥为开导，毋任滋生事端。"

（宣统朝卷一五·页一九上～下）

○ 宣统元年（己酉）六月辛卯（1909.7.30）

谕军机大臣等："电寄赵尔巽，电奏悉。藏中进兵原为镇慑番情，俾将应行整顿事宜次第举办。此次进兵，倘彼先开衅抗阻，自不能不示以国威，相机剿办，亦毋稍操切，致难收束。仍一面劝谕开导，务令就我范围。万不可停顿半途，致误机宜。至进兵应取何道为宜，乌拉粮运应如何经画接济，及派拨边军防护策应之处，著会同赵尔丰妥筹办理。"

（宣统朝卷一五·页二四上～下）

○ 宣统元年（己酉）八月丙戌（1909.9.23）

谕军机大臣等："电寄赵尔丰等，电奏藏番窥伺川边，暗串察台一带僧俗练兵，阻截川兵进路各等语。朝廷镇抚藏番本不欲轻启兵衅，惟既据称种种抗拒情形，实属顽梗已极，倘敢调兵前来抗阻，是衅由彼开，自应传知统领钟颖相机驱剿。总以步步稳慎，能发能收，期于我兵足资镇慑为主义。至达赖行抵何处，著该大臣等迅即查明。一面由赵尔巽、联豫等晓谕达赖，责成约束藏番，毋得滋生事端。至土司供备乌拉，前已有旨，自未便撤止。仍将筹办情形随时电奏。"

（宣统朝卷一九·页一九上～二〇上）

○ 宣统元年（己酉）九月戊申（1909.10.15）

谕军机大臣等："电寄赵尔巽等。据电奏：川兵入三十九族后，非边军力所能及，联豫兵力尚不能迎头接应，请示预筹办法。又据联豫电奏请饬川督、边务大臣速拨边军三四营作为入藏川兵之接应。如至拉里，即与钟颖一同入藏，不必遣回各等语。著赵尔巽、赵尔丰、联豫迅即电商，如添拨边军到藏后能否安置相宜。其所需饷项仍可由四川源源接济之处，并著该大臣等预为妥筹，迅速会同电奏。"

（宣统朝卷二一·页二上～下）

○ 宣统元年（己酉）九月戊午（1909.10.25）

又谕（军机大臣等）："电寄赵尔巽，电奏悉。藏番既如此狂悖，即著该督电商赵尔丰、联豫等，随时相机妥为因应。仍将密探情形据实电奏。所称应否先向英俄两使诘问，令勿干预之处，著外务部知道。"

（宣统朝卷二一·页二九上）

○ 宣统元年（己酉）九月丙子（1909.11.12）

谕军机大臣等："电寄赵尔巽等，赵尔巽、赵尔丰电奏悉。添拨边兵入藏能否相宜，前经谕令该大臣等预为妥筹。现据奏报情形，川兵入藏固宜稳慎，边防尤不可忽。仍著该大臣等审度机宜，妥为因应。倘或事出意外，所需饷项即由四川无论何款先尽筹拨。至劝谕达赖一节，即著联豫就近宣布朝廷德意，妥为切实开导，晓以利害，俾令感悟，免生事端。所请派大臣赴藏之处，著毋庸议。"

（宣统朝卷二二·页二六下～二七上）

○ 宣统元年（己酉）十一月戊申（1909.12.14）

驻藏办事大臣联豫等奏："达赖喇嘛阴蓄异谋，久思自立，赵尔丰甫膺驻藏之命，藏人更启拒汉之心。近闻川兵一千奉旨入藏，竟敢公然具禀，谓无论是何汉兵决意拦阻，并欲挟制汉属之土民，即商埠各事亦欲与英人直接，夺我主权。又以我不欲轻启兵衅，愈怀轻藐之心。就现在情形悉心体察，有可虑者三，有不足虑者三。达赖之居心，均已见诸实事。自张荫棠入藏，令其筹饷练兵，轻弃主权，遂益坚其自立之志。此次私自起用已革之噶布伦边觉夺吉等，事之不合权限者，彼皆有所借口。若相持日久，彼布置周密，则番气愈骄，即附我者亦因而解体，可虑者一。俄英两国均设法笼络达赖，而达赖偏听人言，亲俄而忌英。前英兵入藏，实因达赖信用俄人多治夫之言所致。此次达赖出京，又遣多治夫赴俄阴相结纳，并闻携带俄国戎装者二十四人。如系俄籍，则英人必来诘责，借口兴戎，就近先发，而藏非我有矣，可虑者二。自琦善以兵权、财政尽付番官，驻藏大臣属下仅粮台及游击以下文武数员，制兵则久成防次，习气甚深，由藏招募者且多亲附藏人，设有缓急，皆不足恃，可虑者三。然达赖尚未返藏，任用边觉夺吉等数人一意拒汉，专横自恣，久为藏人所侧目。其所派番弁、番兵苛敛抢掠，士心既失，民志亦复涣散，不足虑者一。川兵入藏，知为奉旨，万无阻挡之理。边觉夺吉等奉达赖之命意图抗拒，调兵勒派，其枪械、口粮、药弹均由番民自备，番民素处于专制压力之下，面从心违，故番官虽日集兵，而民实无斗志，不足虑者二。番官虽声言聚兵数千拒挡汉兵，又煽惑察木多、乍丫及类伍齐等处，勒令派兵相助，自赵尔丰派兵驻察木多，而浮言尽息，类伍齐亦因藏官勒派而反抗。由察木多经类伍齐而入三十九族，其地本为我属，惟至拉里后，由江达抵前藏十三站皆系藏属，若有接应，不难奋迅直前，得一二胜仗则全藏瓦解，不足虑者三。现已派员弁赴三十九族调集土兵，以备调遣。请饬赵尔巽、赵尔丰就近速拨边军三四营作为川兵后援，以壮声势而期策应。至英人通商三埠，照约不能干预西藏内政；俄虽欲干涉，一时未能出兵。惟私济军火一事，不能不严为防范。仍请饬下陕甘督臣、西宁办事大臣认真稽查。"

得旨："仍遵前旨，电商赵尔巽、赵尔丰妥筹办理。已电谕长庚等查禁军火矣。"

（宣统朝卷二五·页三下～六下）

○宣统元年（己酉）十一月壬申（1910.1.7）

谕军机大臣等："电寄川滇边务大臣赵尔丰，电奏悉。川兵由三十九族间道入藏，沿途如有需用乌拉之处，应即酌量犒赏，以免赔累，用示体恤。边军仍应遥为声援，俾助川兵入藏之势，但须严申纪律，毋任扰害。惟军情重要，尤当加意防范，不得稍涉疏忽。并将进藏情形随时电奏。"

（宣统朝卷二六·页一六下）

○宣统元年（己酉）十二月丁酉（1910.2.1）

又谕（军机大臣等）："电寄赵尔巽，据电奏钟军等入藏情形均悉。仍著相机开导，妥慎办理。嗣后如何情形暨抵藏日期，均著随时电奏。"

（宣统朝卷二八·页一五下～一六上）

○宣统元年（己酉）十二月辛丑（1910.2.5）

督办川滇边务大臣赵尔丰奏："进藏川军已过察木多，由三十九族间道入藏，边军仍遥为声援。"

得旨："仍著钟颖督饬所部妥慎前进，毋得骚扰地面。倘有番众抗阻，即设法开导解散，以利军行。"

（宣统朝卷二八·页二四下～二五上）

○宣统二年（庚戌）正月庚戌（1910.2.14）

谕军机大臣等："电寄赵尔巽，电奏悉。川军入藏原为抚辑地方，乃藏番愚顽，不解朝廷德意，竟敢聚众抗拒，不得不示以兵威。江达一战已足丧胆，著赵尔巽传谕各将领，相机因应，剿抚兼施，勿得过事诛戮。仍将办理情形随时电奏。"

（宣统朝卷二九·页四下）

○宣统二年（庚戌）四月乙酉（1910.5.20）

（驻藏办事大臣联豫）又奏："川军入藏共一千余人，计可编成步队三营、马队一营、炮队一队、军乐一队，合之原练土兵一营，本应团聚一处，以番性疑贰，边备未可空虚，不得不抽拨驻扎。"下部知之。

（宣统朝卷三四·页二六下）

○宣统二年（庚戌）八月丁酉（1910.9.29）

（西藏办事大臣联豫奏）又奏："廓尔喀额尔德尼王毕热提毕毕噶尔玛生写热曾噶扒噶都热萨哈于西藏噶嗄公求其帮兵一事拒而不允，洵属深明大义，且其所禀词意具见恭顺悃忱。"

得旨："廓尔喀额尔德尼王毕热提毕毕噶尔玛生写热曾噶扒噶都热萨哈深明大义，具见恭顺悃忱，殊堪嘉尚，著联豫传旨嘉奖。"

（宣统朝卷四一·页二八上～下）

十三世达赖出走印度，清廷革除其名号，拟留九世班禅在前藏暂掌教务

○ 宣统二年（庚戌）正月丁巳（1910.2.21）

谕军机大臣等："电寄驻藏大臣联豫等，据电奏达赖闻大兵将至，夜竟逃去等语。著该大臣等迅即跟踪寻觅，究系逃往何处。如探有下落，务即派员迎护回藏，善为开导，告以此次大兵入藏，系为保护黄教、安辑藏番起见，该达赖毋得惊慌疑惧，徒滋纷扰。并将办理情形随时电奏。"

又谕："电寄长庚。现据联豫等电奏：本月初三日达赖闻川兵入藏将至，夜内逃往西行等语。著长庚于由藏往西北经由道路，通饬各该地方官员沿途查访。无论行至何处，即行护送回藏，不准逗留。"

（宣统朝卷二九·页二〇上～下）

○ 宣统二年（庚戌）正月辛酉（1910.2.25）

谕内阁："西藏达赖喇嘛阿旺罗布藏吐布丹甲错济寨汪曲却勒朗结凤荷先朝恩遇至优极渥，该达赖具有天良，应如何虔修经典，恪守前规，以期传衍黄教。乃自执掌商上事务以来，骄奢淫佚，暴戾恣睢，为前此所未有。甚且跋扈妄为，擅违朝命，虐用藏众，轻启衅端。光绪三十年六月间，乘乱潜逃，经驻藏大臣以该达赖喇嘛声名狼藉据实纠参，奉旨暂行革去名号。迨该达赖行抵库伦，折回西宁，朝廷念其远道驰驱，冀其自新悛改，饬由地方官随时存问照料。前年来京展觐，赐加封号，锡赉骈蕃，并于起程回藏时派员护送。该达赖虽沿途逗留，需索骚扰，无不量予优容，曲示体恤。宽既往而策将来，用意至为深厚。此次川兵入藏，专为弹压地方，保护开埠，藏人本毋庸疑虑。讵该达赖回藏后布散流言，借端抗拒，

诬诋大臣，停止供给，迭经剀切开导，置若罔闻。前据联豫等电奏，川兵甫抵拉萨，该达赖未经报明，即于正月初三日夜内潜出，不知何往。当经谕令该大臣设法追回，妥为安置，迄今尚无下落。掌理教务何可迭次擅离？且查该达赖反复狡诈，自外生成，实属上负国恩，下辜众望，不足为各呼图克图之领袖。阿旺罗布藏吐布丹甲错济寨汪曲却勒朗结著即革去达赖喇嘛名号，以示惩处。嗣后无论逃往何处及是否回藏，均视与齐民无异。并著驻藏大臣迅即访寻灵异幼子数人，缮写名签照案入于金瓶，掣定作为前代达赖喇嘛之真正呼毕勒罕，奏请施恩，俾克传经延世，以重教务。朝廷彰善瘅恶，一秉大公，凡尔藏中僧俗皆吾赤子。自此次降谕之后，其各遵守法度，共保治安，毋负朕绥靖边疆维持黄教之至意。"

（宣统朝卷三〇·页一上～三上）

○ 宣统二年（庚戌）正月壬戌（1910.2.26）

谕军机大臣等："电寄驻藏大臣联豫等。昨经降旨将达赖革去名号，温宗尧开缺赴川，所有藏中一切善后事宜即责成联豫悉心经理。另选达赖原为维持黄教，自应体察番情，查照例案，妥慎办理。川兵业已抵藏，著即妥为布置，借资镇慑。必须申明纪律，严加约束，毋令丝毫滋扰。其余练兵、兴学、垦荒、开矿以及振兴实业、利便交通、添置官吏诸大端，均应及时妥筹，次第规画，固不可稍事操切，亦不可坐失事机。该大臣向来办事尽心，于藏中情形亦甚熟悉，朝廷既畀以重寄，务当殚竭心力，勉为其难。如有与川省关涉事件，著电商赵尔巽，协力通筹，务臻妥善，并将筹办情形随时电奏。"

（宣统朝卷三〇·页八上～九上）

○ 宣统二年（庚戌）正月乙丑（1910.3.1）

谕军机大臣等："电寄库伦办事大臣延祉等，电奏悉。前因达赖潜逃，并无下落，当经电饬长庚等，于由藏往西北经由道路，通饬各该地方官沿途查访。并经降旨革去达赖名号。现闻达赖逃入印境，藏内安静如常。已饬驻藏大臣另举达赖矣。"

（宣统朝卷三〇·页一七上～下）

○ 宣统二年（庚戌）正月己巳（1910.3.5）

又谕（军机大臣等）："电寄驻藏大臣联豫等，十七日电奏悉。前已有旨将达赖名号斥革另举，将来回藏即与齐民无异。现在若令印政府劝回，转难安置，且与黄教无所关涉。此次来电自系未奉十六日电旨以前之语，应即毋庸置议。"

（宣统朝卷三〇·页二三下～二四上）

○ 宣统二年（庚戌）二月乙亥（1910.3.11）

又谕（军机大臣等）："电寄驻藏大臣联豫，二十二、二十四等日电奏均悉。据称藏地现值攒招，军民僧俗均觉相安等语。具见藏人善良安静，恪守法度，甚为可嘉。此次川兵进藏，抗违煽惑皆达赖一人所为，又复委弃职掌一再擅离，实属劣迹昭著，当经降旨斥革另举。应由该大臣谕饬藏众迅速访寻，遵照成案秉公掣定呼毕勒罕，以孚众望。现在商上一切事宜，既据该大臣奏称新噶勒丹池巴罗布藏丹巴堪以代理，著即加恩如所请行。其噶布伦以下各藏官，均著照旧供职。该大臣即宣布德意，务令晓然于朝廷此次举动正所以维持黄教，保卫地方。除更换达赖，藏中办理一切无在不俯顺舆情，俾皆安堵如故。工布一带番兵，该代理已遵照遣散。所有驻扎硕板、边坝等处边军应否即行撤回，并著电商赵尔丰，体察情形，详慎筹办，以期联络一气。川兵在藏仍须严明约束，恩威并用，庶使兵民辑和，秋毫无扰。印藏交涉重在开埠，应按照中英修订条约切实办理。该大臣身膺重寄，责无旁贷，务当懔遵迭次谕旨及以上指示各机宜，悉心经画，妥慎布置，并随时详晰具奏，用纾朝廷惓惓西顾之意。"

（宣统朝卷三一·页一上～二下）

○ 宣统二年（庚戌）二月丙子（1910.3.12）

又谕（军机大臣等）："电寄长庚，电奏悉。前已有旨将达赖革去名号。如将来该已革达赖经过西北一带，仍须探访，随时电奏。"

（宣统朝卷三一·页三下～四上）

○宣统二年（庚戌）二月己卯（1910.3.15）

又谕（军机大臣等）："电寄驻藏大臣联豫，电奏悉。所有应办一切事宜，著随时会商赵尔巽妥慎办理，详晰具奏。"

（宣统朝卷三一·页八上～下）

○宣统二年（庚戌）二月癸未（1910.3.19）

谕军机大臣等："电寄驻藏大臣联豫。前经降旨，谕令迅访灵异幼子数人，遵照成案，入于金瓶秉公签掣，作为前代达赖喇嘛之真正呼毕勒罕，现在已否访获？朝廷深为悬切。达赖喇嘛掌理教务，名位不可久虚。著责成驻藏大臣联豫传谕各呼图克图等，认真访寻，照案从速办理。一俟掣定，即行电奏，请旨加恩，俾黄教得所皈依，大局亦资裨益。再，达赖喇嘛现在尚未举定，即举定亦在幼年，所有藏中教务暨商上一切事宜，须有老成端谨之员相为助理。前派代理新噶勒丹池巴罗布藏丹巴能否胜任，并应否援案赏给诺们汗名号之处，著该大臣一并妥议电奏。"

（宣统朝卷三一·页一三下～一四下）

○宣统二年（庚戌）三月乙未（1910.3.31）

又谕（军机大臣等）："电寄赵尔巽等，赵尔巽转联豫电奏并筹议各节均悉。达赖既经宣布另选，应即遵照迭次谕旨从速选定，以维教务。噶伦布[噶布伦]办事现只一人，仍须照额遴选妥员，奏请补授。拉里、工布一带兵民均知向化，如番官希图报复，及有威逼虐待情事，应知照代理商上即行撤换。边觉夺吉系达赖私人，若竟潜回诱煽，深恐滋生事端，务即设法严密拿办，以杜后患。该处遗孽未净，所有派出之川边各军酌量撤留，并宜节节分布，借资镇慑。三瞻地方用兵剿定，既未收回，现在揆时度势，尚多窒碍。至土司收回内属，无论今昔情形不同，即抚绥藏番亦不宜过事操切。此次斥革达赖，罚止其身，并未牵动藏中全局，是以外人无从干预。近英人因他案未结，频有责言，尤恐其观衅而动。藏地关系紧要，正宜示以镇静，勿遽更张，俾全藏悉保治安，庶外交可无瑕隙。一俟藏事大定，再行相机酌办。总之，目下重在整顿而不重在改革，齐其政不易其宜，明其教不变其俗，此自来绥边之良策，即今日治藏之要图。该大臣等其慎筹之。"

（宣统朝卷三二・页九上～一〇下）

○宣统二年（庚戌）三月丙辰（1910.4.21）

又谕（军机大臣等）："电寄驻藏大臣联豫，电奏悉。已革达赖现在大吉岭地方，自赁屋住，辞英供给。倘能趁此机会设法诱回内地，派员送至山西五台山寺庙，俾令安居，最为合宜。如一时未能办到，或诱令回藏，择一相当庙宇令其前往坐静，一面设法防护。著即相机妥慎办理。"

（宣统朝卷三三・页二六上）

○宣统二年（庚戌）四月乙酉（1910.5.20）

驻藏办事大臣联豫奏："已革达赖狡谋叵测，劣迹多端。其与该达赖同逃之商官已革噶布伦边觉夺吉、大中译丹增江布造谋煽乱，同恶相济，逆迹昭著，拟俟缉获即行正法。已革噶布伦彭错顿住、已革喇嘛噶布伦济汝白桑、戴琫改桑坚参、硕弟巴鲁朱党恶横行，调兵毁汛，拟请革职，俟缉获后发边远充军。在任噶布伦策丹汪曲及达赖私放之戴琫汪堆夺吉附和阴谋，举动狂悖，拟请即行革职，严缉讯办。"

（宣统朝卷三四・页二五下～二六上）

○宣统三年（辛亥）正月丁巳（1911.2.16）

又谕（军机大臣等）："电寄驻藏办事大臣联豫。此次班禅来见为已革达赖乞恩一节，现在达赖是否确系悔过安分自愿回藏？如班禅与达赖消除从前意见，为彼求复职掌，似可趁此机会体察情形，酌量筹商。惟权限必须分明，只准管理教务，不准丝毫干预政权，一切均应从严限制，以杜后患。至留班禅在前藏暂掌教务一节，已革达赖所属之噶布伦一切人等是否悦服，彼此可以相安，著驻藏办事大臣就近详慎酌核，从长计议，再行详细奏明，候旨办理。"

（宣统朝卷四八・页一六下）

恢复第穆呼图克图名号，准予转世

○宣统二年（庚戌）五月戊午（1910.6.22）

谕内阁："驻藏大臣联豫奏称：光绪二十五年已革达赖喇嘛咨称，第穆呼图克图阿旺罗布藏称勒饶结贿瞻对康巴喇嘛，使用邪咒，图害达赖生命，请撤销呼图克图及靖善禅师名号等因。兹据布赉绷寺洛岭札仓喇嘛等偕同第穆本寺喇嘛等联名禀称：第穆呼图克图阿旺罗布藏称勒饶结并无劣迹，竟被奇冤，胪列案情，恳请恩施等语。此案既据联豫查明第穆呼图克图无端受祸，良堪矜悯。第穆呼图克图旺罗布藏称勒饶结著加恩复其靖善禅师名号，并赏第穆呼图克图准其转世。所有该寺内财物、田产饬由商上查明如数给还，以彰公道而维黄教。"

（宣统朝卷三六·页二一下～二二上）

○宣统二年（庚戌）九月戊午（1910.10.20）

驻藏办事大臣联豫奏："前辈第穆呼图克图被屈痪毙，已阅十有余年。其转世之呼毕勒罕，先经第穆寺僧众访获迎回，现蒙赏还名号，仰恳将该僧等迎回在寺。前辈第穆呼图克图转世之呼毕勒罕免其掣瓶，赏给第穆呼图克图并靖善禅师名号。"从之。

（宣统朝卷四二·页三四下～三五上）

循化、贵德、西宁、河州、洮岷等地番族滋事，清廷进行抚剿

○同治元年（壬戌）三月庚寅（1862.4.6）

又谕（议政王军机大臣等）："沈兆霖奏筹办撒匪情形一折。上年撒匪滋事，因乐斌办理草率，以致蔓延贻患。经该署督所派恭钊、闵相儒，已带兵行抵碾伯，俟各路番兵到齐，即相机进剿，并拟亲往碾伯一带调度。所筹布置各节均合机宜，即著照所议办理。……"

署陕甘总督沈兆霖奏："遵议西宁办事大臣多慧奏严禁越卡私贩章程七条：

一、蒙番进口办买粮茶，应令官歇家登记循环号簿，报官察核。查有不符，即将官歇家及出卖铺户照私贩例从重治罪。

一、新安番族由青海衙门请票易买粮茶，应饬丹噶尔厅镇海协令各族千百户于票尾钤戳。缮写人名、货物，呈送地方官核验放行。

一、番子进口，应令西宁、大通各处官歇店户另立循环簿二本详细登记，于文武衙门一律呈递，并按月报明青海衙门存查。

一、粮茶应酌中配搭，每粮一石配茶六封，蒙番一律办理。其单买茶叶者，大票准填十封，小票准填五封。至新安番族，止准在丹噶尔办买，以杜窜越。

一、私贩黄茶应饬循化、贵德地方官暨隆福寺番僧一体拿办，起出货物分赏出力兵弁。

一、蒙番出口由守卡兵弁搜验放行。如有需索贿纵等弊，从严究办。

一、内地民人出口谋生，应责成公正铺商承保，由地方官转详青海衙门给票放行。至入口会营点认，令该厅营县出具的系原人印结，将票缴销。每票止准一次，不准复用。"

下部议，从之。

（穆宗朝卷二一·页四九上～五一上）

○光绪元年（乙亥）九月庚子（1875.10.5）

西宁办事大臣豫师奏："拿获柴达木抢杀番目人犯，讯明办理。"

得旨："台吉达什多布吉著免其议处。仍著豫师随时稽查，妥为抚驭，并饬该台吉认真约束，毋任再滋事端。"

（德宗朝卷一七·页一三下～一四上）

○光绪元年（乙亥）十月壬申（1875.11.6）

谕军机大臣等："左宗棠奏河州镇官军查办隆哇番匪事竣，地方安谧一折。河州隆哇番匪胆敢恃其族众地险，与卡家番族斗杀寻仇，经总兵沈玉遂派弁前往晓谕，仍敢暗施枪炮，轰伤官兵，实属顽梗不法。虽经官军分路进剿，该番族自将首要各犯缚献军前讯明正法，并收缴枪械多件，惟该番众野性难驯，深恐故态复萌，又相寻杀。著左宗棠饬令该地方文武妥为筹办，一切善后事宜审慎经理，务使日久相安，毋得暂顾目前，致贻后患。此次办理出力之河州镇总兵沈玉遂著交部议叙。……将此由六百里谕令知之。"

（德宗朝卷一九·页一三上～一四上）

○光绪二年（丙子）五月壬寅（1876.6.3）

驻藏办事大臣松溎奏遵查前藏堪布等被掠情形。报闻。

（德宗朝卷三一·页一五下）

○光绪五年（己卯）四月乙卯（1879.6.1）

以甘肃剿办番众出力，予总兵沈玉遂优叙；游击马占鳌以参将用，加副将衔；千总马如蛟、马德均以守备用，并赏花翎；馀升叙加衔有差。

（德宗朝卷九三·页一二下～一三上）

○光绪六年（庚辰）四月甲寅（1880.5.25）

谕军机大臣等："左宗棠等奏番匪滋事，兵团剿办获胜，现筹办理情形一折。甘肃阶州瓜子沟地方番匪古旦巴造言生有活佛，煽惑番民，胁令弓坝等处番族各派壮丁随其作乱，攻破西固州同所辖哈河坝民堡，并声称由西固、阶州走四川，经左宗棠等饬派总兵沈玉遂、署兰州道刘璈等会同剿办，擒获逆首哈力等二十名，讯明正法，并将墨松坪贼巢捣破。现饬各营谕令良番缚献首要各犯，暂勿深入番地，办理尚为妥协。仍著左宗棠、杨昌濬督饬兵团，分别良莠，宽严互用，以期番族相安，迅速蒇事。该匪既有入川之语，并著丁宝桢加意防范。如有余匪窜扰，立即派兵剿办，毋任贻患地方。将此由五百里谕知左宗棠、丁宝桢，并传谕杨昌濬知之。"

（德宗朝卷一一二·页一六下～一七下）

○光绪六年（庚辰）四月丁巳（1880.5.28）

成都将军恒训等奏："甘肃阶州番匪倡乱，现派兵驰赴松潘厅之南坪并龙安府暨昭广等处地方严密防堵，以遏窜扰。"

得旨："仍著懔遵本月十七日谕旨加意防范，毋任匪徒窜扰。"

（德宗朝卷一一二·页一九下～二〇上）

○光绪六年（庚辰）四月甲子（1880.6.4）

陕甘总督左宗棠奏洮岷土司所属番匪聚众滋事，官兵、民团剿办获胜情形。得旨："即饬各将领会同川省官军实力搜捕，毋留余孽，以靖地方。"

（德宗朝卷一一二·页二八上～下）

○光绪六年（庚辰）五月乙酉（1880.6.25）

谕内阁："左宗棠、杨昌濬奏官军剿办番匪，擒获首逆，全境肃清一折。甘肃阶州瓜子沟番匪古旦巴于上年五月间生子，适值地震之时，诡称伊子为活佛，煽惑番民，胁令各番族啸聚为乱。本年三月间胆敢攻破西固州同所辖民堡，滋扰地方。经左宗棠等派总兵沈玉遂、道员刘璈等会同剿办，迭次击败，将瓜子沟逆巢攻克，阵斩匪类多名。旋获首犯古旦巴即勺羊任节等，讯明正法，并将逆子拿获，地方一律肃清，办理尚为妥速。仍著左宗棠、杨昌濬督饬文武，将抚绥善后事宜妥为经理，以靖边疆。所有在事出力各员弁，准其择尤保奖，毋许冒滥。阵亡弁勇并著查明请恤。"

（德宗朝卷一一三·页一七下～一八下）

○光绪六年（庚辰）五月辛卯（1880.7.1）

成都将军恒训等奏剿办甘肃阶州番匪情形。

得旨："据奏番匪古旦巴等就擒，边境肃清，与左宗棠等奏情形大略相同。南坪、岩利各匪番寨悔罪投诚，著督饬地方文武妥为抚驭，以消隐患。"

（德宗朝卷一一三·页二四下）

○光绪十三年（丁亥）五月甲戌（1887.7.8）

陕甘总督谭钟麟奏："拿办铁布番匪事竣。"

得旨："即著饬令该土司等将番地保甲事宜认真办理，务令日久相安，毋任再滋事端。"

（德宗朝卷二四三·页一四上）

○光绪十五年（己丑）五月辛酉（1889.6.14）

西宁办事大臣萨凌阿奏："出巡回署日期。并查明巴燕戎格一带防务周妥，惟青海地阔兵单，野番肆掠，应俟设法整顿，以安游牧。"报闻。

（德宗朝卷二七〇·页二上～下）

○光绪十六年（庚寅）七月乙亥（1890.8.22）

以办理循化厅番案出力，予甘肃河州镇总兵沈玉遂优叙。

（德宗朝卷二八七·页七下）

○光绪二十四年（戊戌）三月辛亥（1898.4.18）

又谕军机大臣等："电寄陶模。据奏留马安良驻扎河州等语。陇西回患甫平，马安良素为汉、回所信服，著准其留扎，以资钤束，并谕董福祥遵照办理矣。洮州番族蠢动，著马安良驰往妥办，总以持平、解散为要。"

（德宗朝卷四一六·页二九上）

○光绪二十九年（癸卯）六月庚申（1903.7.31）

陕甘总督崧蕃奏："铁布番匪四出抢掠，恃险抗拒，请甘、川会剿。"下部知之。

（德宗朝卷五一八·页九下）

○光绪三十年（甲辰）八月乙丑（1904.9.28）

谕军机大臣等："准良电奏西宁矿务委员不务化导，但示兵威，番众阻挠等语。著崧蕃酌派熟悉番情之员体察情形，妥筹办理。原折著抄给阅看。将此谕令知之。"

寻奏："已另委熟悉番情各员前往晓谕，详细查勘。"报闻。

（德宗朝卷五三四·页一一上）

○光绪三十一年（乙巳）十二月辛酉（1906.1.17）

陕甘总督升允等奏："贵德厅番案反复，聚众杀掠，派员擒获首要。讯办肃清，请准择尤保奖。"

得旨："准其酌保数员，毋许冒滥。"

（德宗朝卷五五三·页一二上）

○光绪三十三年（丁未）十二月癸酉（1908.1.19）

陕甘总督升允奏西宁番僧纠众抗拒开矿，现拟筹办情形。得旨："著揆度机宜，妥筹办理。"

（德宗朝卷五八五·页一下）

○宣统二年（庚戌）二月庚寅（1910.3.26）

四川总督赵尔巽奏："松潘厅属中阿坝地方墨仓土司与墨科土目构衅抢掠，商路梗阻，业经委员查照番规秉公断结，边境安谧。"下部知之。

（宣统朝卷三二·页二下～三上）

查办果洛克劫夺滋扰

○光绪元年（乙亥）十二月壬申（1876.1.5）

谕军机大臣等："理藩院奏前藏囊素呈诉包物及堪布被掠无获，恳请办理一折。前藏贡使囊素沙克嘉降巴所诉堪布罗桑粗瓶及包物被抢等情，上年经左宗棠具奏，业经理藩院咨行川省严追究办，何以日久寻获无踪？果洛克系四川番族，其行抢之曲那麻地方亦系川藏草地，自应由川省实力查拿，迅行办理。著魁玉、吴棠、松溎、希凯即将被裹之前藏堪布及所带包驮各物速行查明，认真究办，务使人赃并获，毋再迟延。现在查办若何，并著先行具奏。该囊素呈称前在丹噶尔地方帮同团练力战阵亡之藏番顿主策忍等二十五名，著左宗棠、豫师速即查明，奏请奖恤。原折均著抄给阅看。将此各谕令知之。"

（德宗朝卷二三·页八下～九下）

○光绪二年（丙子）五月甲午（1876.5.26）

谕军机大臣等："魁玉、文格奏查明西藏堪布罗桑粗瓶被抢情形一折。堪布罗桑粗瓶于被抢后前赴谷毛寺，经魁玉等派员寻获，询明该堪布于同治十三年六月由西宁番地行走，行至七道河以东曲那麻地方，突遇野番数百人抢劫行李，并伤番商一人。即著魁玉、文格督饬松潘镇、厅等实力严拿，并著豫师檄令所属汉、番官兵就近一体访缉务获，毋任漏网。将此各谕令知之。"

（德宗朝卷三一·页三上～下）

○光绪二年（丙子）七月戊寅（1876.9.7）

谕军机大臣等："豫师奏藏差被劫，咨行查办，暨前次堪布罗桑粗瓶被抢，遵旨缉匪各折片。本年六月间，西藏专差古行巴汪堆行至托托水地方，突遇果洛克番贼四五十人，抢去包驮物件。其堪布罗桑粗瓶前于同治十三年间行抵曲那麻被抢，至今赃贼未获。现复有抢劫之案，殊属不成事体。著魁玉、文格严饬松潘镇厅实力查拿，务获惩办。并著豫师督饬官兵一体设法防范，以靖地方。将此由四百里各谕令知之。"

（德宗朝卷三七·页七上～下）

○光绪五年（己卯）六月庚戌（1879.7.26）

谕军机大臣等："喜昌奏川属果洛克暨西藏番匪迭次抢杀玉树番众，请饬查办一折。四川所属果洛克暨西藏番匪迭次抢杀行旅，西宁所属之玉树地方屡被该匪等抢掠牲畜，伤毙番众，勒索兵费，强罚羊只，亟应严行惩办，以儆凶顽。著恒训、丁宝桢、松溎、色楞额立即查明，从严惩办，俾安边圉。勿得仍前玩忽，致贻后患。将此各谕令知之。"

（德宗朝卷九六·页一二下）

○光绪五年（己卯）十月丙午（1879.11.19）

驻藏办事大臣松溎等奏："果匪、野番抢掠为生，此拿彼窜，非会办不能得手。现遵谕饬严督汉、番弁兵认真探访，跟踪缉捕，并咨行成都将军、四川总督、西宁办事大臣一体会拿。"报闻。

（德宗朝卷一〇一·页一一上～下）

筹拨饷银、巡边阅操、举办边防、选募土勇等

○同治十一年（壬申）十二月癸亥（1873.1.11）

谕军机大臣等："德泰奏整顿藏务，请饬拨饷银，并定补饷章程各折片。据称连年藏饷短绌，辄向商上借垫，番情不无挟制，弁兵仅放半饷，亦形苦累。所奏自系实情。西藏远处边陲，关系紧要，需用饷银必应照额筹解，方足以资整顿。川省积欠藏饷为数不少，德泰核计明年饷需，及酌还欠款，请由川库拨实银九万两，著吴棠如数筹拨，务于来年三四月间解到，嗣后每年额饷六万两，限于春初解到，以资接济，毋稍迟误。其察木多、拉里一带汛塘弁兵，并著严饬打箭炉同知设法拨给足饷，毋令缺乏。德泰庸妄糊涂，本日已降旨革职。所有藏中应办事件，著承继实力整理。承继未到任以前，仍著恩麟认真筹办，毋稍大意。德泰所称补发驻藏弁兵尾饷，请责成粮员等核实办理。自为杜弊起见，著承继、恩麟明定章程，饬令承办各员遇有请咨赴川补领尾饷，务须查明确数，不得稍涉含糊，致滋弊混。至所称弁兵应发实银，不准易钱散放，商上人等以钱居奇，应行查禁等语，并著承继等体察情形，妥为办理。原折片著分别抄给阅看。将此由五百里各谕令知之。"

（穆宗朝卷三四六·页二三下～二五上）

○光绪二年（丙子）三月庚子（1876.4.2）

驻藏办事大臣松溎奏："查阅后藏三汛营伍边界事竣。"报闻。

（德宗朝卷二七·页一五下～一六上）

○光绪二年（丙子）闰五月乙亥（1876.7.6）

又谕（军机大臣等）："松桂[溎]奏通筹藏务，请按年预拨饷项一折。西藏壤接诸番，戍守操防均关紧要。该处兵饷向由四川拨解，自应预

行筹拨,以济兵食。著文格即将本年应解之饷迅速解齐,并将光绪三年额饷银六万两于年前全数解藏。嗣后即作为定章,按年递推,预为筹办,毋误要需。另片奏酌量领饷情形,并给予委员优奖等语。著文格即照松溎所筹办理。原片著抄给阅看。将此由四百里各谕令知之。"

(德宗朝卷三三·页二〇上~下)

○光绪五年(己卯)十月甲辰(1879.11.17)

驻藏办事大臣松溎奏:"校阅前藏汉番并达木官兵秋操。"报闻。

(德宗朝卷一〇一·页八上)

○光绪六年(庚辰)二月癸丑(1880.3.25)

驻藏办事大臣松溎等奏:"请修西路各站塘房。"

得旨:"如额饷内有可撙节动用,此项工程即著酌量兴修。"

(德宗朝卷一〇九·页一九上)

○光绪六年(庚辰)九月甲申(1880.10.22)

驻藏办事大臣色楞额奏查阅后藏三汛营伍边界情形。又奏变通前藏官兵阵式暨校阅汉番官兵秋操。均报闻。

(德宗朝卷一二〇·页七上~下)

○光绪八年(壬午)正月癸巳(1882.2.23)

驻藏办事大臣色楞额等奏巡阅后藏等处营伍、边界情形。报闻。

(德宗朝卷一四二·页五上)

○光绪八年(壬午)三月己亥(1882.4.30)

又谕(军机大臣等):"色楞额奏慎重边防,请饬四川仍照定章拨饷一折。据称:西藏官兵饷项于同治十一年奏定每年拨银六万两应用,现经丁宝桢奏明自光绪八年起改为三年拨银十三万两。如有不敷,即照原案酌拨。查西藏地处极边,每年额饷六万两仅资敷衍,况遇有闰之年并无额外筹拨。近来夷案迭出,派员查办,即须筹备行粮赏项,用款益繁。若至需用之时再行咨拨,往返一万余里,实属缓不济急。拟请仍照定章,每年拨银六万两等语。西藏饷需关系紧要，色楞额所奏各节自系实在情形，著丁宝桢督饬藩司，每年仍行筹解银六万两以应要需。将此谕令知之。"

（德宗朝卷一四四·页一一下～一二上）

○光绪十二年（丙戌）十一月辛卯（1886.11.27）

驻藏办事大臣色楞额等奏："西藏库储已罄，需款益繁，请饬川督于每年额饷六万两外，加拨银三万两，以济急需。"下部速议。

（德宗朝卷二三四·页三下）

○光绪十三年（丁亥）二月庚申（1887.2.24）

驻藏办事大臣色楞额奏委员代巡后藏、江孜、定口[日]三汛营伍边隘情形。报闻。

（德宗朝卷二三九·页四下）

○光绪十五年（己丑）五月庚申（1889.6.13）

四川总督刘秉璋奏："遵筹西藏边务银两，请饬部核明作何抵销，分别办理。"下户部速议。

（德宗朝卷二七○·页二○上）

○光绪十五年（己丑）十月癸未（1889.11.3）

驻藏帮办大臣升泰奏："藏台换防兵丁拟变通旧制，准由汉民挑补，以免悬额过多，贻误边事。"……均下所司知之。

（德宗朝卷二七五·页一○上～下）

○光绪十六年（庚寅）五月甲申（1890.7.2）

驻藏办事大臣升泰奏："由独脊岭回藏，查明西藏密迩印度，英人畏俄窥伺，时思派员到藏游历，借探消息。倘英、俄事机稍急，则藏地之安危系之，边防亟宜讲求。现同汉番各员悉心筹画：一、宜修建关隘，以重边防；一、宜分设驻边汉番文武官员，以资控制；一、布坦、廓尔喀两部宜令藏番与修邻好，以期相助；一、酌留官兵驻边，暂资巡查。"如所请行。

（德宗朝卷二八五·页一三上～下）

○光绪十六年（庚寅）七月乙亥（1890.8.22）

驻藏办事大臣升泰奏："纳金丈结洛纳等山为赴哲孟雄捷径，洋人时来窥探，应否添兵驻守？"下总理各国事务衙门议。

寻奏："筹款维艰，当以兵力、饷力兼权并顾。该大臣请添兵驻守纳金各隘，是否就前添兵数量为移扎，抑或另议增加，应令悉心筹画，详细具奏，再行核复。"如所请行。

寻升泰又奏："拟暂由前添兵数量为移扎。"从之。

（德宗朝卷二八七·页七上～下）

○光绪十九年（癸巳）正月乙酉（1893.2.17）

驻藏办事大臣奎焕奏委员代巡后藏、江、定三汛营伍边隘情形。报闻。

（德宗朝卷三二〇·页二上）

○光绪十九年（癸巳）十一月己亥（1893.12.28）

又谕（军机大臣等）："本日延茂奏请调四川府经历符霖等赴藏差遣等语。现在藏中是否需员差委，著奎焕体察情形，如有必须调员之处，著与延茂会衔具奏。延茂片著抄给奎焕阅看。将此各谕令知之。"

（驻藏办事大臣奎焕）又奏因商约驻边，就近校阅靖西秋操，并委员驰赴前后藏，代阅汉、番秋操各情形。报闻。

（德宗朝卷三三〇·页一七下～一八上）

○光绪二十年（甲午）五月甲申（1894.6.11）

驻藏办事大臣奎焕奏："裁撤江孜汛官兵月饷，由藏募勇练习洋操。"从之。

又奏："新设靖西同知、游击二缺，请给廉俸及关防各一颗。"下部议。

（德宗朝卷三四〇·页一〇上）

○光绪二十年（甲午）八月戊申（1894.9.3）

驻藏办事大臣奎焕奏："靖西厅防营饷需紧要，请饬川省筹解。"

得旨："即由奎焕咨催该督如数拨解。"

（德宗朝卷三四六·页七上～下）

○光绪二十三年（丁酉）二月壬戌（1897.3.5）

驻藏帮办大臣讷钦奏："达赖喇嘛亲至大招讽经，派兵迎护，以昭慎重。"又奏派员赴后藏巡阅营伍边隘情形。并报闻。

（德宗朝卷四〇一·页二下～三上）

○光绪二十三年（丁酉）五月甲寅（1897.6.25）

又谕（军机大臣）等："……（讷钦）另折奏藏营请添马匹，又片奏由川领解枪炮各等语。已均照所请，并谕知鹿传霖矣。将此由四百里谕令讷钦知之。"

（德宗朝卷四〇五·页二二下～二三上）

○光绪二十四年（戊戌）五月戊寅（1898.7.14）

谕军机大臣等："文海奏派员赴藏查勘界务，请由四川预拨经费。又奏添派驻防兵丁各等语。文海此次赴后藏靖西一带查阅防兵，并往边界办理界务商务，事关重大，应需经费自不可少。所有添调之汉、番兵勇二百名，著照所请行。著四川总督将应解西藏备边经费预先拨发四年，共银四万两，于六月内如数解往。即自光绪二十六年起，由川省分年扣还，以清款目。原片著抄给恭寿阅看。将此各谕令知之。"

（德宗朝卷四二〇·页二二下～二三上）

○光绪二十五年（己亥）十二月己亥（1900.1.26）

谕军机大臣等："裕钢奏西藏需饷孔殷，请饬四川省仍前接济一折。据称：靖西关安设文武、创立防营应支员弁兵丁饷需、杂费等项，曾经由川省按年拨解，嗣经户部奏准由重庆关洋税项下余款拨给，如有不敷，即照前次奏案仍由四川藩司筹解，俟靖西关收有税项再令拨还。现在该关尚未开征，经费无著，请仍由川省拨解等语。靖西边务关系匪轻，所需饷项即著奎俊饬令藩司，于五年限满后仍按年接济银三万两，以应要需，俟靖西关征收有项再行停解。原折著抄给奎俊阅看。将此各谕令知之。"

（德宗朝卷四五七·页二〇上～下）

○光绪二十六年（庚子）二月丙申（1900.3.24）

谕军机大臣等："文海奏出藏所带勇丁、委员薪水等项费用甚巨，且办理善后事宜更须另行筹款，请饬川省预拨银二万两，以资接济等语。著奎俊即行如数筹拨，迅速运解，以应要需。原片著抄给奎俊阅看。将此各谕令知之。"

（德宗朝卷四六〇·页七下～八上）

○光绪二十九年（癸卯）九月庚子（1903.11.8）

谕军机大臣等："桂霖奏条陈藏事三端一折。据称：藏部颛愚，达赖喇嘛近尤骄悍，非徒手所能就范。藏兵数仅千余，分布单薄。拟就边地选募土勇三千人，分起扼要，轮流换防等语。所陈办法不为无见。其应如何筹拨饷需暨大臣分驻要地各节，著锡良、有泰、桂霖迅即详细会商妥筹，奏明办理。原折著抄给阅看。将此谕令知之。"

（德宗朝卷五二一·页二〇下～二一上）

○光绪二十九年（癸卯）十一月庚子（1904.1.7）

驻藏帮办大臣桂霖奏："遵旨募勇，拟仿湘军营制饷章，俟统率入藏，再行加给盐折银两。"下部知之。

（德宗朝卷五二三·页二五下）

○宣统二年（庚戌）二月庚寅（1910.3.26）

（四川总督赵尔巽）又奏："请截留洋款，拨解西藏经费。"均下部议。

（宣统朝卷三二·页三上～下）

驻藏大臣及其他驻藏官员的任免、奖惩

○同治元年（壬戌）正月壬子（1862.2.27）

谕内阁："前因满庆等奏西藏粮务候补知县李玉圃等于办理察木多案内出力，当经奉旨优奖。旋据吏部按照章程以该员不应越级保升奏驳，复经奉旨依议。兹据满庆等奏，该员等于察木多与工布汪曲互相仇杀一案多方开导，消患未萌，并能制服博番，不得乘间滋扰，恳仍予优奖等语。李玉圃仍著免补知县本班，留于四川，以同知直隶州知州不入班次，无论何项缺出即行补用。稿书陈克新著仍以府经历县丞不论双单月尽先选用，以示奖励。此系因该员等勤劳迭著，破格施恩，嗣后不得援以为例。"

（穆宗朝卷一七·页五三上～下）

○同治元年（壬戌）五月己丑（1862.6.4）

以审断喇嘛讼案办理不善，驻藏大臣满庆、帮办大臣恩庆下部议处。

（穆宗朝卷二七·页三九上）

○同治元年（壬戌）八月丁卯（1862.9.10）

赏已革云贵总督福济副都统衔，驰赴西藏，会同驻藏大臣景纹查办事件。

（穆宗朝卷三七·页四三下）

○同治三年（甲子）十二月乙亥（1865.1.5）

撤办理西藏事务福济副都统，以四品顶带回旗。

（穆宗朝卷一二三·页三三下）

○同治五年（丙寅）二月丁酉（1866.3.23）

赏已革山西按察使瑞昌三等侍卫，为驻藏帮办大臣。

（穆宗朝卷一六八·页二三上）

○同治六年（丁卯）正月壬午（1867.3.3）

以剿办西藏博窝番匪出力，予知州马玉堂以知府用。

（穆宗朝卷一九五·页三四下）

○同治六年（丁卯）三月己卯（1867.4.29）

驻藏帮办大臣瑞昌因病解职，赏前任甘肃布政使恩麟三等侍卫，为驻藏帮办大臣。

（穆宗朝卷一九九·页二二上）

○同治七年（戊辰）二月庚子（1868.3.15）

又谕（内阁）："景纹奏请饬催帮办大臣赴任等语。驻藏帮办大臣恩麟自简放以来，为期已久，尚未抵川，著沿途各督、抚查明恩麟现在行抵何处，催令迅速赴任，以重职守。"

（穆宗朝卷二二五·页一六上~下）

○同治七年（戊辰）六月癸亥（1868.8.5）

赏驻藏帮办大臣恩麟副都统衔，为驻藏办事大臣。以副都统衔正红旗汉军参领德泰为驻藏帮办大臣。

（穆宗朝卷二三六·页四下）

○同治八年（己巳）二月辛亥（1869.3.21）

谕内阁："景纹奏沥陈西藏僧俗爱戴情形，代请奖励一折。据称上年西藏办理瞻对事竣，该达赖喇嘛等以商上僧俗及在事汉番各员均邀奖叙，惟驻藏大臣未奉恩旨，公同具呈，代为景纹请奖等语。览奏甚为诧异。景纹身为驻藏大臣，办理藏务本属分内之事，乃以俯顺番情为词，自行乞恩，向来无此体制。且据称新任驻藏大臣恩麟即日可以到任，如果该达赖

喇嘛等爱戴情真，何不呈请恩麟具奏。景纹虽托词批驳数次，仍于交卸之先自行陈请，实属卑鄙无耻。景纹著交部严加议处。"

寻兵部议："景纹应降四级调用，无庸查级纪议抵。"从之。

（穆宗朝卷二五二·页二二下～二三下）

○同治九年（庚午）二月戊申（1870.3.13）

以办理廓尔喀、唐古特禁约事务完竣，赏守备吴国英等花翎，从九品干玉阶等蓝翎，馀加衔升叙有差。

（穆宗朝卷二七六·页二四下）

○同治九年（庚午）四月己未（1870.5.23）

以西藏乍丫剿办野番完竣，赏都司马开昌等花翎，馀加衔升叙有差。

（穆宗朝卷二八一·页九下～一〇上）

○同治九年（庚午）九月庚辰（1870.10.11）

以西藏哈拉乌苏剿办野番出力，予员外郎恩承以知府用，并赏花翎，县丞何炳煜等蓝翎，馀升叙有差。

（穆宗朝卷二九一·页三上）

○同治十年（辛未）九月辛卯（1871.10.17）

以西藏剿抚逆番出力，擢游击薛占超以副将升用。

（穆宗朝卷三一九·页九上）

○同治十一年（壬申）四月甲寅（1872.5.7）

以西藏办理斗案完竣，予知府恩承等加衔升叙有差。

（穆宗朝卷三三一·页六下）

○同治十一年（壬申）七月戊戌（1872.8.19）

又谕（内阁）："前据德泰奏驻藏办事大臣恩麟擅赏戴琫花翎，及巡阅营伍并未亲到，蒙混入奏各节。当经降旨令恩麟明白回奏。兹据奏称上年剿办不法总堪布班垫顿柱，因戴琫拉旺夺结带队奋勇，赏给翎支，当经咨明达赖喇嘛。其巡阅后三汛营伍一节，因番民苦瘠，由各番官呈请免往，从前奏报漏未声叙。至巡捕戈什哈等酌给翎支，并未给与印照各等语。恩麟于所奏各节虽系事出有因，究属不合，恩麟著交部议处，即著来京当差。"

寻兵部议："恩麟照不应重杖八十私罪例降三级调用。"从之。

（穆宗朝卷三三七·页三下～四上）

○同治十一年（壬申）七月己亥（1872.8.20）

赏通政使司副使承继副都统衔，为驻藏办事大臣。

（穆宗朝卷三三七·页八下）

○同治十一年（壬申）十二月癸亥（1873.1.11）

谕内阁："前因驻藏大臣恩麟擅赏戴琫花翎，并巡阅营伍未经亲到，当经降旨将恩麟交部议处，令其来京当差。并谕知恩麟于新任驻藏大臣未到以前，仍将应办事宜认真经理。兹据恩麟奏德泰逼索关防，请旨遵行。德泰奏与恩麟意见未合，照缮移会文稿呈览各一折。德泰于特饬恩麟谕旨谬为讲解，固执己见，催令恩麟将关防等件克日移交，起程回京，实属庸妄糊涂，不胜帮办之任。德泰著革职即行回旗。"

（穆宗朝卷三四六·页二三上～下）

○同治十一年（壬申）十二月甲子（1873.1.12）

赏内阁侍读学士希凯头等侍卫，为驻藏帮办大臣。未到任以前，驻藏办事大臣恩麟兼署。

（穆宗朝卷三四六·页二五下）

○同治十二年（癸酉）七月癸酉（1873.9.18）

又谕（内阁）："……前任驻藏大臣恩麟著赏给副都统衔，俟驻藏大臣承继到任后，护送哲布尊丹巴之呼毕勒罕前赴库伦，再行来京。"

（穆宗朝卷三五五·页二六下）

○同治十三年（甲戌）五月戊辰（1874.7.10）

谕内阁："承继、恩麟奏请将捏名冒领饷银之员革职查办一折。管理西藏粮务候补通判周长龄与署西藏游击平安营都司李鸣仕通同舞弊，借用兼署后藏粮务等衔名钤记捏词具文，令李鸣仕之侄李朝春前赴四川，冒领后藏饷银至五千两之多。迨经承继等查追，始据李鸣仕供称所领银两已交周长龄寓所银二千两，余银恳请回川措缴。案关粮务人员侵冒饷项，亟应严行惩办，以儆贪婪。周长龄、李鸣仕均著先行革职，由承继等将全案人证，解交吴棠彻底根究，秉公严讯明确，定拟具奏。并将李朝春拿获备质。周长龄、李鸣仕家产著先行查封备抵，以重帑项。"

（穆宗朝卷三六六·页二九上～三〇上）

○同治十三年（甲戌）九月壬寅（1874.10.12）

赏内阁学士松溎副都统衔，为驻藏办事大臣。

加赏故驻藏大臣承继银三百两治丧。

（穆宗朝卷三七一·页二上～下）

○光绪元年（乙亥）正月丙辰（1875.2.23）

（前略）以前驻藏办事大臣恩麟为正黄旗汉军副都统。

（德宗朝卷三·页一九下）

○光绪二年（丙子）四月甲戌（1876.5.6）

驻藏帮办大臣希凯因病乞休，赏镇国公桂丰副都统衔，充驻藏帮办大臣。

（德宗朝卷二九·页一四下～一五上）

○光绪三年（丁丑）二月壬寅（1877.3.30）

驻藏办事大臣松溎奏："剿办博窝野番，请将出力汉番员弁章京铁魁等赏戴花翎暨升叙有差。"

得旨："铁魁等均著照所请奖励；仍著饬令汉、番各员随时认真巡缉，毋任再滋事端。"

（德宗朝卷四八·页三下）

○光绪四年（戊寅）八月甲午（1878.9.13）

谕内阁："松溎奏特参办理不善之粮员，请饬查办等语。察木多粮员候补知县毛锐卿舞文取巧，恃才专擅。乍丫、察木多互相械斗，该员并不立时阻止，率行请兵，希图邀功。并扣兵饷二成，名为运费，勒令兵丁出具甘结，以致物议沸腾。著丁宝桢速派妥员前往察木多接换，即将毛锐卿撤回。查明该员有无侵吞亏挪情弊并办理不善之处，据实参奏，以肃官方。"

（德宗朝卷七七·页二二上～下）

○光绪四年（戊寅）十月丁亥（1878.11.5）

命驻藏帮办大臣桂丰来京。赏内阁侍读学士锡缜副都统衔，为驻藏帮办大臣，未到任前，以驻藏办事大臣松溎暂署。

（德宗朝卷七九·页一六下）

○光绪五年（己卯）二月辛丑（1879.3.19）

福州副都统全福，驻藏帮办大臣锡缜均因病乞休。允之。

（德宗朝卷八八·页一一下）

○光绪五年（己卯）二月壬寅（1879.3.20）

赏成都副都统色楞额副都统衔，为驻藏帮办大臣。

（德宗朝卷八八·页一四下～一五上）

○光绪五年（己卯）二月甲辰（1879.3.22）

谕军机大臣等："前已有旨将色楞额简放驻藏帮办大臣，成都副都统已将维庆补授矣。现在藏中事务甚关紧要，色楞额著克期驰驿前赴新任，以重职守，不必来京请训，亦毋庸俟维庆到后再行交卸。所有成都副都统事务著恒训暂行兼办。丁宝桢于藏中近日情形尚能讲求，该处应办事件如何相机整顿方能操纵合宜，著色楞额就近晤商该督，先事筹画，务臻妥协。抵任后，随时与松溎和衷办理，以安边圉。将此各谕令知之。"

（德宗朝卷八八·页一八下～一九上）

○光绪五年（己卯）十一月庚午（1879.12.13）

　　命乌里雅苏台将军春福、驻藏办事大臣松溎来京。以广州汉军副都统吉和为乌里雅苏台将军。以驻藏帮办大臣色楞额为驻藏办事大臣。赏成都副都统维庆副都统衔，为驻藏帮办大臣。……

（德宗朝卷一〇三·页三上）

○光绪八年（壬午）正月丁酉（1882.2.27）

　　又谕（军机大臣等）："本日已有旨令维庆来京当差，驻藏帮办大臣已简放鄂礼矣。所有维庆前在巴塘被劫一案，著丁宝桢、色楞额仍遵前旨饬属查办。将此各谕令知之。"

　　命驻藏帮办大臣维庆回京当差，赏内阁侍读学士鄂礼副都统衔，为驻藏帮办大臣。

（德宗朝卷一四二·页八下～九上）

○光绪八年（壬午）三月庚戌（1882.5.11）

　　又谕（内阁）："驻藏帮办大臣鄂礼奏病难速愈，请开缺调理一折。鄂礼前因修墓患病两次请假，假满后自应迅速赴任，以重职守。乃据奏病难就痊，遽请开缺，殊属非是。若仍责令前往，亦难期其得力，鄂礼著开缺，交部议处。"

　　赏四川成绵龙茂道崇纲副都统衔，作为驻藏帮办大臣。

（德宗朝卷一四四·页二二下～二五下）

○光绪十年（甲申）八月戊寅（1884.9.25）

　　驻藏办事大臣色楞额奏："请赴云南、广西军营效力。"

　　得旨："览奏具见悃忱。现在滇粤军务迭经派员前往，西藏地方亦关紧要，该大臣所请自效之处著毋庸议。"

（德宗朝卷一九一·页二八上）

○光绪十一年（乙酉）十一月丙辰（1885.12.27）

　　调驻藏办事大臣色楞额为库伦办事大臣。未到任前，以蒙古库伦办事大臣那逊绰克图兼署。赏内阁学士文硕副都统衔，为驻藏办事大臣。

（德宗朝卷二二〇·页一一下）

○光绪十二年（丙戌）五月丁酉（1886.6.6）

驻藏帮办大臣崇纲因病乞休。允之。

（德宗朝卷二二八·页六下）

○光绪十二年（丙戌）五月庚子（1886.6.9）

赏内阁学士尚贤副都统衔，为驻藏帮办大臣。

（德宗朝卷二二八·页九下）

○光绪十二年（丙戌）九月丁巳（1886.10.24）

以办理藏廓边界防务出力，赏四川知县刘钧花翎。

（德宗朝卷二三二·页二七下）

○光绪十二年（丙戌）十月己卯（1886.11.15）

驻藏帮办大臣尚贤留京，赏伊犁参赞大臣升泰副都统衔，为驻藏帮办大臣。

（德宗朝卷二三三·页一五下）

○光绪十三年（丁亥）四月戊辰（1887.5.3）

又谕（军机大臣等）：“文硕自简任驻藏大臣后，于上年二月请训赴任，迄今已逾一年尚未据报到任，实属任意迁延。本日据谭钟麟奏锡纶患病甚重，请饬色楞额速赴新任等语。西陲地方关系紧要，锡纶现既患病，尤须色楞额迅往接任。惟必俟文硕到任，方能交替起程，该大臣现已行至何处，著即兼程前进，速抵西藏，不准再有耽延，致干咎戾。色楞额交卸后，并著迅速驰赴新任，将一切应办事宜实心经理，以副委任。将此由五百里各谕令知之。”

寻文硕奏沥陈途次实在情形。报闻。

（德宗朝卷二四一·页一三上～下）

○光绪十四年（戊子）正月癸酉（1888.3.3）

命驻藏办事大臣文硕来京，以伊犁副都统长庚为驻藏办事大臣。

（德宗朝卷二五一·页一三下～一四上）

○光绪十四年（戊子）二月庚寅（1888.3.20）

谕军机大臣等："据都察院奏准驻藏大臣文硕咨送奏陈藏地事宜折稿、电稿并舆图加说等件一折。览奏殊堪诧异。文硕自抵藏后，于开导藏番事宜，并不懔遵谕旨切实妥办，识见乖谬，不顾大局，已降旨撤令来京。兹复擅将未奉明旨之奏稿密电各件竟行移咨都察院。意在耸动言官，纷纷渎奏，以遂其忿争挟制之私，殊属胆大妄为。此风断不可长，文硕著即行革职。"

（德宗朝卷二五二·页一三下～一四上）

○光绪十六年（庚寅）正月丙午（1890.1.25）

谕内阁："长庚奏请调员差委等语。记名副都统正蓝旗护军参领英裕、候选同知严金清，著伊犁将军、江苏巡抚即饬该二员前赴西藏，交长庚差遣委用。新疆候补州同钱宗彝，著准其留藏差委。"

（德宗朝卷二八〇·页三上～下）

○光绪十六年（庚寅）正月庚戌（1890.1.29）

命驻藏帮办大臣升泰为全权大臣，与英国全权大臣定约画押。

（德宗朝卷二八〇·页七下）

○光绪十六年（庚寅）四月壬子（1890.5.31）

以藏印界务画押完结，予四川补用直隶州候补知县嵇志文以知府尽先补用，理藩院员外郎裕钢等奖叙有差。

（德宗朝卷二八四·页六下～七上）

○光绪十六年（庚寅）五月丙子（1890.6.24）

以驻藏帮办大臣升泰为驻藏办事大臣。赏前山西布政使绍诚副都统衔，为驻藏帮办大臣。

（德宗朝卷二八五·页四上）

○光绪十六年（庚寅）七月乙亥（1890.8.22）

以藏印边案完结，予四川夔州府通判黄绍勋等奖叙有差。

以办理循化厅番案出力，予甘肃河州镇总兵沈玉遂优叙。

（德宗朝卷二八七·页七下）

○光绪十七年（辛卯）二月丙午（1891.3.21）

赏记名副都统奎焕副都统衔，为驻藏帮办大臣。

予故驻藏帮办大臣绍诚照副都统例赐恤。

（德宗朝卷二九四·页一一上）

○光绪十八年（壬辰）九月癸卯（1892.11.7）

予故驻藏办事大臣升泰恤典如都统例，赏银一千两治丧。子寿蓉以主事用。寻予谥"恭勤。"

（德宗朝卷三一六·页一五下～一六上）

○光绪十八年（壬辰）九月甲辰（1892.11.8）

以驻藏帮办大臣奎焕为驻藏办事大臣。赏大理寺少卿延茂副都统衔，为驻藏帮办大臣。

（德宗朝卷三一六·页一六下）

○光绪十九年（癸巳）十一月己亥（1893.12.28）

又谕（军机大臣等）："本日延茂奏请调四川府经历符霖等赴藏差遣等语。现在藏中是否需员差委，著奎焕体察情形，如有必须调员之处，著与延茂会衔具奏。延茂片著抄给奎焕阅看。将此各谕令知之。"

驻藏办事大臣奎焕奏："知府嵇志文玩视边务，据实奏参。"

得旨："嵇志文著奎焕派员押令迅速回川，听候谕旨。"

（德宗朝卷三三〇·页一七下～一八上）

○光绪二十年（甲午）二月己巳（1894.3.28）

驻藏办事大臣奎焕等奏："吁请来京祝嘏。"

得旨："西藏事务紧要，奎焕等著不必来京。"

（德宗朝卷三三五·页一四上）

○光绪二十年（甲午）三月庚寅（1894.4.18）

驻藏办事大臣奎焕奏："四川雅州府知府嵇志文赴藏开导，办理不善，遵旨派员押令回川，尚无启程日期。"

得旨："著即押令回川，不准逗留。"

（德宗朝卷三三六·页一二下～一三上）

○光绪二十年（甲午）三月甲辰（1894.5.2）

又谕（内阁）："前因驻藏大臣奎焕奏参四川雅州府知府嵇志文于派办事件任意延误，当谕奎焕派员押令迅速回川，听候谕旨。该员辄复在藏逗留，分递禀函，哓哓辩诉，实属胆大貌玩。嵇志文著即行革职，仍令回川听候查办。"

谕军机大臣等："奎焕奏番官边觉夺吉被嵇志文捏词安禀，商上请饬调来藏质对，并将僧俗公禀缮单呈览一折。嵇志文在藏逗留，分投禀诉，咎有应得，本日已降旨革职，仍令回川听候查办，毋庸再令该员赴藏质对。即著奎焕明白晓谕，以安藏众之心。现在嵇志文既已离藏，所有通商及取结一切事宜，并著设法开导，妥为筹办，以维大局。前因嵇志文禀称边觉夺吉交通外人，居心叵测，谕令奎焕等悉心察看，自应慎密访察，何得辄将所奉谕旨译行商上，饬令查复，殊属非是。奎焕著传旨申饬。嗣后该大臣办理藏务必须加意详慎，勿稍大意。将此由五百里谕令知之。"

又谕："本日奎焕具奏达赖喇嘛攒招事毕一折，未与延茂会衔。又据延茂奏称本年蒙赏福字荷包等件，委员商请奎焕联衔谢恩，讵奎焕折件业已先发，是以单衔具奏等语。奎焕、延茂同城办事，于例应会奏事件，率行单衔具奏，显系各存意见，殊非和衷共济之道。嗣后该大臣等务当以公事为重，屏除私见，悉心商办，以副委任。将此各谕令知之。"

（德宗朝卷三三七·页一八下～二〇上）

○光绪二十年（甲午）三月乙巳（1894.5.3）

又谕（军机大臣等）："前据奎焕奏参四川雅州府知府嵇志文派办事件任意延误，谕令奎焕将嵇志文派员押令回川，听候谕旨。本月二十七日复据奎焕奏商上禀称番官边觉夺吉被嵇志文捏词妄禀，恳请代奏调藏质对。已经降旨将嵇志文革职，仍令回川听候查办，毋庸再令赴藏质对。该革员到川后，如有应行查讯之处，即著刘秉璋就近传问。奎焕折及商上公禀各一件均著抄给阅看。将此谕令知之。"

（德宗朝卷三三七·页二一上～下）

○光绪二十年（甲午）四月戊辰（1894.5.26）

谕军机大臣等："电寄奎焕。本日已降旨，延茂著开缺来京，另候简用。嗣后藏中事宜奎焕责无旁贷，著认真经理，不得稍有疏失，致干咎戾。"

命驻藏帮办大臣延茂开缺来京，另候简用。

（德宗朝卷三三九·页九下）

○光绪二十年（甲午）五月甲申（1894.6.11）

驻藏办事大臣奎焕奏："裁撤江孜汛官兵月饷，由藏募勇练习洋操。"从之。

又奏："新设靖西同知、游击二缺，请给廉俸及关防各一颗。"下部议。

（德宗朝卷三四〇·页一〇上）

○光绪二十年（甲午）五月戊子（1894.6.15）

又谕（内阁）："嗣后驻藏大臣暨帮办大臣到任三年期满，均著来京陛见。"

赏吉林分巡道讷钦副都统衔，为驻藏帮办大臣。

（德宗朝卷三四〇·页一七下）

○光绪二十年（甲午）六月己未（1894.7.16）

谕军机大臣等："刘秉璋奏：已革署察木多粮务补用直隶州知州秀荫有应行回川听候核究浮销等案，乃该革员于交卸后逗留在藏，迄不回川。近闻谋充奎焕文案，怂恿奎焕代为咨请注销核究各案，并恳补销银两，断难准行。请饬奎焕迅将秀荫押解回川，听候核算各款，追缴银两等语。著奎焕迅将该革员秀荫押解回川，听候核究，毋得稍涉迟延。原片著抄给奎焕阅看。将此各谕令知之。"

又谕："电寄长顺。西藏事务紧要，著长顺传知新授驻藏帮办大臣讷钦迅速来京陛见。"

（德宗朝卷三四二·页二一上～二二下）

○光绪二十一年（乙未）正月甲午（1895.2.16）

又谕（内阁）："给事中洪良品奏驻藏帮办大臣讷钦于去年十一月初六日请训，至今尚未出京等语。著兵部、该旗查明具奏。"

（德宗朝卷三六〇·页六上）

○光绪二十一年（乙未）正月己亥（1895.2.21）

又谕（军机大臣等）："前据给事中洪良品奏驻藏帮办大臣讷钦于去年十一月初六日请训，至今尚未出京等语。当经降旨令该旗查明具奏。现尚未据查复，著该旗迅即查明复奏。"

（德宗朝卷三六〇·页二二上～下）

○光绪二十一年（乙未）正月辛丑（1895.2.23）

谕内阁："前据给事中洪良品奏驻藏帮办大臣讷钦于上年十一月请训，至今尚未出京等语。当经谕令兵部、该旗查明具奏。兹据先后复奏：驻藏大臣赴任向无定限。并据该大臣呈称于请训时奏明正月内出京，秋间入藏，便于遄行等语。西藏事务关系紧要，帮办大臣讷钦即著迅速启程赴任，毋再逗留。"

（德宗朝卷三六〇·页二七上～下）

○光绪二十二年（丙申）正月辛酉（1896.3.9）

驻藏办事大臣奎焕等奏请调四川试用同知王葆恒等勘办界务。得旨："即著咨行四川总督调往差遣。"

（德宗朝卷三八四·页一三下）

○光绪二十二年（丙申）二月壬申（1896.3.20）

谕军机大臣等："电寄鹿传霖。奎焕著即开缺来京，所有西藏一切事宜著讷钦妥慎办理。此旨著鹿传霖传谕奎焕、讷钦知之。"

（德宗朝卷三八五·页九上）

○光绪二十二年（丙申）三月癸卯（1896.4.20）

谕军机大臣等："电寄文海。文海著迅速入藏，毋庸来京，徒延时日。至分界案卷具在藏署，该大臣到后自可查悉。现闻廓夷与藏失和，并须设法解散。藏事孔棘，不准迟留。"

（德宗朝卷三八七·页一一上）

○光绪二十二年（丙申）四月辛未（1896.5.18）

驻藏办事大臣文海奏："黔藩任内督办遵义等六处十年未结之教案现已就绪，俟与洋人换约竣事，即行束装赴藏。"下所司知之。

又奏："请调贵州湄潭县知县王人文等三员赴藏差委。"允之。

（德宗朝卷三八八·页八下～九上）

○光绪二十二年（丙申）六月癸酉（1896.7.19）

谕军机大臣等："文海奏到川日期并筹商藏事情形一折。据称，藏番现在情形非慑以兵威于事无济，拟召勇五百名，带领进藏，以壮声威。著照所请行，并著迅速前往，毋稍迟延。所需饷银每月二千两，即著鹿传霖按月筹给。……将此由五百里各谕令知之。"

（德宗朝卷三九二·页一〇下～一一下）

○光绪二十二年（丙申）十一月丙午（1896.12.19）

谕军机大臣等："电寄鹿传霖。前已详谕鹿传霖，准文海折回成都，与该督妥筹办法。本日据文海奏因病回省，著遵前旨详细会商，不准畏难退沮，务使达赖心服，不至再有抗违为要。并著迅速电奏。"

（德宗朝卷三九七·页一五上～下）

○光绪二十二年（丙申）十一月庚申（1897.1.2）

驻藏帮办大臣讷钦奏："藏事孔棘，请饬新任办事大臣迅速来藏，以资商办而重事权。"

得旨："文海已有旨准其折回成都，俟与鹿传霖商办瞻对事务完竣，即行入藏。"

（德宗朝卷三九七·页二九上～下）

○光绪二十三年（丁酉）二月己巳（1897.3.12）

谕军机大臣等："文海奏病体渐愈，拟仍前赴打箭炉一折。览奏均悉。著俟抵打箭炉后，斟酌情形即行入藏，与讷钦相机妥办，毋稍逗留。将此谕令知之。"

（德宗朝卷四〇一·页九下）

○光绪二十三年（丁酉）二月己卯（1897.3.22）

（恭寿、鹿传霖）又奏："遵旨拣派雅州府知府裕钢入藏随同驻藏帮办大臣宣示谕旨，并筹给赏需银两。"下部知之。

（德宗朝卷四〇一·页二〇下）

○光绪二十三年（丁酉）三月庚戌（1897.4.22）

又谕（军机大臣等）："文海奏瞻事尚无端倪，碍难即行入藏，并敬抒管见及吁恳开缺各折片。瞻对一案业经兵力收复，只宜妥筹善后，未便再有游移。该大臣既称碍难入藏，即著暂驻成都，与鹿传霖和衷商办，以期早日了结。前据讷钦奏称：达赖虽无输复之意，讷钦再三晓谕，该噶布伦等颇有耸动之色，允为开譬僧俗，不敢复逞兵戈等语。并无达赖喇嘛来京控诉,请派大员查办之说,与此次文海所奏词意不同。究竟情形若何,著讷钦详细开导,并将量为加赏之意斟酌宣示,据实复奏。文海所请派员查办,著毋庸议。此次朝廷特简文海为驻藏大臣,原为藏事棘手起见,该大臣正当力任其难,方为不负委任,何得借词推诿,率请开缺,著不准行。文海折一件著抄给讷钦阅看。将此由五百里各谕令知之。"

(德宗朝卷四〇三·页五上～六上)

○光绪二十三年(丁酉)六月戊寅(1897.7.19)

谕军机大臣等:"电寄文海。前谕文海迅速赴藏,谅已接奉。何日启程,即电奏。"

(德宗朝卷四〇六·页二二上～下)

○光绪二十三年(丁酉)六月辛巳(1897.7.22)

谕军机大臣等:"电寄文海,电悉。沿路既须四个月,又定七月十三日启程,殊属迟延。著即从速赴藏,即电奏。"

(德宗朝卷四〇六·页二四下)

○光绪二十三年(丁酉)九月庚戌(1897.10.19)

谕军机大臣等:"电寄文海。著俟土司案集讯明确,即行启程赴藏。"

(德宗朝卷四一〇·页二一上)

○光绪二十三年(丁酉)十月戊午(1897.10.27)

谕军机大臣等:"电寄文海,电悉。土司前已释放,著毋庸集讯。卫藏事重,文海仍即定期启程。"

(德宗朝卷四一一·页二下)

○光绪二十四年(戊戌)闰三月丁巳(1898.4.24)

以查办唐廓边务出力,予汉番文武员弁知府李毓森等奖叙。

(德宗朝卷四一七·页四下)

○光绪二十四年（戊戌）七月壬申（1898.9.6）

谕内阁："讷钦奏任满吁请陛见，又奏假满病仍未痊，恳请开缺各一折。该大臣既请陛见，又请开缺，两折同日并发，殊属有意取巧，希图规避。驻藏帮办大臣讷钦著即勒令休致。"

（德宗朝卷四二五·页一上～下）

○光绪二十四年（戊戌）七月甲戌（1898.9.8）

赏四川雅州府知府裕钢副都统衔，为驻藏帮办大臣。

（德宗朝卷四二五·页七下）

○光绪二十四年（戊戌）七月丙子（1898.9.10）

又谕（军机大臣等）："电寄文光。裕钢已赏给副都统衔，作为驻藏帮办大臣。即著文光传知该大臣驰驿赴任，毋庸来京请训。"

（德宗朝卷四二五·页一七上）

○光绪二十五年（己亥）六月辛巳（1899.7.12）

驻藏办事大臣文海奏任满吁恳陛见。得旨："览奏。总有亟欲回京之意，岂畏难规避耶？著毋庸来见。"

（德宗朝卷四四六·页一三上）

○光绪二十六年（庚子）二月丙申（1900.3.24）

以收抚博番上、中、下三巢，大道肃清，赏驻藏办事大臣文海头品顶戴，予四川补用知县曹铭等五员升叙有差。"

（德宗朝卷四六〇·页九下）

○光绪二十六年（庚子）三月庚戌（1900.4.7）

谕军机大臣等："电寄裕钢。文海因病出缺，所有该大臣经手事宜即著裕钢暂行接办，妥为经理，毋稍疏忽。"

又谕："电寄奎俊。文海因病出缺，该大臣任内经手事件已谕令裕钢接收经理矣。西藏地方紧要，著奎俊于四川道府查明熟悉藏中情形并通晓洋务曾习兵事者，酌保一二员，迅速电奏，以备简用。此系特旨垂询，务期慎选贤能，期济时艰，不得视为寻常举荐，敷衍塞责。"

（德宗朝卷四六一·页六下～七上）

○光绪二十六年（庚子）三月甲寅（1900.4.11）

又谕（军机大臣等）："电寄奎俊，电悉。四川候补道庆善著赏给副都统衔，作为驻藏办事大臣，即行驰驿前往，毋庸来京请训。著奎俊传谕庆善知之。"

（德宗朝卷四六二·页一〇下～一一上）

○光绪二十六年（庚子）四月庚寅（1900.5.17）

予故驻藏办事大臣文海恤典如尚书例，赏银千两治丧。子成楷及岁以主事用。

（德宗朝卷四六二·页一五上～下）

○光绪二十六年（庚子）七月乙巳（1900.7.31）

驻藏办事大臣庆善奏："洋务、边务需人办理，现咨调四川大挑知县赵绥之等三员赴藏差遣。"报闻。

（德宗朝卷四六六·页一三上）

○光绪二十六年（庚子）七月己未（1900.8.14）

驻藏办事大臣庆善奏："遵旨星驰进藏，设法严防。"

得旨："著即懔遵前旨，力图振作，以固边圉。"

（德宗朝卷四六七·页一〇上～下）

○光绪二十六年（庚子）八月辛卯（1900.9.15）

驻藏帮办大臣裕钢奏："交涉事繁，请留四川知府何光燨供差，暂缓引见。"允之。

（德宗朝卷四六九·页一五上）

○光绪二十六年（庚子）九月甲戌（1900.10.28）

以驻藏帮办大臣裕钢为驻藏办事大臣。

（德宗朝卷四七二·页一一下）

○光绪二十六年（庚子）九月乙亥（1900.10.29）

赏四川候补道安成副都统衔，为驻藏帮办大臣。

（德宗朝卷四七二·页一四下）

○光绪二十七年（辛丑）正月乙未（1901.3.18）

以办理西藏博窝善后事宜出力，予选用直隶州知州钟元庆以知府用，并赏花翎，馀升叙加衔有差。

（德宗朝卷四七九·页一七上～下）

○光绪二十八年（壬寅）十一月己未（1902.12.2）

赏鸿胪寺少卿有泰副都统衔，为驻藏办事大臣。

（德宗朝卷五〇七·页七上）

○光绪二十八年（壬寅）十一月壬午（1902.12.25）

驻藏帮办大臣安成因病解职。赏革职前盛京副都统讷钦三品顶戴，为驻藏帮办大臣。

（德宗朝卷五〇八·页一二上）

○光绪二十九年（癸卯）正月甲戌（1903.2.15）

（前略）驻藏帮办大臣讷钦因病乞休。并允之。

（德宗朝卷五一一·页一七上）

○光绪二十九年（癸卯）正月辛巳（1903.2.22）

赏贵州贵西道桂霖副都统衔，为驻藏帮办大臣。

（德宗朝卷五一一·页三〇下）

○光绪二十九年（癸卯）闰五月壬子（1903.7.23）

驻藏办事大臣有泰奏恭报到川日期，并熟商进藏情形。得旨："俟锡良到任妥筹商办后，著即迅速赴任。"

驻藏帮办大臣桂霖奏："粤匪隐患深长，请革去职衔，以闲散发往军营自效，庶不至置身无用。"

得旨："藏务亦关紧要，仍著迅速赴任。"

（德宗朝卷五一七·页三二下～三三上）

○光绪二十九年（癸卯）七月乙未（1903.9.4）

又谕（军机大臣等）："电寄锡良等。锡良计已到任，著有泰于晤商一切后迅即赴藏。"

（德宗朝卷五一九·页一〇上）

○光绪二十九年（癸卯）八月戊寅（1903.10.17）

谕军机大臣等："电寄锡良。藏事紧要，有泰现在行抵何处，著锡良催令迅速驰往，毋稍延缓。"

（德宗朝卷五二〇·页三〇下）

○光绪二十九年（癸卯）九月戊子（1903.10.27）

驻藏办事大臣有泰奏："筹商藏务首在练兵，次则分设重镇，非旦夕所能就绪。谨拟由川启程，沿途察看情形，再行通盘筹画。"

得旨："著即赶紧到任，开导藏番，妥为筹办。其应行整顿各事宜，著随时与锡良、桂霖咨商办理。"

（德宗朝卷五二一·页六下～七上）

○光绪二十九年（癸卯）十一月戊申（1904.1.15）

以驻藏期满，予理藩院郎中荣椿奖叙。

（德宗朝卷五二三·页三五上）

○光绪二十九年（癸卯）十二月戊辰（1904.2.4）

谕军机大臣等："电寄裕钢等。藏事紧要，迭经降旨饬令裕钢亲赴边界，妥速商议。乃该大臣延宕支吾，迄未启程。兹复以俟有泰到任等情借词推诿，实属有意规避。裕钢著交部议处。有泰计将抵藏，著接任后迅即开导藏番，毋开边衅。无论如何拦阻，赶紧设法前往，亲与英员妥商办理。想有泰受恩深重，必能不负委任也。"

（德宗朝卷五二五·页四上～下）

○光绪三十年（甲辰）正月乙未（1904.3.2）

谕军机大臣等："电寄桂霖，电悉。所请著毋庸议。藏事紧要，该帮办大臣惟当迅速启程，会商有泰妥为筹办，毋得借词迁延。"

（德宗朝卷五二六·页一六上～下）

○光绪三十年（甲辰）二月庚申（1904.3.27）

谕军机大臣等："电寄锡良等。据会奏妥筹藏务，请将帮办大臣移驻察木多，居中策应等语。业经降旨允准。桂霖久住成都，殊属延缓，著即克期启程前往，随时会商有泰，妥筹办理。"

驻藏办事大臣有泰奏川藏交界情形及藏印近事。得旨："著即妥为筹办，以副委任。已电饬桂霖迅速启程矣。"

（德宗朝卷五二七·页五下～六上）

○光绪三十年（甲辰）四月乙卯（1904.5.21）

驻藏帮办大臣桂霖以目疾解职。赏四川候补道凤全副都统衔，为驻藏帮办大臣。

（德宗朝卷五二九·页七下）

○光绪三十年（甲辰）八月癸亥（1904.9.26）

命直隶津海关道唐绍仪以三品京堂候补，并加副都统衔，前往西藏查办事件。

（德宗朝卷五三四·页一〇下）

○光绪三十年（甲辰）十月戊午（1904.11.20）

以前驻藏帮办大臣安成为伊犁副都统，作为塔尔巴哈台参赞大臣。

（德宗朝卷五三六·页一〇上）

○光绪三十年（甲辰）十一月乙未（1904.12.27）

以熟悉藏事，予候选道世增、四川雅州府知府联豫军机处存记。

（德宗朝卷五三八·页一三下）

○光绪三十一年（乙巳）三月壬辰（1905.4.23）

又谕（内阁）："四川雅州府知府联豫著赏给副都统衔，作为驻藏帮办大臣，照例驰驿前往。"

谕军机大臣等："电寄锡良。联豫已简放驻藏帮办大臣，著锡良奉到电旨即传知该大臣迅速赴任。"

（德宗朝卷五四三·页一九下～二〇上）

○光绪三十一年（乙巳）九月癸酉（1905.10.1）

谕军机大臣等："联豫奏熟审川藏情形一折。昨已有旨谕令锡良。将全台善后事宜妥为筹办，并将该处添设镇、道各员以资控制各节一并议复。兹据联豫奏称：驻藏帮办大臣宜复旧制仍驻前藏，所有练兵、开垦各事宜即责成四川总督规画办理等语，所陈不为无见。联豫著即仍行驻藏，迅速驰往，会同有泰将应办事宜悉心经理，毋失机宜。所请将建昌道移置打箭炉及派兵驻扎察木多等处各节，著锡良归入前次寄谕，一并妥议具奏。原折著抄给锡良阅看。并将昨发字寄交，令有泰、联豫各知之。"

（德宗朝卷五四九·页三上～下）

○光绪三十二年（丙午）二月癸卯（1906.2.28）

驻藏帮办大臣联豫奏："行抵打箭炉，详查关外情形，大局未定，请准改由海道赴藏。"

得旨："仍著驰驿前进，并沿途察看一切情形，毋得借词延宕。"

（德宗朝卷五五五·页九上～下）

○光绪三十二年（丙午）十月癸未（1906.12.5）

命驻藏办事大臣有泰来京当差。以帮办大臣联豫为办事大臣。赏候补五品京堂张荫棠副都统衔，作为驻藏帮办大臣。

（德宗朝卷五六五·页一二下）

○光绪三十二年（丙午）十月癸巳（1906.12.15）

又谕（军机大臣等）："电寄张荫棠，电悉。驻藏帮办大臣著联豫暂行兼署，所有亚东关开埠各事宜著张荫棠妥筹办理，以专责成。俟查办事竣后，再候谕旨。"

（德宗朝卷五六五·页二〇上）

○光绪三十二年（丙午）十一月戊午（1907.1.9）

谕军机大臣等："电寄张荫棠，电悉。据陈藏中吏治之污，鱼肉藏民，侵蚀饷项，种种弊端，深堪痛恨。刘文通、松寿、李梦弼、恩禧、江潮、余钊、范启荣等均著革职归案审办，分别监追。善佑著革职永不叙用，递解回旗，严加管束。周廷彪、马全骥均著勒令休致。李福林著革职留任，带罪效力，倘仍前玩愒，即行从严参办。有泰庸懦昏愦，贻误事机，并有浮冒报销情弊，著先行革职，不准回京，听候归案查办。仍著张荫棠严切彻查，据实具奏。……"

（德宗朝卷五六七·页一二上～下）

○光绪三十三年（丁未）二月甲子（1907.3.16）

谕军机大臣等："电寄张荫棠，电奏悉。据称查明各员亏空情形各节。黄绍勋、郭镜清、胡用霖、杨兆龙等均著交四川总督照数监追。李梦弼、恩禧、范启荣、松寿等均著押解回川，分别追缴。刘文通著解往四川永远监禁，并将原籍、寄居财产查抄充公。有泰身为大臣，未能洁己率属，实属辜恩，所请议罚，不足蔽辜，著改为发往军台效力赎罪。嗣后驻藏大臣应如何筹给津贴之处，著张荫棠妥拟具奏，并严禁浮冒婪索。倘再有前项情弊，定行从重治罪。另电奏整顿前藏粮台各条及靖西同知等缺办理，著岑春煊妥核，奏明办理。"

（德宗朝卷五七〇·页二下～三上）

○光绪三十三年（丁未）三月丙辰（1907.5.7）

又谕（内阁）："电寄张荫棠。据电奏请将前藏粮台知县余钟麟以县丞降补。著照所请。"

（德宗朝卷五七一·页二二下）

○光绪三十四年（戊申）二月庚申（1908.3.6）

赏川滇边务大臣赵尔丰尚书衔，作为驻藏办事大臣，仍兼边务大臣。

（德宗朝卷五八七·页三下～四上）

○光绪三十四年（戊申）六月辛酉（1908.7.5）

谕军机大臣等："电寄赵尔巽。赵尔巽到任已久，西藏事务紧要，赵尔丰著迅即启程赴藏，勿得借端延宕，致误事机。"

（德宗朝卷五九三·页七下～八上）

○光绪三十四年（戊申）七月甲午（1908.8.7）

又谕（军机大臣等）："电寄赵尔丰，电悉。著温宗尧改由海道迅即赴藏。"

（德宗朝卷五九四·页一二上～下）

○宣统元年（己酉）二月辛酉（1909.3.2）

又谕（军机大臣等）："电寄驻藏大臣联豫，电奏悉。该大臣驻藏日久，情形熟悉，办理尚称妥协。现在藏务重要，亟宜及时筹画，以维大局。遇有紧要事件，尽可随时奏明请旨，所请来京之处著毋庸议。"

（宣统朝卷八·页一二下～一三上）

○宣统元年（己酉）闰二月辛丑（1909.4.11）

驻藏办事大臣联豫奏："驻藏期满，恳请陛见。"

得旨："藏务正需筹画，该大臣情形熟悉，办事稳慎，一时不宜远离。如有重要事件，尽可折电密陈，著暂缓来京陛见。俟藏务就绪，再候谕旨遵行。"

（宣统朝卷一〇·页二〇下～二一上）

○宣统元年（己酉）三月戊寅（1909.5.18）

以助款兴学、捐廉赡族，予四川总督赵尔巽、驻藏大臣兼边务大臣赵尔丰优叙，赏赵尔巽御书扁额曰"谊笃宗亲"。

（宣统朝卷一一·页四五下）

○宣统元年（己酉）六月庚辰（1909.7.19）

又谕（军机大臣等）："电寄联豫，电奏悉。西藏地方紧要，正当整顿之际，温宗尧向来办事妥慎，熟悉边务情形，未便遽易生手。温宗尧著百日孝满后作为署任，仍驰赴西藏帮办一切事务。尚其勉图报称，毋得固辞。"

（宣统朝卷一五·页四下～五上）

○宣统元年（己酉）六月辛卯（1909.7.30）

又谕（军机大臣等）："电寄联豫，电奏悉。温宗尧著赏假百日，在藏穿孝。假满即行任事，以重藏务。"

（宣统朝卷一五·页二四下～二五上）

○宣统元年（己酉）七月庚戌（1909.8.18）

赏道员钱锡宝头等侍卫，作为驻藏参赞。

（宣统朝卷一七·页一一上）

○宣统元年（己酉）十月癸巳（1909.11.29）

又谕（军机大臣等）："电寄联豫、温宗尧，电奏悉。徐方诏煽惑军心，几误全局，复查有通番情事，实属罪无可逭。联豫等将该员即时正法，办理尚合机宜，所请交部议处之处，著加恩宽免。"

（宣统朝卷二四·页三下～四上）

○宣统二年（庚戌）正月壬戌（1910.2.26）

谕军机大臣等："电寄驻藏大臣联豫等。昨经降旨将达赖革去名号，温宗尧开缺赴川，所有藏中一切善后事宜即责成联豫悉心经理。……"

又谕（军机大臣等）："电寄赵尔巽。昨已有旨著温宗尧由打箭炉赴川。俟该大臣抵川后，即行电奏，听候谕旨。"

（宣统朝卷三〇·页八上～九上）

○宣统二年（庚戌）五月乙丑（1910.6.29）

又谕（军机大臣等）："电寄四川总督赵尔巽。开缺驻藏帮办大臣温宗尧，著另候简用，毋庸来京陛见。著赵尔巽遵旨传知。"

（宣统朝卷三六·页三四下）

○宣统三年（辛亥）三月壬寅（1911.4.2）

谕内阁："前经会议政务处议复联豫奏请裁撤驻藏帮办大臣，改设左、右参赞两缺，业经照准。罗长裿著补授驻藏左参赞，钱锡宝著补授驻藏右参赞。"

（宣统朝卷五〇·页五下～六上）

○宣统三年（辛亥）三月辛酉（1911.4.21）

以督办川滇边务大臣赵尔丰署四川总督。

（宣统朝卷五一·页一五上）

○宣统三年（辛亥）四月己巳（1911.4.29）

又谕（军机大臣等）："电寄赵尔丰，电奏悉。赵尔丰著即迅赴新任，毋庸来京陛见，所请收回成命之处，著毋庸议。"

（宣统朝卷五二·页二上）

○宣统三年（辛亥）十一月己丑（1912.1.14）

又谕（内阁）："电寄驻藏办事大臣联豫，内阁代递电奏悉。现在时局艰危，该大臣驻藏有年，情形熟悉，务当力任其难。惟据称病势甚剧，著赏假一个月，安心调理。寻常事件，即委钟颖暂行代理；遇有要公，仍宜亲自处裁。所请开缺之处，著毋庸议。"

（宣统朝卷六八·页一七下～一八上）

裁驻藏帮办大臣，改设左右参赞

○宣统元年（己酉）五月戊午（1909.6.27）

谕军机大臣等："电寄联豫等。联豫、温宗尧奏请添设参赞一员驻扎后藏，已经照准，惟必须才堪胜任，方可简任。联豫等如知有人地相宜、妥当可靠之人，速举一二员以备简补。倘藏中一时不得其人，即会商赵尔巽于川省人员内公同荐举。"

（宣统朝卷一三·页二八上～下）

○宣统二年（庚戌）十二月己亥（1911.1.29）

驻藏大臣联豫奏："现值厘定官制，责任必专，权限必明。各省地大事殷，督、抚同城尚经裁并，况藏地规模较简，驻藏大臣两员政见一有参差，治理即多窒碍。贤者依违瞻顾，不贤者各逞意见，遇事掣肘，内启番旗之轻藐，外贻友邦之讪笑。现在驻藏帮办大臣尚未简放，应请即予裁撤，并于前后藏各添设参赞一员。以前藏参赞作为驻藏左参赞，禀承办事大臣筹画全藏一切要政；以后藏参赞作为驻藏右参赞，禀承办事大臣监督三埠商务。均由办事大臣奏保堪胜人员，请旨简放。如蒙俞允，则办事大臣既有专一之权，又收得人之效，似于藏事不无裨益。"下会议政务处议。

（宣统朝卷四七·页四七上～四八上）

○宣统三年（辛亥）二月丙戌（1911.3.17）

会议政务处奏："驻藏办事大臣联豫奏裁帮办大臣一缺，改设左参赞一员、右参赞一员，应如所请办理。"依议行。

（宣统朝卷四九·页一五下）

○宣统三年（辛亥）三月壬寅（1911.4.2）

谕内阁："前经会议政务处议复联豫奏请裁撤驻藏帮办大臣，改设左、右参赞两缺，业经照准。罗长裿著补授驻藏在参赞，钱锡宝著补授驻藏右参赞。"

（宣统朝卷五〇·页五下～六上）

颁御书寺庙匾额、攒招讽经赏赐等

○同治七年（戊辰）正月壬戌（1868.2.6）

又谕（军机大臣等）："景纹奏西藏丰收安乐，僧俗人等恳请达赖喇嘛下山诵经一折。西藏连岁以来，雨旸时若，年谷丰登，沴疠消除，民安物阜。该僧俗人等以身逢其盛，鼓舞欢欣，公请达赖喇嘛下山念诵真经，为国祈福，具见出于至诚，洵堪嘉尚。该达赖喇嘛梵修有素，向义情殷，此次下山讽经，著景纹妥为照料，并发去黄哈达一个、银曼达一个、铃杵一分、嘎巴拉念珠一串、玉碗一个、玉盘一个、黄缎二卷，传谕该达赖喇嘛令其祗领，用昭恩赉。将此谕令知之。"

（穆宗朝卷二二二·页一二上~下）

○同治九年（庚午）四月己未（1870.5.23）

谕内阁："恩麟等代奏达赖喇嘛呈请前往布赉绷两寺讲经、熬茶请旨一折。达赖喇嘛系遵照向例前往旧建寺院布施熬茶，并化导所属，具见诚悃，朕心深为嘉悦。达赖喇嘛本年选定吉期前赴布赉绷两寺讲经时，著恩麟等随时妥为照料。"

（穆宗朝卷二八一·页九下）

○同治十年（辛未）二月庚午（1871.3.30）

谕军机大臣等："本日据恩麟等奏：达赖喇嘛由布达拉山亲至大招唪经，并据声称每于藏地清平，按年于正月内循例下山，攒招唪经等语。前于同治七年正月间，经景纹奏称，西藏僧俗人等因丰收安乐，恳请达赖喇嘛下山诵经，当经降旨赏给哈达等物。此次达赖喇嘛唪经虔祝，既据奏称按年于正月内循例下山，是否与前案事同一律，抑或年例应有之事，著恩麟、德泰详悉复奏，并著将从前循例唪经奏案及有无颁赏物件，一并查明迅速奏闻。将此各谕令知之。"

（穆宗朝卷三〇四·页二七下～二八下）

○同治十年（辛未）六月丁卯（1871.7.25）

谕军机大臣等："……（恩麟、德泰）另折奏遵查达赖喇嘛下山唪经，援案声明等语。本年达赖喇嘛亲至大昭唪经攒招，为国祈福，忱悃可嘉。著发去黄哈达一个、银曼达一个、铃杵一分、菩提念珠一串、玉碗一个、玉盘一个、黄缎二卷，交恩麟等转给达赖喇嘛祗领，用昭恩眷。将此由四百里各谕令知之。"

（穆宗朝卷三一三·页一四下～一六上）

○同治十二年（癸酉）二月乙卯（1873.3.4）

又谕（军机大臣等）："恩麟等奏达赖喇嘛下山唪经，并改期掌管任事一折。现在藏地清平，达赖喇嘛拟于本年二月间下山，率领众僧亲赴大招，攒招唪经，为国祈福，具见出于至诚，洵堪嘉尚。即著恩麟等前往布达拉山妥为照料，并发去黄哈达一个、银曼达一个、铃杵一分、菩提念珠一串、玉碗一个、玉碟一个、小卷五丝缎二卷，传谕该达赖喇嘛令其祗领，用昭恩眷。将此各谕令知之。"

（穆宗朝卷三四九·页八下～九上）

○同治十三年（甲戌）正月甲寅（1874.2.26）

又谕（军机大臣等）："承继等奏达赖喇嘛下山唪经一折。现在藏地清平，达赖喇嘛拟于本年正月间下山，率领僧众亲赴大招，攒招唪经，为国祈福，具见悃忱，洵堪嘉尚。即著承继等前往布达拉山妥为照料，并发去黄哈达一个、银曼达一个、铃杵一分、菩提念珠一串、玉碗一个、玉杯一个、小卷五丝缎二卷，传谕该达赖喇嘛祗领，用昭恩眷。将此各谕令知之。"

（穆宗朝卷三六二·页一一上～下）

○光绪元年（乙亥）二月癸未（1875.3.22）

又谕（军机大臣等）："希凯奏达赖喇嘛下山讽经一折。现在藏地清平，达赖喇嘛拟于本年正月间下山，率领僧众亲赴大招，攒招讽经，为国祈福，具见悃忱，洵堪嘉尚。即著希凯前往布达拉山妥为照料，并发去黄哈达一个、银曼达一个、铃杵一分、菩提念珠一串、玉碗一个、玉碟一个、小卷五丝缎二卷，传谕该达赖喇嘛祗领，用昭恩赉。将此各谕令知之。"

（德宗朝卷四·页一七下）

○光绪二年（丙子）十二月壬寅（1877.1.29）

驻藏办事大臣松溎奏："班禅额尔德尼惑习红教，现令具结改悔。"

得旨："著随时察看，妥慎办理。"

（德宗朝卷四五·页二下）

○光绪八年（壬午）十二月乙亥（1883.1.31）

驻藏办事大臣色楞额奏："布达拉山殿宇工竣，恭迎圣容供奉。"

得旨"敬悉。"

（德宗朝卷一五七·页一七上）

○光绪十一年（乙酉）二月丙申（1885.4.11）

谕军机大臣等："色楞额、崇纲奏达赖喇嘛下山讽经一折。现在藏地清平，达赖喇嘛拟于本年正月间下山，率领僧众亲赴大招，攒招讽经，为国祈福，具见悃忱，洵堪嘉尚。即著色楞额等前往布达拉山妥为照料。并发去黄哈达一个、银曼达一个、铃杵一分、镀金念珠一串、玉碗一个、玉碟一个、小卷五丝缎二卷，传谕该达赖喇嘛祗领，用昭恩赉。将此各谕令知之。"

（德宗朝卷二〇四·页一七下～一八上）

○光绪十三年（丁亥）十一月甲戌（1888.1.14）

谕内阁："文硕奏达赖喇嘛明年前往布赉绷两寺讲经熬茶，并请代奏请旨一折。达赖喇嘛遵照先世达赖喇嘛前往旧建寺院布施熬茶，并化导所属，具见忱悃，朕心深为嘉悦。达赖喇嘛选定次年吉期前往布赉绷两寺讲经时，即著文硕随时妥为照料。"

(德宗朝卷二四九·页二一下～二二上)

○光绪十五年（己丑）正月癸丑（1889.2.6）

谕军机大臣等："升泰奏达赖喇嘛下山讽经一折。据称达赖喇嘛拟于本年正月间亲赴大昭，攒招讽经，为国祈福，具见悃忱，深堪嘉尚。升泰现驻对邦办理边务，著遴派妥员前往布达拉山妥为照料。并发去黄哈达一个、银曼达一个、铃杵一分、金念珠一串、玉碗一个、玉碟一个、小卷五丝缎二卷，传谕该达赖喇嘛祗领，用昭恩赉。将此谕令知之。"

(德宗朝卷二六四·页四下～五下)

○光绪十七年（辛卯）十二月乙未（1892.1.4）

以神灵显应，颁西藏龙神祠扁额曰"甘澍应时"，城隍祠扁额曰"西陲福佑"。

(德宗朝卷三〇五·页五上)

○光绪十七年（辛卯）十二月己未（1892.1.28）

颁西藏万寿寺扁额曰"祗树长春"，大招寺扁额曰"福资万有"，吉绷寺匾额曰"慈云普佑"。从驻藏办事大臣升泰请也。

(德宗朝卷三〇六·页一六下)

○光绪十八年（壬辰）正月己丑（1892.2.27）

谕军机大臣等："安德等奏哲布尊丹巴呼图克图岁逢一纪，赴达赖喇嘛、班禅额尔德尼等处祈福，请由军机处转咨请旨一折。哲布尊丹巴呼图克图光绪十九年正逢二十五岁之纪，因固强年齿赴达赖喇嘛等处祈福，实属至为祥瑞。著加恩即将伊咨送达赖喇嘛等祈福之文除由安德等咨送军机处遇便送藏外，俟达赖喇嘛、班禅额尔德尼咨复哲布尊丹巴呼图克图文到，著升泰等仍照前次咨送军机处转咨。"

(德宗朝卷三〇七·页一八下～一九上)

○光绪十八年（壬辰）八月己卯（1892.10.14）

又谕（内阁）："升泰奏请将颁给达赖喇嘛、班禅额尔德尼之哲布尊丹巴呼图克图祈福文书咨送军机处等因一折。此书著交理藩院由驿咨送库伦，著该办事大臣承领，转交哲布尊丹巴呼图克图。"

（德宗朝卷三一五·页一〇上～下）

○光绪二十三年（丁酉）二月壬戌（1897.3.5）

驻藏帮办大臣讷钦奏："达赖喇嘛亲至大招讽经，派兵迎护，以昭慎重。"又奏派员赴后藏巡阅营伍边隘情形。并报闻。

（德宗朝卷四〇一·页二下～三上）

藏族僧俗官员的封授、罢黜

三世呼征阿齐图呼图克图

○光绪三年（丁丑）二月壬寅（1877.3.30）

又谕（内阁）："前据满庆等奏参呼征呼图克图阿旺伊喜楚称坚参因散放布施失察启衅，带印逃走。当经奉旨将该呼图克图之名号、敕印等一并注销，不准再令转世。该呼图克图赴京呈诉，旋即病故。兹据松溎奏：现在众喇嘛等禀诉已故呼征呼图克图从前劳绩、被屈情形、据情代奏等语。著照所请，准其查访已故呼征呼图克图转世之幼子，仍掌该寺事务，并将名号赏还。该衙门知道。"

（德宗朝卷四八·页三上～下）

○光绪十三年（丁亥）九月辛未（1887.11.2）

理藩院奏："遵议呼征呼图克图请赏还原颁印信。"

得旨："著加恩赏还印信，准其进贡。并开复管事喇嘛札萨克喇嘛衔名。"

（德宗朝卷二四七·页一七下）

诺们汗汪曲结布

○同治元年（壬戌）八月乙卯（1862.8.29）

谕内阁："满庆、恩庆奏呼征呼图克图带印逃走，请饬查拿究办一折。另片奏请赏加汪曲结布名号等语。呼征呼图克图阿旺伊喜楚称嘉木参自咸丰八年掌办商上事务，不思维持地面，辄因布施小事激怒众僧，致与布赉绷、噶勒丹两寺互相仇杀。咟征呼图克图一味负气，扬言已调果洛克野番来藏助战。布赉绷等两寺喇嘛互相攻击，咟征呼图克图见势力不敌，携带掌办商上印信图记潜逃，实属辜恩怙恶，有玷黄教。所有从前赏给阿旺伊喜楚称嘉木参慧能名号、广衍黄法阿齐图呼图克图敕印及黄缰等件，均著一并注销，不准再令转世。仍著理藩院衙门，沿边各省督、抚、口外将军、大臣、蒙古王公一体查拿究办，追出携带之掌办印信图记送交西藏，以免招摇。达赖喇嘛公事紧要，既据藏中僧俗大众公举已辞噶布伦汪曲结布堪以辅佐办理，著照满庆等所请，即以汪曲结布协理西藏事务，并赏给诺们罕名号。"

又谕："……此次汪曲结布已准协理商上事务，既据满庆奏称诚实可靠，且名号仅止协理，自不至如掌办事务者之恃权妄作。现在藏地危而复安，僧俗各安生理，即著满庆等妥为抚绥安辑。嗣后如再有别项事端，致边地骚然不靖，惟满庆等是问，毋谓宽典可以幸邀也。将此由五百里谕令知之。"

又谕："满庆等奏咟征呼图克图业已逃走，僧俗人情稍定，地面安靖，已公举汪曲结布协理商上事务。是藏中人情已安，毋须再行派兵弹压。所有前谕调拨番兵饷银，均著骆秉章即行停止。此事虽据满庆等奏称事已安定，而咟征呼图克图既为僧俗所恨，何以任令逃逸？其中恐别有情节。满庆前保咟征呼图克图代办商上事务，何以并不审择众心悦服之人，致令僧俗激变，其滥保已可概见，恐尚有受贿等情。计此旨到日，景纹已行抵西藏，即著严密查办，务得实情，详晰具奏。断不准稍有瞻徇，以致僧俗心怀不服。此次所举汪曲结布是否众心悦服之人，咟征呼图克图去后，人情是否安定，并著景纹一并具奏。事关边疆重务，谅景纹不敢含混自干罪戾也。将此由五百里各谕令知之。"

（穆宗朝卷三六·页二三上～二六上）

诺们罕罗布藏青饶汪曲

○同治三年（甲子）十一月丁卯（1864.12.28）

又谕（内阁）："满庆等奏请派青饶汪曲办理商上事务一折。汪曲结布因病出缺，无人办理达赖喇嘛商上事务，查罗布藏青饶汪曲人甚明白，办事谨慎，为合藏僧众素所推服，若令该喇嘛办理商上事务，实于藏中事务有裨。著照所请，即著青饶汪曲敬谨办理商上一切事务，并赏给诺们罕名号。达赖喇嘛现在年幼，该喇嘛务当留心妥为照料，俟遇便再行颁给敕书。"

谕议政王军机大臣等："满庆、恩庆奏汪曲结布病故，商众公举僧人代理一折。藏中事务紧要，必须得人办理。罗布藏青饶汪曲既据僧俗大众称其深通黄教，并晓公事，即著满庆等将本日清字谕旨二道宣示，令其感激恩施，勤慎办公，务协舆论。倘能始终奋勉，僧俗永远相安，将来必当锡以名号，准其转世，以奖勤劳。如始勤终怠，不惬众情，致藏地未能绥靖，朝廷洞烛万里，必将该诺们罕治罪，原保之人亦岂能辞咎耶？福济、景纹行抵雅州，何以迄今尚未赴藏，此时打箭炉至乍、察一带设站事宜闻已办理就绪，即著福济、景纹克日起程迅速入藏，毋许再有逗留，致干重咎。罗布藏青饶汪曲协理商上事务能否得力，并著到藏后随时察看，据实具奏，毋稍徇隐。将此各谕令知之。"

寻景纹奏："遵查新派掌办商上事务诺们罕罗布藏青饶汪曲，老成持重，素为合藏僧俗敬礼，藏地底定，僧俗相安。"报闻。

（穆宗朝卷一二二·页四五下～四七上）

○ 同治三年（甲子）十二月乙亥（1865.1.5）

又谕（议政王军机大臣等）："崇实、骆秉章奏西藏暨瞻对现在情形，无需大员前往查办一折。前因满庆等奏，汪曲结布病故，已将罗布藏青饶汪曲赏给诺们罕名号，协理商上事务，并谕满庆等勖令勤慎办公，务协舆论。著满庆、恩庆仍遵前旨，饬令罗布藏青饶汪曲凡事秉公办理，以期僧俗相安，俾藏地日臻静谧。景纹系特简驻藏大臣，责无旁贷，著即遵照前旨，赶紧驰往西藏赴任，将应办事宜妥协办理，以重职守。……将此由五百里各谕令知之。"

（穆宗朝卷一二三·页三二下～三三下）

○同治四年（乙丑）七月乙酉（1865.9.12）

又谕（军机大臣等）："前因满庆等奏请颁给诺们罕罗布藏青饶汪曲敕印，谕令理藩院查案妥议具奏。兹据奏称罗布藏青饶汪曲并非曾经转世，亦非奉特旨颁给，核与成案均未相符。惟查西藏商上原有承办藏务掌管黄教额尔德蒙额诺们罕印信一颗，历任掌办商上事务呼图克图等均经钤用，嗣经西宁办事大臣将此印呈交到院。今罗布藏青饶汪曲已经协理商上事务，可否即将掌办商上印信颁给等语。即著照理藩院所议，将掌办商上印信先行解交四川总督衙门，著骆秉章会同崇实暂行封存。至罗布藏青饶汪曲是否为徒众所服，其于商上事务能否胜任并应否接用商上事务印信，著景纹详细察看，确查罗布藏青饶汪曲如能胜任服众，堪以发给商上事务之印，即据实奏闻，再行就近派员赴川承领此印，转交诺们罕罗布藏青饶汪曲祗领。仍俟达赖喇嘛及岁接任时，立予撤退，所遗掌办商上印信，即由该大臣等会同达赖喇嘛封存商库，以符定制。将此各谕令知之。"

（穆宗朝卷一四九·页一七上～一八上）

○同治四年（乙丑）十二月丙午（1866.1.31）

谕内阁"前据理藩院奏请将西藏商上原有承办藏务掌管黄教额尔德蒙额诺们罕印信一颗，颁给诺们罕罗布藏青饶汪曲，当经谕令将印信先行解交四川总督衙门封存，由景纹察看罗布藏青饶汪曲如能胜任，再行承领转交。兹据景纹、恩庆奏称确查罗布藏青饶汪曲协理商上事务，为僧俗等所深服，其才堪以胜任等语。所有商上承办藏务掌管黄教额尔德蒙额诺们罕印信一颗，即著景纹等派员前赴四川总督衙门承领到藏，赏给罗布藏青饶汪曲祗领掌管，以符旧制。"

（穆宗朝卷一六三·页一一下～一二上）

○同治五年（丙寅）十月丁酉（1866.11.18）

添铸呼图克图印信，颁给西藏喇嘛罗布藏清饶汪曲，从驻藏大臣景纹请也。

（穆宗朝卷一八六·页一九上）

○同治八年（己巳）六月甲辰（1869.7.12）

添铸呼图克图扎萨克喇嘛印信，颁给罗布藏青饶汪曲，从驻藏大臣景纹请也。

（穆宗朝卷二六〇·页九下）

十世济咙呼图克图

○光绪元年（乙亥）十一月甲午（1875.11.28）

西藏办事大臣希凯奏："请以济咙呼图克图阿旺班垫曲吉坚参代办商上事务。"允之。

（德宗朝卷二一·页三下）

○光绪三年（丁丑）正月庚申（1877.2.16）

驻藏办事大臣松溎奏："济咙呼图克图掌办商上事务一年期满，恳请赏给敕书。"

得旨："现在达赖喇嘛之呼毕勒罕未经出世以前，所有商上事务著该济咙呼图克图敬谨掌办，并加恩赏给'达善'名号，俟前辈达赖喇嘛章禅赟送布彦时再行发给敕书。"

（德宗朝卷四六·页五上）

八世第穆呼图克图

○光绪十九年（癸巳）七月丁未（1893.9.7）

（驻藏办事大臣奎焕）又奏："恳如商上、噶布伦、三大寺僧俗大众等请，仍饬第穆呼图克图再行掌办商上事务五年。"从之。

（德宗朝卷三二六·页一四上）

○光绪二十一年（乙未）八月丁酉（1895.10.17）

谕军机大臣等："奎焕奏掌办商上事务第穆呼图克图因病辞退及藏番不遵开导各折片。第穆呼图克图既据奏称因病力求辞退，著即准其所请，所有藏番政教两务即归达赖喇嘛掌管。著奎焕传知达赖，切实开导三大寺僧众，仍遵前旨将藏哲勘界事宜遵照条约办理，毋得始终固执，致酿衅端。至所称简派大员带营来藏镇慑一节，断不可行。藏番不知大体，若遽慑以兵威，转恐大众惊疑，阻挠更甚，殊非朝廷绥辑岩疆之意。总之奎焕身膺重寄，务当熟度番情，相机操纵，俾界约不致迁延，藏番悉臻帖服，方为不负委任。将此由五百里谕令知之。"

（德宗朝卷三七五·页一七下～一八下）

诺们罕罗布藏坚参

○光绪三十二年（丙午）九月庚子（1906.10.23）

赏代理藏务喇嘛罗布藏坚参诺们罕名号。

（德宗朝卷五六四·页六上）

噶勒丹池巴罗布藏丹巴

○宣统二年（庚戌）二月癸未（1910.3.19）

谕军机大臣等："电寄驻藏大臣联豫。前经降旨，谕令迅访灵异幼子数人，遵照成案，入于金瓶秉公签掣，作为前代达赖喇嘛之真正呼毕勒罕，现在已否访获？朝廷深为悬切。达赖喇嘛掌理教务，名位不可久虚。著责成驻藏大臣联豫传谕各呼图克图等，认真访寻，照案从速办理。一俟掣定，即行电奏、请旨加恩，俾黄教得所皈依，大局亦资裨益。再，达赖喇嘛现在尚未举定，即举定亦在幼年，所有藏中教务暨商上一切事宜，须有老成端谨之员相为助理。前派代理新噶勒丹池巴罗布藏丹巴能否胜任，并应否援案赏给诺们汗名号之处，著该大臣一并妥议电奏。"

（宣宗朝卷三一·页一三下～一四下）

西藏其他僧俗贵族

○同治元年（壬戌）十一月乙卯（1862.12.27）

又谕（议政王军机大臣等）："满庆等奏请赏达赖喇嘛师傅一折。据称准达赖喇嘛咨，据布赉绷寺喇嘛等公同禀称，从上年起传习达赖喇嘛经典之正副师傅均系咸丰年间奏奉谕旨钦定。近虽接续传习，而呼征掌办事务竟未禀请具奏，本年春间纹结色呼图克图病退后，亦不拣人接充。现奉饬选副师傅，惟有沙布咙普尔觉呼毕勒罕罗布藏楚称甲木巴勒嘉木瑳人极老成，经典纯粹，充当达赖喇嘛副师傅实堪胜任。其罗布藏青饶汪曲讲演佛法始终如一，请照第七辈达赖喇嘛之正师傅阿旺却垫蒙赏阿齐图诺们罕名号，并九辈、十辈达赖喇嘛及此辈班禅额尔德尼师傅等均蒙赏诺们罕名号之例，施恩赏给正师傅罗布藏青饶汪曲名号，准其转世，并准普尔觉呼毕勒罕罗布藏楚称甲木巴勒嘉木瑳接充副师傅，以资训迪各等情，由该大臣据请转奏等语。著福济、景纹于抵藏后，按照该喇嘛所咨情节，详细查看，满庆等代为奏请，是否出于秉公，应如何办理之处，酌夺具奏。原折著抄给阅看。将此谕令知之。"

（穆宗朝卷四八·页二八下～三〇上）

○同治二年（癸亥）正月庚午（1863.3.12）

以故驻藏二等台吉策点边吉约尔子策忍旺曲袭职。

（穆宗朝卷五六·页一一下）

○同治四年（乙丑）十二月乙未（1866.1.20）

又谕（军机大臣等）："景纹、恩庆奏审据要犯吐多卜降巴供词，并恳请赏给夷喜罗布汪曲公爵各折片。该犯吐多卡降巴于买巴札仓众喇嘛攒集传唤之时，不能弹压僧众，反为首谋，将罗布藏称勒拉木结擅行接回色拉寺院。次夜复敢纠聚僧众七百余名，各佩枪刀器械，晋藏搬运财物，已属不法。迨衅端已成，经达赖喇嘛同满庆等数次札谕，令将已革总堪布及为首滋事之人交案惩办，该犯不肯交人，并派兵筑卡，率众抗拒，更属目无法纪。该犯现已据实供认，实属罪无可逭，吐多卜降巴一犯著即就地正法，以昭炯戒。至所请恳将达赖喇嘛之兄夷喜罗布汪曲赏给公爵之处，前据满庆等奏请，旋经理藩院议准，将达赖喇嘛之父彭错策旺所遗公爵赏给达赖喇嘛之兄夷喜罗布汪曲，业经降旨允准。该大臣等未接理藩院行知，故有此奏。本年六月十一日清字谕旨，著抄给景纹等阅看，即著宣示达赖喇嘛遵照。所有商上僧俗事务，仍著该大臣等妥为经理，毋稍大意。将此由四百里各谕令知之。"

（穆宗朝卷一六二·页二二下～二四上）

○同治七年（戊辰）正月壬戌（1868.2.6）

以办理西藏瞻对各案出力，赏达赖喇嘛兄夷喜罗布汪曲三品顶带花翎，颇琫策忍班垫二品虚衔。

（穆宗朝卷二二二·页一三上）

○同治七年（戊辰）二月庚子（1868.3.15）

西藏扎萨克台吉妥美占堆因病乞休，以其弟汪青占堆袭职。

（穆宗朝卷二二五·页一九下）

○同治十年（辛未）三月己未（1871.5.18）

谕内阁："恩麟、德泰奏噶布伦不遵节制请旨惩处一折。噶布伦密玛策忍在藏办理一切公务诸多把持，遇事阻挠，不遵诺们罕约束，实属咎有应得。密玛策忍著革去噶布伦并东科尔，仍交达赖喇嘛按例严惩，并饬令该管营官严加管束，不准出外别滋事端。"

（穆宗朝卷三〇七·页二九下～三〇上）

○同治十年（辛未）六月丁卯（1871.7.25）

谕军机大臣等："恩麟、德泰奏僧俗番官谋害已革番目，分别奏参一折。据称：达尔汉总堪布班垫顿柱勾通噶勒丹寺喇嘛阿丹及扎萨克喇嘛扎克巴协捻、折窝喇嘛策忍桑结，谋令诺们罕呼图克图辞退协理商上事务，并定计密差喇嘛分往各处，将已革赎罪之普隆噶布伦彭错策旺夺结父子、池扪戴琫期美夺结、大昭仓储巴江洛拉旺彭错、通巴戴琫朗结顿柱及现参催果噶布伦密玛策忍等六人先后谋死。班垫顿柱旋因畏罪潜回噶勒丹寺，噶布伦策忍汪曲听信该总堪布之言，私离职守，同往噶勒丹寺集众抗拒，不遵扎调等情。此案班垫顿柱谋夺商上之权，辄敢勾通各该喇嘛，谋害多人，不法已极。策忍汪曲听信班垫顿柱煽惑，擅离职守，情亦可恶。班垫顿柱原授达尔汉总堪布职名，扎克巴协捻现授四品大堪布连扎萨克名号，策忍汪曲曾授台吉、噶布伦连东科尔，著即一并斥革。并著恩麟、德泰派拨番营官兵将该犯等拿获，会同达赖喇嘛讯明确供，定拟具奏。该犯等既经纠集僧俗，意图抗拒，恩麟等尤当妥为弹压。一面严拿首要各犯，一面解散胁从，以免滋生事端。……将此由四百里各谕令知之。"

（穆宗朝卷三一三·页一四下～一六上）

○ 同治十二年（癸酉）八月丁酉（1873.10.12）

又谕（军机大臣等）："恩麟奏查明革员纵番滋闹，请将抗违不到之僧俗番官噶布伦等革职审办一折。革员王来仪私通外番、结盟滋事一案，有牵连番目重情，乃供出之噶布伦策旺边坝觉尔、四品中译依喜冲批等屡传不到。此案既经众供确凿，岂容该噶布伦等延不到案，任意抗违？必须严行提讯，以期水落石出。现充商上噶布伦策旺边坝觉尔并僧官四品中译依喜冲批等，均著即行革职，由该大臣等提同革员王来仪并门丁高升等，按照指供各情详讯明确，按律定拟具奏。……将此由五百里各谕令知之。"

（穆宗朝卷三五六·页二七上～二八上）

○ 光绪二年（丙子）正月己亥（1876.2.1）

以青饶洛坠济克美为商上三品总堪布。

（德宗朝卷二五·页八下）

○ 光绪二年（丙子）七月壬戌（1876.8.22）

谕军机大臣等："松溎奏披楞屡欲通商，设法阻止一折。披楞纳尔萨海等前来布鲁克巴、哲孟雄各部，意欲租地修路，入藏通商，均经松溎饬令委员劝谕阻回，办理尚妥。仍著该办事大臣加意防维，谕令该部长等固守边界，以期彼此相安，毋任勾结滋事。所有此次出力之通判周溱著赏换花翎；把总马胜富等二员均著赏换五品顶带；带琫札喜达结著赏换三品顶带；如琫顿柱策忍等三员均赏换四品顶带；甲琫札喜策忍等二员均著赏换五品顶带；布鲁克巴布[部]长欧柱汪曲等二名均著赏加总堪布衔；书识王松荣等五名均著以从九品选用。将此由四百里谕令知之。"

（德宗朝卷三六·页一六上～一七上）

○光绪五年（己卯）三月乙丑（1879.4.12）

以罗布萨荣垫为额外噶布伦。

（德宗朝卷九〇·页一〇上）

○光绪五年（己卯）六月乙丑（1879.8.10）

谕军机大臣等："松溎奏请选派达赖喇嘛教经正副师傅一折。著照所请，通善济龙呼图克图阿旺班垫曲吉坚参著作为达赖喇嘛正师傅，沙布咙普尔觉罗布藏楚称坚巴勒佳木撮著作为达赖喇嘛副师傅。"

驻藏办事大臣松溎奏："达赖喇嘛呼毕勒罕之父工噶仁青可否照例恩赏公爵。"

得旨："准其戴用宝石顶带花翎。"

（德宗朝卷九七·页一六下～一七上）

○光绪七年（辛巳）二月壬寅（1881.3.9）

库伦办事大臣奕榕奏："哲布尊丹巴呼图克图之兄可否加恩给奖。"

得旨："哲布尊丹巴呼图克图之兄巴特玛车林由藏跟随哲布尊丹巴呼图克图以来，迄今七载，保护该呼图克图甚属妥协。著加恩赏给伊兄巴特玛车林五品顶带花翎，以示鼓励。"

（德宗朝卷一二七·页一三上～下）

○光绪七年（辛巳）二月壬戌（1881.3.29）

理藩院奏达赖喇嘛来使病故，拟请恩恤。得旨："达赖喇嘛来使堪布青饶隆热当曲在京病故，殊堪悯恻。著加恩赏银一百两、哈达一个治丧。银两、哈达均由广储司给发。"

（德宗朝卷一二七·页二七下）

○光绪七年（辛巳）八月丙子（1881.10.9）

又谕（内阁）："奕榕等奏照看哲布尊丹巴呼图克图之图伯特噶沁绰尔济罗布桑占巴可否赏给名号请旨一折。库伦图伯特噶沁绰尔济罗布桑占巴于照看哲布尊丹巴呼图克图毫无疏懈，一切甚为留心，库伦图伯特噶沁绰尔济罗布桑占巴，著加恩赏给诺们罕名号。"

（德宗朝卷一三五·页一下）

○光绪九年（癸未）六月戊辰（1883.7.23）

以管辖徒众人心悦服，赏后藏札萨克喇嘛罗布藏顿柱苏哷诺们罕名号。

（德宗朝卷一六五·页七上）

○光绪十一年（乙酉）四月辛未（1885.5.16）

四川总督丁宝桢奏："口外各番乍丫最为地广人强，自康熙年间归顺，伺应藏道夫马，东至江卡，西至察木多，共十二站，奉调随征廓尔喀及瞻对共三次，讫今百八十余年未误差徭。兹据禀请奏准与巴塘、察木多各邻随班进贡，并恳赏给呼图克图号纸及总堪布洛宗丹增等虚衔顶带。"下所司议。

（德宗朝卷二〇六·页三上～下）

○光绪十二年（丙戌）正月己未（1886.2.28）

谕军机大臣等："有人奏，札萨克喇嘛阿旺尼玛揽权纳贿各节，请饬查办等语。著理藩院堂官将所参各情，确切查明具奏。"

（德宗朝卷二二三·页二六上）

○光绪十二年（丙戌）九月丙辰（1886.10.23）

以办理布鲁克巴夷务出力，赏大招业尔仓巴拉巴结布等花翎，硕弟巴仔仲根登伊喜等蓝翎，馀升叙有差。

（德宗朝卷二三二·页二五上～下）

○光绪十三年（丁亥）闰四月戊子（1887.5.23）

谕军机大臣等："哲布尊丹巴呼图克图之兄巴特玛车林业经降旨赏给五品顶带花翎，惟念该呼图克图年幼，抚育需人，加恩哲布尊丹巴呼图克图之兄巴特玛车林著赏给公衔。将此旨仍发交安德等，传知哲布尊丹巴呼图克图知之。"

（德宗朝卷二四二·页一上）

○光绪十三年（丁亥）九月辛未（1887.11.2）

理藩院奏："遵议呼征呼图克图请赏还原颁印信。"

得旨："著加恩赏还印信，准其进贡。并开复管事喇嘛札萨克喇嘛衔名。"

（德宗朝卷二四七·页一七下）

○光绪十五年（己丑）正月庚戌（1889.2.3）

谕内阁："升泰奏乍丫、察木多两部构衅一案遵旨办理完结，请将呼图克图及出力员弁奖叙一折。光绪四年间，乍丫番人以兵队围攻察台，焚烧房掠，两部人众构衅多年。经升泰督饬委员再三开导，谕令乍番将房去各物退还，并缴赔款谢罪。复经升泰赏给察番银一千两。已据该两部呼图克图禀报完案，办理尚为妥协。在事出力之四川补用直隶州知州拉里粮员嵇志文，著赏给四品衔。察木多帕克巴拉及仓储巴罗布策旺深明大义，忍辱驭众，不至别生事端，且能于该部被兵之后勉力照常当差，毫无贻误，殊属可嘉。靖远禅师察木多帕克巴拉呼图克图额尔德尼阿旺洛桑济克美丹贝坚参著颁法轮绥远匾额一方，赏给衹领，以示优异；察木多达尔汗仓储巴罗布策旺著赏加札萨克名号；新任仓储巴噶桑云墊[垫]调和两部甚为得力，著赏给达喇嘛名号。把总张文元著在任以千总用，字识刘润、钟元庆均著以从九品归部选用，以示鼓励。"

（德宗朝卷二六四·页二下～三下）

○光绪十七年（辛卯）十月壬寅（1891.11.12）

（驻藏办事大臣升泰）又奏："班禅额尔德尼之呼毕勒罕请援照封亲之例，移封外祖父期美汪布爵衔、顶带、花翎。"下所司议。

寻理藩院奏："历届呼毕勒罕之父蒙恩赏给爵衔、顶翎，非专指坐床荣亲而论，未便援引。应否援照达赖喇嘛请封懿亲之案，赏给公衔或头等台吉之职，只授本身，毋庸袭替。"

得旨："期美汪布著加恩赏给本身辅国公衔。"

（德宗朝卷三〇二·页九上～下）

○光绪十七年（辛卯）十一月己巳（1891.12.9）

以故辅国公伊喜洛布旺曲子济克美朗结袭爵。

（德宗朝卷三〇三·页一五下～一六上）

○光绪十八年（壬辰）正月丙子（1892.2.14）

驻藏办事大臣升泰奏："查明西藏达赖喇嘛近支停袭公爵彭错仑珠并无内乱伤伦情事，参处失实，请开复公爵翎顶。"

（德宗朝卷三〇七·页一〇上）

○光绪二十一年（乙未）十二月庚午（1896.1.18）

又谕（军机大臣等）："奎焕奏瞻对番官领兵越界滋事，请旨惩办一折。据称瞻对番官对堆夺吉率兵越界滋扰明正土司所属部落那珍等处地方一案，业经鹿传霖派员查办等语。本日已有旨将番官对堆夺吉、僧官夷喜吐布丹一并革职，并谕令奎焕妥为开导，持平办理矣。仍著该督饬令派出委员，体察情形，秉公查办，总期迅速解散，以息争端为要。将此谕令知之。"

（德宗朝卷三八一·页七下～八上）

○光绪二十六年（庚子）四月庚寅（1900.5.17）

以故西藏头等台吉洛布占堆弟松簪吉夺袭职。

（德宗朝卷四六二·页一五上）

○光绪二十八年（壬寅）十二月戊戌（1903.1.10）

驻藏办事大臣裕钢等奏："第穆寺庄拟设僧俗仔仲经管，并请赏给顶带。"下所司议。

（德宗朝卷五〇九·页一一下）

○光绪二十九年（癸卯）十一月壬辰（1903.12.30）

谕内阁："理藩院奏遵议琐图重案办理完结出力之察木多锡瓦拉呼图克图阿旺济克美青饶丹增称勒等奖叙请旨一折。察木多锡瓦拉呼图克图阿旺济克美青饶丹增称勒等于办理琐图重案均资得力，加恩锡瓦拉呼图克图阿旺济克美青饶丹增称勒，赏给通诚禅师名号，甲拉克呼图克图阿旺丹卑俊乃称勒曲结坚参赏给博善禅师名号，乍丫诺们罕罗布藏土丹济克美嘉木磋赏给普济禅师名号，以示奖励。"

（德宗朝卷五二三·页一七下～一八上）

○光绪三十二年（丙午）八月戊辰（1906.9.21）

以故霍尔康札萨克台吉四朗多布结子汪青彭错朗结袭职。

（德宗朝卷五六三·页四上～下）

○光绪三十二年（丙午）十一月戊午（1907.1.9）

谕军机大臣等："电寄张荫棠，电悉。据陈藏中吏治之污，鱼肉藏民，侵蚀饷项，种种弊端，深堪痛恨。……至噶布伦齐丁温珠、番官荡孟，均著革职究办。"

（德宗朝卷五六七·页一二上～下）

○光绪三十三年（丁未）三月己亥（1907.4.20）

谕军机大臣等："电寄张荫棠，电悉。据称护法曲吉苛敛横行情事，自应惩儆。惟将寺产查抄充公于番情未必协服，有失大体。应如何妥慎办理之处，著张荫棠会同联豫查明妥议具奏。"

（德宗朝卷五七一·页七上）

○光绪三十四年（戊申）二月辛巳（1908.3.27）

谕军机大臣等："电寄联豫，电悉。番官罗桑称勒著即行革职惩办。"

（德宗朝卷五八七·页三二上～下）

○ 宣统二年（庚戌）二月乙未（1910.3.31）

又谕（军机大臣等）："电寄赵尔巽等，赵尔巽转联豫电奏并筹议各节均悉。达赖既经宣布另选，应即遵照迭次谕旨从速选定，以维教务。噶伦布[噶布伦]办事现只一人，仍须照额遴选妥员，奏请补授。拉里、工布一带兵民均知向化，如番官希图报复，及有威逼虐待情事，应知照代理商上即行撤换。边觉夺吉系达赖私人，若竟潜回诱煽，深恐滋生事端，务即设法严密拿办，以杜后患。该处遗孽未净，所有派出之川边各军酌量撤留，并宜节节分布，借资镇慑。

（宣统朝卷三二·页九上～下）

○ 宣统二年（庚戌）四月乙酉（1910.5.20）

驻藏办事大臣联豫奏："已革达赖狡谋叵测，劣迹多端。其与该达赖同逃之商官已革噶布伦边觉夺吉、大中译丹增江布造谋煽乱，同恶相济，逆迹昭著，拟俟缉获即行正法。已革噶布伦彭错顿住、已革喇嘛噶布伦济汝白桑、戴琫改桑坚参、硕弟巴鲁朱党恶横行，调兵毁汛，拟请革职，俟缉获后发边远充军。在任噶布伦策丹汪曲及达赖私放之戴琫汪堆夺吉附和阴谋，举动狂悖，拟请即行革职，严缉讯办。"

均如所请行，并下部知之。

（宣统朝卷三四·页二五下～二六下）

四川、甘肃等喇嘛和土司头人

○ 同治二年（癸亥）九月壬子（1863.10.20）

谕内阁："理藩院代奏土观呼图克图呈请住京当差一折。土观呼图克图之前三代皆曾住京，并赏给静修禅师名号。现在该呼图克图呈请瞻觐后住京当差，自属出于至诚。著照所请，准其住京，并加恩赏给静修禅师名号、副扎萨克达喇嘛职衔印敕。"

（穆宗朝卷七八·页三二下～三三上）

○ 同治五年（丙寅）四月庚子（1866.5.25）

谕内阁："前因都察院奏图观呼图克图呈请准用康熙年间恩赏前辈物

件，当令理藩院详查例案具奏。兹据奏称：康熙年间恩赏该呼图克图前辈物件，详查该衙门及喇嘛印务处均无案据。即道光年间该呼图克图前辈住京当差，亦无准用前辈恩赏物件明文等语。图观呼图克图呈请各节，既无例案可稽，所请赏用康熙年间恩赏前辈物件之处，著不准行。"

（穆宗朝卷一七四·页二九下～三〇上）

○同治六年（丁卯）三月辛巳（1867.5.1）

以甘肃洮州番土弁兵节年剿匪出力，赏土司杨元巴图鲁名号，指挥佥事杨作霖等花翎，馀加衔升叙有差；予阵亡土司杨绣春等四百五十六员名分别优恤，并附祀卓居地方昭忠祠。

（穆宗朝卷一九九·页二九上）

○同治十年（辛未）八月壬戌（1871.7.26）

补铸四川木裏[里]安抚司印信，从总督吴棠请也。

（穆宗朝卷三一七·页五下）

○光绪三年（丁丑）五月乙亥（1877.7.1）

谕内阁："理藩院奏遵议访出察罕诺门汉之呼毕勒罕一折。番子多尔吉车楞之子拉布坦属下夏木札勒之子索纳木，既经观吹札等访出，自应将伊等名字送藏，入于金瓶掣定一人，以为呼毕勒罕。"

（德宗朝卷五一·页二六下～二七上）

○光绪三年（丁丑）七月癸酉（1877.8.28）

谕内阁："理藩院奏遵议诺们罕转世，恳请接回西藏一折。前掌办前藏商上事务噶勒丹锡勒图萨玛第巴克什额尔德蒙额诺们罕阿旺札木巴勒楚勒齐木，于道光年间犯案，情节甚重，叠奉谕旨褫革职衔，追剥敕黄发遣，释回后不准仍回西藏，系永远不准再出呼毕勒罕之人。松潎所请以洮州之幼子阿旺甲木巴勒楚称甲错为该已革诺们罕转世之呼毕勒罕，迎接回藏之处，著不准行。至所奏前掌办西藏事务额尔德尼诺们罕噶勒丹锡勒图萨玛第巴克什阿旺楚勒齐木，与前案名字稍有不符，并著该大臣查明办理。"

（德宗朝卷五四·页六上～下）

○光绪五年（己卯）四月庚戌（1879.5.27）

谕内阁："前据松溎奏：请以阿旺甲木巴勒楚称甲错为已革诺们罕阿旺扎木巴勒楚勒齐木转世之呼毕勒罕，迎接回藏。经该衙门议奏，该已革诺们罕前于道光年间犯案，情节甚重，系永远不准出呼毕勒罕之人，所请应不准行。兹据金顺、锡纶奏西藏喇嘛嘉木巴曲图木等并土尔扈特各部汗王等呈称该部落愿捐马一千匹，请准阿旺甲木巴勒楚称甲错为僧等语。阿旺甲木巴勒楚称甲错著准其为僧，赴藏学习经典，仍不准妄请开复名号职衔称为转世呼毕勒罕。该部落所捐马匹著毋庸赏收，以示体恤。"

（德宗朝卷九三·页七下～八上）

○光绪八年（壬午）四月丙子（1882.6.6）

谕内阁："理藩院奏遵议呼图克图开导番族出力奖叙一折。嘉木样呼图克图于查办番族积案之时切为开导，俾番众倾心向化，实属深明大义，志向可嘉。加恩著赏给广济禅师名号，以示优异。"

（德宗朝卷一四五·页一八下）

○光绪九年（癸未）四月己未（1883.5.15）

以噶勒丹锡哷图呼图克图为札萨克达喇嘛。

赐故聪慧洞阔尔呼图克图奠酾及银物有差。

（德宗朝卷一六二·页一一上）

○光绪十一年（乙酉）四月己卯（1885.5.24）

谕内阁："理藩院奏呼图克图捐输银两请移奖其师，声明请旨一折。棍噶札拉参呼图克图捐输银两，急公好义，甚属可嘉。加恩著赏给伊师沙布咙普尔觉罗布藏楚称甲木巴勒嘉木磋笃信禅师名号，以示优异。"

（德宗朝卷二○六·页八下～九上）

○光绪十四年（戊子）四月甲午（1888.5.23）

又谕（军机大臣等）："恩承等奏棍噶拉勒参请建寺诵经，折内有经达赖喇嘛指定在本籍洮州厅地方建立庙宇等语。所建庙宇地方系何年指定，何年建立，是否在洮州厅属内地，曾否呈明地方官有案，著承恩等即传该呼图克图详悉询明复奏，再降谕旨。"

寻理藩院奏："遵旨询问，据称：前于光绪十年十月禀蒙达赖喇嘛指在本籍陲弼胜地方建立庙宇，十一年八月间动工，现未完竣，系在洮州厅属土司杨作霖所属生番地方，曾经报明察验。"

得旨："该呼图克图建寺诵经，具见悃忱，加恩著另行赏银二千两，由甘肃藩库给发。其前次赏银五千两，仍著全数赏给该呼图克图，作为津贴该徒众等川资之用。"

（德宗朝卷二五四·页一四下～一五上）

○光绪十九年（癸巳）十月甲寅（1893.11.13）

以不知自爱，革四川理番厅卓克基土司恩布色朗职。

（德宗朝卷三二九·页七上）

○光绪二十年（甲午）十一月丁丑（1894.12.1）

又谕（军机大臣等）："前据奎顺奏询访章嘉呼图克图之呼毕勒罕，共访得二童子一折。朕览大呼图克图之呼毕勒罕出世，甚属喜悦。兹据理藩院奏称：'在雍和宫唪经，将此二童子之名装入金瓶，掣定嘎拉穆楞亲之子桑吉札布。桑吉札布认识前世章嘉呼图克图所用念珠、铃杵等物，实为章嘉呼图克图呼毕勒罕。'朕心甚属快悦。章嘉呼图克图善通经卷，今祥灵呼毕勒罕出世，其性未殁，大喜事也。朕常用噶巴拉念珠一串，著赏给呼毕勒罕，交奎顺祗领，转交呼图克图之徒札萨克喇嘛等赏给呼毕勒罕。除将此晓谕蒙古王、公及在京之呼图克图、喇嘛、章嘉呼图克图所住庙内各喇嘛等知悉外，并欣告西藏达赖喇嘛、班禅额尔德尼。奎顺接奉此旨，著一并晓谕章嘉呼图克图徒众。"

（德宗朝卷三五三·页一四下～一五下）

○光绪二十三年（丁酉）五月丙申（1897.6.7）

谕内阁："长庚等奏呼图克图功德久著，恳准转世一折。棍噶札拉参呼图克图嘉穆巴图多普道根夙具，勇略过人。同治年间在塔尔巴哈台等处带队剿贼，救护蒙众，实属功绩懋昭。圆寂后，旧土尔扈特东部落暨塔城额鲁特官兵等追念功德，怀思不忘。加恩著准其转世为八音沟承化寺呼图克图，并准其在塔尔巴哈台捐建祠宇，以维黄教而顺众情。"

（德宗朝卷四○五·页六上～下）

○光绪三十一年（乙巳）六月癸卯（1905.7.3）

以攻克泰凝寺喇嘛效忠用命，赏四川明正宣慰土司甲木参琼珀总兵衔。其纵兵抢掠之靖边营管带已革知县穆秉文发新疆充当苦差。

（德宗朝卷五四六·页二上～下）

○宣统元年（己酉）闰二月壬辰（1909.4.2）

西宁办事大臣庆恕奏："接准达赖喇嘛文称：从前赏给各呼图克图名号，原为各守清规、清净焚修起见。近察有塔尔寺阿嘉呼图克图不但不守清规，又背国恩，意将黄教泯灭，饮酒、吸烟、打围。即请代奏，将呼图克图名号斥革。如将此事办清，即速回藏，否则回藏即无定期矣。"

得旨："著交理藩部查核办理。"

（宣统朝卷九·页三三下～三四上）

○宣统元年（己酉）八月丁酉（1909.10.4）

予剿办四川理番厅逆匪阵亡千总阿申纳勒朗优恤。

（宣统朝卷二○·页六下）

○宣统元年（己酉）十一月壬戌（1909.12.28）

以四川故建昌道属中所土千户喇淑统弟喇绪统、故峨眉喜寨土千户择乃学侄出札西袭职。

（宣统朝卷二六·页三上～下）

○宣统三年（辛亥）四月乙亥（1911.5.5）

又奏："修治打箭炉至察木多车路，以利行旅而便转输。"下部知之。以捐助巴塘学款，赏川夷世袭都司多吉僧格头品顶戴。

（宣统朝卷五二·页一○上）

朝贡与封赐

十二世达赖

○ 同治二年（癸亥）十月甲申（1863.11.21）

又谕："满庆、恩庆奏达赖喇嘛专差赴京，请饬沿途照料等语。本年轮应西藏达赖喇嘛专差年班堪布囊素等呈进贡物，由西宁、陕西一带赴京。现在甘肃、西宁地方回匪尚未捕灭，陕西虽渐就肃清，而余逆未净，道路均难免梗塞。该堪布等必须绕路前进，庶免阻隔。著熙麟、刘蓉、玉通、恩麟、张集馨俟该堪布班垫曲扎、囊素沙克嘉降白等行至境内，即各饬地方官妥为照料，应付前进，不得将该贡使截回，亦不可任令阻滞。其行抵直隶时，著刘长佑一体照办，以示怀柔。将此谕知刘长佑、熙麟、刘蓉、玉通，并传谕恩麟、张集馨知之。"

（穆宗朝卷八二·页九下～一〇上）

○ 同治九年（庚午）四月己未（1869.5.23）

谕内阁："恩麟等代奏达赖喇嘛呈请前往布赉绷两寺讲经、熬茶请旨一折。达赖喇嘛系遵照向例前往旧建寺院布施熬茶，并化导所属，具见诚悃，朕心深为嘉悦。达赖喇嘛本年选定吉期前赴布赉绷两寺讲经时，著恩麟等随时妥为照料。"

（穆宗朝卷二八一·页九下～一〇上）

十三世达赖

○光绪四年（戊寅）二月戊子（1878.3.11）

驻藏办事大臣松溎等奏前藏堪布囊索等赴京进贡起程日期。得旨："著遵照上年十月二十七日谕旨，该堪布等毋庸来京。所有贡物、丹书克，咨由成都将军、四川总督派员赍京呈进。"

（德宗朝卷六七·页一八上~下）

○光绪六年（庚辰）十一月丁丑（1880.12.14）

前藏堪布清儒隆觐于神武门外瞻觐。

（德宗朝卷一二三·页二〇上）

○光绪六年（庚辰）十二月戊申（1881.1.14）

达赖喇嘛遣堪布来京。赏赉如例。

（德宗朝卷一二五·页一七下~一八上）

○光绪七年（辛巳）正月乙亥（1881.2.10）

诏达赖喇嘛曰："尔达赖喇嘛前闻穆宗毅皇帝升遐，即齐集各寺喇嘛唪经，兴作善事，今复差堪布呈进奏疏、哈达、佛香，并请朕安，呈进哈达、朝珠等物，深堪嘉尚。来使到京之时，梓宫业已奉安惠陵，经朕特派大臣带领来使谒陵，供献贡物。想穆宗毅皇帝在天之灵必鉴尔等肫诚，锡尔厚福也。尔达赖喇嘛为黄教之尊，受穆宗毅皇帝之恩最重，从此顶沐恩施，更宜振兴佛教，留心经卷，必使众庶各安生业，以副朕尊崇黄教之至意。钦哉毋忽！兹尔来使回藏，特问尔好，随敕书发去六十两重镀金银茶筒一件、镀金银瓶一个、银钟一个、蟒缎二匹、龙缎二匹、妆缎二匹、片金二匹、闪缎四匹、字缎四匹、大卷八丝缎十四匹、大哈达五个、小哈达四十个、五色哈达十个，外另赏尔及协理商上事务济陇[咙]呼图克图等物件，开单一并交尔来使巴雅尔堪布青饶隆热当曲赍去，其各祗领。"

（德宗朝卷一二六·页一六上~一七上）

○光绪七年（辛巳）三月丙戌（1881.4.22）

谕军机大臣等："理藩院奏大行慈安端裕康庆昭和庄敬皇太后大事，应行布施西藏各庙念经，声明成案请旨一折。所有颁给达赖喇嘛等敕书、赏件，即著由驿颁发，交四川总督转递。至布施、念经各事宜，著驻藏大臣办理。应给赏项银八千两及茶块，著四川总督备办。将此各谕令知之。"

（德宗朝卷一二八·页二九上～下）

○光绪七年（辛巳）四月丙午（1881.5.12）

理藩院奏："本年年班，内外札萨克蒙古汗、王、贝勒、公、台吉、额驸等可否来京。"

得旨："现值大行慈安端裕康庆昭和庄敬皇太后大事，……各项应行来京之呼图克图、喇嘛暨西藏应行呈进丹书克使臣堪布、察木多之帕克巴拉呼图克图来使及回子伯克、土司土舍、廓尔喀等，亦均俟二十七个月后照例再按班来京。"

（德宗朝卷一二九·页一一上～一二上）

○光绪七年（辛巳）八月己巳（1881.10.2）

前藏贡使堪布青饶丹曲批囊、罗布藏饶给等二人……于神武门外瞻觐。

（德宗朝卷一三四·页一五下）

○光绪九年（癸未）正月甲辰（1883.3.1）

谕军机大臣等："御史英俊奏：前藏贡使中义、包四维上年十二月间被喇嘛刘贡嘎串通女光棍绰号母老虎李杜氏，因索贷未遂，在安定汛守备衙门捏词牵控。该汛兵丁沙姓等多人将包四维诱至该守备衙门扣留，守备刘国旺传谕包四维有银一千两可以了结，该贡使不允。锁押多日，始送步军统领衙门，现又送交理藩院。请饬查究等语。该贡使何时到京，何以日久羁留，著理藩院查明。该贡使如应开释，即行令其回藏。喇嘛刘贡嘎等串通讹索，如果属实，亟应严行究办。著将此案情节一并详细确查，迅速具奏。将此谕令知之。"

（德宗朝卷一五八·页二二上～下）

○光绪九年（癸未）十二月戊申（1883.12.30）

达赖喇嘛使臣堪布协饶丹于神武门外瞻觐。

（德宗朝卷一七五·页三上）

○光绪十一年（乙酉）八月丁亥（1885.9.29）

谕军机大臣等："色楞额等奏：前赏达赖喇嘛物件中途被劫等语。即著丁宝桢督饬地方员弁，会同该处土司迅速查拿，务获究办。其被劫物件，加恩补赏一分，著色楞额等于奉到后即行转给祗领。将此由四百里各谕令知之。"

（德宗朝卷二一四·页一一上～下）

○光绪十一年（乙酉）八月戊子（1885.9.30）

颁发补赏达赖喇嘛黄哈达一个、银曼达一个、铃杵一分、菩提念珠一串、玉碗一个、玉碟一个、小卷五丝缎二卷。

（德宗朝卷二一四·页一五下）

○光绪十二年（丙戌）二月癸酉（1886.3.14）

（驻藏办事大臣色楞额）又奏："前赏达赖喇嘛物件中途被劫，业经补赏给领。现在前件寻获，应否缴还军机处，抑或存储库中。"

得旨："所有前颁各件著留存藏库，以备日后颁赏之用。"

（德宗朝卷二二四·页八上）

○光绪十四年（戊子）五月己卯（1888.7.7）

守护东陵大臣载迁等奏："前藏达赖喇嘛专差叩谒定东陵，呈进佛像。"

得旨："镀金佛像十八尊著成作供案，敬供东暖阁内。"

（德宗朝卷二五五·页一六上）

○光绪十七年（辛卯）五月甲子（1891.6.7）

理藩院奏："达赖喇嘛呈递丹书克、贡物，应在何处陈设演礼。"

得旨："著在中正殿演礼。"

（德宗朝卷二九七·页一上～下）

○光绪二十四年（戊戌）四月辛亥（1898.6.17）

上御乾清宫，受前藏达赖喇嘛呈进贡物。

（德宗朝卷四一八·页二九上）

○光绪二十六年（庚子）十月丁巳（1900.12.10）

谕军机大臣等："奎俊奏本年山、陕荒旱，驿站应付为难，援案请免边使朝贡一折。现在山、陕两省被灾，情形甚重，驿站应付实属为难。所有廓尔喀暨前后藏喇嘛并各土司著准其暂缓朝贡，俟道路平靖，再行照例办理。如贡使业已启行，即令在成都将表文、贡物交清回藏，由奎俊派员代进。将来敕书及恩赏等物颁发到川，并由该督派员赍藏，交裕钢等转发，以示体恤。将此由五百里谕知奎俊，并迅速知照裕钢、安成等遵照办理。"

（德宗朝卷四七四·页二一上～下）

○光绪二十七年（辛丑）五月丁亥（1901.7.8）

驻藏办事大臣裕钢奏："西藏进呈方物，吁恳赏收。"

得旨："俟解到日，著赏收。"

（德宗朝卷四八三·页二〇下～二一上）

八世班禅

○同治元年（壬戌）二月戊辰（1862.3.15）

又谕（内阁）："瑛棨奏请将护解喇嘛纵令需索之官弁革职审办等语。四川署督标中营把总宋国修、提标右营外委陈祥于护解后藏喇嘛赴京呈进贡物，经过襄城县地方，辄敢纵令通事人夫勒索席桌程仪并夫马折价等项，复纠通事人等进该县署内肆闹，实属任意妄为，借端滋扰。宋国修、陈祥均著即行革职，交瑛棨严审究办。"

寻奏:"讯明已革把总宋国修护解喇嘛,任令通事人等沿途勒索,又得受程仪银两,殊属不合,业已革职,应无毋庸议。已革外委陈祥业经病故,应免置议。"

下部议。从之。

(穆宗朝卷一九·页一六下～一七上)

○同治四年(乙丑)七月乙丑(1865.8.23)

又谕(内阁):"满庆、恩庆奏扎什伦布扎萨克喇嘛呈进年班贡物一折。本年轮应扎什伦布呈进贡物之期,惟现在西宁一带道路尚未疏通,所有该喇嘛此次年班贡物,著俟下届下班时一并呈进,以示体恤。"

(穆宗朝卷一四七·页八下)

○同治八年(己巳)十二月乙卯(1870.1.19)

又谕(内阁):"恩麟奏班禅额尔德尼呈进年班例贡,请改道赴京一折。班禅额尔德尼差派堪布呈进年班例贡,现因西宁道途梗阻,著准照达赖喇嘛呈进贡物之例,改道由四川、陕西、山西、直隶赴京。"

(穆宗朝卷二七三·页四上～下)

○同治十三年(甲戌)五月壬寅(1874.6.14)

上御乾清宫,命理藩院尚书皂保、左侍郎成林、乾清门侍卫载鹥引后藏堪布噶青宜玛曲批、章嘉呼图克图等十一人呈递丹书克。

(穆宗朝卷三六六·页一下)

○光绪四年(戊寅)四月癸卯(1878.5.25)

谕军机大臣等:"……兹据松溎等奏班禅额尔德尼札萨克喇嘛呈进贡物自藏起程日期,并遵奉前次谕旨,请饬成都将军、四川总督于该员到川时一体办理,开单呈览各折片。现在山西、陕西饥民尚多,仍恐沿途阻滞,所有班禅额尔德尼等呈进各项贡物,著恒训、丁宝桢仍遵前旨于该员使行抵川省时,将表文、贡物存留,派员赍京呈进,以示体恤而免疏虞。原单均著抄给阅看。将此各谕令知之。"

(德宗朝卷七二·页一五上～下)

○光绪十年（甲申）十一月戊申（1884.12.24）

赏在京病故班禅额尔德尼来使堪布噶青罗布增坠银两、哈达如例。

（德宗朝卷一九七·页一五下）

九世班禅

○光绪二十一年（乙未）八月壬午（1895.10.2）

以班禅额尔德尼遣使堪布罗布藏荣垫在京病故，赏银一百两、哈达一方。

（德宗朝卷三七四·页一八上）

○光绪二十一年（乙未）九月壬子（1895.11.1）

理藩院奏："班禅额尔德尼坐床后恭祝万寿，呈进丹书克、贡物。"报闻。

（德宗朝卷三七六·页二〇上～下）

○光绪二十一年（乙未）九月丙寅（1895.11.15）

后藏班禅额尔德尼（遣使）诣京谒陵，并呈进贡物。

（德宗朝卷三七六·页三七下）

○光绪二十二年（丙申）四月甲戌（1896.5.21）

理藩院奏："后藏班禅额尔德尼之已故来使堪布徒众恳领应得赏件，回藏销差，据情上请。"

得旨："允行。"

（德宗朝卷三八八·页一一上）

○光绪二十六年（庚子）十月丁巳（1900.12.10）

谕军机大臣等："奎俊奏本年山、陕荒旱，驿站应付为难，援案请免边使朝贡一折。现在山、陕两省被灾，情形甚重，驿站应付实属为难。所有廓尔喀暨前后藏喇嘛并各土司著准其暂缓朝贡，俟道路平靖，再行照例办理。如贡使业已启行，即令在成都将表文、贡物交清回藏，由奎俊派员代进。将来敕书及恩赏等物颁发到川，并由该督派员赍藏，交裕钢等转发，以示体恤。将此由五百里谕知奎俊，并迅速知照裕钢、安成等遵照办理。"

（德宗朝卷四七四·页二一上～下）

○光绪三十二年（丙午）十二月壬辰（1907.2.12）

又谕（军机大臣等）："电寄张荫棠，电悉。据代奏班禅额尔德尼吁请陛见等语，具见悃忱。著俟藏务大定后听候谕旨，再行来京陛见。达赖喇嘛现在留驻西宁，并著暂缓来京。究竟达赖、班禅等来京是否相宜，著张荫棠体察情形，再行详晰电奏。"

（德宗朝卷五六八·页三四下）

○光绪三十三年（丁未）二月癸亥（1907.3.15）

谕军机大臣等："电寄张荫棠、电奏悉。达赖喇嘛、班禅额尔德尼著仍遵前旨暂缓来京陛见。"

（德宗朝卷五七〇·页一下）

九世帕克巴拉呼图克图

○光绪三年（丁丑）十月戊申（1877.12.1）

又谕（军机大臣等）："恒训、丁宝桢奏贡使未能畅行，恳暂免进京一折。本年值廓尔喀及察木多堪布入贡之期，川省西、南两路土司亦须分班入觐，均系取道山、陕前进。现在山西、陕西两省荒旱，饥民四出觅食，若各处贡使分起北上，人数众多，经过地方力难应付；并恐驿路未能畅行，中途或有疏失，转非所以示体恤。所有廓尔喀本年例贡，著松溎、桂丰仍照上届成案将表文、贡物存留，派员赍至四川省城，再由恒训、丁宝桢委员赍京呈进。应给敕书及恩赏各物著理藩院发往四川，交恒训、丁宝桢转交松溎、桂丰只领颁给。至察木多喇嘛及川省各路土司贡物，已启程者，均准其留存代进，未经启程及因事请免入觐者，均著加恩暂免一次，俟下届道路无阻再行照例办理。将此谕知理藩院，并由四百里谕令恒训、丁宝桢、松溎、桂丰知之。"

（德宗朝卷六〇·页三一上～三二上）

○光绪六年（庚辰）十月丙午（1880.11.13）

察木多帕克巴拉呼图克图呈进贡物，颁给回敕。诏曰："谕察木多帕克巴拉呼图克图。朕抚驭寰区，惟愿薄海群生，共跻升平之域，如能广衍黄教、勤习佛经者无不立沛恩施，旌扬善行。尔帕克巴拉呼图克图诚心向化，感沐朕恩，遣使请安，深堪嘉悦。嗣后仍当抒尽悃诚，仰体朕抚驭群生之意，勤习经卷，管辖所属，黾勉从公，常承恩眷，勉之慎之。特降敕谕，加恩赏给三十两重银茶筒一件、各色大缎十二件、大小哈达各七个，交尔来使赍回。外赏锡瓦拉呼图克图等物件一并赍回，其各祗领。"

（德宗朝卷一二一·页一三下）

○光绪七年（辛巳）四月丙午（1881.5.12）

理藩院奏："本年年班，内外札萨克蒙古汗、王、贝勒、公、台吉、额驸等可否来京。"

得旨："现值大行慈安端裕康庆昭和庄敬皇太后大事，……各项应行来京之呼图克图、喇嘛暨西藏应行呈进丹书克使臣堪布、察木多之帕克巴拉呼图克图来使及回子伯克、土司土舍、廓尔喀等，亦均俟二十七个月后照例再按班来京。"

（德宗朝卷一二九·页一一上～一二上）

十世济咙呼图克图

○光绪五年（己卯）三月庚申（1879.4.7）

命谕吉咙呼图克图照看达赖喇嘛之呼毕勒罕，颁发敕书赏赉。诏曰："谕吉咙呼图克图。自派尔呼图克图办理商上事务以来，广阐黄教，训诲众僧，于一切事件悉代达赖喇嘛办理妥善，并率领藏中各寺喇嘛、呼巴喇克等勤唪经卷，虔心祈祷，寻获达赖喇嘛之呼毕勒罕，洵属可嘉，朕深忻悦。现在达赖喇嘛之呼毕勒罕虽经出世，惟年岁尚幼，尔呼图克图务当仰体朕推衍黄教、仁爱众生之意，妥为照看达赖喇嘛之呼毕勒罕，令其唪经，并教导阖藏堪布、喇嘛等勤习经典，勉之勿忽。兹特颁发敕书，赏尔蟒缎一匹、妆缎一匹、闪缎一匹、八丝缎四匹、大哈达五方，尔其祗领。特谕。"

（德宗朝卷九〇·页三下～四上）

八世第穆呼图克图

○光绪十四年（戊子）三月丙寅（1888.4.25）

又谕（军机大臣等）："文硕奏班禅额尔德呢之呼毕勒罕所出幼童察验属实，掣定奏闻一折。本年正月十五日由驻藏大臣亲往布达拉山，会同第穆呼图克图、苏勒挪们罕罗普藏敦珠，率领喇嘛徒众唪经，由奔巴金瓶掣出仑珠甲错之名，定为呼毕勒罕。当日天气清和，诸事吉祥，阖藏众僧不胜欢感。第穆呼图克图等取名诺们多罗罗普藏图普单曲吉依木格勒克拉木捷，甚属吉祥，朕心实深嘉悦。著加恩赏给呼毕勒罕大哈达一方、珊瑚珠一串、玉如意一柄，第穆呼图克图哈达一方、嵌玉如意一柄，苏呼诺们（罕）哈达一方、嵌玉如意一柄，交该大臣传谕该第穆呼图克图等并阖藏众喇嘛等，将该呼毕勒罕妥为照料，以副朕振兴黄教之至意。"

（德宗朝卷二五三·页九上～下）

西藏其他僧俗贵族

○光绪六年（庚辰）十月壬寅（1880.11.9）

驻藏办事大臣色楞额奏："达赖喇嘛之父工噶仁青请援案进贡。"

得旨："达赖喇嘛之父公衔工噶仁青进献贡物出于至诚，著照所请，准其随同达赖喇嘛应进贡物交巴雅尔堪布一并呈进。嗣后达赖喇嘛例贡之年，并准其随同呈进。"

（德宗朝卷一二一·页一二上～下）

○光绪十一年（乙酉）四月辛未（1885.5.16）

四川总督丁宝桢奏："口外各番乍丫最为地广人强，自康熙年间归顺，伺应藏道夫马，东至江卡，西至察木多，共十二站，奉调随征廓尔喀及瞻对共三，讫今百八十余年未误差徭。兹据禀请奏准与巴塘、察木多各邻随班进贡，并恳赏给呼图克图号纸及总堪布洛宗丹增等虚衔顶带。"下所司议。

（德宗朝卷二〇六·页三上～下）

○光绪十一年（乙酉）五月己酉（1885.6.23）

（四川总督丁宝桢）又奏："英人窥伺藏地，居心叵测，现将川省防营勤加训练，添造枪炮，以期有备无患。并请准乍丫番夷随班入贡，借资控制。"

得旨："所筹甚是。即著丁宝桢督饬防军认真训练，总期防患未然，缓急实有可恃，不得徒托空言。该督前奏请准乍丫一体入贡，已谕令该衙门议奏，俟复奏时再降谕旨。"

（德宗朝卷二〇七·页一一下～一二上）

○光绪十一年（乙酉）五月辛亥（1885.6.25）

又谕（军机大臣等）："理藩院奏遵议丁宝桢请准乍丫入贡一折。据称该呼图克图所请随同察木多进贡一节，未便阻其向化等语。乍丫情殷归化，系属出于至诚，即著准其一体入贡。惟事属创始，应如何按班呈进，及酌定贡物人数，著丁宝桢会商驻藏大臣详细妥议，明定章程，请旨遵行。余著查照理藩院所奏各节详悉声复，毋稍含混。原折著抄给阅看。将此由四百里谕令知之。"

（德宗朝卷二〇七·页一八上～下）

○光绪二十五年（己亥）正月戊寅（1899.3.11）

又谕（军机大臣等）："兴廉奏哲布尊丹巴呼图克图报效昭信股票银六万两，恳请恩施等语。该呼图克图之兄花翎贝子衔巴特玛车林著加恩赏换双眼花翎。至所称呼图克图旧有出庙黄伞一柄座有蟒缎靠被，此次恳赏龙缎影伞一柄并龙缎靠被一分之处，向来呼图克图是否赏过龙伞，并蟒缎与龙缎有无分别，即著理藩院查明具奏。"

（德宗朝卷四三八·页二一下～二二上）

○光绪二十五年（己亥）二月癸未（1899.3.16）

以报效巨款，赏哲布尊丹巴呼图克图龙伞一柄、龙缎靠被一分，贝子衔巴特玛车林双眼花翎。

（德宗朝卷四三九·页八上）

四川、甘肃等喇嘛和土司头人

○同治九年（庚午）十一月乙未（1870.12.25）

予四川巴塘殉难土司扎喜等赏恤如例。

（穆宗朝卷二九六·页一〇下）

○光绪元年（乙亥）三月癸卯（1875.4.11）

谕内阁："邵亨豫奏喇嘛、土司等差赴京，请由各省派员接替护送一折。喇嘛、土司等差例有供给，需用骡夫亦有定数，岂容格外需索，致滋扰累。嗣后此项差役到川，即著四川总督将贡物各色照驻藏大臣原秤斤数查验，应用骡夫若干，咨明沿途照例供支，不准额外支给。并著该督派员送至陕西首站，即由陕西、山西、直隶各督、抚派员接替护送入京。其差竣回藏时，著沿途各该省督、抚查照办理。"

（德宗朝卷五·页一〇下～一一下）

○光绪七年（辛巳）九月庚戌（1881.11.12）

赏青海附住番众刚咱等八族每年青稞八百四十八石，从护理陕甘总督杨昌濬请也。

（德宗朝卷一三七·页九下）

○光绪七年（辛巳）十一月甲午（1881.12.26）

赏故敏珠勒呼图克图银物有差。

（德宗朝卷一三九·页六下）

○光绪八年（壬午）正月辛丑（1882.3.3）

阿嘉呼图克图之呼毕勒罕喇嘛在神武门外瞻觐。

（德宗朝卷一四二·页一〇上）

○光绪十年（甲申）八月辛巳（1884.9.28）

土司包良奎、喇嘛等二十九人在神武门外瞻觐。

（德宗朝卷一九一·页三〇下～三一上）

○光绪十四年（戊子）十二月庚子（1889.1.24）

上御紫光阁，赐蒙古王、贝勒、贝子、公等暨土观呼图克图、阿嘉呼图克图二人宴，并赏赉有差。

（德宗朝卷二六三·页一〇上）

○光绪二十年（甲午）十月丁未（1894.11.1）

又谕（内阁）："朕钦奉懿旨，本年六旬万寿，所有喇嘛等来京祝嘏，自应一体恩施。土观呼图克图著赏用黄缰；阿嘉呼图克图著在紫禁城内乘车，并赏给'智聪'名号；敏珠尔呼图克图、那兰呼图克图、达清倭索尔均著赏用紫缰；赍札木札萨克达喇嘛罗布桑巴尔昭尔著坐绿围车；赶卓尔巴诺们汗呼毕拉罕桑斋札布著在紫禁城内骑马。"

（德宗朝卷三五一·页二一上～下）

○光绪二十二年（丙申）正月甲寅（1896.3.2）

谕军机大臣等："杨昌濬奏棍噶札拉参呼图克图穆巴图多普正拟遵旨赴川，在洮州新寺圆寂等语。棍噶札拉参道行威望为蒙古及哈萨克各部落所信服。从前在科布多一带亦曾著有战功。遽尔圆寂，轸惜殊深，著赏银五百两，由甘肃藩库发给，交该呼图克图之徒祗领唪经，以示恩眷。所有洮州垂弼胜新寺暨新疆八音沟新寺两处徒众必须安插得宜，现在应归何人约束，著陶模、饶应祺分别查明，妥为办理。该呼图克图原领印信，既据该徒众等称现存新疆寺中，著饶应祺饬谕该寺僧众呈缴。至该呼图克图现已圆寂，并著陶模咨行鹿传霖查照。将此各谕令知之。"

（德宗朝卷三八四·页三上～四上）

○宣统元年（己酉）三月癸酉（1909.5.13）

四川总督赵尔巽奏恭报委员护送年班土司遣派土舍头人起程日期。得旨："已有旨饬由陕西折回，毋庸来京矣。"

（宣统朝卷一一·页三九下）

赈灾、免赋

○同治四年（乙丑）十月辛酉（1865.12.17）

豁免四川松潘厅被扰地方积欠额赋。

（穆宗朝卷一五八·页四〇下）

○同治九年（庚午）五月丁卯（1870.5.31）

谕军机大臣等："……又据吴棠奏称巴塘地震，筹款抚恤各等语。本年三月间，四川巴塘一带地震火发，压毁人民、房屋。该处遭此天灾，殊堪悯恻。吴棠业已筹动款项，派员前往赈恤，即著妥为安抚，毋令失所。将此由五百里各谕令知之。"

（穆宗朝卷二八二·页二上～三下）

○同治九年（庚午）九月庚辰（1870.10.11）

驻藏大臣恩麟等复陈巴塘地震情形，现在筹办赈恤。报闻。

（穆宗朝卷二九一·页二下～三上）

○同治十一年（壬申）七月己丑（1872.8.10）

又谕（军机大臣等）："恩麟、德泰奏廓尔喀国王例贡届期，援案恳免暨达木蒙古、番族被灾，请拨款抚恤各一折。……至达木蒙古官兵及三十九族番民，据恩麟等奏称于同治九、十年间迭遭大雪，人畜冻毙，游牧乏所，藏库无款挪济，请饬川省先行拨银三四千两等语。达木一带连年被灾，自应速筹赈恤，著恩麟等即于藏库军饷项下先行那[挪]用，派委妥员前往该处，查明被灾轻重，核实散放，毋令一夫失所。其那[挪]用饷项若干，由恩麟等核明，行知吴棠，迅速照数筹拨，解藏归款。将此由五百里各谕令知之。"

（穆宗朝卷三三六·页一○上～一一上）

○光绪六年（庚辰）九月癸未（1880.10.21）

陕甘总督左宗棠奏："凉肃各属番族穷苦，请酌减马贡。"允之。

（德宗朝卷一二○·页六上～下）

○光绪七年（辛巳）七月戊子（1881.8.22）

护理陕甘总督杨昌濬奏阶州等处地震情形。得旨："著即饬地方官将被害居民妥为抚恤，毋任失所。"

（德宗朝卷一三二·页三○上）

○光绪七年（辛巳）十月壬戌（1881.11.24）

谕军机大臣等："……甘肃西宁等处被雹，云南镇沅等处被水、被雹，宣威等州、县被水，均经该督、抚等委员查勘。即著迅速办理，并将来春应否接济之处一并查明，于封印前奏到。此外各省有无被灾地方应行调剂抚恤之处，著将军、督、抚等一并查奏，候旨施恩。将此各谕令知之。"

（德宗朝卷一三八·页三上～四下）

○光绪十年（甲申）三月甲辰（1884.4.24）

四川总督丁宝桢奏："穆坪土司无力完纳马匹、粮草，请酌免十年。"允之。

（德宗朝卷一八○·页三一下）

○光绪十二年（丙戌）正月丙午（1886.2.15）

蠲缓甘肃皋兰、狄道、金隆、德、宁夏、西宁、大通等七州、县上年被灾地方银、粮、草束有差。

（德宗朝卷二二三·页一五上）

○光绪十二年（丙戌）九月癸巳（1886.9.30）

抚恤甘肃皋兰、金、陇西、通渭、宁远、洮、华亭、庄浪、宁、秦安、武威、巴燕戎格、西宁、大通、河、碾伯、玉门十七厅、州、县被雹、被水灾民。

（德宗朝卷二三二·页六上）

○光绪十七年（辛卯）六月庚子（1891.7.13）

（成都将军歧元等）又奏："核减商上应收玉树番族兵费，以纾重累，并严饬德尔格特土司，不得串同番官借势欺凌玉树番族。"如所请行。

（德宗朝卷二九八·页三下）

○光绪二十一年（乙未）闰五月戊辰（1895.7.21）

四川总督刘秉璋奏："穆平土司应完马匹、草、粮，请再予酌免。"从之。

（德宗朝卷三六九·四一上）

○光绪二十三年（丁酉）七月甲辰（1897.8.14）

陕甘总督陶模奏："恳准甘省免采骡头，并免岷州卫二十四寺改进骡头，仍恳展缓贡马，以恤番情而纾民力。"下所司知之。

（德宗朝卷四〇七·页二四上）

○光绪二十三年（丁酉）八月己巳（1897.9.8）

驻藏帮办大臣讷钦奏："靖西边界等处地震，派员查勘，量为抚恤。"

得旨："靖西等处地震，情形较重，著妥速查勘，量为安抚，以恤番民。"

（德宗朝卷四〇八·页一二下）

○光绪二十四年（戊戌）正月癸丑（1898.2.19）

驻藏帮办大臣讷钦奏："靖西厅等处地震被灾，所办赈抚及各工程请准核销，即在备边余款项下提拨，以资归垫。"允之。

（德宗朝卷四一四·页三二下～三三上）

○光绪二十四年（戊戌）二月丙寅（1898.3.4）

豁免青海玉树阿里克番族马贡银。

（德宗朝卷四一五·页一四上）

○光绪二十六年（庚子）正月乙卯（1900.2.11）

蠲缓甘肃固原、华亭、洮、巴燕戎格、西宁、大通、皋兰、河、贵德、碾伯、中卫、安西十二厅、州、县被灾地方额赋余粮、草束。

（德宗朝卷四五八·页一五下）

○光绪二十八年（壬寅）正月己卯（1902.2.25）

蠲缓甘肃宁、华亭、河、金、狄道、皋兰、岷、陇西、西宁、大通、灵、洮十二厅、州、县被灾地方粮赋有差。

（德宗朝卷四九四·页六下）

○光绪二十九年（癸卯）十月壬子（1903.11.20）

抚恤甘肃皋兰、金、渭源、洮、平番、宁夏、宁朔、中卫、平罗、西宁、碾伯、河、狄道、武威、敦煌、秦十六厅、州、县暨沙泥州判所属被雹、被水灾民。

（德宗朝卷五二二·页五上）

○光绪三十年（甲辰）十一月乙亥（1904.12.7）

署四川总督锡良奏川境打箭炉角洛汛、将军梁等处地方三次地震成灾，委员恤赈情形。得旨："著即妥为抚恤，毋任失所。"

（德宗朝卷五三七·页一下）

附录 公元、干支、藏历对照清历日表

说　明

1. 本表编制系为对照清代历日农历、藏历、公历，起于1644年（清顺治元年），止于1911年（清宣统三年），后金至入关前的年代可查阅《明实录藏族史料类编》附录二《公元、干支、藏历对照明纪年表》部分。

2. 本表以农历为主，一年一直行，一月一大格。每格左直行为农历初一日干支，右直行为对照的公历月日，中横行为对照的藏历月日。中横行下两小方格左为藏历该月份的缺日，右为重日，缺日、重日有数天的，则分别在小格内从上而下写明。

3. 藏历闰月，表中不注"闰"字，某个月份的重复自为闰月。

4. 本表转辑自《清实录藏族史料》附录，原表藏历部分系依据西藏藏医院历算研究室研究成果编制。

年月日	顺治元年			顺治二年			顺治三年		
	甲申	第11饶迥阳木猴	1644-1645	乙酉	阴木鸡	1645-1646	丙戌	阳火狗	1646-1647
正	庚寅	十二月三十日	2月8日	乙酉	正月一日 8日 25日	1月28日	己酉	正月一日 10日 29日	2月16日
二	庚申	二月一日 5日 28日 13日	3月9日	甲寅	正月三十日	2月26日	戊寅	正月三十日	3月17日
三	己丑	三月一日	4月7日	甲申	三月一日 7日 28日 23日	3月28日	戊申	三月一日 7日 29日 25日	4月16日
四	戊午	三月三十日	5月6日	癸丑	四月一日	4月26日	丁丑	四月一日 9日 15日	5月15日
五	戊子	五月一日 28日	6月5日	壬午	四月三十日	5月25日	丙午	四月三十日	6月13日
六	丁巳	六月一日 21日 6日	7月4日	壬子	五月一日 28日	6月24日	丙子	六月一日 5日 28日 11日	7月13日
七	丙戌	六月三十日	8月2日	庚戌	六月三十日	8月21日	乙巳	七月一日 21日 17日	8月11日
八	丙辰	八月一日 17日 2日	9月1日	庚辰	八月一日 20日 7日	9月20日	甲戌	七月三十日	9月9日
九	丙戌	九月一日 22日 26日	10月1日	己酉	八月三十日	10月19日	甲辰	九月一日 20日 10日	10月9日
十	乙卯	九月三十日	10月30日	己卯	九月三十日 1日	11月18日	癸酉	九月三十日	11月7日
十一	乙酉	十月三十日	11月29日	己酉	十一月一日 14日 3日	12月18日	癸卯	十一月一日 19日 2日	12月7日
十二	乙卯	十二月一日 14日 21日	12月29日	己卯	十二月一日 17日 25日	1646 1月17日	癸酉	十二月一日 13日 4日	1647 1月6日
闰				六辛巳	六月一日 21日 15日	7月23日			

年 月		顺治四年			顺治五年			顺治六年		
		丁亥	阴火猪	1647-1648	戊子	阳土鼠	1648-1649	己丑	阴土牛	1649-1650
正		癸卯	正月一日 17日 29日	2月5日	丁酉	十二月一日 24日 9日	1月25日	庚申	十二月三十日	2月11日
二		壬申	正月三十日	3月6日	丙寅	十二月三十日	2月23日	庚寅	二月一日 17日 1日	3月13日
三		壬寅	三月一日 14日 23日	4月5日	丙申	二月一日 10日 1日	3月24日	庚申	三月一日 10日 5日	4月12日
四		壬申	四月一日 7日	5月5日	乙未	三月三十日	5月22日	己丑	三月三十日	5月11日
五		辛丑	五月一日 10日 18日	6月3日	乙丑	五月一日 11日 23日	6月21日	己未	五月一日 6日 1日 18日 21日	6月10日
六		庚午	五月三十日	7月2日	甲午	五月三十日	7月20日	己丑	六月一日	7月10日
七		庚子	七月一日 5日 14日 28日	8月1日	甲子	七月一日 5日 19日 30日	8月19日	戊午	六月三十日	8月8日
八		己巳	八月一日	8月30日	癸巳	八月一日	9月17日	戊子	八月一日	9月7日
九		戊戌	八月三十日	9月28日	壬戌	八月三十日	10月16日	丁巳	九月一日	10月6日
十		戊辰	十月一日 19日 13日	10月28日	壬辰	十月一日	11月15日	丙戌	九月三十日	11月4日
十一		丁酉	十月三十日	11月26日	辛酉	十月三十日	12月14日	丙辰	十一月一日	12月4日
十二		丁卯	十二月一日 18日 5日	12月26日	辛卯	十二月一日 19日 8日	1649 1月13日	乙酉	十一月三十日	1650 1月2日
闰					三丙寅	三月一日 14日 26日	4月23日			

年\月\日	顺治七年			顺治八年			顺治九年		
	庚寅	阳铁虎	1650-1651	辛卯	阴铁兔	1651-1652	壬辰	阳水龙	1652-1653
正	乙卯	正月一日	2月1日	己卯	正月一日	2月20日	甲戌	正月一日	2月10日
二	甲申	正月三十日	3月2日	戊申	正月三十日	3月21日	癸卯	二月一日	3月10日
三	甲寅	三月一日	4月1日	戊寅	三月一日	4月20日	壬申	二月三十日	4月8日
四	甲申	四月一日	5月1日	丁未	三月三十日	5月19日	壬寅	四月一日	5月8日
五	癸丑	四月三十日	5月30日	丁丑	五月一日	6月18日	辛未	五月一日	6月6日
六	癸未	六月一日	6月29日	丙午	五月三十日	7月17日	辛丑	六月一日	7月6日
七	壬子	六月三十日	7月28日	丙子	七月一日	8月16日	庚午	六月三十日	8月4日
八	壬午	八月一日	8月27日	丙午	八月一日	9月15日	庚子	八月一日	9月3日
九	壬子	九月一日	9月26日	乙亥	八月三十日	10月14日	己巳	八月三十日	10月2日
十	辛巳	九月三十日	10月25日	乙巳	十月一日	11月13日	己亥	十月一日	11月1日
十一	辛亥	十月一日	11月24日	乙亥	十一月一日	12月13日	己巳	十一月一日	12月1日
十二	己酉	十一月三十日	1651 1月21日	甲辰	十二月一日	1652 1月11日	己亥	十二月一日	12月31日
闰	十一庚辰	十一月一日	12月23日						

年\日\月	顺治十年			顺治十一年			顺治十二年		
	癸巳	阴水蛇	1653-1654	甲午	阳木马	1654-1655	乙未	阴木羊	1655-1656
正	戊辰	正月一日	1月29日	壬辰	十二月三十日	2月17日	丙戌	十二月三十日	2月6日
二	戊戌	二月一日	2月28日	壬戌	二月一日	3月19日	丙辰	二月一日	3月8日
三	丁卯	三月一日	3月29日	辛卯	三月一日	4月17日	丙戌	三月一日	4月7日
四	丙申	三月三十日	4月27日	庚申	三月三十日	5月16日	乙卯	四月一日	5月6日
五	丙寅	五月一日	5月27日	庚寅	五月一日	6月15日	甲申	四月三十日	6月4日
六	乙未	五月一日	6月25日	己未	六月一日	7月14日	甲寅	六月一日	7月4日
七	甲子	五月三十日	7月24日	戊子	六月三十日	8月12日	癸未	七月一日	8月2日
八	癸亥	七月三十日	9月21日	戊午	八月一日	9月11日	壬子	七月三十日	8月31日
九	癸巳	八月三十日	10月21日	丁亥	八月三十日	10月10日	壬午	九月一日	9月30日
十	癸亥	十月一日	11月20日	丁巳	十月一日	11月9日	辛亥	九月三十日	10月29日
十一	癸巳	十一月一日	12月20日	丁亥	十一月一日	12月9日	辛巳	十一月一日	11月28日
十二	癸亥	十二月一日	1654 1月9日	丁巳	十二月一日	1655 1月8日	辛亥	十二月一日	12月28日
闰	七甲午	七月一日	8月23日						

年\月\日	顺治十三年			顺治十四年			顺治十五年		
	丙申	阳火猴	1656-1657	丁酉	阴火鸡	1657-1658	戊戌	阳土狗	1658-1659
正	庚辰	十二月三十日	1月26日	甲辰	正月一日	2月13日	戊戌	十二月三十日	2月2日
二	庚戌	二月一日	2月25日	甲戌	二月一日	3月15日	戊辰	二月一日	3月4日
三	庚辰	二月一日	3月26日	甲辰	三月一日	4月14日	戊戌	三月一日	4月3日
四	己酉	二月三十日	4月24日	癸酉	三月三十日	5月13日	丁卯	三月三十日	5月2日
五	己卯	四月一日	5月24日	癸卯	五月一日	6月12日	丁酉	五月一日	6月1日
六	戊寅	六月一日	7月22日	壬申	五月三十日	7月11日	丁卯	六月一日	7月1日
七	丁未	七月一日	8月20日	壬寅	七月一日	8月10日	丙申	七月一日	7月30日
八	丙子	七月三十日	9月18日	辛未	八月一日	9月8日	丙寅	八月一日	8月29日
九	丙午	九月一日	10月18日	庚子	八月三十日	10月7日	乙未	九月一日	9月27日
十	乙亥	九月三十日	11月16日	庚午	十月一日	11月6日	甲子	九月三十日	10月26日
十一	乙巳	十一月一日	12月16日	己亥	十月三十日	12月5日	甲午	十月一日	11月25日
十二	甲戌	十一月三十日	1657 1月14日	己巳	十二月一日	1658 1月4日	癸亥	十月三十日	12月24日
闰	五戊申	四月三十日	6月22日						

年月日	顺治十六年			顺治十七年			顺治十八年		
	己亥	阴土猪	1659-1660	庚子	阳铁鼠	1660-1661	辛丑	阴铁牛	1661-1662
正	癸巳	十二月一日	1月23日	丁巳	正月一日	2月11日	辛亥	十二月三十日	1月30日
二	壬辰	二月一日	3月23日	丙戌	正月三十日	3月11日	辛巳	二月一日	3月1日
三	辛酉	二月三十日	4月21日	丙辰	三月一日	4月10日	庚戌	二月三十日	3月30日
四	辛卯	四月一日	5月21日	乙酉	四月一日	5月9日	庚辰	四月一日	4月29日
五	辛酉	五月一日	6月20日	乙卯	五月一日	6月8日	己酉	五月一日	5月28日
六	庚寅	六月一日	7月19日	甲申	五月三十日	7月7日	戊寅	五月三十日	6月26日
七	庚申	七月一日	8月18日	甲寅	七月一日	8月6日	戊申	七月一日	7月26日
八	己丑	七月三十日	9月16日	甲申	八月一日	9月5日	戊寅	七月三十日	8月25日
九	己未	九月一日	10月16日	癸丑	八月三十日	10月4日	丁未	七月三十日	9月23日
十	戊子	九月三十日	11月14日	癸未	十月一日	11月3日	丁丑	九月一日	10月23日
十一	戊午	十一月一日	12月14日	壬子	十月三十日	12月2日	丙子	十月三十日	12月21日
十二	丁亥	十一月三十日	1660 1月12日	壬午	十二月一日	1661 1月1日	丙午	十一月三十日	1662 1月20日
闰	正壬戌	十二月三十日	2月21日				十丁未	十月一日	11月22日

年月日	康熙元年			康熙二年			康熙三年		
	壬寅	阳水虎	1662-1663	癸卯	阴水兔	1663-1664	甲辰	阳木龙	1664-1665
正	乙亥	十二月三十日	2月18日	庚午	正月一日	2月8日	甲子	正月一日	1月28日
二	乙巳	二月一日	3月20日	庚子	二月一日	3月10日	甲午	二月一日	2月27日
三	甲戌	二月三十日	4月18日	己巳	三月一日	4月8日	癸亥	二月三十日	3月27日
四	甲辰	四月一日	5月18日	戊戌	三月三十日	5月7日	癸巳	三月一日	4月26日
五	癸酉	五月一日	6月16日	戊辰	五月一日	6月6日	壬戌	三月三十日	5月25日
六	壬寅	五月三十日	7月15日	丁酉	六月一日	7月5日	壬辰	五月一日	6月24日
七	壬申	七月一日	8月14日	丙寅	六月三十日	8月3日	庚寅	六月三十日	8月21日
八	辛丑	七月三十日	9月12日	丙申	七月三十日	9月2日	庚申	八月一日	9月20日
九	辛未	九月一日	10月12日	乙丑	八月三十日	10月1日	己丑	九月一日	10月19日
十	辛丑	十月一日	11月11日	乙未	十月一日	10月31日	己未	十月一日	11月18日
十一	辛未	十一月一日	12月11日	乙丑	十一月一日	11月30日	戊子	十月三十日	12月17日
十二	庚子	十一月三十日	1663 1月9日	甲午	十一月三十日	12月29日	戊午	十二月一日	1665 1月16日
闰							六辛酉	六月一日	7月23日

年\月\日	康熙四年			康熙五年			康熙六年		
	乙巳	阴木蛇	1665-1666	丙午	阳火马	1666-1667	丁未	阴火羊	1667-1668
正	戊子	正月一日	2月15日	壬午	正月一日	2月4日	丙子	十二月三十日	1月24日
二	戊午	二月一日	3月17日	壬子	二月一日	3月6日	丙午	正月一日	2月23日
三	丁亥	二月三十日	4月15日	辛巳	二月三十日	4月4日	乙亥	正月三十日	3月24日
四	丁巳	四月一日	5月15日	辛亥	四月一日	5月4日	乙巳	三月一日	4月23日
五	丙戌	四月三十日	6月13日	辛巳	五月一日	6月3日	甲辰	五月一日	6月21日
六	丙辰	六月一日	7月13日	庚戌	五月三十日	7月2日	甲戌	六月一日	7月21日
七	乙酉	七月一日	8月11日	庚辰	七月一日	8月1日	癸卯	七月一日	8月19日
八	甲寅	七月三十日	9月9日	己酉	八月一日	8月30日	癸酉	八月一日	9月18日
九	甲申	九月一日	10月9日	戊寅	八月三十日	9月28日	壬寅	八月三十日	10月17日
十	癸丑	十月一日	11月7日	戊申	十月一日	10月28日	壬申	十月一日	11月16日
十一	癸未	十一月一日	12月7日	丁丑	十一月一日	11月26日	辛丑	十月三十日	12月15日
十二	壬子	十一月三十日	1666 1月5日	丁未	十二月一日	12月26日	辛未	十二月一日	1668 1月14日
闰							四乙亥	四月一日	5月23日

年\月日	康熙七年			康熙八年			康熙九年		
	戊申	阳土猴	1668-1669	己酉	阴土鸡	1669-1670	庚戌	阳铁狗	1670-1671
正	庚子	十二月三十日	2月12日	乙未	正月一日	2月1日	己丑	十一月三十日	1月21日
二	庚午	二月一日	3月13日	甲子	正月三十日	3月2日	己未	正月一日	2月20日
三	己亥	二月三十日	4月11日	甲午	三月一日	4月1日	戊午	三月一日	4月20日
四	己巳	四月一日	5月11日	癸亥	四月一日	4月30日	丁亥	四月一日	5月19日
五	戊戌	四月三十日	6月9日	癸巳	五月一日	5月30日	丙辰	四月三十日	6月17日
六	戊辰	六月一日	7月9日	壬戌	五月三十日	6月28日	丙戌	六月一日	7月17日
七	戊戌	七月一日	8月8日	壬辰	七月一日	7月28日	乙卯	六月三十日	8月15日
八	丁卯	七月三十日	9月6日	辛酉	七月三十日	8月26日	乙酉	八月一日	9月14日
九	丁酉	九月一日	10月6日	辛卯	八月一日	9月25日	乙卯	九月一日	10月14日
十	丙寅	九月三十日	11月4日	辛酉	九月一日	10月25日	乙酉	十月一日	11月13日
十一	丙申	十一月一日	12月4日	庚寅	九月三十日	11月23日	甲寅	十月三十日	12月12日
十二	乙丑	十一月三十日	1669 1月2日	庚申	十一月一日	12月23日	甲申	十二月一日	1671 1月11日
闰							二戊子	正月三十日	3月21日

年\月\日	康熙十年			康熙十一年			康熙十二年		
	辛亥	阴铁猪	1671-1672	壬子	阳水鼠	1672-1673	癸丑	阴水牛	1673-1674
正	癸丑	十二月三十日	2月9日	戊申	正月一日	1月30日	壬申	正月一日	2月17日
二	癸未	二月一日	3月11日	丁丑	正月三十日	2月28日	辛丑	正月三十日	3月18日
三	壬子	二月三十日	4月9日	丁未	三月一日	3月29日	辛未	三月一日	4月17日
四	壬午	四月一日	5月9日	丙子	三月三十日	4月27日	庚子	三月三十日	5月16日
五	辛亥	五月一日	6月7日	丙午	五月一日	5月27日	庚午	五月一日	6月15日
六	庚辰	五月三十日	7月6日	乙亥	五月一日	6月25日	己亥	六月一日	7月14日
七	庚戌	七月一日	8月5日	甲辰	五月三十日	7月24日	戊辰	六月三十日	8月12日
八	己卯	七月三十日	9月3日	癸卯	八月一日	9月21日	戊戌	八月一日	9月11日
九	己酉	九月一日	10月3日	癸酉	九月一日	10月21日	丁卯	九月一日	10月10日
十	己卯	十月一日	11月2日	壬寅	九月三十日	11月19日	丁酉	十月一日	11月9日
十一	戊申	十月三十日	12月1日	壬申	十月三十日	12月19日	丙寅	十月三十日	12月8日
十二	戊寅	十二月一日	12月31日	壬寅	十二月一日	1673 1月18日	丙申	十二月一日	1674 1月7日
闰				七甲戌	七月一日	8月23日			

年\月日	康熙十三年			康熙十四年			康熙十五年		
	甲寅	阳木虎	1674-1675	乙卯	阴木兔	1675-1676	丙辰	阳火龙	1676-1677
正	丙寅	正月一日	2月6日	庚申	正月一日	1月26日	甲申	正月一日	2月14日
二	乙未	正月三十日	3月7日	己丑	正月三十日	2月24日	癸丑	正月三十日	3月14日
三	乙丑	三月一日	4月6日	己未	正月三十日	3月26日	癸未	三月一日	4月13日
四	乙未	四月一日	5月6日	己丑	三月一日	4月25日	癸丑	四月一日	5月13日
五	甲子	四月三十日	6月4日	己未	四月一日	5月25日	壬午	四月三十日	6月11日
六	甲午	六月一日	7月4日	戊午	六月一日	7月23日	壬子	六月一日	7月11日
七	癸亥	七月一日	8月2日	丁亥	七月一日	8月21日	辛巳	六月三十日	8月9日
八	壬辰	七月三十日	8月31日	丙辰	七月三十日	9月19日	辛亥	八月一日	9月8日
九	壬戌	九月一日	9月30日	丙戌	九月一日	10月19日	庚辰	八月三十日	10月7日
十	辛卯	十月一日	10月29日	乙卯	十月一日	11月17日	庚戌	十月一日	11月6日
十一	庚申	十月三十日	11月27日	乙酉	十一月一日	12月17日	己卯	十月三十日	12月5日
十二	庚寅	十二月一日	12月27日	甲寅	十二月一日	1676 1月15日	己酉	十二月一日	1677 1月4日
闰				五戊子	五月一日	6月23日			

年\日\月	康熙十六年			康熙十七年			康熙十八年		
	丁巳	阴火蛇	1677-1678	戊午	阳土马	1678-1679	己未	阴土羊	1679-1680
正	戊寅	正月一日	2月2日	癸酉	十二月一日	1月23日	丁酉	正月一日	2月11日
二	戊申	二月一日	3月4日	壬寅	十二月三十日	2月21日	丙寅	正月三十日	3月12日
三	丁丑	二月三十日	4月2日	壬申	二月一日	3月23日	丙申	三月一日	4月11日
四	丁未	四月一日	5月2日	庚午	三月三十日	5月20日	乙丑	四月一日	5月10日
五	丙子	四月三十日	5月31日	庚子	五月一日	6月19日	甲午	四月三十日	6月8日
六	丙午	六月一日	6月30日	庚午	六月一日	7月19日	甲子	六月一日	7月8日
七	丙子	七月一日	7月30日	己亥	六月三十日	8月17日	癸巳	六月三十日	8月6日
八	乙巳	七月三十日	8月28日	己巳	八月一日	9月16日	癸亥	八月一日	9月5日
九	乙亥	九月一日	9月27日	己亥	九月一日	10月16日	癸巳	九月一日	10月5日
十	甲辰	九月三十日	10月26日	戊辰	九月三十日	11月14日	壬戌	九月三十日	11月3日
十一	甲戌	十月一日	11月25日	戊戌	十一月一日	12月14日	壬辰	十一月一日	12月3日
十二	癸卯	十月三十日	12月24日	丁卯	十一月三十日	1679 1月12日	壬戌	十二月一日	1680 1月2日
闰				三辛丑	三月一日	4月21日			

2648

年\月日	康熙十九年			康熙二十年			康熙二十一年		
	庚申	阳铁猴	1680-1681	辛酉	阴铁鸡	1681-1682	壬戌	阳水狗	1682-1683
正	辛卯	十二月三十日	1月31日	乙卯	十二月三十日	2月18日	己酉	十二月三十日	2月7日
二	辛酉	二月一日	3月1日	乙酉	二月一日	3月20日	己卯	正月三十日	3月9日
三	庚寅	二月三十日	3月30日	甲寅	二月三十日	4月18日	己酉	二月一日	4月8日
四	庚申	四月一日	4月29日	甲申	四月一日	5月18日	戊寅	三月三十日	5月7日
五	己丑	五月一日	5月28日	癸丑	五月一日	6月16日	戊申	五月一日	6月6日
六	戊午	五月三十日	6月26日	壬午	五月三十日	7月15日	丁丑	六月一日	7月5日
七	戊子	六月一日	7月26日	壬子	七月一日	8月14日	丙午	六月三十日	8月3日
八	丁巳	六月三十日	8月24日	辛巳	八月一日	9月12日	丙子	八月一日	9月2日
九	丙辰	八月三十日	10月22日	庚戌	八月三十日	10月11日	乙巳	九月一日	10月1日
十	丙戌	九月三十日	11月21日	庚辰	九月三十日	11月10日	甲戌	九月三十日	10月30日
十一	丙辰	十一月一日	12月21日	庚戌	十一月一日	12月10日	甲辰	十一月一日	11月29日
十二	丙戌	十二月一日	1681 1月20日	庚辰	十二月一日	1682 1月9日	甲戌	十二月一日	12月29日
闰	八丁亥	八月一日	9月23日						

年\日\月		康熙二十二年			康熙二十三年			康熙二十四年		
	癸亥	阴水猪	1683-1684	甲子	阳木鼠	1684-1685	乙丑	阴木牛	1685-1686
正	癸卯	十二月三十日	1月27日	丁卯	十二月三十日	2月15日	辛酉	十二月三十日	2月3日
二	癸酉	正月三十日	2月26日	丁酉	二月一日	3月16日	辛卯	正月三十日	3月5日
三	癸卯	三月一日	3月28日	丁卯	三月一日	4月15日	辛酉	三月一日	4月4日
四	癸酉	三月一日	4月27日	丙申	三月三十日	5月14日	庚寅	三月三十日	5月3日
五	壬寅	三月三十日	5月26日	丙寅	五月一日	6月13日	庚申	五月一日	6月2日
六	壬申	五月一日	6月25日	乙未	五月三十日	7月12日	庚寅	六月一日	7月2日
七	庚午	六月三十日	8月22日	乙丑	七月一日	8月11日	己未	六月三十日	7月31日
八	庚子	八月一日	9月21日	甲午	七月三十日	9月9日	己丑	八月一日	8月30日
九	己巳	九月一日	10月20日	甲子	九月一日	10月9日	戊午	八月三十日	9月28日
十	戊戌	九月三十日	11月18日	癸巳	九月三十日	11月7日	戊子	十月一日	10月28日
十一	戊辰	十一月一日	12月18日	壬戌	十月三十日	12月6日	丁巳	十月三十日	11月26日
十二	戊戌	十二月一日	1684 1月17日	壬辰	十二月一日	1685 1月5日	丁亥	十一月一日	12月26日
闰	六辛丑	六月一日	7月24日						

年月日	康熙二十五年			康熙二十六年			康熙二十七年		
	丙寅	阳火虎	1686-1687	丁卯	第12饶迥 阴火兔	1687-1688	戊辰	阳土龙	1688-1689
正	丙辰	十二月一日	1月24日	庚辰	十二月三十日	2月12日	乙亥	正月一日	2月2日
二	乙酉	十二月三十日	2月22日	己酉	正月一日	3月13日	甲辰	正月三十日	3月2日
三	乙卯	二月一日	3月24日	己卯	三月一日	4月12日	甲戌	三月一日	4月1日
四	乙酉	三月一日	4月23日	戊申	三月三十日	5月11日	癸卯	四月一日	4月30日
五	甲申	五月一日	6月21日	戊寅	五月一日	6月10日	壬申	四月三十日	5月29日
六	癸丑	五月三十日	7月20日	丁未	五月三十日	7月9日	壬寅	六月一日	6月28日
七	癸未	七月一日	8月19日	丁丑	七月一日	8月8日	辛未	六月三十日	7月27日
八	癸丑	八月一日	9月18日	丁未	八月一日	9月7日	辛丑	八月一日	8月26日
九	壬午	八月三十日	10月17日	丙子	八月三十日	10月6日	庚午	八月三十日	9月24日
十	壬子	十月一日	11月16日	丙午	十月一日	11月5日	庚子	九月一日	10月24日
十一	辛巳	十月三十日	12月15日	丙子	十一月一日	12月5日	庚午	十月一日	11月23日
十二	辛亥	十二月一日	1687 1月14日	乙巳	十一月三十日	1688 1月3日	庚子	十一月一日	12月23日
闰	四甲寅	四月一日	5月22日						

年\\月\\日	康熙二十八年			康熙二十九年			康熙三十年		
	己巳	阴土蛇	1689-1690	庚午	阳铁马	1690-1691	辛未	阴铁羊	1691-1692
正	己巳	十一月三十日	1月21日	癸巳	十二月三十日	2月9日	丁亥	十二月三十日	1月29日
二	己亥	正月一日	2月20日	癸亥	二月一日	3月11日	丁巳	二月一日	2月28日
三	戊辰	正月三十日	3月21日	壬辰	二月三十日	4月9日	丁亥	三月一日	3月30日
四	丁卯	四月一日	5月19日	壬戌	四月一日	5月9日	丙辰	三月三十日	4月28日
五	丙申	四月三十日	6月17日	辛卯	五月一日	6月7日	丙戌	四月一日	5月28日
六	丙寅	六月一日	7月17日	庚申	五月三十日	7月6日	乙卯	五月一日	6月26日
七	乙未	七月一日	8月15日	庚寅	七月一日	8月5日	甲申	五月三十日	7月25日
八	甲子	七月三十日	9月13日	己未	八月一日	9月3日	癸未	八月一日	9月22日
九	甲午	八月三十日	10月13日	戊子	八月三十日	10月2日	壬子	八月三十日	10月21日
十	甲子	十月一日	11月12日	戊午	十月一日	11月1日	壬午	十月一日	11月20日
十一	甲午	十一月一日	12月12日	戊子	十一月一日	12月1日	辛亥	十月三十日	12月19日
十二	癸亥	十一月三十日	1690 1月10日	丁巳	十一月三十日	12月30日	辛巳	十一月三十日	1692 1月18日
闰	三戊戌	三月一日	4月20日				七甲寅	七月一日	8月24日

年\月\日	康熙三十一年			康熙三十二年			康熙三十三年		
	壬申	阳水猴	1692-1693	癸酉	阴水鸡	1693-1694	甲戌	阳木狗	1694-1695
正	辛亥	正月一日	2月17日	乙巳	十二月三十日	2月5日	己亥	十二月三十日	1月25日
二	辛巳	二月一日	3月18日	乙亥	二月一日	3月7日	己巳	正月一日	2月24日
三	庚戌	二月三十日	4月16日	乙巳	三月一日	4月6日	己亥	二月一日	3月26日
四	庚辰	四月一日	5月16日	甲戌	四月一日	5月5日	戊辰	二月三十日	4月24日
五	庚戌	五月一日	6月15日	甲辰	五月一日	6月4日	戊戌	四月一日	5月24日
六	己卯	六月一日	7月14日	癸酉	五月三十日	7月3日	丁酉	六月一日	7月22日
七	戊申	六月三十日	8月12日	癸卯	七月一日	8月2日	丁卯	七月一日	8月21日
八	戊寅	八月一日	9月11日	壬申	七月三十日	8月31日	丙申	七月三十日	9月19日
九	丁未	九月一日	10月10日	壬寅	九月一日	9月30日	丙寅	九月一日	10月19日
十	丙子	九月三十日	11月8日	辛未	九月三十日	10月29日	乙未	十月一日	11月17日
十一	丙午	十一月一日	12月8日	庚子	十月三十日	11月27日	乙丑	十一月一日	12月17日
十二	乙亥	十一月三十日	1693 1月6日	庚午	十二月一日	12月27日	甲午	十二月一日	1695 1月15日
闰							五丁卯	四月三十日	6月22日

年\日\月	康熙三十四年			康熙三十五年			康熙三十六年		
	乙亥	阴木猪	1695-1696	丙子	阳火鼠	1696-1697	丁丑	阴火牛	1697-1698
正	癸亥	十二月三十日	2月13日	戊午	正月一日	2月3日	癸丑	十二月一日	1月23日
二	癸巳	二月一日	3月15日	丁亥	二月一日	3月3日	壬午	十二月三十日	2月21日
三	壬戌	二月三十日	4月13日	丁巳	三月一日	4月2日	壬子	二月一日	3月23日
四	壬辰	四月一日	5月13日	丙戌	三月三十日	5月1日	庚戌	三月三十日	5月20日
五	壬戌	五月一日	6月12日	丙辰	五月一日	5月31日	庚辰	五月一日	6月19日
六	辛卯	五月三十日	7月11日	乙酉	五月三十日	6月29日	己酉	六月一日	7月18日
七	辛酉	七月一日	8月10日	乙卯	七月一日	7月29日	己卯	七月一日	8月17日
八	庚寅	七月三十日	9月8日	甲申	七月三十日	8月27日	戊申	七月三十日	9月15日
九	庚申	九月一日	10月8日	甲寅	八月三十日	9月26日	戊寅	九月一日	10月15日
十	庚寅	十月一日	11月7日	甲申	九月一日	10月26日	戊申	十月一日	11月14日
十一	己未	十月三十日	12月6日	甲寅	十月一日	11月25日	丁丑	十月三十日	12月13日
十二	己丑	十二月一日	1696 1月5日	癸未	十月三十日	12月24日	丁未	十一月三十日	1698 1月12日
闰							三辛巳	三月一日	4月21日

年月日	康熙三十七年			康熙三十八年			康熙三十九年		
	戊寅	阳土虎	1698-1699	己卯	阴土兔	1699-1700	庚辰	阳铁龙	1700-1701
正	丁丑	正月一日	2月11日	辛未	正月一日	1月31日	乙未	十二月三十日	2月19日
二	丙午	正月三十日	3月12日	辛丑	二月一日	3月2日	乙丑	正月三十日	3月21日
三	丙子	三月一日	4月11日	庚午	二月三十日	3月31日	甲午	二月三十日	4月19日
四	乙巳	四月一日	5月10日	庚子	四月一日	4月30日	甲子	四月一日	5月19日
五	甲戌	四月三十日	6月8日	己巳	五月一日	5月29日	癸巳	五月一日	6月17日
六	甲辰	六月一日	7月8日	戊戌	五月三十日	6月27日	壬戌	五月三十日	7月16日
七	癸酉	七月一日	8月6日	戊辰	六月一日	7月27日	壬辰	七月一日	8月15日
八	壬寅	七月三十日	9月4日	丙寅	七月三十日	9月23日	辛酉	八月一日	9月13日
九	壬申	九月一日	10月4日	丙申	九月一日	10月23日	庚寅	八月三十日	10月12日
十	壬寅	十月一日	11月3日	乙丑	九月三十日	11月21日	庚申	十月一日	11月11日
十一	辛未	十月三十日	12月2日	乙未	十月三十日	12月21日	己丑	十月三十日	12月10日
十二	辛丑	十一月三十日	1699 1月1日	乙丑	十一月三十日	1700 1月20日	己未	十二月一日	1701 1月9日
闰				七丁酉	七月一日	8月25日			

年月日	康熙四十年			康熙四十一年			康熙四十二年		
	辛巳	阴铁蛇	1701-1702	壬午	阳水马	1702-1703	癸未	阴水羊	1703-1704
正	己丑	正月一日	2月8日	癸未	正月一日	1月28日	丁未	正月一日	1月16日
二	己未	二月一日	3月10日	癸丑	二月一日	2月27日	丙子	正月三十日	2月17日
三	戊子	二月三十日	4月8日	壬午	二月三十日	3月28日	丙午	三月一日	3月16日
四	戊午	四月一日	5月8日	壬子	三月一日	4月27日	丙子	四月一日	5月16日
五	丁亥	四月三十日	6月6日	壬午	四月一日	5月27日	乙巳	四月三十日	6月14日
六	丁巳	六月一日	7月6日	辛亥	四月三十日	6月25日	乙亥	六月一日	7月14日
七	丙戌	六月三十日	8月4日	庚戌	六月三十日	8月23日	乙巳	七月一日	8月13日
八	丙辰	八月一日	9月3日	庚辰	八月一日	9月22日	甲戌	八月一日	9月11日
九	乙酉	九月一日	10月2日	己酉	九月一日	10月21日	甲辰	九月一日	10月11日
十	甲寅	九月三十日	11月30日	戊寅	九月三十日	11月19日	癸酉	九月三十日	11月9日
十一	甲申	十一月一日	12月29日	戊申	十一月一日	12月19日	壬寅	十月三十日	12月8日
十二	癸丑	十一月三十日		丁丑	十一月三十日	1703 1月27日	壬申	十二月一日	1704 1月7日
闰				六辛巳	六月一日	7月25日			

年月日	康熙四十三年			康熙四十四年			康熙四十五年		
	甲申	阳木猴	1704-1705	乙酉	阴木鸡	1705-1706	丙戌	阳火狗	1706-1707
正	辛丑	正月一日	2月5日	丙申	十二月一日	1月25日	庚申	十二月三十日	2月13日
二	辛未	二月一日	3月6日	乙丑	正月一日	2月23日	庚寅	二月一日	3月15日
三	庚子	二月三十日	4月4日	乙未	二月一日	3月25日	己未	三月一日	4月13日
四	庚午	四月一日	5月4日	甲子	二月三十日	4月23日	戊子	三月三十日	5月12日
五	己亥	四月三十日	6月2日	癸亥	四月三十日	6月21日	戊午	五月一日	6月11日
六	己巳	六月一日	7月2日	癸巳	六月一日	7月21日	丁亥	六月一日	7月10日
七	己亥	七月一日	8月1日	壬戌	六月三十日	8月19日	丙辰	六月三十日	9月7日
八	戊辰	八月一日	8月30日	壬辰	八月一日	9月18日	丙戌	八月一日	10月7日
九	戊戌	九月一日	9月29日	壬戌	九月一日	10月18日	丙辰	九月一日	11月5日
十	戊辰	十月一日	10月29日	辛卯	九月三十日	11月16日	乙酉	九月三十日	12月5日
十一	丁酉	十月三十日	11月27日	辛酉	十一月一日	12月16日	乙卯	十月三十日	1707 1月4日
十二	丁卯	十一月一日	12月27日	辛卯	十二月一日	1706 1月15日	乙酉	十二月一日	
闰				四甲午	四月一日	5月23日			

年月日	康熙四十六年			康熙四十七年			康熙四十八年		
	丁亥	阴火猪	1707-1708	戊子	阳土鼠	1708-1709	己丑	阴土牛	1709-1710
正	乙卯	正月一日	2月3日	己酉	十二月一日	1月23日	癸酉	正月一日	2月10日
二	甲申	正月三十日	3月4日	戊寅	十二月三十日	2月21日	壬寅	正月三十日	3月11日
三	甲寅	三月一日	4月3日	戊申	正月三十日	3月22日	壬申	三月一日	4月10日
四	癸未	四月一日	5月2日	丁未	四月一日	5月20日	壬寅	四月一日	5月10日
五	壬子	四月三十日	5月31日	丙子	四月三十日	6月18日	辛未	五月一日	6月8日
六	壬午	六月一日	6月30日	丙午	六月一日	7月18日	庚子	五月三十日	7月7日
七	辛亥	七月一日	7月29日	乙亥	七月一日	8月16日	庚午	七月一日	8月6日
八	庚辰	七月三十日	8月27日	甲辰	七月三十日	9月14日	己亥	八月一日	9月4日
九	庚戌	八月一日	9月26日	甲戌	九月一日	10月24日	戊辰	八月三十日	10月3日
十	己卯	八月三十日	10月25日	癸卯	九月三十日	11月12日	戊戌	十月一日	11月2日
十一	己酉	九月三十日	11月24日	癸酉	十一月一日	12月12日	丁卯	十月三十日	12月1日
十二	己卯	十一月一日	12月24日	癸卯	十二月一日	1709 1月11日	丁酉	十二月一日	12月31日
闰				三戊寅	三月一日	4月21日			

年\月\日	康熙四十九年			康熙五十年			康熙五十一年		
	庚寅	阳铁虎	1710-1711	辛卯	阴铁兔	1711-1712	壬辰	阳水龙	1712-1713
正	丁卯	正月一日	1月30日	庚寅	十二月三十日	2月17日	乙酉	正月一日	2月7日
二	丙申	正月三十日	2月28日	庚申	二月一日	3月19日	甲寅	正月三十日	3月7日
三	丙寅	三月一日	3月30日	庚寅	三月一日	4月18日	甲申	三月一日	4月6日
四	丙申	四月一日	4月29日	己未	三月三十日	5月17日	癸丑	三月三十日	5月5日
五	乙丑	四月三十日	5月28日	己丑	五月一日	6月16日	癸未	四月三十日	6月4日
六	乙未	五月一日	6月27日	己未	六月一日	7月16日	癸丑	六月一日	7月4日
七	甲子	五月三十日	7月26日	戊子	六月三十日	8月14日	壬午	六月三十日	8月2日
八	癸亥	八月一日	9月23日	戊午	八月一日	9月13日	壬子	八月一日	9月1日
九	壬辰	八月三十日	10月22日	丁亥	九月一日	10月12日	辛巳	八月三十日	9月30日
十	壬戌	十月一日	11月21日	丙辰	九月三十日	11月10日	辛亥	十月一日	10月30日
十一	辛卯	十月三十日	12月20日	丙戌	十一月一日	12月10日	庚辰	十月三十日	11月28日
十二	辛酉	十二月一日	1711 1月19日	乙卯	十一月三十日	1712 1月8日	庚戌	十二月一日	12月28日
闰	七甲午	六月三十日	8月25日						

年月日		康熙五十二年			康熙五十三年			康熙五十四年	
	癸巳	阴水蛇	1713-1714	甲午	阳木马	1714-1715	乙未	阴木羊	1715-1716
正	己卯	十二月三十日	1月26日	癸卯	十二月三十日	2月14日	戊戌	正月一日	2月4日
二	己酉	正月一日	2月25日	癸酉	二月一日	3月16日	戊辰	二月一日 5日 29日	17日 3月6日
三	戊寅	正月三十日	3月26日	壬寅	二月三十日	4月14日	丁酉	三月一日	4月4日
四	戊申	三月一日	4月25日	壬申	四月一日 18日 28日	14日 5月14日	丙寅	三月三十日	5月3日
五	丁丑	三月三十日	5月24日	辛丑	五月一日 21日	3日 6月12日	丙申	五月一日 28日	6月2日
六	丙子	五月三十日	7月22日	辛未	六月一日 24日	30日 7月12日	乙丑	六月一日 21日	8日 7月1日
七	丙午	七月一日	8月21日	庚子	六月三十日	8月10日	甲午	六月三十日	7月30日
八	丙子	八月一日	9月20日	庚午	八月一日 10日 21日	6日 25日 9月9日	甲子	八月一日 17日	5日 8月29日
九	乙巳	八月三十日	10月19日	己亥	八月三十日	10月8日	癸巳	八月三十日	9月27日
十	乙亥	十月一日	11月18日	己巳	十月一日 7日	1日 11月7日	癸亥	九月三十日	10月27日
十一	乙巳	十一月一日	12月18日	己亥	十一月一日 12日	23日 12月7日	癸巳	十月一日 8日	3日 11月26日
十二	甲戌	十二月一日	1714 1月16日	己巳	十二月一日 6日 30日	26日 1715 1月6日	癸亥	十一月一日 13日	25日 12月26日
闰	五丁未	五月一日	6月23日						

2660

年 月	康熙五十五年			康熙五十六年			康熙五十七年		
	丙申	阳火猴	1716-1717	丁酉	阴火鸡	1717-1718	戊戌	阳土狗	1718-1719
正	壬辰	十一月三十日	1月24日	丙辰	十二月三十日	2月11日	庚戌	十二月三十日	1月31日
二	壬戌	十二月三十日	2月23日	丙戌	二月一日 12日　30日	3月13日	庚辰	二月一日 10日　1日	3月2日
三	壬辰	二月一日 7日　25日 28日	3月24日	丙辰	三月一日 6日　26日 29日	4月12日	庚戌	三月一日 13日　24日	4月1日
四	庚寅	三月三十日	5月21日	乙酉	四月一日 10日　15日	5月11日	己卯	三月三十日	4月30日
五	庚申	五月一日 4日　12日 28日	6月20日	甲寅	四月三十日	6月9日	己酉	五月一日 10日　20日	5月30日
六	己丑	六月一日 21日　18日	7月19日	甲申	六月一日 6日　12日 28日	7月9日	戊寅	五月三十日	6月28日
七	戊午	六月三十日	8月17日	癸丑	七月一日	8月7日	戊申	六月一日 5日　17日 28日	7月28日
八	戊子	八月一日 19日　9日	9月16日	壬午	七月三十日	9月5日	丁丑	七月一日	8月26日
九	丁巳	八月三十日	10月15日	壬子	九月一日 17日　13日	10月5日	丙子	九月一日	10月24日
十	丁亥	十月一日 18日　3日	11月14日	辛巳	九月三十日	11月3日	乙巳	九月三十日	11月22日
十一	丁巳	十一月一日 14日　4日	12月14日	辛亥	十一月一日 17日　6日	12月3日	乙亥	十一月一日 19日　8日	12月22日
十二	丁亥	十二月一日 17日　28日	1717 1月13日	辛巳	十二月一日 22日　27日	1718 1月2日	甲辰	十一月三十日	1719 1月20日
闰	三辛酉	三月一日 7日　14日	4月22日				八丙午	七月三十日	9月24日

年\日\月	康熙五十八年			康熙五十九年			康熙六十年		
	己亥	阴土猪	1719-1720	庚子	阳铁鼠	1720-1721	辛丑	阴铁牛	1721-1722
正	甲戌	正月一日 17日 1日	2月19日	戊辰	十二月三十日	2月8日	癸亥	正月一日 21日 14日	1月28日
二	甲辰	二月一日 11日 5日	3月21日	戊戌	二月一日 18日 5日	3月9日	壬辰	正月三十日	2月26日
三	甲戌	三月一日 14日 25日	4月20日	戊辰	三月一日 21日 29日	4月8日	壬戌	二月一日 18日 8日	3月28日
四	癸卯	三月三十日	5月19日	丁酉	三月三十日	5月7日	辛卯	二月三十日	4月26日
五	癸酉	五月一日 10日 28日	6月18日	丁卯	五月一日 4日 17日 26日	6月6日	辛酉	四月一日 14日 4日	5月26日
六	壬寅	五月三十日	7月17日	丙申	六月一日	7月5日	辛卯	六月一日 9日 1日	6月25日
七	壬申	七月一日 6日	8月16日	丙寅	七月一日 13日 22日	8月4日	庚寅	七月一日 13日 28日	8月23日
八	辛丑	八月一日	9月14日	乙未	七月三十日	9月2日	己未	七月三十日	9月21日
九	庚午	八月三十日	10月13日	乙丑	九月一日 11日 16日	10月2日	己丑	九月一日 11日 20日	10月21日
十	庚子	十月一日	11月12日	甲子	九月三十日	10月31日	戊午	九月三十日	11月19日
十一	己巳	十月三十日	12月11日	甲子	十一月一日	11月30日	戊子	十一月一日	12月19日
十二	己亥	十二月一日 21日 12日	1720 1月10日	癸巳	十一月三十日	12月29日	丁巳	十一月三十日	1722 1月17日
闰							六庚申	四月三十日	7月24日

年 月 日	康熙六十一年			雍正元年			雍正二年		
	壬寅	阳水虎	1722-1723	癸卯	阴水兔	1723-1724	甲辰	阳木龙	1724-1725
正	丁亥	正月一日	2月16日	辛巳	十二月三十日	2月5日	丙子	十一月三十日	1月26日
二	丙辰	正月三十日	3月17日	辛亥	二月一日	3月7日	乙巳	正月三十日	2月24日
三	丙戌	三月一日 18日　11日 29日	4月16日	庚辰	二月三十日	4月5日	乙亥	二月一日 9日　15日	3月25日
四	乙卯	四月一日 21日　3日	5月15日	庚戌	四月一日 28日	5月5日	甲辰	二月三十日	4月23日
五	乙酉	五月一日 14日　7日 24日　30日	6月14日	己卯	五月一日 21日　8日	6月3日	癸卯	五月一日 21日　18日	6月21日
六	甲寅	五月三十日	7月13日	戊申	五月三十日	7月2日	壬申	五月三十日	7月20日
七	甲申	七月一日 10日　6日 21日　25日	8月12日	戊寅	七月一日 17日　5日	8月1日	壬寅	七月一日 19日　9日	8月19日
八	甲寅	八月一日 13日　29日	9月11日	戊申	八月一日 20日　28日	8月31日	辛未	七月三十日 24日	9月17日
九	癸未	八月三十日	10月10日	丁丑	八月三十日	9月29日	辛丑	九月一日 19日　3日	10月17日
十	癸丑	十月一日 11日　23日	11月9日	丁未	十月一日 8日　3日	10月29日	辛未	十月一日 15日　6日	11月16日
十一	壬午	十月三十日	12月8日	丁丑	十月一日 12日　25日	11月28日	辛丑	十一月一日 20日　28日	12月16日
十二	壬子	十二月一日	1723 1月7日	丙午	十月三十日	12月27日	庚午	十一月三十日	1月14日
闰							四甲戌	四月一日 4日 27日　12日	5月23日

年 月日		雍正三年			雍正四年			雍正五年	
	乙巳	阴木蛇	1725-1726	丙午	阳火马	1726-1727	丁未	阴火羊	1727-1728
正	庚子	正月一日 12日　20日	2月13日	甲午	正月一日 8日　1日	2月2日	戊子	十一月一日 15日　1日	1月22日
二	己巳	正月三十日	3月14日	甲子	二月一日 13日　23日	3月4日	戊午	正月一日 9日　4日	2月21日
三	己亥	三月一日 11日　13日	4月13日	癸巳	二月三十日	4月2日	戊子	二月一日	3月23日
四	戊辰	三月三十日	5月12日	癸亥	四月一日 10日　18日	5月2日	丁亥	四月一日 10日　23日	5月21日
五	戊戌	五月一日 28日	6月11日	壬辰	四月三十日	5月31日	丙辰	四月三十日	6月19日
六	丁卯	六月一日 20日　16日	7月10日	壬戌	六月一日 6日　15日 28日	6月30日	丙戌	六月一日 5日　22日 28日	7月19日
七	丙申	六月三十日	8月8日	辛卯	七月一日	7月29日	乙卯	七月一日	8月17日
八	丙寅	七月三十日	9月7日	庚申	七月三十日	8月27日	甲申	七月三十日	9月15日
九	乙未	八月三十日	10月6日	庚寅	八月一日 28日	9月26日	甲寅	九月一日 29日	10月15日
十	乙丑	十月一日 16日　28日	11月5日	己未	九月一日 22日　5日	10月25日	癸未	十月一日 23日　8日	11月13日
十一	乙未	十一月一日 20日　28日	12月5日	己丑	十月一日 16日　9日	11月24日	癸丑	十一月一日 17日　12日	12月13日
十二	甲子	十一月三十日	1726 1月3日	戊午	十月三十日	12月23日	壬午	十一月三十日	1月11日
闰							三丁巳	二月三十日	4月21日

年月日	雍正六年			雍正七年			雍正八年		
	戊申	阳土猴	1728-1729	己酉	阴土鸡	1729-1730	庚戌	阳铁狗	1730-1731
正	壬子	正月一日 16日 6日	2月10日	丙午	十二月三十日	1月29日	庚午	十二月三十日	2月17日
二	壬午	二月一日 21日 26日	3月11日	丙子	二月一日 17日 7日	2月28日	庚子	二月一日 18日 10日	3月19日
三	辛亥	二月三十日	4月9日	乙巳	二月三十日	3月29日	己巳	二月三十日	4月17日
四	辛巳	四月一日 6日 1日 18日 21日	5月9日	乙亥	三月一日 14日 1日	4月28日	己亥	四月一日 15日 4日	5月17日
五	辛亥	五月一日 10日 28日	6月8日	乙巳	四月一日 2日 17日 27日	5月28日	戊辰	四月三十日	6月15日
六	庚辰	五月三十日	7月7日	甲戌	五月一日 9日 14日	6月26日	戊戌	六月一日 9日 1日	7月15日
七	庚戌	七月一日 5日 25日 27日	8月6日	甲辰	六月一日 2日 23日 13日	7月26日	戊辰	七月一日 13日 27日	8月14日
八	己卯	八月一日 9日 16日	9月4日	癸卯	八月一日 9日 18日	9月23日	丁酉	七月三十日	9月12日
九	戊申	八月三十日	10月3日	壬申	八月三十日	10月22日	丁卯	九月一日 10日 21日	10月12日
十	戊寅	十月一日 30日	11月2日	壬寅	十月一日 8日 11日	11月21日	丙申	九月三十日	11月10日
十一	丁未	十一月一日 24日 12日	12月1日	辛未	十月三十日	12月20日	丙寅	十一月一日 8日 14日	12月10日
十二	丁丑	十二月一日	12月31日	辛丑	十二月一日	1730 1月19日	乙未	十一月三十日 10日 17日	1731 1月8日
闰				七癸酉	七月一日 6日 30日	8月24日			

年 月 日		雍正九年			雍正十年			雍正十一年	
		辛亥	阴铁猪	1731-1732	壬子	阳水鼠	1732-1733	癸丑	阴水牛	1733-1734
正	乙丑	正月一日		2月7日	己未	十二月三十日	1月27日	癸未	十二月三十日	2月14日
二	甲午	正月三十日		3月8日	己丑	正月一日	2月26日	癸丑	二月一日	3月16日
三	甲子	三月一日 18日 30日	14日	4月7日	戊午	正月三十日	3月26日	壬午	二月三十日	4月14日
四	癸巳	四月一日 22日	3日	5月6日	戊子	三月一日 30日	4月25日	壬子	四月一日 30日	5月14日
五	癸亥	五月一日 14日 26日	9日 29日	6月5日	丁巳	四月一日 23日	7日 5月24日	辛巳	五月一日 23日	12日 6月12日
六	壬辰	五月三十日		7月4日	丙辰	六月一日 18日	4日 7月22日	庚戌	五月三十日	7月11日
七	壬戌	七月一日 9日 21日	7日 26日	8月3日	乙酉	六月三十日	8月20日	庚辰	七月一日 17日	9日 8月10日
八	辛卯	七月三十日		9月1日	乙卯	八月一日 14日	1日 9月19日	己酉	七月三十日	9月8日
九	辛酉	九月一日 6日	28日	10月1日	乙酉	九月一日 18日	25日 10月19日	己卯	九月一日 15日	4日 10月8日
十	辛卯	十月一日 11日	25日	10月31日	乙卯	十月一日 12日	28日 11月18日	己酉	十月一日 19日	28日 11月7日
十一	庚申	十月三十日		11月29日	甲申	十月三十日	12月18日	戊寅	十月三十日	12月6日
十二	庚寅	十二月一日		12月29日	甲寅	十二月一日 11日	19日 1733 1月16日	戊申	十二月一日 7日	30日 1734 1月5日
闰					五丙戌	四月三十日	6月22日			

年\月\日	雍正十二年			雍正十三年			乾隆元年		
	甲寅	阳木虎	1734-1735	乙卯	阴木兔	1735-1736	丙辰	阳火龙	1736-1737
正	戊寅	正月一日 12日 23日	2月4日	壬甲	十二月一日 8日 3日	1月24日	丙申	正月一日 20日 25日	2月12日
二	丁未	正月三十日	3月5日	壬寅	正月一日 13日 25日	2月23日	乙丑	正月三十日	3月12日
三	丁丑	三月一日 10日 15日	4月4日	辛未	正月三十日	3月24日	乙未	三月一日	4月11日
四	丙午	三月三十日	5月3日	辛丑	三月一日 10日 20日	4月23日	乙丑	四月一日 11日 25日	5月11日
五	丙子	五月一日 8日 29日 10日	6月2日	庚子	五月一日 6日 17日 29日	6月21日	甲午	四月三十日	6月9日
六	乙巳	六月一日 21日 18日	7月1日	己巳	六月一日	7月20日	甲子	六月一日 6日 22日 29日	7月9日
七	甲戌	六月三十日	7月30日	戊戌	六月三十日	8月18日	癸巳	七月一日	8月7日
八	甲辰	八月一日 17日 29日 14日	8月29日	丁卯	七月三十日	9月16日	壬戌	七月三十日	9月5日
九	癸酉	八月一日 21日 4日	9月27日	丁酉	九月一日 22日 8日	10月16日	壬辰	九月一日 28日	10月5日
十	癸卯	九月一日 17日 7日	10月27日	丙寅	九月一日	11月14日	辛酉	十月一日 23日 11日	11月3日
十一	壬申	九月三十日	11月25日	丙申	十月三十日	12月14日	庚寅	十月三十日	12月2日
十二	壬寅	十月三十日	12月25日	丙寅	十二月一日 15日 3日	1736 1月13日	庚申	十二月一日 22日 3日	1737 1月1日
闰				四庚午	三月三十日	5月22日			

年 月日		乾隆二年			乾隆三年			乾隆四年		
月		丁巳	阴火蛇	1737-1738	戊午	阳土马	1738-1739	己未	阴土羊	1739-1740
正	庚寅	正月一日 16日 6日		1月31日	甲寅	正月一日 17日 9日	2月19日	戊申	正月一日 24日 9日	2月8日
二	己未	正月三十日		3月1日	癸未	正月三十日	3月20日	戊寅	二月一日 17日 13日	3月10日
三	己未	二月三十日		3月31日	癸丑	三月一日 15日 3日	4月19日	丁未	二月三十日	4月8日
四	己未	四月一日 18日 24日		4月30日	癸未	四月一日 18日 28日	5月19日	丁丑	四月一日 15日 7日	5月8日
五	戊子	四月三十日		5月29日	壬子	四月三十日	6月17日	丙午	四月三十日	6月6日
六	戊午	五月一日 14日 20日		6月28日	壬午	六月一日 13日 25日	7月17日	丙子	六月一日 10日 3日 21日 25日	7月6日
七	丁亥	五月三十日		7月27日	辛亥	六月三十日	8月15日	乙巳	六月三十日	8月4日
八	丁巳	七月一日 9日 17日		8月26日	辛巳	八月一日 9日 21日	9月14日	乙亥	七月三十日	9月3日
九	丙戌	七月三十日		9月24日	庚戌	八月三十日	10月13日	乙巳	九月一日 10日 24日	10月3日
十	乙酉	十月一日 24日 14日		11月22日	庚辰	十月一日 7日 15日	11月12日	甲戌	九月三十日	11月1日
十一	甲寅	十月三十日		12月21日	己酉	十月三十日	12月11日	甲辰	十一月一日 8日 17日	12月1日
十二	甲申	十二月一日 23日 6日		1738 1月20日	己卯	十二月一日 30日	1739 1月10日	癸酉	十一月三十日	12月30日
闰	九丙辰	九月一日 7日 10日 30日		10月24日						

年\日\月	乾隆五年			乾隆六年			乾隆七年		
	庚申	阳铁猴	1740-1741	辛酉	阴铁鸡	1741-1742	壬戌	阳水狗	1742-1743
正	癸卯	正月一日	1月29日	丁卯	正月一日 9日 12日	2月16日	辛酉	十二月三十日	2月5日
二	壬申	正月三十日	2月27日	丙申	正月三十日	3月17日	辛卯	二月一日 8日 15日	3月7日
三	壬寅	二月一日 29日	3月28日	丙寅	三月一日 29日	4月16日	庚申	二月三十日	4月5日
四	辛未	三月一日 22日 6日	4月26日	乙未	四月一日 22日 11日	5月15日	庚寅	四月一日 30日	5月5日
五	庚子	三月三十日	5月25日	甲子	四月三十日	6月13日	己未	五月一日 22日 15日	6月3日
六	庚午	五月一日 18日 2日	6月24日	甲午	六月一日 18日 7日	7月13日	戊子	五月三十日	7月2日
七	己巳	六月三十日	8月22日	癸亥	六月三十日	8月11日	戊午	七月一日 18日 11日	8月1日
八	己亥	八月一日 17日 24日	9月21日	癸巳	八月一日 14日 3日	9月10日	丁亥	七月三十日	8月30日
九	己巳	九月一日 11日 28日	10月21日	癸亥	九月一日 17日 28日	10月10日	丁巳	九月一日 14日 7日	9月29日
十	戊戌	九月三十日	11月19日	壬辰	九月三十日	11月8日	丙戌	九月三十日	10月28日
十一	戊辰	十一月一日 9日 20日	12月19日	壬戌	十一月一日 4日 2日 17日 21日	12月8日	丙辰	十月三十日	11月27日
十二	丁酉	十一月三十日	1741 1月17日	壬辰	十二月一日 10日 23日	1742 1月7日	丙戌	十一月一日 6日 4日	12月27日
闰	六庚子	六月一日 21日 29日	7月24日						

年\\日\\月		乾隆八年			乾隆九年			乾隆十年		
		癸亥	阴水猪	1743-1744	甲子	阳木鼠	1744-1745	乙丑	阴木牛	1745-1746
正		丙辰	十二月一日 12日 25日	1月26日	己卯	十二月三十日	2月13日	癸酉	十二月三十日	2月1日
二		乙酉	十二月三十日	2月24日	己酉	正月三十日	3月14日	癸卯	正月三十日	3月3日
三		乙卯	二月一日 10日 19日	3月26日	己卯	三月一日 10日 23日	4月13日	癸酉	三月一日 6日 3日 18日 22日	4月2日
四		甲申	三月三十日	4月24日	戊申	三月三十日	5月12日	癸卯	四月一日 11日 28日	5月2日
五		癸未	五月一日	6月22日	戊寅	五月一日 7日 29日 19日	6月11日	壬申	四月三十日	5月31日
六		壬子	五月三十日	7月21日	丁未	六月一日	7月10日	壬寅	六月一日 6日 24日 28日	6月30日
七		辛巳	六月三十日	8月19日	丙子	六月三十日	8月8日	辛未	六月一日 10日 15日	7月29日
八		辛亥	八月一日 21日 7日	9月18日	乙巳	七月三十日	9月6日	庚子	六月三十日	8月27日
九		庚辰	八月三十日	10月17日	乙亥	九月一日 22日 11日	10月6日	庚午	八月一日 7日 9日 26日	9月26日
十		庚戌	九月三十日	11月16日	甲辰	九月三十日	11月4日	己亥	九月一日 23日 14日	10月25日
十一		庚辰	十一月一日 14日 4日	12月16日	甲戌	十一月一日 20日 4日	12月4日	戊辰	九月三十日	11月23日
十二		庚戌	十二月一日 19日 26日	1744 1月15日	甲辰	十二月三十日 15日 7日	1745 1月3日	戊戌	十一月一日 7日	12月23日
闰		四甲寅	四月一日 7日 14日 29日	5月24日						

年\月\日	乾隆十一年			乾隆十二年			乾隆十三年		
	丙寅	阳火虎	1746-1747	丁卯	第13饶迥 阴火兔	1747-1748	戊辰	阳土龙	1748-1749
正	戊辰	十二月一日 16日　10日	1月22日	辛卯	十二月三十日	2月9日	丙辰	正月一日 25日　12日	1月30日
二	丁酉	十二月三十日	2月20日	辛酉	正月三十日	3月11日	乙卯	正月三十日	2月28日
三	丁卯	二月一日 14日　2日	3月22日	辛卯	三月一日 15日　5日	4月10日	乙酉	三月一日 22日　5日	3月29日
四	丙寅	三月三十日	5月20日	庚申	三月三十日	5月9日	甲寅	三月三十日	4月27日
五	丙申	五月一日 14日　23日	6月19日	庚寅	五月一日 11日　1日	6月8日	甲申	四月一日 18日　6日	5月27日
六	乙丑	五月三十日	7月18日	庚申	六月一日 14日　28日	7月8日	甲寅	五月一日 10日　7日 21日　27日	6月26日
七	乙未	七月一日 9日　19日	8月17日	己丑	六月三十日	8月6日	癸未	五月三十日	7月25日
八	甲子	七月三十日	9月15日	己未	八月一日 9日　24日	9月5日	癸未	八月一日 10日　28日	9月23日
九	甲午	九月一日 6日　14日	10月15日	戊子	八月三十日	10月4日	壬子	八月三十日	10月22日
十	癸亥	九月三十日	11月13日	戊午	十月一日 7日　17日	11月3日	壬午	十月一日 8日　21日	11月21日
十一	壬辰	十月三十日	12月12日	丁亥	十月三十日	12月2日	辛亥	十月三十日	12月20日
十二	壬戌	十二月一日 23日　9日	1747 1月11日	丁巳	十二月一日 30日	1748 1月1日	辛巳	十二月一日 7日　13日	1749 1月19日
闰	三丁酉	三月一日 18日　26日	4月21日				七癸丑	七月一日 17日　24日	8月24日

年月日	乾隆十四年			乾隆十五年			乾隆十六年		
	己巳	阴土蛇	1749-1750	庚午	阳铁马	1750-1751	辛未	阴铁羊	1751-1752
正	庚戌	十二月三十日	1月27日	乙巳	正月一日 8日	2月7日	己亥	十一月三十日	1月27日
二	己卯	正月三十日	3月18日	甲戌	二月一日 25日 20日	3月8日	己巳	正月一日 9日 18日	2月26日
三	己酉	三月一日	4月17日	甲辰	三月一日 2日 29日 10日	4月7日	戊戌	正月三十日	3月27日
四	戊寅	三月三十日	5月16日	癸酉	四月一日 22日	5月6日	戊辰	三月一日 7日 29日 12日	4月26日
五	戊申	五月一日 18日 5日	6月15日	壬寅	四月三十日	6月4日	丁酉	四月一日 21日 19日	5月25日
六	丁丑	五月三十日	7月14日	壬申	六月一日 18日 10日	7月4日	丙申	六月一日 28日	7月23日
七	丁未	七月一日 14日 2日	8月13日	辛丑	六月三十日	8月2日	乙丑	七月一日 21日 5日	8月21日
八	丁丑	八月一日 18日 27日	9月12日	辛未	八月一日 14日 6日	9月1日	甲午	七月三十日	9月19日
九	丙午	八月三十日	10月11日	庚子	八月三十日	9月30日	甲子	八月三十日	10月19日
十	丙子	十月一日 15日 20日	11月10日	庚午	十月一日 11日 1日	10月30日	甲午	十月一日 12日 4日	11月18日
十一	丙午	十一月一日 9日 23日	12月10日	庚子	十一月一日 16日 23日	11月29日	甲子	十一月一日 17日 26日	12月18日
十二	乙亥	十一月三十日	1750 1月8日	庚午	十一月一日 19日 26日	12月29日	癸巳	十一月三十日 7日 13日	1752 1月16日
闰							五丙寅	四月三十日	6月23日

年 月	乾隆十七年			乾隆十八年			乾隆十九年		
	壬申	阳水猴	1752-1753	癸酉	阴水鸡	1753-1754	甲戌	阳木狗	1754-1755
正	癸亥	十二月三十日	2月15日	丁巳	十二月三十日	2月3日	辛亥	十一月三十日	1月23日
二	癸巳	二月一日 9日　22日	3月16日	丁亥	二月一日 17日　3日 5日　21日	3月5日	辛巳	正月一日 13日　2日	2月22日
三	壬戌	二月三十日	4月14日	丁巳	三月一日 10日　25日	4月4日	辛亥	二月一日 17日　25日	3月24日
四	壬辰	四月一日 6日　17日 30日	5月14日	丙戌	三月三十日	5月3日	庚辰	二月三十日	4月22日
五	辛酉	五月一日	6月12日	丙辰	五月一日 7日　22日 29日	6月2日	己卯	四月三十日	6月20日
六	庚寅	五月三十日	7月11日	乙酉	六月一日	7月1日	己酉	六月一日 9日　17日	7月20日
七	己未	六月三十日 14日　2日	8月9日	甲寅	六月三十日	7月30日	戊寅	六月三十日	8月18日
八	己丑	八月一日 21日　10日	9月8日	癸未	七月三十日	8月28日	戊申	八月一日 5日　13日 29日	9月17日
九	戊午	八月三十日	10月7日	癸丑	八月一日 22日　14日	9月27日	丁丑	九月一日 22日　18日	10月16日
十	戊子	十月一日 19日　4日	11月6日	壬午	八月三十日	10月26日	丙午	九月三十日	11月14日
十一	戊午	十一月一日 13日　7日	12月6日	壬子	十月一日 20日　7日	11月25日	丙子	十一月一日 21日　9日	12月14日
十二	丁亥	十一月三十日	1753 1月4日	辛巳	十月三十日	12月24日	乙巳	十一月三十日	1755 1月12日
闰							四庚戌	四月一日 14日　21日	5月22日

年\日\月	乾隆二十年			乾隆二十一年			乾隆二十二年		
	乙亥	阴木猪	1755-1756	丙子	阳火鼠	1756-1757	丁丑	阴火牛	1757-1758
正	乙亥	十二月三十日	2月11日	己巳	十二月三十日	1月31日	癸巳	十二月三十日	2月18日
二	乙巳	二月一日 14日 5日	3月13日	己亥	二月一日 22日 5日	3月1日	癸亥	二月一日 22日 8日	3月20日
三	甲戌	二月三十日	4月11日	己巳	三月一日 14日 9日	3月31日	壬辰	二月三十日	4月18日
四	甲辰	四月一日 12日 2日	5月11日	戊戌	三月三十日	4月29日	壬戌	四月一日	5月18日
五	甲戌	五月一日 13日 28日	6月10日	戊辰	四月一日 11日 4日	5月29日	辛卯	四月三十日	6月16日
六	癸卯	五月三十日	7月9日	丁酉	四月三十日	6月27日	辛酉	五月三十日	7月16日
七	癸酉	七月一日 9日 24日	8月8日	丁卯	六月一日 6日 1日 18日 20日	7月27日	辛卯	七月一日 17日 26日	8月15日
八	壬寅	七月三十日	9月6日	丁酉	七月一日 9日 26日	8月26日	庚申	七月三十日	9月13日
九	壬申	九月一日 7日 17日	10月6日	丙寅	七月三十日	9月24日	庚寅	九月一日 14日 20日	10月13日
十	辛丑	九月三十日	11月4日	乙丑	十月一日	11月22日	庚申	十月一日 7日 24日	11月12日
十一	庚午	十月三十日 9日 23日	12月3日	甲午	十月三十日	12月21日	己丑	十月三十日	12月11日
十二	庚子	十二月一日 25日 12日	1756 1月2日	甲子	十二月一日 23日 15日	1757 1月20日	己未	十二月一日 6日 15日 23日	1758 1月10日
闰				九丙申	九月一日 6日 20日 30日	10月24日			

年\日月	乾隆二十三年			乾隆二十四年			乾隆二十五年		
	戊寅	阳土虎	1758-1759	己卯	阴土兔	1759-1760	庚辰	阳铁龙	1760-1761
正	戊子	正月一日 2日　25日　20日	2月8日	癸未	正月一日 7日　18日	1月29日	丁未	正月一日 8日　21日	2月17日
二	丁巳	二月一日 29日　10日	3月9日	壬子	正月三十日	2月27日	丙子	正月三十日	3月17日
三	丁亥	三月一日 22日　13日	4月8日	辛巳	正月三十日	3月28日	丙午	三月一日 6日　15日 30日	4月16日
四	丙辰	三月三十日	5月7日	辛亥	三月一日 22日　16日	4月27日	乙亥	四月一日	5月15日
五	丙戌	五月一日 18日　7日	6月6日	庚辰	三月三十日	5月26日	甲辰	四月三十日	6月13日
六	乙卯	五月三十日	7月5日	庚戌	五月一日 17日　13日 29日	6月25日	癸酉	五月三十日	7月12日
七	乙酉	七月一日 14日　4日	8月4日	己酉	七月一日 13日　9日 25日　29日	8月23日	癸卯	七月一日 22日　8日	8月11日
八	甲寅	七月三十日	9月2日	戊寅	七月三十日	9月21日	壬申	七月三十日	9月9日
九	甲申	八月三十日	10月2日	戊申	九月一日 11日　4日	10月21日	壬寅	九月一日 18日　3日	10月9日
十	甲寅	十月一日 14日　23日	11月1日	戊寅	十月一日 15日　26日	11月20日	壬申	十月一日 10日　8日 24日　25日	11月8日
十一	甲申	十一月一日 8日　27日	12月1日	丁未	十月三十日	12月19日	辛丑	十月三十日	12月7日
十二	癸丑	十一月三十日	12月30日	丁丑	十一月三十日	1760 1月18日	辛未	十一月三十日	1761 1月6日
闰				六己卯	六月一日 21日　3日	7月24日			

年\月\日		乾隆二十六年			乾隆二十七年			乾隆二十八年		
		辛巳	阴铁蛇	1761-1762	壬午	阳水马	1762-1763	癸未	阴水羊	1763-1764
正	辛丑	正月一日		2月5日	乙未	十二月一日	1月25日	己未	正月一日	2月13日
		16日	21日			14日	3日		13日	5日
二	辛未	二月一日		3月7日	乙丑	正月一日	2月24日	己丑	二月一日	3月15日
		9日	25日			17日	25日		17日	28日
三	庚子	二月三十日		4月5日	甲午	正月三十日	3月25日	戊午	二月三十日	4月13日
四	庚午	四月一日		5月5日	甲子	二月三十日	4月24日	戊子	四月一日	5月13日
		7日	22日						14日	20日
		28日								
五	己亥	五月一日		6月3日	甲午	四月一日	5月24日	丁巳	四月三十日	6月11日
						7日	25日			
						29日				
六	戊辰	五月三十日		7月2日	壬辰	五月三十日	7月21日	丁亥	六月一日	7月11日
									9日	20日
七	丁酉	六月三十日		7月31日	辛酉	六月三十日	8月19日	丙辰	六月三十日	8月9日
八	丁卯	八月一日		8月30日	辛卯	八月一日	9月18日	乙酉	七月三十日	9月7日
		21日	15日			21日	17日			
九	丙申	八月三十日		9月28日	庚申	八月三十日	10月17日	乙卯	九月一日	10月7日
十	丙寅	九月一日		10月28日	庚寅	十月一日	11月16日	甲申	九月三十日	11月5日
		20日	7日			20日	10日			
十一	乙未	九月三十日		11月26日	己未	十月三十日	12月15日	甲寅	十一月一日	12月5日
									21日	13日
十二	乙丑	十月三十日		12月26日	己丑	十二月一日	1763 1月14日	癸未	十一月三十日	1764 1月3日
						19日	2日			
闰					五癸亥	五月一日	6月22日			
						10日	15日			

年\月日	乾隆二十九年			乾隆三十年			乾隆三十一年		
	甲申	阳木猴	1764-1765	乙酉	阴木鸡	1765-1766	丙戌	阳火狗	1766-1767
正	癸丑	正月一日 20日　5日	2月2日	丁未	十一月三十日	1月21日	辛未	正月一日 29日　10日	2月9日
二	癸未	二月一日 13日　9日	3月3日	丁丑	正月一日 21日　8日	2月20日	辛丑	二月一日 22日　12日	3月11日
三	壬子	二月三十日	4月1日	丙子	三月一日 17日　3日	4月20日	庚午	二月三十日	4月9日
四	壬午	四月一日 11日　2日	5月1日	丙午	四月一日 22日　29日	5月20日	庚子	四月一日 18日　7日	5月9日
五	壬子	五月一日 25日　28日	5月31日	乙亥	四月三十日	6月18日	己巳	四月三十日	6月7日
六	辛巳	五月三十日	6月29日	乙巳	六月一日 17日　26日	7月18日	己亥	六月一日 14日　4日	7月7日
七	辛亥	六月一日 10日　25日	7月29日	甲戌	六月三十日	8月16日	己巳	七月一日 17日	8月6日
八	庚辰	六月三十日	8月27日	甲辰	八月一日 14日　20日	9月15日	戊戌	八月一日 11日　29日	9月4日
九	庚戌	八月一日 6日　20日 29日	9月26日	甲戌	九月一日 7日　24日	10月15日	戊辰	九月一日 14日	10月4日
十	己卯	九月一日	10月25日	癸卯	九月三十日	11月13日	丁酉	十月一日 8日　26日	11月2日
十一	戊申	九月三十日	11月23日	壬申	十月三十日	12月12日	丁卯	十一月一日 3日	12月2日
十二	戊寅	十一月一日 21日　16日	12月23日	壬寅	十二月一日 2日　25日　19日	1766 1月11日	丁酉	十二月一日	1767 1月1日
闰				二丙午	正月三十日	3月21日			

年\日\月	乾隆三十二年			乾隆三十三年			乾隆三十四年		
	丁亥	阴火猪	1767-1768	戊子	阳土鼠	1768-1769	己丑	阴土牛	1769-1770
正	丙寅	正月一日 / 2日	1月30日	庚寅	十二月三十日	2月18日	乙酉	正月一日 / 8日	2月7日 / 25日
二	乙未	二月一日 / 5日 10日	2月28日	己未	正月三十日	3月18日	甲寅	正月三十日	3月8日
三	乙丑	二月一日 / 22日 15日	3月30日	己丑	三月一日	4月17日	甲申	三月一日 / 7日 28日	4月7日 / 23日
四	甲午	二月三十日	4月28日	戊午	三月三十日	5月16日	癸丑	四月一日	5月6日
五	甲子	四月一日 / 18日 10日	5月28日	戊子	五月一日 / 28日	6月15日	壬午	四月三十日	6月4日
六	癸巳	四月三十日	6月26日	丁巳	六月一日 / 21日 6日	7月14日	辛亥	五月三十日	7月3日
七	癸亥	六月一日 / 13日 7日	7月26日	丙戌	六月三十日	8月12日	辛巳	七月一日 / 21日 15日	8月2日
八	壬戌	八月一日 / 10日 3日	9月23日	丙辰	八月一日 / 17日 2日	9月11日	庚戌	七月三十日	8月31日
九	壬辰	九月一日 / 14日 26日	10月23日	丙戌	九月一日 / 22日 26日	10月11日	庚辰	九月一日 / 20日 7日	9月30日
十	辛酉	九月三十日	11月21日	乙卯	九月三十日	11月9日	己酉	九月三十日	10月29日
十一	辛卯	十一月一日 / 13日 18日	12月21日	乙酉	十月三十日	12月9日	己卯	十月三十日	11月28日
十二	辛酉	十二月一日 / 7日 21日	1768 1月20日	乙卯	十二月一日 / 14日 21日	1769 1月8日	己酉	十一月一日 / 14日 3日	12月28日
闰	七壬辰	六月三十日	8月24日						

年 日 月	乾隆三十五年			乾隆三十六年			乾隆三十七年		
	庚寅	阳铁虎	1770-1771	辛卯	阴铁兔	1771-1772	壬辰	阳水龙	1772-1773
正	己卯	十二月一日 17日　25日	1月27日	癸卯	正月一日 17日　28日	2月15日	丁酉	正月一日 11日　9日 24日　26日	2月4日
二	戊申	十二月三十日	2月25日	壬申	正月三十日	3月16日	丙寅	正月三十日	3月4日
三	戊寅	正月三十日	3月27日	壬寅	三月一日 14日　23日	4月15日	丙申	三月一日 10日　1日	4月3日
四	戊申	三月一日 7日　25日 28日	4月26日	辛未	三月三十日	5月14日	丙寅	四月一日 14日　26日	5月3日
五	丁丑	四月一日 9日　15日	5月25日	辛丑	五月一日 10日　18日	6月13日	乙未	四月三十日	6月1日
六	乙亥	五月三十日	7月22日	庚午	五月三十日	7月12日	乙丑	六月一日 10日　23日	7月1日
七	乙巳	七月一日 21日　17日	8月21日	己亥	六月三十日	8月10日	甲午	六月三十日	7月30日
八	甲戌	七月三十日	9月19日	己巳	八月一日	9月9日	癸亥	七月三十日	8月28日
九	甲辰	九月一日 20日　9日	10月19日	戊戌	八月三十日	10月8日	癸巳	八月一日	9月27日
十	癸酉	九月三十日	11月17日	戊辰	十月一日 19日　13日	11月7日	壬戌	八月三十日	10月26日
十一	癸卯	十一月一日 19日　2日	12月17日	丁酉	十月三十日	12月6日	壬辰	十月一日	11月25日
十二	癸酉	十二月一日 13日　4日	1771 1月16日	丁卯	十二月一日 18日　5日	1772 1月5日	辛酉	十月三十日	12月24日
闰	五丙午	四月三十日	6月23日						

年 月 日	乾隆三十八年			乾隆三十九年			乾隆四十年		
	癸巳	阴水蛇	1773-1774	甲午	阳木马	1774-1775	乙未	阴木羊	1775-1776
正	辛卯	十二月一日 19日　8日	1月23日	乙卯	正月一日 20日　11日	2月11日	己酉	十二月三十日	1月31日
二	庚申	十二月三十日	2月21日	甲申	正月三十日	3月12日	己卯	二月一日 21日　14日	3月2日
三	庚寅	二月一日 17日　1日	3月23日	甲寅	三月一日 18日　4日	4月11日	戊申	二月三十日	3月31日
四	己丑	三月三十日	5月21日	癸未	三月三十日	5月10日	戊寅	四月一日 18日　8日	4月30日
五	己未	五月一日 6日　1日 18日　21日	6月20日	癸丑	四月三十日	6月9日	丁未	四月三十日	5月29日
六	己丑	六月一日 10日　28日	7月20日	癸未	六月一日 17日　26日	7月9日	丁丑	五月三十日 14日　4日	6月28日
七	戊午	六月三十日	8月18日	壬子	六月三十日	8月7日	丙午	五月三十日	7月27日
八	丁亥	七月三十日	9月16日	壬午	八月一日 13日　22日	9月6日	丙子	七月一日 10日　1日	8月26日
九	丁巳	九月一日	10月16日	辛亥	八月三十日	10月5日	丙午	八月一日 13日　26日	9月25日
十	丙戌	九月三十日	11月14日	辛巳	十月一日 11日　16日	11月4日	乙亥	八月三十日	10月24日
十一	丙辰	十一月一日	12月14日	庚戌	十月三十日	12月3日	甲戌	十月三十日	11月22日
十二	乙酉	十一月三十日	1774 1月12日	庚辰	十二月一日	1775 1月2日	甲辰	十二月一日	1776 1月22日
闰	三庚申	三月一日 10日　5日	4月22日				十乙巳	十月一日 11日　19日	11月23日

年月日	乾隆四十一年			乾隆四十二年			乾隆四十三年		
	丙申	阳火猴	1776-1777	丁酉	阴火鸡	1777-1778	戊戌	阳土狗	1778-1779
正	癸酉	十二月三十日	2月19日	戊辰	正月一日	2月8日	壬戌	十二月三十日	1月28日
二	癸卯	二月一日	3月20日	丁酉	正月三十日	3月9日	壬辰	十二月三十日	2月27日
三	壬申	二月三十日	4月18日	丁卯	三月一日	4月8日	辛酉	正月三十日	3月28日
四	壬寅	四月一日 18日 29日 13日	5月18日	丙申	三月三十日	5月7日	辛卯	三月一日 7日 14日	4月27日
五	辛未	五月一日 21日 3日	6月16日	乙丑	四月三十日	6月5日	庚申	三月三十日	5月26日
六	庚子	五月三十日	7月15日	乙未	六月一日 21日 8日	7月5日	己丑	四月三十日	6月24日
七	庚午	六月三十日	8月14日	甲子	六月三十日	8月3日	戊子	六月三十日	8月22日
八	庚子	八月一日 10日 6日 21日 25日	9月13日	甲午	八月一日 17日 5日	9月2日	戊午	八月一日 19日 9日	9月21日
九	己巳	八月三十日	10月12日	癸亥	八月三十日	10月1日	丁亥	八月三十日	10月20日
十	己亥	十月一日 7日 1日	11月11日	癸巳	九月三十日	10月31日	丁巳	十月一日 18日 3日	11月19日
十一	己巳	十一月一日 12日 23日	12月11日	癸亥	十一月一日 8日 3日	11月30日	丁亥	十一月一日 14日 4日	12月19日
十二	戊戌	十一月三十日	1777 1月9日	癸巳	十二月一日 13日 25日	12月30日	丁巳	十二月一日 17日 28日	1779 1月18日
闰							六己未	六月一日 21日 18日	7月24日

年月日	乾隆四十四年			乾隆四十五年			乾隆四十六年		
	己亥	阴土猪	1779-1780	庚子	阳铁鼠	1780-1781	辛丑	阴铁牛	1781-1782
正	丙戌	十二月三十日	2月6日	庚辰	十二月三十日	2月5日	甲戌	十一月三十日	1月24日
二	丙辰	二月一日 12日 20日	3月18日	庚戌	二月一日 10日 1日	3月6日	甲辰	正月一日 17日 1日	2月23日
三	乙酉	二月三十日	4月16日	庚辰	三月一日 13日 24日	4月5日	甲戌	二月一日 11日 5日	3月25日
四	乙卯	四月一日 10日 15日	5月16日	己酉	三月三十日	5月4日	甲辰	三月一日 14日 24日	4月24日
五	甲申	四月三十日	6月14日	己卯	五月一日 10日 20日	6月3日	癸酉	三月三十日	5月23日
六	癸丑	五月三十日	7月13日	戊申	五月三十日	7月2日	壬申	五月三十日	7月21日
七	癸未	七月一日	8月12日	丁丑	六月三十日	7月31日	辛丑	六月三十日	8月19日
八	壬子	七月三十日	9月10日	丁未	八月一日	8月30日	辛未	八月一日	9月18日
九	壬午	九月一日 17日 13日	10月10日	丙子	八月三十日	9月28日	庚子	八月三十日	10月17日
十	辛亥	九月三十日	11月8日	丙午	九月一日	10月28日	庚午	十月一日	11月16日
十一	辛巳	十一月一日 17日 6日	12月8日	乙亥	九月三十日	11月26日	己亥	十月三十日	12月15日
十二	辛亥	十二月一日 22日 27日	1780 1月7日	乙巳	十一月一日 19日 8日	12月26日	己巳	十二月一日 21日 12日	1782 1月14日
闰							五癸卯	五月一日 10日 28日	6月22日

年 日 月	乾隆四十七年			乾隆四十八年			乾隆四十九年		
	壬寅	阳水虎	1782-1783	癸卯	阴水兔	1783-1784	甲辰	阳木龙	1784-1785
正	戊戌	十二月三十日 21日　14日	2月12日	癸巳	正月一日	2月2日	丁亥	十一月三十日	1月22日
二	戊辰	二月一日 18日　5日	3月14日	壬戌	正月三十日	3月3日	丁巳	正月一日	2月21日
三	戊戌	三月一日 21日　29日	4月13日	壬辰	三月一日 18日　8日	4月2日	丙戌	正月三十日	3月21日
四	丁卯	三月三十日	5月12日	辛酉	三月三十日	5月1日	乙酉	四月一日 21日　3日	5月19日
五	丁酉	五月一日 4日　26日 17日	6月11日	辛卯	五月一日 14日　4日	5月31日	乙卯	五月一日 14日　7日 24日　30日	6月18日
六	丙寅	六月一日	7月10日	辛酉	五月一日 17日	6月30日	甲申	五月三十日	7月17日
七	丙申	七月一日 13日　22日	8月9日	庚寅	六月一日 9日　1日	7月29日	甲寅	七月一日 10日　6日 21日　25日	8月16日
八	乙丑	七月三十日	9月7日	庚申	七月一日 13日　28日	8月28日	甲申	八月一日 13日　29日	9月15日
九	乙未	九月一日 11日　16日	10月7日	己丑	七月三十日	9月26日	癸丑	八月三十日	10月14日
十	甲子	九月三十日	11月5日	己未	九月一日 11日　20日	10月26日	癸未	十月一日 11日　23日	11月13日
十一	甲午	十一月一日	12月5日	戊子	九月三十日	11月24日	壬子	十月三十日	12月12日
十二	癸亥	十一月三十日	1783 1月3日	戊午	十一月一日	12月24日	壬午	十二月一日	1785 1月11日
闰							三丙辰	三月一日 18日　11日 29日	4月20日

年\月日		乾隆五十年			乾隆五十一年			乾隆五十二年	
	乙巳	阴木蛇	1785-1786	丙午	阳火马	1786-1787	丁未	阴火羊	1787-1788
正	辛亥	十二月三十日	2月9日	丙午	十二月三十日	1月30日	庚午	正月一日 12日 20日	2月18日
二	辛巳	二月一日	3月11日	乙亥	正月三十日	2月28日	己亥	正月三十日	3月19日
三	庚戌	二月三十日	4月9日	乙巳	二月一日 9日 15日	3月30日	己巳	三月一日 11日 13日	4月18日
四	庚辰	四月一日 28日	5月9日	甲戌	二月三十日	4月28日	戊戌	三月三十日	5月17日
五	己酉	五月一日 21日 8日	6月7日	癸卯	三月三十日	5月27日	丁卯	四月三十日	6月15日
六	戊寅	五月三十日	7月6日	癸酉	五月一日 21日 18日	6月26日	丁酉	六月一日 20日 16日	7月15日
七	戊申	七月一日 17日 5日	8月5日	壬寅	五月三十日	7月25日	丙寅	六月三十日	8月13日
八	戊寅	八月一日 20日 28日	9月4日	辛丑	七月三十日	9月22日	丙申	七月三十日	9月12日
九	丁未	八月三十日	10月3日	辛未	九月一日 19日 3日	10月22日	乙丑	八月三十日	10月10日
十	丁丑	十月一日 8日 3日	11月2日	辛丑	十月一日 15日 6日	11月21日	乙未	十月一日 16日 28日	11月10日
十一	丁未	十一月一日 12日 25日	12月2日	辛未	十一月一日 20日 28日	12月21日	甲子	十月三十日	12月9日
十二	丙子	十一月三十日	12月31日	庚子	十一月三十日	1787 1月19日	甲午	十一月三十日	1788 1月8日
闰				七壬申	七月一日 19日 9日	8月24日			

年月日	乾隆五十三年			乾隆五十四年			乾隆五十五年		
	戊申	阳土猴	1788-1789	己酉	阴土鸡	1789-1790	庚戌	阳铁狗	1790-1791
正	甲子	正月一日 8日 1日	2月7日	戊午	十二月一日 15日 1日	1月26日	壬午	正月一日 16日 6日	2月14日
二	甲午	二月一日 13日 23日	3月8日	戊子	正月一日 9日 4日	2月25日	壬子	二月一日 21日 26日	3月16日
三	癸亥	二月三十日	4月6日	戊午	二月一日 13日 27日	3月27日	辛巳	二月三十日	4月14日
四	癸巳	四月一日 10日 18日	5月6日	丁亥	二月三十日	4月25日	辛亥	四月一日 6日 1日 18日 21日	5月14日
五	壬戌	四月三十日	6月4日	丁巳	四月一日 10日 23日	5月25日	辛巳	五月一日 10日 28日	6月13日
六	壬辰	六月一日 6日 15日 28日	7月4日	乙卯	五月三十日	7月22日	庚戌		7月12日
七	辛酉	七月一日	8月2日	乙酉	七月一日	8月21日	己卯	六月三十日	8月10日
八	庚寅	七月三十日	8月31日	甲寅	七月三十日	9月19日	己酉	八月一日 9日 16日	9月9日
九	己未	八月三十日	9月29日	甲申	九月一日 29日	10月19日	戊寅	八月三十日	10月8日
十	己丑	十月一日 22日 5日	10月29日	癸丑	十月一日 23日 8日	11月17日	戊申	十月一日 30日	11月7日
十一	己未	十月一日 16日 9日	11月28日	癸未	十一月一日 17日 12日	12月17日	丁丑	十一月一日 24日 12日	12月6日
十二	戊子	十月三十日	12月27日	壬子	十一月三十日	1790 1月15日	丁未	十二月一日	1791 1月5日
闰				五丙戌	四月三十日	6月23日			

年月日		乾隆五十六年			乾隆五十七年			乾隆五十八年		
		辛亥	阴铁猪	1791-1792	壬子	阳水鼠	1792-1793	癸丑	阴水牛	1793-1794
正	丙子	十二月三十日		2月3日	辛未	十二月一日	1月24日	乙未	正月一日	2月11日
二	丙午	二月一日 17日	7日	3月5日	庚子	十二月三十日	2月22日	甲子	正月三十日	3月12日
三	乙亥	二月三十日		4月3日	庚午	二月一日 18日	2月23日 10日	甲午	三月一日 18日 30日	4月11日 14日
四	乙巳	四月一日 14日	1日	5月3日	己亥	二月三十日	4月21日	癸亥	四月一日 22日	5月10日 3日
五	乙亥	五月一日 2日 17日	27日	6月2日	戊戌	四月三十日	6月19日	壬辰	四月三十日	6月8日
六	甲辰	六月一日 9日	14日	7月1日	戊辰	六月一日 10日	7月19日 1日	壬戌	五月三十日	7月8日
七	甲戌	七月一日 2日 13日	23日	7月31日	戊戌	七月一日 13日	8月18日 27日	壬辰	七月一日 9日 21日	8月7日 7日 26日
八	癸卯	七月一日 6日	30日	8月29日	丁卯	七月三十日	9月16日	辛酉	七月三十日	9月5日
九	癸酉	八月一日 9日	18日	9月28日	丁酉	九月一日 10日	10月16日 21日	辛卯	九月一日 6日	10月5日 28日
十	壬寅	八月三十日		10月27日	丙寅	九月三十日	11月14日	辛酉	十月一日 11日	11月4日 25日
十一	壬申	十月一日 8日	11日	11月26日	丙申	十一月一日 9月	12月14日 14日	庚寅	十月三十日	12月3日
十二	辛丑	十月三十日		12月25日	乙丑	十一月三十日	1793 1月12日	庚申	十二月一日 10日	1794 1月2日 17日
闰					四己巳	四月一日 15日	5月21日 4日			

2686

年 日 月	乾隆五十九年			乾隆六十年			嘉庆元年		
	甲寅	阳木虎	1794-1795	乙卯	阴木兔	1795-1796	丙辰	阳火龙	1796-1797
正	己丑	十二月三十日	1月31日	甲申	十二月一日 11日 19日	1月21日	戊申	正月一日 12日 23日	2月9日
二	己未	二月一日	3月2日	癸丑	十二月三十日	2月19日	丁丑	正月三十日	3月9日
三	戊子	二月三十日	3月31日	壬子	二月三十日	4月19日	丁未	三月一日 10日 15日	4月8日
四	丁巳	二月三十日	4月29日	辛巳	三月三十日	5月18日	丙子	三月三十日	5月7日
五	丁亥	四月一日 23日 7日	5月29日	辛亥	五月一日 23日 12日	6月17日	乙巳	四月三十日	6月5日
六	丙辰	四月三十日	6月27日	庚辰	五月三十日	7月16日	乙亥	六月一日 21日 18日	7月5日
七	丙戌	六月一日 18日 4日	7月27日	庚戌	七月一日 17日 9日	8月15日	甲辰	六月三十日	8月3日
八	乙卯	六月三十日	8月25日	己卯	七月三十日	9月13日	癸酉	七月三十日	9月1日
九	乙酉	八月一日 14日 1日	9月24日	己酉	九月一日 15日 4日	10月13日	癸卯	九月一日 21日 4日	10月1日
十	乙卯	九月一日 18日 25日	10月24日	戊寅	九月三十日	11月11日	癸酉	十月一日 17日 7日	10月31日
十一	乙酉	十月一日 12日 28日	11月23日	戊申	十月三十日	12月11日	壬寅	十月三十日	11月29日
十二	甲寅	十月三十日	12月22日	戊寅	十二月一日 7日 30日	1796 1月10日	壬申	十一月三十日	12月29日
闰				二癸未	二月一日	3月21日			

年 月 日	嘉庆二年			嘉庆三年			嘉庆四年		
	丁巳	阴火蛇	1797-1798	戊午	阳土马	1798-1799	己未	阴土羊	1799-1800
正	壬寅	十二月一日 8日　3日	1月28日	丙寅	正月一日 20日　25日	2月16日	庚申	正月一日 17日　6日	2月5日
二	壬申	正月一日 13日　25日	2月27日	乙未	正月三十日	3月17日	己丑	正月三十日	3月6日
三	辛丑	正月三十日	3月28日	乙丑	三月一日	4月16日	己未	二月三十日	4月5日
四	辛未	三月一日 10日　20日	4月27日	乙未	四月一日 11日　25日	5月16日	己丑	四月一日 18日　24日	5月5日
五	庚子	三月三十日	5月26日	甲子	四月三十日	6月14日	戊午	四月三十日	6月3日
六	庚午	五月一日 6日　17日 29日	6月25日	癸巳	五月三十日	7月13日	戊子	五月三十日	7月3日
七	戊辰	六月三十日	8月22日	癸亥	七月一日	8月12日	丁巳	六月三十日	8月1日
八	丁酉	七月三十日	9月20日	壬辰	七月三十日	9月10日	丁亥	八月一日 10日　17日	8月31日
九	丁卯	九月一日 22日　8日	10月20日	辛酉	九月一日 28日	10月9日	丙辰	八月三十日	9月29日
十	丙申	九月三十日	11月18日	辛卯	十月一日 23日　11日	11月8日	丙戌	九月一日 7日 30日　10日	10月29日
十一	丙寅	十月三十日	12月18日	庚申	十月三十日	12月7日	乙卯	十月一日 24日　14日	11月27日
十二	丙申	十二月一日 15日　3日	1798 1月17日	庚寅	十二月一日 22日　3日	1799 1月6日	甲申	十月三十日	12月26日
闰	六己亥	六月一日	7月24日						

年 月 日	嘉庆五年			嘉庆六年			嘉庆七年		
	庚申	阳铁猴	1800-1801	辛酉	阴铁鸡	1801-1802	壬戌	阳水龙	1802-1803
正	甲寅	十一月三十日	1月25日	戊寅	正月一日 24日　9日	2月13日	癸酉	正月一日	2月3日
二	甲申	十二月三十日	2月24日	丁未	正月三十日	3月14日	壬寅	正月三十日	3月4日
三	癸丑	正月三十日	3月25日	丁丑	二月三十日	4月13日	辛未	二月三十日	4月2日
四	癸未	三月一日 15日　3日	4月24日	丁未	四月一日 15日　7日	5月13日	辛丑	四月一日 22日　6日	5月2日
五	壬午	四月三十日	6月22日	丙子	四月三十日	6月11日	庚午	四月三十日	5月31日
六	壬子	六月一日 13日　25日	7月22日	丙午	六月一日 10日　3日 21日　24日	7月11日	庚子	五月一日 18日　2日	6月30日
七	辛巳	六月三十日	8月20日	乙亥	六月三十日	8月9日	己巳	五月三十日	7月29日
八	辛亥	八月一日 9日　21日	9月19日	乙巳	七月三十日	9月8日	己亥	六月三十日	8月28日
九	庚辰	八月三十日	10月18日	乙亥	九月一日 10日　24日	10月8日	己巳	八月一日 17日　24日	9月27日
十	庚戌	十月一日 7日　15日	11月17日	甲辰	九月三十日	11月6日	己亥	九月一日 11日　28日	10月27日
十一	己卯	十月三十日	12月16日	甲戌	十一月一日 8日　17日	12月6日	戊辰	九月三十日	11月25日
十二	己酉	十二月一日 30日	1801 1月15日	癸卯	十一月三十日	1802 1月4日	戊戌	十一月一日 9日　20日	12月25日
闰	四癸丑	四月一日 18日　28日	5月24日						

年\月\日	嘉庆八年			嘉庆九年			嘉庆十年		
	癸亥	阴水猪	1803-1804	甲子	阳木鼠	1804-1805	乙丑	阴木牛	1805-1806
正	丁卯	十一月三十日	1月23日	辛卯	十二月三十日	2月11日	丙戌	正月一日 12日 25日	1月31日
二	丁酉	正月一日 9日 12日	2月22日	辛酉	二月一日 8日 15日	3月12日	乙卯	正月三十日	3月1日
三	乙未	二月三十日	4月21日	庚寅	二月三十日	4月10日	乙酉	二月一日 10日 19日	3月31日
四	乙丑	四月一日 22日 11日	5月21日	己未	三月三十日	5月9日	甲寅	二月三十日	4月29日
五	甲午	四月三十日	6月19日	己丑	五月一日 22日 15日	6月8日	甲申	四月一日 7日 14日 29日	5月29日
六	甲子	六月一日 18日 7日	7月19日	戊午	五月三十日	7月7日	癸丑	五月一日	6月27日
七	癸巳	六月三十日	8月17日	丁亥	六月三十日	8月5日	辛亥	六月三十日	8月24日
八	癸亥	八月一日 14日 3日	9月16日	丁巳	七月三十日	9月4日	辛巳	八月一日 21日 7日	9月23日
九	癸巳	九月一日 17日 28日	10月16日	丁亥	九月一日 14日 7日	10月4日	庚戌	八月三十日	10月22日
十	壬戌	九月三十日	11月14日	丙辰	九月三十日	11月2日	庚辰	九月三十日	11月21日
十一	壬辰	十一月一日 4日 2日 17日 21日	12月14日	丙戌	十月三十日	12月2日	庚戌	十一月一日 14日 3日	12月21日
十二	壬戌	十二月一日 10日 23日	1804 1月13日	丙辰	十二月一日 6日 4日	1805 1月1日	庚辰	十二月一日 20日 25日	1806 1月20日
闰	二丙寅	正月三十日	3月23日				六壬午	五月三十日	7月26日

年 日 月	嘉庆十一年			嘉庆十二年			嘉庆十三年		
	丙寅	阳火虎	1806-1807	丁卯	第14饶週 阴火兔	1807-1808	戊辰	阳土龙	1808-1809
正	己酉	十二月三十日	2月18日	癸卯	十二月三十日	2月7日	戊戌	十二月一日 16日　10日	1月28日
二	己卯	正月三十日	3月20日	癸酉	正月三十日	3月9日	丁卯	十二月三十日	2月26日
三	己酉	三月一日 11日　22日	4月19日	癸卯	三月一日 6日　3日 18日　22日	4月8日	丁酉	二月一日 14日　2日	3月27日
四	戊寅	三月三十日	5月18日	癸酉	四月一日 11日　28日	5月8日	丁卯	三月一日 18日　26日	4月26日
五	戊申	五月一日 8日　18日 30日	6月17日	壬寅	四月三十日	6月6日	丙申	三月三十日	5月25日
六	丁丑	六月一日	7月16日	辛未	五月三十日	7月5日	乙未	五月三十日	7月23日
七	丙午	六月三十日	8月14日	辛丑	七月一日 10日　15日	8月4日	乙丑	七月一日 9日　19日	8月22日
八	乙亥	七月三十日	9月12日	庚午	七月三十日	9月2日	甲午	七月三十日	9月20日
九	乙巳	九月一日 23日　10日	10月12日	己亥	八月三十日	10月1日	甲子	九月一日 6日　14日	10月20日
十	甲戌	九月三十日	11月10日	己巳	十月一日 23日　14日	10月31日	癸巳	九月三十日	11月18日
十一	甲辰	十一月一日 21日　3日	12月10日	戊戌	十月三十日	11月29日	壬戌	十月三十日	12月17日
十二	甲戌	十二月一日 16日　6日	1807 1月9日	戊辰	十一月三十日 22日　7日	12月29日	壬辰	十二月一日 23日　9日	1809 1月16日
闰							五丙辰	五月一日 14日　23日	6月24日

年\月日	嘉庆十四年			嘉庆十五年			嘉庆十六年		
	己巳	阴土蛇	1809-1810	庚午	阳铁马	1810-1811	辛未	阴铁羊	1811-1812
正	辛酉	十二月三十日	2月14日	丙辰	正月一日 25日 12日	2月4日	辛亥	十二月一日 7日 13日	1月25日
二	辛卯	正月三十日	3月16日	乙酉	正月三十日	3月5日	庚辰	十二月三十日	2月23日
三	辛酉	三月一日 15日 5日	4月15日	乙卯	三月一日 22日 5日	4月4日	己酉	正月三十日	3月24日
四	庚寅	三月三十日	5月14日	甲申	三月三十日	5月3日	戊申	三月三十日	5月22日
五	庚申	五月一日 11日 1日	6月13日	甲寅	五月一日 18日 6日	6月2日	戊寅	五月一日 18日 5日	6月21日
六	庚寅	六月一日	7月13日	甲申	六月一日 10日 7日 12日 27日	7月2日	丁未	五月三十日	7月20日
七	己未	六月三十日	8月11日	癸丑	六月三十日	7月31日	丁丑	七月一日 14日 2日	8月19日
八	己丑	八月一日 9日 24日	9月10日	癸未	七月一日 17日 24日	8月30日	丁未	八月一日 18日 27日	9月18日
九	戊午	八月三十日	10月9日	癸丑	八月一日 10日 28日	9月29日	丙子	八月三十日 21日 4日	10月17日
十	戊子	十月一日 7日 17日	11月8日	壬午	八月三十日	10月28日	丙午	十月一日 15日 20日	11月16日
十一	丁巳	十月三十日 12日 28日	12月7日	壬子	十月一日 8日 21日	11月27日	丙子	十一月一日 9日 23日	12月16日
十二	丙戌	十一月三十日	1810 1月5日	辛巳	十月三十日	12月26日	乙巳	十一月三十日	1812 1月14日
闰							三己卯	三月一日	4月23日

年月日	嘉庆十七年			嘉庆十八年			嘉庆十九年		
	壬申	阳水猴	1812-1813	癸酉	阴水鸡	1813-1814	甲戌	阳木狗	1814-1815
正	乙亥	正月一日 8日	2月13日	己巳	十二月三十日	2月1日	癸亥	十一月三十日	1月21日
二	甲辰	二月一日 2日 25日 19日	3月13日	己亥	二月一日 9日 18日	3月3日	癸巳	十二月三十日	2月30日
三	癸酉	三月一日 29日 10日	4月11日	戊辰	二月三十日	4月1日	壬辰	二月三十日	4月20日
四	癸卯	四月一日 22日 12日	5月11日	戊戌	三月一日 7日 29日 12日	5月1日	壬戌	四月一日 6日 30日 17日	5月20日
五	壬申	四月三十日	6月9日	丁卯	四月一日 21日 19日	5月30日	辛卯	五月一日	6月18日
六	壬寅	六月一日 18日 10日	7月9日	丙申	四月三十日	6月28日	庚申	五月三十日	7月17日
七	辛未	六月三十日	8月7日	乙丑	五月三十日	7月27日	己丑	六月三十日	8月15日
八	辛丑	八月一日 14日 6日	9月6日	乙未	七月一日 21日 5日	8月26日	己未	八月一日 21日 10日	9月14日
九	庚午	八月三十日	10月5日	甲子	七月三十日	9月24日	戊子	八月三十日	10月13日
十	庚子	十月一日 11日 1日	11月4日	甲午	八月三十日	10月24日	戊午	十月一日 19日 4日	11月12日
十一	庚午	十一月一日 16日 23日	12月4日	甲子	十月一日 12日 4日	11月23日	戊子	十一月一日 13日 7日	12月12日
十二	庚子	十二月一日 10日 26日	1813 1月3日	甲午	十一月一日 17日 26日	12月23日	丁巳	十一月三十日	1815 1月10日
闰							二癸亥	二月一日 9日 22日	3月22日

年月\日	嘉庆二十年			嘉庆二十一年			嘉庆二十二年		
	乙亥	阴木猪	1815-1816	丙子	阳火鼠	1816-1817	丁丑	阴火牛	1817-1818
正	丁亥	十二月三十日	2月9日	辛巳	十一月三十日	1月29日	乙巳	十二月三十日	2月16日
二	丁巳	二月一日 5日 3日 17日 21日	3月11日	辛亥	正月一日 13日 2日	2月28日	乙亥	二月一日 14日 5日	3月18日
三	丁亥	三月一日 10日 25日	4月10日	辛巳	二月一日 17日 25日	3月29日	甲辰	二月三十日	4月16日
四	丙辰	三月三十日	5月9日	庚戌	二月三十日	4月27日	甲戌	四月一日 12日 2日	5月16日
五	乙酉	四月三十日	6月7日	庚辰	四月一日 14日 21日	5月27日	甲辰	五月一日 13日 28日	6月15日
六	乙卯	六月一日	7月7日	己酉	四月三十日	6月25日	癸酉	五月三十日	7月14日
七	甲申	六月三十日	8月5日	戊申	六月三十日	8月23日	癸卯	七月一日 9日 24日	8月13日
八	癸丑	七月三十日	9月3日	丁丑	七月三十日	9月21日	壬申	七月三十日	9月11日
九	癸未	九月一日	10月3日	丁未	九月一日 22日 18日	10月21日	壬寅	九月一日 7日 17日	10月11日
十	壬子	九月三十日	11月1日	丙子	九月三十日	11月19日	辛未	九月三十日	11月9日
十一	壬午	十一月一日 20日 7日	12月1日	丙午	十一月一日 21日 9日	12月19日	庚子	十月三十日	12月8日
十二	辛亥	十一月三十日	12月30日	乙亥	十一月三十日	1817 1月17日	庚午	十二月一日 25日 12日	1818 1月7日
闰				六己卯	六月一日 9日 17日	7月25日			

年\月\日	嘉庆二十三年			嘉庆二十四年			嘉庆二十五年		
	戊寅	阳土虎	1818-1819	己卯	阴土兔	1819-1820	庚辰	阳铁龙	1820-1821
正	己亥	十二月三十日 2日 25日	2月5日	甲子	十二月一日 23日 15日	1月26日	戊午	正月一日 2日 25日 19日	2月14日
二	己巳	二月一日 22日 5日	3月7日	癸亥	十二月三十日	2月24日	丁亥	二月一日 29日 10日	3月14日
三	戊戌	二月三十日	4月5日	癸巳	二月一日 22日 8日	3月26日	丁巳	三月一日 22日 13日	4月13日
四	戊辰	三月三十日	5月5日	壬戌	二月三十日	4月24日	丙戌	三月三十日	5月12日
五	戊戌	五月一日 11日 4日	6月4日	辛酉	四月三十日	6月22日	丙辰	五月一日 18日 7日	6月11日
六	丁卯	五月三十日	7月3日	辛卯	五月三十日	7月22日	乙酉	五月三十日	7月10日
七	丁酉	七月一日 6日 20日 18日	8月2日	辛酉	七月一日 17日 26日	8月21日	乙卯	七月一日 14日 4日	8月9日
八	丁卯	八月一日 9日 26日	9月1日	庚寅	七月三十日	9月19日	甲申	七月三十日	9月7日
九	丙申	八月三十日	9月30日	庚申	九月一日 14日 20日	10月19日	甲寅	八月三十日	10月7日
十	丙寅	九月一日 6日 20日 30日	10月30日	庚寅	十月一日 7日 24日	11月18日	甲申	十月一日 14日 23日	11月6日
十一	乙未	十月一日	11月28日	己未	十月三十日	12月17日	甲寅	十一月一日 8日 27日	12月6日
十二	甲子	十月三十日	12月27日	己丑	十二月一日 6日 23日 15日	1820 1月16日	癸未	十一月三十日	1821 1月4日
闰				四壬辰	四月一日 18日 3日	5月24日			

年 日 月	道光元年			道光二年			道光三年		
	辛巳	阴铁蛇	1821-1822	壬午	阳水马	1822-1823	癸未	阴水羊	1823-1824
正	癸丑	正月一日 7日 18日	2月3日	丁未	十一月三十日	1月23日	辛未	正月一日 16日 21日	2月11日
二	壬午	正月三十日	3月4日	丁丑	正月一日 8日 21日	2月22日	辛丑	二月一日 9日 25日	3月13日
三	辛亥	二月三十日	4月2日	丙午	正月三十日	3月23日	庚午	二月三十日	4月11日
四	辛巳	四月一日 22日 16日	5月2日	乙巳	四月一日	5月21日	庚子	四月一日 7日 22日 28日	5月11日
五	庚戌	四月三十日	5月31日	甲戌	四月三十日	6月19日	己巳	五月一日	6月9日
六	己卯	四月三十日	6月29日	癸卯	五月三十日	7月18日	戊戌	五月三十日	7月8日
七	己酉	六月一日 21日 3日	7月29日	癸酉	七月一日 22日 8日	8月17日	丁卯	六月三十日	8月6日
八	戊寅	六月三十日	8月27日	壬寅	七月三十日	9月15日	丁酉	八月一日 21日 15日	9月5日
九	戊申	七月三十日	9月26日	壬申	九月一日 18日 3日	10月15日	丙寅	八月三十日	10月4日
十	戊寅	九月一日 11日 4日	10月26日	壬寅	十月一日 10日 8日 24日 25日	11月14日	丙申	十月一日 20日 7日	11月3日
十一	戊申	十月一日 15日 26日	11月25日	辛未	十月三十日	12月13日	乙丑	十月三十日	12月2日
十二	丁丑	十月三十日	12月24日	辛丑	十一月三十日 7日 30日	1823 1月12日	乙未	十一月三十日	1824 1月1日
闰				三丙子	三月一日 6日 30日 15日	4月22日			

年 月		道光四年			道光五年			道光六年	
	甲申	阳木猴	1824-1825	乙酉	阴木鸡	1825-1826	丙戌	阳火狗	1826-1827
正	乙丑	正月一日 14日　3日	1月31日	己丑	正月一日 13日　5日	2月18日	癸未	正月一日 20日　5日	2月7日
二	乙未	正月一日 17日　25日	3月1日	己未	二月一日 17日　28日	3月20日	癸丑	二月一日 13日　9日	3月9日
三	甲子	正月三十日	3月30日	戊子	二月三十日	4月18日	壬午	二月三十日	4月7日
四	甲午	二月三十日	4月29日	戊午	四月一日 14日　23日	5月18日	壬子	四月一日 11日　2日	5月7日
五	癸亥	三月三十日	5月28日	丁亥	四月三十日	6月16日	壬午	五月一日 25日　28日	6月6日
六	癸巳	五月一日	6月27日	丁巳	六月一日 9日　20日	7月16日	辛亥	五月三十日	7月5日
七	壬戌	五月三十日	7月26日	丙戌	六月三十日	8月14日	辛巳	七月一日 9日　25日	8月4日
八	辛酉	八月一日 21日　17日	9月23日	乙卯	七月三十日	9月12日	庚戌	七月三十日	9月2日
九	庚寅	八月三十日	10月22日	乙酉	九月一日	10月12日	己卯	八月三十日	10月1日
十	庚申	十月一日 20日　10日	11月21日	甲寅	九月三十日	11月10日	己酉	九月一日	10月31日
十一	己丑	十月三十日	12月20日	甲申	十一月一日 21日　13日	12月10日	戊寅	九月三十日	11月29日
十二	己未	十二月一日 19日　2日	1825 1月19日	癸丑	十一月三十日	1826 1月8日	戊申	十一月一日 21日　16日	12月29日
闰	七辛卯	六月三十日	8月24日						

年月日		道光七年			道光八年			道光九年		
		丁亥	阴火猪	1827-1828	戊子	阳土鼠	1828-1829	己丑	阴土牛	1829-1830
正	丁丑	十一月三十日		1月27日	辛丑	正月一日 29日	10日	2月15日	丙申	正月一日	2月4日 2日
二	丁未	正月一日 21日	8日	2月26日	辛未	二月一日 22日	12日	3月16日	乙丑	二月一日 5日	10日	3月5日
三	丙子	正月三十日		3月27日	庚子	二月三十日		4月14日	乙未	三月一日 22日	15日	4月4日
四	丙午	三月一日 17日	3日	4月26日	庚午	四月一日 18日	7日	5月14日	甲子	三月三十日		5月3日
五	丙子	四月一日 20日	29日	5月26日	己亥	四月三十日		6月12日	甲午	五月一日 18日	10日	6月2日
六	乙亥	六月一日 17日	26日	7月24日	己巳	六月一日 14日	4日	7月12日	癸亥	五月三十日		7月1日
七	甲辰	六月三十日		8月22日	己亥	七月一日 17日		8月11日	癸巳	六月一日 13日	7日	7月31日
八	甲戌	八月一日 14日	20日	9月21日	戊辰	八月一日 10日	29日	9月9日	壬戌	六月三十日		8月29日
九	癸卯	八月三十日		10月20日	戊戌	九月一日 14日		10月9日	壬辰	九月一日 14日	26日	10月28日
十	癸酉	九月三十日		11月19日	丁卯	十月一日 8日	26日	11月7日	壬戌	九月一日 14日	26日	10月28日
十一	壬寅	十月三十日		12月18日	丁酉	十一月一日 3日		12月7日	辛卯	九月三十日		11月26日
十二	壬申	十二月一日 2日 25日	19日	1828 1月17日	丙寅	十二月一日 6日	18日	1829 1月5日	辛酉	十一月一日 13日	18日	12月29日
闰	五乙巳	四月三十日		6月24日							

年 日 月	道光十年			道光十一年			道光十二年		
	庚寅	阳铁虎	1830-1831	辛卯	阴铁兔	1831-1832	壬辰	阳水龙	1832-1833
正	辛卯	十一月一日 7日 ｜ 21日	1月25日	乙卯	正月一日 8日 ｜ 25日	2月13日	己酉	正月一日 17日 ｜ 25日	2月2日
二	庚申	十二月三十日	2月23日	甲申	正月三十日	3月14日	戊寅	正月三十日	3月2日
三	己丑	正月三十日	3月24日	癸丑	二月三十日	4月12日	戊申	二月三十日	4月1日
四	己未	三月一日	4月23日	癸未	四月一日	5月12日	丁丑	二月三十日	4月30日
五	丁巳	四月三十日	6月20日	壬子	四月三十日	6月10日	丁未	四月一日 9日 ｜ 15日	5月30日
六	丁亥	六月一日 21日 ｜ 6日	7月20日	辛巳	五月三十日	7月9日	丙子	四月三十日	6月28日
七	丙辰	六月三十日	8月18日	辛亥	七月一日 21日 ｜ 15日	8月8日	乙巳	五月三十日	7月27日
八	丙戌	八月一日 17日 ｜ 2日	9月17日	庚辰	七月三十日	9月6日	乙亥	七月一日 21日 ｜ 17日	8月26日
九	丙辰	九月一日 22日 ｜ 26日	10月17日	庚戌	九月一日 20日 ｜ 7日	10月6日	甲辰	七月三十日	9月24日
十	乙酉	九月三十日	11月15日	己卯	九月三十日	11月4日	癸卯	九月三十日	11月22日
十一	乙卯	十月三十日	12月15日	己酉	十月三十日	12月4日	癸酉	十一月一日 19日 ｜ 2日	12月22日
十二	乙酉	十二月一日 14日 ｜ 21日	1831 1月14日	己卯	十二月一日 14日 ｜ 3日	1832 1月3日	癸卯	十二月一日 13日 ｜ 4日	1833 1月21日
闰	四戊子	三月三十日	5月22日				九甲戌	九月一日 20日 ｜ 9日	10月24日

年 月	日	道光十三年				道光十四年				道光十五年		
		癸巳	阴水蛇		1833-1834	甲午	阳木马		1834-1835	乙未	阴木羊	1835-1836
正		癸酉	正月一日		2月20日	丁卯	正月一日		2月9日	辛酉	十二月一日	1月29日
			17日	28日			11日 24日	9日 26日			19日	8日
二		壬寅	正月三十日		3月21日	丙申	正月三十日		3月10日	庚寅	十二月三十日	2月27日
三		壬申	三月一日		4月20日	丙寅	三月一日		4月9日	庚申	二月一日	3月29日
			14日	23日			10日	1日			17日	1日
四		辛丑	三月三十日		5月19日	丙申	四月一日		5月9日	庚寅	三月一日	4月28日
							14日	26日			10日	25日
五		辛未	五月一日		6月18日	乙丑	四月三十日		6月7日	己未	三月三十日	5月27日
			10日	18日								
六		庚子	五月三十日		7月17日	乙未	六月一日		7月7日	己丑	五月一日	6月26日
							10日	23日		6日 18日	1日 21日	
七		己巳	六月三十日		8月15日	甲子	六月三十日		8月5日	戊子	六月三十日	8月24日
八		己亥	八月一日		9月14日	癸巳	七月三十日		9月3日	丁巳	七月三十日	9月22日
九		戊辰	八月三十日		10月13日	癸亥	九月一日		10月3日	丁亥	九月一日	10月22日
十		戊戌	十月一日		11月12日	壬辰	九月三十日		11月1日	丙辰	九月三十日	11月20日
			19日	13日								
十一		丁卯	十月三十日		12月11日	壬戌	十一月一日		12月1日	丙戌	十一月一日	12月20日
十二		丁酉	十二月一日		1834 1月10日	辛卯	十一月三十日		12月30日	乙卯	十一月三十日	1836 1月18日
			18日	5日								
闰										六己未	六月一日	7月26日
											10日	28日

年 月 日	道光十六年			道光十七年			道光十八年		
	丙申	阳火猴	1836-1837	丁酉	阴火鸡	1837-1838	戊戌	阳土狗	1838-1839
正	乙酉	正月一日 20日　11日	2月17日	己卯	十二月三十日	2月5日	甲戌	十二月一日	1月26日
二	甲寅	正月三十日	3月17日	己酉	二月一日 21日　14日	3月7日	癸卯	十二月三十日	2月24日
三	甲申	三月一日 18日　4日	4月16日	戊寅	二月三十日	4月5日	癸酉	二月一日	3月26日
四	癸丑	三月三十日	5月15日	戊申	四月一日 18日　8日	5月5日	壬寅	二月三十日	4月24日
五	癸未	四月三十日	6月14日	丁丑	四月三十日	6月3日	辛丑	五月一日 21日　3日	6月22日
六	癸丑	六月一日 17日　26日	7月14日	丁未	六月一日 14日　4日	7月3日	庚午	五月三十日	7月21日
七	壬午	六月三十日	8月12日	丙子	六月三十日	8月1日	庚子	六月三十日	8月20日
八	壬子	八月一日 13日　22日	9月11日	丙午	七月一日 10日　1日	8月31日	庚午	八月一日 10日　6日 21日　25日	9月19日
九	辛巳	八月三十日	10月10日	丙子	八月一日 13日　26日	9月30日	己亥	八月三十日	10月18日
十	辛亥	十月一日 11日　16日	11月9日	乙巳	八月三十日	10月29日	己巳	十月一日 7日　1日	11月17日
十一	庚辰	十月三十日	12月8日	乙亥	十月一日 11日　19日	11月28日	己亥	十一月一日 12日　23日	12月17日
十二	庚戌	十二月一日	1837 1月7日	甲辰	十月三十日	12月27日	戊辰	十一月三十日	1839 1月15日
闰							四壬申	四月一日 18日　13日 29日	5月24日

年月日	道光十九年			道光二十年			道光二十一年		
	己亥	阴土猪	1839-1840	庚子	阳铁鼠	1840-1841	辛丑	阴铁牛	1841-1842
正	戊戌	正月一日	2月14日	壬辰	十二月三十日	2月3日	丁亥	十二月一日 17日 28日	1月23日
二	丁卯	正月三十日	3月15日	壬戌	正月三十日	3月4日	丙辰	十二月三十日	2月21日
三	丁酉	三月一日	4月14日	辛卯	二月三十日	4月2日	丙戌	二月一日 12日 20日	3月23日
四	丙寅	三月三十日	5月13日	辛酉	四月一日 7日 14日	5月2日	乙酉	四月一日 10日 15日	5月21日
五	乙未	四月三十日	6月11日	庚寅	四月三十日	5月31日	甲寅	四月三十日	6月19日
六	乙丑	六月一日 21日 8日	7月11日	己未	四月三十日	6月29日	癸未	五月三十日	7月18日
七	甲午	六月三十日	8月9日	己丑	六月一日 21日 18日	7月29日	癸丑	七月一日	8月17日
八	甲子	八月一日 17日 5日	9月8日	戊午	六月三十日	8月27日	壬午	七月三十日	9月15日
九	癸巳	八月三十日	10月7日	戊子	八月一日 19日 9日	9月26日	壬子	九月一日 17日 13日	10月15日
十	癸亥	九月三十日	11月6日	丁巳	八月三十日	10月25日	辛巳	九月三十日	11月13日
十一	癸巳	十一月一日	12月6日	丁亥	十月一日 18日 3日	11月24日	辛亥	十一月一日 17日 6日	12月13日
十二	癸亥	十二月一日 13日 25日	1840 1月5日	丁巳	十一月一日 14日 4日	12月24日	庚辰	十一月三十日	1842 1月11日
闰							三乙卯	二月三十日	4月21日

年 月	道光二十二年			道光二十三年			道光二十四年		
	壬寅	阳水虎	1842-1843	癸卯	阴水兔	1843-1844	甲辰	阳木龙	1844-1845
正	庚戌	十二月三十日	2月10日	甲辰	十二月三十日	1月30日	戊辰	十二月三十日	2月18日
二	庚辰	二月一日 10日 1日	3月12日	甲戌	正月一日 17日 1日	3月1日	戊戌	二月一日 18日 5日	3月19日
三	庚戌	三月一日 13日 24日	4月11日	甲辰	二月一日 11日 5日	3月31日	戊辰	三月一日 21日 29日	4月18日
四	己卯	三月三十日	5月10日	甲戌	三月一日 14日	4月30日	丁酉	三月三十日	5月17日
五	己酉	五月一日 10日 20日	6月9日	癸卯	四月一日 6日 1日 18日 21日	5月29日	丁卯	五月一日 4日 17日 26日	6月16日
六	戊寅	五月三十日	7月8日	癸酉	五月一日 10日 28日	6月28日	丙申	六月一日	7月15日
七	丁未	六月三十日	8月6日	壬寅	五月三十日	7月27日	丙寅	七月一日 13日 22日	8月14日
八	丁丑	八月一日	9月5日	辛丑	八月一日	9月24日	乙未	七月三十日	9月12日
九	丙午	八月三十日	10月4日	庚午	八月三十日	10月23日	乙丑	九月一日 11日 16日	10月12日
十	丙子	十月一日	11月3日	庚子	十月一日	11月22日	甲午	九月三十日	11月10日
十一	乙巳	十月三十日	12月2日	己巳	十月三十日	12月21日	甲子	十一月一日	12月10日
十二	乙亥	十二月一日 19日 8日	1843 1月1日	己亥	十二月一日 21日 12日	1844 1月20日	癸巳	十一月三十日	1845 1月8日
闰				七辛未	六月三十日	8月25日			

年月日	道光二十五年			道光二十六年			道光二十七年		
	乙巳	阴木蛇	1845-1846	丙午	阳火马	1846-1847	丁未	阴火羊	1847-1848
正	癸亥	正月一日 21日 14日	2月7日	丁巳	十一月三十日	1月27日	辛巳	十二月三十日	2月15日
二	壬辰	正月三十日	3月8日	丁亥	正月一日	2月26日	辛亥	二月一日	3月17日
三	壬戌	三月一日 18日 8日	4月7日	丙辰	正月三十日	3月27日	庚辰	二月三十日	4月15日
四	辛卯	三月三十日	5月6日	丙戌	三月一日 18日 29日 11日	4月26日	己酉	三月三十日	5月14日
五	辛酉	五月一日 14日 4日	6月5日	乙卯	四月一日 21日 3日	5月25日	己卯	五月一日 21日 8日	6月13日
六	辛卯	六月一日 17日	7月5日	甲寅	五月三十日	7月23日	戊申	五月三十日	7月12日
七	庚申	七月一日 9日 1日	8月3日	甲申	七月一日 10日 6日 21日 25日	8月22日	戊寅	七月一日 17日 5日	8月11日
八	庚寅	八月一日 13日 28日	9月2日	癸丑	七月三十日	9月20日	丁未	七月三十日	9月9日
九	己未	八月三十日	10月1日	癸未	八月三十日	10月20日	丁丑	八月三十日	10月9日
十	己丑	九月一日 11日 20日	10月31日	癸丑	十月一日 11日 23日	11月19日	丁未	十月一日 8日 3日	11月8日
十一	戊午	九月三十日	11月29日	壬午	十月三十日	12月18日	丁丑	十一月一日 12日 25日	12月8日
十二	戊子	十一月一日	12月29日	壬子	十二月一日	1847 1月17日	丙午	十一月三十日	1848 1月6日
闰				五乙酉	五月一日 14日 7日 24日 30日	6月24日			

年\月\日	道光二十八年			道光二十九年			道光三十年		
	戊申	阳土猴	1848-1849	己酉	阴土鸡	1849-1850	庚戌	阳铁狗	1850-1851
正	丙子	十二月三十日	2月5日	庚午	十一月三十日	1月24日	甲午	正月一日 8日 1日	2月12日
二	乙巳	正月三十日	3月5日	庚子	正月一日 12日 20日	2月23日	甲子	二月一日 13日 23日	3月14日
三	乙亥	三月一日 9日 15日	4月4日	己巳	正月三十日	3月24日	癸巳	二月三十日	4月12日
四	甲辰	三月三十日	5月3日	己亥	三月一日 11日 13日	4月23日	癸亥	四月一日 10日 18日	5月12日
五	癸酉	四月三十日	6月1日	丁酉	四月三十日	6月20日	壬辰	四月三十日	6月10日
六	癸卯	五月一日 21日 18日	7月1日	丁卯	六月一日 20日 16日	7月20日	辛酉	五月三十日	7月9日
七	壬申	五月三十日	7月30日	丙申	六月三十日	8月18日	辛卯	七月一日	8月8日
八	壬寅	七月一日 19日 9日	8月29日	丙寅	七月三十日	9月17日	庚申	七月三十日	9月6日
九	辛未	七月三十日	9月27日	乙未	八月三十日	10月16日	己丑	八月三十日	10月5日
十	辛丑	九月一日 19日 3日	10月27日	乙丑	十月一日 16日 28日	11月15日	己未	十月一日 22日 5日	11月4日
十一	辛未	十月一日 15日 6日	11月26日	甲午	十月三十日	12月14日	己丑	十一月一日 16日 9日	12月4日
十二	辛丑	十一月一日 20日 28日	12月26日	甲子	十一月三十日	1850 1月13日	戊午	十一月三十日	1851 1月2日
闰				四戊辰	三月三十日	5月22日			

年\月日\月		咸丰元年			咸丰二年			咸丰三年		
		辛亥	阴铁猪	1851-1852	壬子	阳水鼠	1852-1853	癸丑	阴水牛	1853-1854
正		戊子	正月一日 15日 1日	2月1日	壬子	正月一日 16日 6日	2月20日	丙午	十二月三十日	2月8日
二		戊午	二月一日 9日 4日	3月3日	壬午	二月一日 21日 26日	3月21日	丙子	二月一日 17日 7日	3月10日
三		戊子	二月一日 13日 27日	4月2日	辛亥	二月三十日	4月19日	乙巳	二月三十日	4月8日
四		丁巳	二月三十日	5月1日	辛巳	四月一日 6日 1日 18日 21日	5月19日	乙亥	四月一日 14日 1日	5月8日
五		丁亥	四月一日 10日 23日	5月31日	辛亥	五月一日 10日 28日	6月18日	乙巳	五月一日 17日 27日	6月7日
六		丙辰	四月三十日	6月29日	庚辰	五月三十日	7月17日	甲戌	五月三十日	7月6日
七		乙酉	五月三十日	7月28日	己酉	六月三十日	8月15日	甲辰	七月一日 13日 23日	8月5日
八		乙卯	七月一日	8月27日	己卯	八月一日 9日 16日	9月14日	癸酉	七月三十日	9月3日
九		癸丑	七月三十日	10月24日	戊申	八月三十日	10月13日	癸卯	九月一日 9日 18日	10月3日
十		癸未	十月一日 23日 8日	11月23日	戊寅	十月一日 30日	11月12日	壬申	九月三十日	11月1日
十一		壬子	十月三十日	12月22日	丁未	十一月一日 24日 12日	12月11日	壬寅	十一月一日 8日 11日	12月1日
十二		壬午	十一月三十日	1852 1月21日	丙子	十一月三十日	1853 1月9日	辛未	十月三十日	12月30日
闰		八甲申	八月三十日	9月25日						

年\日\月	咸丰四年			咸丰五年			咸丰六年		
	甲寅	阳木虎	1854-1855	乙卯	阴木兔	1855-1856	丙辰	阳火龙	1856-1857
正	辛丑	十二月一日	1月29日	乙丑	正月一日	2月17日	己未	十二月三十日	2月6日
二	庚午	十二月三十日	2月27日	甲午	正月三十日	3月18日	己丑	二月一日	3月7日
三	庚子	二月一日 18日 10日	3月29日	癸亥	二月三十日	4月16日	戊午	二月三十日	4月5日
四	己巳	二月三十日	4月27日	癸巳	四月一日 22日 3日	5月16日	丁亥	三月三十日	5月4日
五	己亥	四月一日 15日 4日	5月27日	壬戌	四月三十日	6月14日	丁巳	五月一日 23日 7日	6月3日
六	戊辰	四月三十日	6月25日	壬辰	五月三十日	7月14日	丙戌	五月三十日	7月2日
七	戊戌	六月一日 10日 1日	7月25日	壬戌	七月一日 9日 7日 21日 26日	8月13日	丙辰	七月一日 18日 4日	8月1日
八	丁酉	七月三十日	9月22日	辛卯	七月三十日	9月11日	乙酉	七月三十日	8月30日
九	丁卯	九月一日 10日 21日	10月22日	辛酉	九月一日 6日 1日	10月11日	乙卯	八月一日 14日 1日	9月29日
十	丙申	九月三十日	11月20日	辛卯	十月一日 11日 25日	11月10日	乙酉	九月一日 18日 25日	10月29日
十一	丙寅	十一月一日 9日 14日	12月20日	庚申	十月三十日	12月9日	乙卯	十月一日 12日 28日	11月28日
十二	乙未	十一月三十日	1855 1月18日	庚寅	十二月一日 10日 17日	1856 1月8日	甲申	十月三十日	12月27日
闰	七戊辰	七月一日 13日 27日	8月24日						

年月日		咸丰七年			咸丰八年			咸丰九年		
	丁巳	阴火蛇		1857-1858	戊午	阳土马		1858-1859	己未	阴土羊	1859-1860
正	甲寅	十二月一日		1月26日	戊寅	正月一日		2月14日	壬申	正月一日	2月3日
		11日	19日			12日	23日			8日	3日	
二	癸未	十二月三十日		2月24日	丁未	正月三十日		3月15日	壬寅	二月一日	3月5日
										13日	25日	
三	癸丑	二月一日		3月26日	丁丑	三月一日		4月14日	辛未	二月三十日	4月3日
						10日	15日					
四	壬午	二月三十日		4月24日	丙午	三月三十日		5月13日	辛丑	三月一日	5月3日
										10日	20日	
五	辛亥	三月三十日		5月23日	乙亥	四月三十日		6月11日	庚午	三月三十日	6月1日
六	庚戌	五月三十日		7月21日	乙巳	六月一日		7月11日	己亥	四月三十日	6月30日
						21日	18日					
七	庚辰	七月一日		8月20日	甲戌	六月三十日		8月9日	己巳	六月一日	7月30日
		17日	9日									
八	己酉	七月三十日		9月18日	癸卯	七月三十日		9月7日	戊戌	六月三十日	8月28日
九	己卯	九月一日		10月18日	癸酉	九月一日		10月7日	丁卯	七月三十日	9月26日
		15日	4日			21日	4日					
十	戊申	九月三十日		11月16日	癸卯	十月一日		11月6日	丁酉	九月一日	10月26日
						17日	7日			22日	8日	
十一	戊寅	十月三十日		12月16日	壬申	十月三十日		12月5日	丙寅	九月三十日	11月24日
十二	戊申	十二月一日		1858 1月15日	壬寅	十一月三十日		1859 1月4日	丙申	十月三十日	12月24日
		7日	30日									
闰	五辛巳	五月一日		6月22日								
		23日	12日									

年\月日	咸丰十年			咸丰十一年			同治元年		
	庚申	阳铁猴	1860-1861	辛酉	阴铁鸡	1861-1862	壬戌	阳水狗	1862-1863
正	丙寅	十二月一日 15日 3日	1月23日	庚寅	正月一日 16日 6日	2月10日	甲申	十二月一日 23日 6日	1月30日
二	丙申	正月一日 20日 25日	2月22日	己未	正月三十日	3月11日	甲寅	正月一日 17日 9日	3月1日
三	乙丑	正月三十日	3月22日	己丑	二月三十日	4月10日	癸未	正月三十日	3月30日
四	乙丑	四月一日 11日 25日	5月21日	己未	四月一日	5月10日	癸丑	三月一日 15日 3日	4月29日
五	甲午	四月三十日	6月19日	戊子	四月三十日	6月8日	壬午	三月三十日	5月28日
六	癸亥	五月三十日	7月18日	戊午	六月一日 14日 20日	7月8日	壬子	四月三十日	6月27日
七	癸巳	七月一日	8月17日	丁亥	六月三十日	8月6日	壬午	六月一日 13日 25日	7月27日
八	壬戌	七月三十日	9月15日	丁巳	八月一日 9日 17日	9月5日	辛亥	六月三十日	8月25日
九	辛卯	八月三十日	10月14日	丙戌	八月三十日	10月4日	庚戌	八月三十日	10月23日
十	辛酉	十月一日 23日 11日	11月13日	丙辰	十月一日 7日 30日 10日	11月3日	庚辰	十月一日 7日 14日	11月22日
十一	庚寅	十月三十日	12月12日	乙酉	十一月一日 24日 14日	12月2日	己酉	十月三十日	12月21日
十二	庚申	十二月一日 22日 3日	1861 1月11日	甲寅	十一月三十日	12月31日	戊寅	十一月三十日	1863 1月19日
闰	三乙未	三月一日	4月21日				八辛巳	八月一日 9日 21日	9月24日

年\月\日	同治二年			同治三年			同治四年		
	癸亥	阴水猪	1863-1864	甲子	阳木鼠	1864-1865	乙丑	阴木牛	1865-1866
正	戊申	正月一日 24日 9日	2月18日	癸卯	正月一日	2月8日	丁酉	十一月三十日	1月27日
二	丁丑	正月三十日 17日 13日	3月19日	壬申	正月三十日	3月8日	丁卯	正月一日 10日 13日	2月26日
三	丁未	二月三十日	4月18日	辛丑	二月三十日	4月6日	丙申	正月三十日	3月27日
四	丁丑	四月一日 15日 7日	5月18日	辛未	四月一日 22日 6日	5月6日	乙丑	二月三十日	4月25日
五	丙午	四月三十日	6月16日	庚子	四月三十日	6月4日	乙未	四月一日 22日 12日	5月25日
六	丙子	六月一日 10日 3日 21日 24日	7月16日	庚午	六月一日 18日 2日	7月4日	甲午	六月一日 18日 7日	7月23日
七	乙巳	六月三十日	8月14日	己亥	六月三十日	8月2日	癸亥	六月三十日	8月21日
八	乙亥	七月三十日	9月13日	己巳	七月三十日	9月1日	癸巳	八月一日 14日 3日	9月20日
九	乙巳	九月一日 10日 24日	10月13日	己亥	八月一日 17日 24日	10月1日	癸亥	九月一日 17日 28日	10月20日
十	甲戌	九月三十日	11月11日	戊辰	八月三十日	10月30日	壬辰	九月三十日	11月18日
十一	甲辰	十一月一日 8日 17日	12月11日	戊戌	九月三十日	11月29日	壬戌	十一月一日 4日 2日 17日 20日	12月18日
十二	癸酉	十一月三十日	1864 1月9日	戊辰	十一月一日 9日 20日	12月29日	壬辰	十二月一日 10日 23日	1866 1月17日
闰							五甲子	四月三十日	6月23日

年 月日	同治五年			同治六年			同治七年		
	丙寅	阳火虎	1866-1867	丁卯	第15饶迥 阴火兔	1867-1868	戊辰	阳土龙	1868-1869
正	辛酉	十二月三十日	2月15日	丙辰	正月一日 12日 | 25日	2月5日	庚戌	十二月一日 19日 | 26日	1月25日
二	辛卯	二月一日 8日 | 15日	3月17日	乙酉	正月三十日	3月6日	己卯	十二月三十日	2月23日
三	庚申	二月三十日	4月14日	乙卯	三月一日 10日 | 19日	4月5日	己酉	正月三十日	3月24日
四	己丑	三月三十日	5月15日	甲申	三月三十日	5月4日	己卯	三月一日 10日 | 23日	4月23日
五	己未	五月一日 22日 | 15日	6月13日	癸丑	四月三十日	6月2日	丁丑	四月三十日	6月20日
六	戊子	五月三十日	7月12日	癸未	五月一日	7月2日	丁未	六月一日	7月20日
七	丁巳	六月三十日	8月10日	壬子	五月三十日	7月31日	丙子	六月三十日	8月18日
八	丁亥	七月三十日	9月9日	辛巳	六月三十日	8月29日	乙巳	七月三十日	9月16日
九	丁巳	九月一日 14日 | 7日	10月9日	辛亥	八月一日 21日 | 7日	9月28日	乙亥	九月一日 22日 | 11日	10月16日
十	丙戌	九月三十日	11月7日	庚辰	八月三十日	10月27日	甲辰	九月三十日	11月14日
十一	丙辰	十月三十日	12月7日	庚戌	九月三十日	11月26日	甲戌	十月一日 20日 | 4日	12月14日
十二	丙戌	十二月一日 6日 | 4日	1867 1月6日	庚辰	十一月一日 14日 | 4日	12月26日	甲辰	十二月一日 15日 | 7日	1869 1月13日
闰							四戊申	三月三十日	5月22日

年 月	同治八年			同治九年			同治十年		
日	己巳	阴土蛇	1869-1870	庚午	阳铁马	1870-1871	辛未	阴铁羊	1871-1872
正	癸酉	十一月三十日	2月11日	丁卯	十二月三十日	1月31日	辛卯	十二月三十日	2月19日
二	癸卯	正月三十日	3月13日	丁酉	正月三十日	3月2日	辛酉	正月三十日	3月21日
三	癸酉	三月一日 6日　3日 18日　22日	4月12日	丁卯	二月一日 14日　2日	4月1日	辛卯	三月一日 15日　5日	4月20日
四	癸卯	四月一日 11日　28日	5月12日	丁酉	三月一日 18日　26日	5月1日	庚申	三月三十日	5月19日
五	壬申	四月三十日	6月10日	丙寅	三月三十日	5月30日	庚寅	五月一日 11日　1日	6月18日
六	辛丑	五月三十日	7月9日	丙申	五月一日 14日　23日	6月29日	庚申	六月一日 14日　28日	7月18日
七	辛未	七月一日 10日　15日	8月8日	乙丑	五月三十日	7月28日	己丑	六月三十日	8月16日
八	庚子	七月三十日	9月6日	乙未	七月一日 9日　19日	8月27日	己未	八月一日 9日　24日	9月15日
九	己巳	八月三十日	10月5日	甲子	七月三十日	9月25日	戊子	八月三十日	10月14日
十	己亥	十月一日 23日　14日	11月4日	癸巳	八月三十日	10月24日	戊午	十月一日 7日　17日	11月13日
十一	戊辰	十月三十日	12月3日	壬辰	十月三十日	12月22日	丁亥	十月三十日	12月12日
十二	戊戌	十二月一日 22日　7日	1870 1月2日	壬戌	十二月一日 23日　9日	1871 1月21日	丙辰	十一月三十日	1872 1月10日
闰				十癸亥	十月一日 23日　18日	11月23日			

年月日	同治十一年			同治十二年			同治十三年		
	壬申	阳水猴	1872-1873	癸酉	阴水鸡	1873-1874	甲戌	阳木狗	1874-1875
正	丙戌	正月三一 25日 12日	2月9日	辛巳	十二月一日 7日 13日	1月29日	乙巳	正月一日 8日	2月17日
二	乙卯	正月三十日	3月9日	庚戌	十二月三十日	2月27日	甲戌	二月一日 2日 25日 19日	3月18日
三	乙酉	三月一日 22日 5日	4月8日	己卯	正月三十日	3月28日	癸卯	三月一日 29日 10日	4月16日
四	甲寅	三月三十日	5月7日	己酉	三月一日	4月27日	癸酉	四月一日 22日 12日	5月16日
五	甲申	五月一日 18日 1日	6月6日	戊寅	三月三十日	5月26日	壬寅	四月三十日	6月14日
六	甲寅	六月一日 10日 7日 21日 27日	7月6日	戊申	五月一日 18日 5日	6月25日	壬申	六月一日 18日 10日	7月14日
七	癸未	六月三十日	8月4日	丁未	七月一日 14日 2日	8月23日	辛丑	六月三十日	8月12日
八	癸丑	八月一日 17日 24日	9月3日	丁丑	八月一日 18日 27日	9月22日	辛未	八月一日 14日 6日	9月11日
九	壬午	八月三十日	10月2日	丙午	八月三十日	10月21日	庚子	八月三十日	10月10日
十	壬子	九月三十日	11月1日	丙子	十月一日 15日 20日	11月20日	庚午	十月一日 11日 1日	11月9日
十一	壬午	十月一日 8日 21日	12月1日	丙午	十一月一日 9日 23日	12月20日	庚子	十一月一日 16日 23日	12月9日
十二	辛亥	十月三十日	12月30日	乙亥	十一月三十日	1874 1月18日	庚午	十二月一日 11日 26日	1875 1月8日
闰				六丁丑	五月三十日	7月24日			

年 日 月	光绪元年			光绪二年			光绪三年		
	乙亥	阴木猪	1875-1876	丙子	阳火鼠	1876-1877	丁丑	阴火牛	1877-1878
正	己亥	十二月三十日	2月6日	癸巳	十一月三十日	1月26日	丁巳	十二月三十日	2月13日
二	己巳	二月一日 9日　18日	3月8日	癸亥	十二月三十日	2月25日	丁亥	二月一日 5日　3日 17日　21日	3月15日
三	戊戌	二月三十日	4月6日	癸巳	二月一日 9日　22日	3月26日	丁巳	三月一日 10日　25日	4月14日
四	丁卯	三月三十日	5月5日	壬戌	二月三十日	4月24日	丙戌	三月三十日	5月13日
五	丁酉	五月一日 21日　19日	6月4日	辛卯	三月三十日	5月23日	乙卯	四月三十日	6月11日
六	丙寅	五月三十日	7月3日	庚寅	五月三十日	7月21日	乙酉	六月一日	7月11日
七	乙未	六月三十日	8月1日	己未	六月三十日	8月19日	甲寅	六月三十日	8月9日
八	乙丑	七月一日 21日　5日	8月31日	己丑	八月一日 21　10日	9月18日	癸未	七月三十日	9月7日
九	甲午	七月三十日	9月29日	戊午	八月三十日	10月17日	癸丑	九月一日 22日　14日	10月7日
十	甲子	九月一日 18日　1日	10月29日	戊子	十月一日 19日　4日	11月16日	壬午	九月三十日	11月5日
十一	甲午	十月一日 12日　4日	11月28日	戊午	十一月一日 13日　7日	12月16日	壬子	十一月一日 20日　7日	12月5日
十二	甲子	十一月一日 17日　26日	12月28日	丁亥	十一月三十日	1877 1月14日	辛巳	十一月三十日	1878 1月3日
闰				五辛酉	五月一日	6月22日			

2714

年月日	光绪四年			光绪五年			光绪六年		
	戊寅	阳土虎	1878-1879	己卯	阴土兔	1879-1880	庚辰	阳铁龙	1880-1881
正	辛亥	十二月三十日	2月2日	乙巳	十一月三十日	1月22日	己巳	十二月三十日	2月10日
二	辛巳	二月一日 13日 2日	3月4日	乙亥	十二月三十日	2月21日	己亥	二月一日 22日 5日	3月11日
三	辛亥	三月一日 17日 25日	4月3日	乙巳	二月一日 14日 5日	3月23日	戊辰	二月三十日	4月9日
四	庚辰	三月三十日	5月2日	甲辰	四月一日 12日 2日	5月21日	戊戌	三月三十日	5月9日
五	庚戌	四月一日 14日 21日	6月1日	甲戌	五月一日 13日 28日	6月20日	戊辰	五月一日 11日 4日	6月8日
六	己卯	四月三十日	6月30日	癸卯	五月三十日	7月19日	丁酉	五月三十日	7月7日
七	己酉	六月一日 9日 17日	7月30日	癸酉	七月一日 9日 24日	8月18日	丁卯	七月一日 6日 1日 18日 20日	8月6日
八	戊寅	六月三日	8月28日	壬寅	七月三十日	9月16日	丁酉	八月一日 9日 26日	9月5日
九	丁未	七月三十日	9月26日	辛未	八月三十日	10月15日	丙寅	八月三十日	10月4日
十	丁丑	九月一日 22日 18日	10月26日	辛丑	九月三十日	11月14日	丙申	十月一日 6日 30日 20日	11月3日
十一	丙午	九月三十日	11月24日	庚午	十月三十日	12月13日	乙丑	十一月一日	12月2日
十二	丙子	十一月一日 21日 10日	12月24日	庚子	十二月一日 25日 12日	1880 1月12日	甲午	十一月三十日	12月31日
闰				三甲戌	二月三十日	4月21日			

年\月\日	光绪七年			光绪八年			光绪九年		
	辛巳	阴铁蛇	1881-1882	壬午	阳水马	1882-1883	癸未	阴水羊	1883-1884
正	甲子	十二月一日 23日　15日	1月30日	戊子	正月一日 2日　19日 25日	2月18日	癸未	正月一日 7日　18日	2月8日
二	癸巳	十二月三十日	2月28日	丁巳	二月一日 29日　10日	3月19日	壬子	正月三十日	3月9日
三	癸亥	二月一日 22日　8日	3月30日	丁亥	三月一日 22日　13日	4月18日	辛巳	二月三十日	4月7日
四	壬辰	二月三十日	4月28日	丙辰	三月三十日	5月17日	辛亥	四月一日 22日　16日	5月7日
五	壬戌	四月一日 18日　3日	5月28日	丙戌	五月一日 18日　7日	6月16日	庚辰	四月三十日	6月5日
六	辛卯	四月三十日	6月26日	乙卯	五月三十日	7月15日	己酉	五月三十日	7月4日
七	辛酉	五月三十日	7月26日	乙酉	七月一日 14日　4日	8月14日	己卯	七月一日 21日　3日	8月3日
八	庚申	七月三十日	9月23日	甲寅	七月三十日	9月12日	戊申	七月三十日	9月1日
九	庚寅	九月一日 14日　20日	10月23日	甲申	八月三十日	10月12日	戊寅	八月三十日	10月1日
十	庚申	十月一日 7日　24日	11月22日	甲寅	十月一日 14日　23日	11月11日	戊申	九月一日 11日　4日	10月31日
十一	己丑	十月三十日	12月21日	癸未	十月三十日	12月10日	戊寅	十月一日 15日　26日	11月30日
十二	己未	十二月一日 6日　15日 23日	1882 1月20日	癸丑	十一月三十日	1883 1月9日	丁未	十月三十日	12月29日
闰	七辛卯	七月一日 17日　26日	8月25日						

2716

年 日 月	光绪十年			光绪十一年			光绪十二年		
	甲申	阳木猴	1884-1885	乙酉	阴木鸡	1885-1886	丙戌	阳火狗	1886-1887
正	丁丑	十一月三十日	1月28日	辛丑	正月一日 16日　21日	2月15日	乙未	正月一日 14日　3日	2月4日
二	丁未	正月一日 8日　21日	2月27日	辛未	二月一日 9日　25日	3月17日	乙丑	二月一日 17日　25日	3月6日
三	丙子	正月三十日	3月27日	庚子	二月三十日	4月15日	甲午	二月三十日	4月4日
四	乙巳	二月三十日	4月25日	己巳	三月三十日	5月14日	甲子	三月三十日	5月4日
五	乙亥	四月一日	5月25日	己亥	五月一日	6月13日	癸巳	四月三十日	6月2日
六	癸酉	五月三十日	7月22日	戊辰	五月三十日	7月12日	癸亥	五月一日 10日　15日	7月2日
七	癸卯	七月一日 21日　8日	8月21日	丁酉	六月三十日	8月10日	壬辰	五月三十日	7月31日
八	壬申	七月三十日	9月19日	丁卯	八月一日 21日　15日	9月9日	辛酉	六月三十日	8月29日
九	壬寅	九月一日 18日　3日	10月19日	丙申	八月三十日	10月8日	辛卯	八月一日 21日　17日	9月28日
十	壬申	十月一日 10日　8日 24日　25日	11月18日	丙寅	十月一日 20日　7日	11月7日	庚申	八月三十日	10月27日
十一	辛丑	十月三十日	12月17日	乙未	十月三十日	12月6日	庚寅	十月一日 20日　10日	11月26日
十二	辛未	十一月三十日	1885 1月16日	乙丑	十一月三十日	1886 1月5日	己未	十月三十日	12月25日
闰	五甲辰	四月三十日	6月23日						

年\月\日	光绪十三年			光绪十四年			光绪十五年		
	丁亥	阴火猪	1887-1888	戊子	阳土鼠	1888-1889	己丑	阴土牛	1889-1890
正	己丑	十二月一日 19日 2日	1月24日	癸丑	正月一日 20日 5日	2月12日	丁未	十二月三十日	1月31日
二	己未	正月一日 13日 5日	2月23日	癸未	二月一日 13日 8日	3月13日	丁丑	正月一日 21日 8日	3月2日
三	己丑	二月一日 17日 28日	3月25日	壬子	二月三十日	4月11日	丙午	正月三十日	3月31日
四	戊午	二月三十日	4月23日	壬午	四月一日 11日 2日	5月11日	丙子	三月一日 17日 3日	4月30日
五	丁巳	四月三十日	6月21日	壬子	五月一日 24日 28日	6月10日	丙午	四月一日 20日 29日	5月30日
六	丁亥	六月一日 9日 20日	7月21日	辛巳	五月三十日	7月9日	乙亥	四月三十日	6月28日
七	丙辰	六月三十日	8月19日	辛亥	七月一日 9日 25日	8月8日	乙巳	六月一日 17日 26日	7月28日
八	乙酉	七月三十日	9月17日	庚辰	七月三十日	9月6日	甲戌	六月三十日	8月26日
九	乙卯	九月一日	10月17日	己酉	八月三十日	10月5日	甲辰	八月一日 14日 20日	9月25日
十	甲申	九月三十日	11月15日	己卯	十月一日	11月4日	癸酉	八月三十日	10月24日
十一	甲寅	十一月一日 21日 13日	12月15日	戊申	十月三十日	12月3日	癸卯	九月三十日	11月23日
十二	癸未	十一月三十日	1888 1月13日	戊寅	十二月一日 21日 10日	1889 1月2日	壬申	十月三十日	12月22日
闰	四戊子	四月一日 14日 23日	5月23日						

年\月\日	光绪十六年			光绪十七年			光绪十八年		
	庚寅	阳铁虎	1890-1891	辛卯	阴铁兔	1891-1892	壬辰	阳水龙	1892-1893
正	壬寅	十二月一日 2日 25日	1月21日 19日	丙寅	正月一日 2日	2月9日	辛酉	十二月一日 7日 21日	1月30日
二	辛未	正月一日 29日	2月19日 10日	乙未	二月一日 5日 10日	3月10日	庚寅	十二月三十日	2月28日
三	庚午	二月三十日	4月19日	乙丑	三月一日 22日 15日	4月9日	己未	正月三十日	3月28日
四	庚子	四月一日 18日 7日	5月19日	甲午	三月三十日	5月8日	己丑	三月一日	4月27日
五	己巳	四月三十日	6月17日	甲子	五月一日 18日 10日	6月7日	戊午	三月三十日	5月26日
六	己亥	六月一日 15日 4日	7月17日	癸巳	五月三十日	7月6日	丁亥	四月三十日	6月24日
七	己巳	七月一日 17日	8月16日	癸亥	七月一日 13日 7日	8月5日	丙戌	六月三十日	8月22日
八	戊戌	八月一日 10日 29日	9月14日	壬辰	七月三十日	9月3日	丙辰	八月一日 17日 3日	9月21日
九	戊辰	九月一日 14日	10月14日	壬戌	九月一日 10日 3日	10月3日	丙戌	九月一日 22日 26日	10月21日
十	丁酉	十月一日 8日 26日	11月12日	壬辰	14日 26日	11月2日	乙卯	九月三十日	11月29日
十一	丁卯	十一月一日 3日	12月12日	辛酉	九月三十日	12月1日	乙酉	十一月一日	12月19日
十二	丙申	十二月一日 6日 18日	1891 1月10日	辛卯	十一月一日 13日 18日	12月31日	乙卯	十二月一日 14日 21日	1893 1月18日
闰	二辛丑	二月一日 22日 12日	3月21日				六丁巳	六月一日 21日 6日	7月24日

年\月\日		光绪十九年			光绪二十年			光绪二十一年		
		癸巳	阴水蛇	1893-1894	甲午	阳木马	1894-1895	乙未	阴木羊	1895-1896
正	乙酉	正月一日		2月17日	己卯	正月一日	2月6日	癸酉	十二月一日	1月26日
		8日	25日			17日	25日		13日	4日
二	甲寅	正月三十日		3月18日	戊申	正月三十日	3月7日	癸卯	正月一日	2月25日
									17日	28日
三	癸未	二月三十日		4月16日	戊寅	二月三十日	4月6日	壬申	正月三十日	3月26日
四	癸丑	四月一日		5月16日	丁未	三月三十日	5月5日	壬寅	三月一日	4月25日
									14日	23日
五	壬午	四月三十日		6月14日	丁丑	五月一日	6月4日	辛未	三月三十日	5月24日
						9日	15日			
六	辛亥	五月三十日		7月13日	丙午	五月三十日	7月3日	庚午	五月三十日	7月22日
七	辛巳	七月一日		8月12日	乙亥	六月三十日	8月1日	己亥	六月三十日	8月20日
		21日	15日							
八	庚戌	七月三十日		9月10日	乙巳	七月一日	8月31日	己巳	八月一日	9月19日
						21日	17日			
九	庚辰	九月一日		10月10日	甲戌	七月三十日	9月29日	戊戌	八月三十日	10月18日
		20日	7日							
十	己酉	九月三十日		11月8日	甲辰	九月一日	10月29日	戊辰	十月一日	11月17日
						20日	9日		19日	13日
十一	己卯	十月三十日		12月8日	癸酉	九月三十日	11月27日	丁酉	十月三十日	12月16日
十二	己酉	十二月一日		1894 1月7日	癸卯	十一月一日	12月27日	丁卯	十一月一日	1896 1月15日
		14日	3日			19日	2日		18日	5日
闰								五辛丑	五月一日	6月23日
									10日	18日

年\月日	光绪二十二年			光绪二十三年			光绪二十四年		
	丙申	阳火猴	1896-1897	丁酉	阴火鸡	1897-1898	戊戌	阳土狗	1898-1899
正	丙申	十二月三十日	2月13日	辛卯	正月一日 19日 8日	2月2日	乙酉	十一月三十日	1月22日
二	丙寅	正月三十日	3月14日	庚申	正月三十日 20日 11日	3月3日	乙卯	正月一日	2月21日
三	丙申	三月一日 10日 1日	4月13日	庚寅	二月一日 17日 1日	4月2日	甲申	正月三十日	3月22日
四	丙寅	四月一日 14日 26日	5月13日	庚申	三月一日 10日 5日	5月2日	癸未	三月三十日	5月20日
五	乙未	四月三十日	6月11日	己丑	三月三十日	5月31日	癸丑	四月三十日	6月19日
六	乙丑	六月一日 10日 23日	7月11日	己未	五月一日 6日 1日 18日 21日.	6月30日	癸未	六月一日 17日 26日	7月19日
七	甲午	六月三十日	8月9日	戊子	五月三十日	7月29日	壬子	六月三十日	8月17日
八	癸亥	七月三十日	9月7日	戊午	六月三十日	8月28日	壬午	八月一日 13日 22日	9月16日
九	癸巳	九月一日	10月7日	丁亥	七月三十日	9月26日	辛亥	八月三十日	10月15日
十	壬戌	九月三十日	11月5日	丁巳	九月一日	10月26日	辛巳	十月一日 11日 16日	11月14日
十一	壬辰	十一月一日	12月5日	丙戌	九月三十日	11月24日	庚戌	十月三十日	12月13日
十二	辛酉	十一月三十日	1897 1月3日	丙辰	十一月一日	12月24日	庚辰	十二月一日	1899 1月12日
闰							三甲寅	三月一日 18日 4日	4月21日

年\月\日	光绪二十五年			光绪二十六年			光绪二十七年		
	己亥	阴土猪	1899-1900	庚子	阳铁鼠	1900-1901	辛丑	阴铁牛	1901-1902
正	己酉	十二月三十日	2月10日	甲辰	十一月三十日	1月31日	戊辰	正月一日	2月19日
二	己卯	二月一日 21日 14日	3月12日	癸酉	十二月三十日	3月1日	丁酉	正月三十日	3月20日
三	戊申	二月三十日	4月10日	癸卯	二月一日	3月31日	丁卯	三月一日	4月19日
四	戊寅	四月一日 18日 8日	5月10日	壬申	二月三十日	4月29日	丙申	三月三十日	5月18日
五	丁未	四月三十日	6月8日	辛丑	三月三十日	5月28日	乙丑	四月三十日	6月16日
六	丁丑	六月一日 14日 4日	7月8日	辛未	五月一日 21日 3日	6月27日	乙未	六月一日 21日 8日	7月16日
七	丙午	六月三十日	8月6日	庚子	五月三十日	7月26日	甲子	六月三十日	8月14日
八	丙子	八月一日 10日 1日	9月5日	庚午	六月三十日	8月25日	甲午	八月一日 17日 5日	9月13日
九	丙午	九月一日 13日 26日	10月5日	己巳	八月三十日	10月23日	癸亥	八月三十日	10月12日
十	乙亥	九月三十日	11月3日	己亥	十月一日 7日 1日	11月22日	癸巳	九月三十日	11月11日
十一	乙巳	十一月一日 11日 19日	12月3日	己巳	十一月一日 12日 22日	12月22日	癸亥	十一月一日 8日 3日	12月11日
十二	甲戌	十一月三十日	1900 1月1日	戊戌	十一月三十日 6日 26日	1901 1月20日	癸巳	十二月三十日 13日 25日	1902 1月10日
闰				八庚子	八月一日 10日 6日 21日 25日	9月24日			

年月日	光绪二十八年			光绪二十九年			光绪三十年		
	壬寅	阳水虎	1902-1903	癸卯	阴水兔	1903-1904	甲辰	阳木龙	1904-1905
正	壬戌	十二月三十日	2月8日	丁巳	十二月一日 17日	28日	1月29日	庚辰	十二月三十日	2月16日
二	壬辰	正月三十日	3月10日	丙戌	十二月三十日	2月27日	庚戌	二月一日 10日	1日	3月17日
三	辛酉	二月三十日	4月8日	丙辰	二月一日 12日	20日	3月29日	庚辰	三月一日 13日	24日	4月16日
四	辛卯	四月一日 7日	14日	5月8日	乙酉	二月三十日	4月27日	己酉	三月三十日	5月15日
五	庚申	四月三十日	6月6日	乙卯	四月一日 10日	15日	5月27日	己卯	五月一日 10日	20日	6月14日
六	己丑	五月三十日	7月5日	癸丑	五月三十日	7月24日	戊申	五月三十日	7月13日
七	己未	七月一日 21日	18日	8月4日	癸未	七月一日	8月23日	丁丑	六月三十日	8月11日
八	戊子	七月三十日	9月2日	壬子	七月三十日	9月21日	丁未	八月一日	9月10日
九	戊午	八月一日 19日	9日	10月2日	辛巳	八月三十日	10月20日	丙子	八月三十日	10月9日
十	丁亥	八月三十日	10月31日	辛亥	九月三十日	11月19日	乙巳	九月三十日	11月7日
十一	丁巳	十月一日 18日	3日	11月30日	辛巳	十一月一日 17日	6日	12月19日	乙亥	十月三十日	12月7日
十二	丁亥	十二月一日 14日	4日	12月30日	庚戌	十一月三十日	1904 1月17日	乙巳	十二月一日 19日	8日	1905 1月6日
闰				五甲申	四月三十日	6月25日			

年月日	光绪三十一年			光绪三十二年			光绪三十三年		
	乙巳	阴木蛇	1905-1906	丙午	阳火马	1906-1907	丁未	阴火羊	1907-1908
正	甲戌	十二月三十日	2月4日	己巳	十二月一日 21日 12日	1月25日	癸巳	正月一日 21日 14日	2月13日
二	甲辰	二月一日 17日 1日	3月6日	戊戌	十二月三十日	2月23日	壬戌	正月三十日	3月14日
三	甲戌	三月一日 11日 5日	4月5日	戊辰	二月一日 18日 5日	3月25日	壬辰	三月一日 18日 8日	4月13日
四	癸卯	三月三十日	5月4日	戊戌	三月一日 21日 29日	4月24日	辛酉	三月三十日	5月12日
五	癸酉	四月一日 6日 1日 18日 21日	6月3日	丁酉	五月一日 4日 26日 25日	6月22日	辛卯	五月一日 14日 4日	6月11日
六	癸卯	五月一日 10日 28日	7月3日	丙寅	六月一日	7月21日	庚申	五月三十日	7月10日
七	壬申	五月三十日	8月1日	丙申	七月一日 13日 22日	8月20日	庚寅	七月一日 9日 1日	8月9日
八	辛丑	六月三十日	8月30日	乙丑	七月三十日	9月18日	庚申	八月一日 13日 28日	9月8日
九	辛未	八月一日	9月29日	乙未	九月一日 11日 16日	10月18日	己丑	八月三十日	10月7日
十	庚子	八月三十日	10月28日	甲子	九月三十日	11月16日	己未	十月一日 11日 20日	11月6日
十一	庚午	十月一日	11月27日	甲午	十一月一日	12月16日	戊子	十月三十日	12月5日
十二	己亥	十月三十日	12月26日	癸亥	十一月三十日	1907 1月14日	戊午	十二月一日	1908 1月4日
闰				四丁卯	三月三十日	5月23日			

年 日 月	光绪三十四年			宣统元年			宣统二年		
	戊申	阳土猴	1908-1909	己酉	阴土鸡	1909-1910	庚戌	阳铁狗	1910-1911
正	丁亥	十二月三十日	2月2日	壬午	十二月一日	1月22日	丙午	十二月三十日	2月10日
二	丁巳	正月一日	3月3日	辛亥	十二月三十日	2月20日	乙亥	正月三十日	3月11日
三	丙戌	正月三十日	4月1日	庚戌	二月三十日	4月20日	乙巳	三月一日 9日	4月10日 15日
四	乙卯	二月三十日	4月30日	己卯	三月三十日	5月19日	甲戌	三月三十日	5月9日
五	乙酉	四月一日 21日 3日	5月30日	己酉	五月一日 21日 8日	6月18日	癸卯	四月三十日	6月7日
六	乙卯	五月一日 14日 7日 24日 30日	6月29日	戊寅	五月三十日	7月17日	癸酉	六月一日 21日 18日	7月7日
七	甲申	五月三十日	7月28日	戊申	七月一日 17日 5日	8月16日	壬寅	六月三十日	8月5日
八	甲寅	七月一日 10日 6日 21日 25日	8月27日	丁丑	七月三十日	9月14日	壬申	八月一日 19日 9日	9月4日
九	癸未	七月三十日	9月25日	丁未	八月三十日	10月14日	辛丑	八月三十日	10月3日
十	癸丑	八月三十日	10月25日	丁丑	十月一日	11月13日	辛未	九月一日 19日 3日	11月2日
十一	癸未	十月一日 11日 23日	11月24日	丁未	十一月一日 12日 25日	12月13日	辛丑	十月一日 15日 6日	12月2日
十二	壬子	十月三十日	12月23日	丙子	十一月三十日	1910 1月11日	辛未	十一月一日 20日 28日	1911 1月1日
闰				二辛巳	二月一日	3月22日			

2725

年月日	宣统三年		
	辛亥	阴铁猪	1911-1912
正	庚子	十一月三十日	1月30日
二	庚午	正月一日 12日 20日	3月1日
三	己亥	正月三十日	3月30日
四	己巳	三月一日 11日 13日	4月29日
五	戊戌	三月三十日	5月28日
六	丁卯	四月三十日	6月26日
七	丙寅	六月三十日	8月24日
八	乙未	七月三十日	9月22日
九	乙丑	八月三十日	10月22日
十	乙未	十月一日 15日 6日	11月21日
十一	甲子	十月三十日	12月20日
十二	甲午	十一月三十日	1912 1月19日
闰	六丁酉	六月一日 20日 16日	7月26日